Die Autorin

Carol Adrienne, Autorin von *Numerologie der Jahrtausendwende* und *Numerologie für Eltern*, beschäftigt sich seit 1976 mit der Numerologie. Sie hat ein Diplom in Archetypischer Psychologie und bringt somit für ihre Interpretationen der Zahlen psychologisches wie auch intuitives Wissen mit. Ziel ihrer persönlichen Beratungen und Gruppen ist es, anderen zu helfen, sich mit ihrem Schicksal anzufreunden und erfolgreich zu werden. Gemeinsam mit James Redfield hat sie ein Arbeitsbuch zu den »Prophezeiungen von Celestine«, *Die Erkenntnisse von Celestine*, sowie das *Handbuch der zehnten Prophezeiung* veröffentlicht. Sie ist häufig zu Gast im Radio und Co-Moderatorin der amerikanischen Fernsehserie »Illuminations«. Carol Adrienne ist zudem eine erfolgreiche Malerin und Mutter zweier erwachsener Kinder.

Carol Adrienne

ERKENNTNIS & ZUFALL

Den Sinn des Lebens finden

Aus dem Amerikanischen
von Angelika Hansen

WILHELM HEYNE VERLAG
MÜNCHEN

HEYNE ESOTERISCHES WISSEN
Herausgegeben von Michael Görden
13/9854

Die amerikanische Originalausgabe erschien unter dem Titel
THE PURPOSE OF YOUR LIFE
im Verlag Eagle Brook, an imprint of William Morrow & Co., Inc.,
New York

Umwelthinweis:
Dieses Buch wurde auf
chlor- und säurefreiem Papier gedruckt.

3. Auflage

Taschenbucherstausgabe 1/2001

http://www.heyne.de
Published by arrangement with Linda Michaels Ltd.,
International Literary Agents, New York
Printed in Germany 2002
Lektorat: Angela Kuepper
Umschlaggestaltung: Atelier Seidel, Altötting
Umschlagabbildung: Steve Taylor/Stone, München
Herstellung. Helga Schörnig
Satz: Leingärtner, Nabburg
Druck und Bindung: Ebner & Spiegel, Ulm

ISBN 3-453-18060-7

Inhalt

Vorwort

Meine erste Begegnung mit Carol Adrienne fand statt, als ich über die Idee zu einem Handbuch für *Die Prophezeiungen von Celestine* nachsann. Zu diesem Zeitpunkt war ich nicht sonderlich begeistert von dieser Idee, da ich befürchtete, ein Führer zum Verständnis meines Romans würde das Konzept zu sehr intellektualisieren. Als ich Carol näher kennen lernte, schwanden meine Bedenken schnell. Abgesehen von ihrer Fähigkeit, Menschen zu verstehen und eine Beziehung zu vielen verschiedenen Lebensperspektiven zu knüpfen, hat sie das Geschick, jede Konversation auf den Boden der Tatsachen zu bringen und sich auf die Erfahrung an sich zu konzentrieren. Nach unserem Gespräch begannen wir tatsächlich einen Führer zu den *Prophezeiungen von Celestine* zu schreiben. In erster Linie wurde er durch Carols Beitrag zu einem der beliebtesten Handbücher aller Zeiten.

Carol hat ihren Finger wie wenige andere genau am Puls der gegenwärtigen Evolution. In psychologischer Hinsicht sind wir Menschen dabei, die linke und rechte Hemisphäre unseres Gehirns in Einklang zu bringen, was nicht mehr und nicht weniger bedeutet, als dass wir das Mysterium in unserem individuellen Leben wieder entdecken. Die meisten von uns wuchsen auf in der Überzeugung, dass wir in einer physischen Welt leben, die übersichtlich und erklärbar ist – und nicht das geringste spirituelle Geheimnis in sich birgt. Mit dieser Weltsicht tendieren wir dazu, unsere Ziele und Absichten zu sehr zu intellektualisieren; wir gehen davon aus, dass sich uns ausschließlich gewohnte Gelegenheiten bieten werden.

Als Ergebnis neuer Entdeckungen und populärer Bücher hat in den letzten Jahren jedoch langsam ein neues Bild des Universums Gestalt angenommen. Heute erwarten wir, dass sich überall Wunder und kleine zufällige Ereignisse einstellen, die uns magische, schicksalhafte Gelegenheiten eröffnen, von denen wir früher kaum zu träumen gewagt hatten. Darüber hinaus erwarten wir, dass sich in unserem Inneren plötzlich ein deutlicheres Gefühl für eine mögliche Berufung oder Mission herauskristallisiert, worauf all diese mysteriöse Führung hinausläuft.

Was dieses neue Bild so ergreifend macht, ist die Tatsache, dass wir uns wieder ins Bewusstsein rufen, was seit jeher Teil der menschlichen Existenz gewesen ist. Diejenigen, die die größten Beiträge zur Geschichte geleistet haben, taten dies immer mit einem ausgeprägten Sinn für ihr Schicksal und der deutlichen Empfindung, geführt zu werden. Irgendwo in ihrem Inneren wussten diese Menschen, dass wir dem Leben wie Detektive gegenübertreten müssen – in dem Versuch, den Sinn zu finden, den Silberstreifen am Horizont, die günstigsten Gelegenheiten, die in allem, was um uns herum geschieht, verborgen sind.

Zum jetzigen Zeitpunkt in der Geschichte wissen wir, dass dieses mysteriöse Leben nicht nur den Genies unter uns vorbehalten ist, sondern dass es auf uns alle wartet, egal wo wir leben, wie gebildet wir sind – und vor allem unabhängig davon, welche Art von Kindheit wir hatten. Wichtig ist nur, dass wir einen Weg finden, uns dieser Erfahrung zu öffnen. Und das bedeutet, dass wir uns die persönlichen Seiten anschauen, die wir bisher gemieden haben.

Zum Beispiel ist eine Zunahme der Synchronizitäten in unserem Leben etwas, worüber wir gern reden und worauf wir hinarbeiten. Doch um uns so weit zu bringen, dass diese schicksalhaften Ereignisse eintreten können, müssen wir zunächst mit unserer Intuition in Kontakt treten. Wie Sie in diesem Buch sehen werden, gibt es keinen Raum, in dem sich andersartige Vorstellungen und Bedürfnisse entfalten können – solche, die spontan im Hintergrund Ihres Geistes auftauchen –, wenn wir den Kopf voller negativer Gedanken in Bezug auf unsere eigenen Fähigkeiten haben, Rachegefühle anderen gegenüber hegen oder uns nur um unser eigenes Wohlbefinden sorgen. Diese spontanen Gedanken und Bilder entspringen unserer Intuition und sie erscheinen, um uns zu leiten und uns dazu zu bringen, etwas zu tun, irgendwohin zu gehen oder nach einer neuen Information zu suchen. Wenn wir das Risiko eingehen, diesen Intuitionen zu folgen, begeben wir uns damit genau an den Punkt, wo sich die Synchronizität entfalten und uns weiterführen kann.

Die Überwindung unserer alltäglichen und althergebrachten Sorgen und Ängste kann uns tatsächlich ein umfassenderes Gefühl unseres Selbst geben, ein Gefühl der Genialität, die wir alle in uns tragen, und des Wissens, dass jedes Ereignis in unserem Leben – egal, ob wir es als positiv oder negativ einstufen – uns auf einzigartige Weise darauf vorbereitet hat, dort zu sein, wo wir gerade sind, bereit, einen Weg im Dienste unseres Nächsten zu gehen.

Doch es genügt nicht, all dies nur auf der intellektuellen Ebene zu hören – selbst wenn wir uneingeschränkt daran glauben. Die Herausforderung besteht darin, das spirituelle Leben in unseren Alltag zu integrieren, uns selbst freizumachen, bis wir es voll und ganz erfahren können.

Mit dem vorliegenden Buch führt Carol Adrienne uns kurz, bündig und ohne Umwege durch diesen Prozess … und das war schon immer ihr ganz besonderes Talent.

James Redfield, 1998

Einleitung

Die Aufgabe dieses Buches

Mein Ziel ist es, Sie mit diesem Buch zu inspirieren, damit Sie die Fülle Ihres Wesens erkennen und schätzen lernen. Ich weiß, dass ein Buch nur ein Werkzeug ist, doch haben Bücher die Macht, uns an viele Orte zu geleiten – in dieser Dimension und darüber hinaus. Ich möchte, dass Sie dieses Buch als eine Einladung betrachten – erstens als Einladung zu einer Gruppe von Menschen, deren Geschichten vielleicht Ihr eigenes Leben widerspiegeln, und zweitens – und am wichtigsten – als Einladung zu Ihrer eigenen Selbstentdeckung.

Meine Absicht ist es, einen Raum der Interaktion zwischen Ihnen, mir und dem universalen Feld der Intelligenz zu schaffen, in dem ein Impuls von Energie frei wird, mit dessen Hilfe Sie Ihre Lebensaufgabe erkennen können, falls diese Ihnen noch nicht klar ist. Um das zu erreichen, zähle ich auf Ihren Wunsch, sich selbst als Teil des Energiestromes zu sehen, der zwischen Ihnen und diesem Buch besteht. Das Buch basiert auf den ewigen Philosophien, mit deren Hilfe die Menschheit seit jeher die unberechenbaren Tiefen und Untiefen des Lebens bewältigt hat. Ich hoffe, dass die wahren Geschichten der Menschen in diesem Buch das innere Wissen in Ihnen berühren und dass damit das Erkennen Ihres eigenen Weges möglich wird.

Dieses Buch beruht auf meinen eigenen persönlichen und beruflichen Erfahrungen. Wie Sie im ersten Teil sehen werden, habe ich einen langen Weg bis zu meinem gegenwärtigen Beruf als Lehrerin, Autorin und Leiterin von Workshops zum Thema Spiritualität und Lebensaufgabe zurückgelegt. Auf diesem Weg habe ich bestimmte Prinzipien und Techniken entdeckt, ausprobiert und gelehrt, von denen ich glaube, dass sie außerordentlich praktisch und gut geeignet sind, uns bei der Suche nach dem uns gebührenden Platz in dieser Welt zu helfen.

Es ist meine Absicht, Ihnen mit diesem Buch eine Matrix von Informationen zur Verfügung zu stellen, um Ihre Seele zu nähren – so weit ein Buch ein Stimulus für Einsichten und Erkenntnisse sein kann.

Wir erklären uns unsere Welt, indem wir einander Geschichten erzählen. Einige der Geschichten in diesem Buch werden Sie tief bewegen, andere vielleicht nicht. Geschichten verbinden uns mit den Erfahrungen anderer Menschen, unabhängig von Zeit, Ort oder Kultur. Der Geisteswissenschaftler und Mythologe Joseph Campbell hat gesagt, dass die ersten Geschichten bzw. antiken Mythen darauf ausgerichtet waren, den Geist mit dem Körper in Einklang zu bringen und ebenso das Leben des Menschen mit den Gesetzen der Natur.

Geschichten werden als Ganzes verstanden und wir ziehen aus ihnen die Lehre, die sie für unsere Probleme bereithalten. Dabei wird jede Geschichte auf eine bestimmte Art Ihre Seele beeinflussen. Was ich aus einer Erzählung lerne, mag dem ähnlich sein, was Sie aus ihr lernen. Es kann auch etwas völlig anderes sein – je nach unserem Hintergrund, unserer gegenwärtigen Situation, unserem Vokabular, unseren Hoffnungen und Ängsten, unserer Fähigkeit, hinzuhören – und entsprechend unserer Lebensaufgabe. Vielleicht wird Ihnen eine Geschichte, die

Sie zunächst nicht sonderlich berührt hat, zu einem späteren Zeitpunkt wieder einfallen und einen Sinn ergeben, der Ihnen dann weiterhilft.

Die rechte Seite des Gehirns, unsere intuitive und imaginative Seite, lernt am besten durch Geschichten. Die linke Seite, rational und folgerichtig in ihrer Argumentation, zieht Techniken, Prinzipien, Erklärungen und schrittweise Prozesse vor. Das vorliegende Buch dient beiden Zugangswegen, um Sie darin zu unterstützen, Ihren Platz in der Welt zu finden.

Wie Sie dieses Buch benutzen können

Sie können das Buch von vorn bis hinten lesen oder nur das eine oder andere Kapitel. Es besteht aus einer Anzahl von Geschichten, Prinzipien, Vorschlägen und persönlichen Fragen. Ich hoffe, eine dieser Methoden weckt die Intuitionen, die aufgrund Ihrer Absicht, sich selbst besser kennen zu lernen, nur darauf warten, wahrgenommen zu werden.

Unser Leben definiert sich durch Beziehungen zu Menschen, Orten und Dingen. Meine Intention ist es, eine Beziehung zwischen Ihnen und den verschiedenen Ideen in diesem Buch herzustellen – genährt von Ihrem Wunsch, sich selbst intensiver kennen zu lernen. Zwei unterschiedliche Geisteshaltungen werden diesen Prozess unterstützen. Die erste ist die klare Absicht, sich für die Entdeckung Ihrer Lebensaufgabe zu öffnen. Die zweite besteht in der Fähigkeit zu leben, ohne zu wissen, worin Ihre Lebensaufgabe besteht – doch mit der Bereitschaft, das zu tun, was auf höherer Ebene von Ihnen erwartet wird.

Die Reihenfolge der Kapitel

Erster Teil: Das Erkennen Ihres Weges: Prinzipien

Das erste Kapitel, »Der Ruf und die Reise – Meine Geschichte«, gibt Ihnen eine kurze Übersicht über meinen eigenen Weg und zeigt die Kette aus Synchronizitäten – oder bedeutsamen Zufällen, die wir ausführlich diskutieren werden –, Geisteshaltungen, katalysierenden Ereignissen und den Freuden bzw. Momenten der Verzweiflung, während sich meine Lebensaufgabe langsam vor meinen Augen entfaltete. Vor diesem Hintergrund habe ich die Grundsätze und Prinzipien zusammengefasst, die ich bei der Suche jedes Menschen nach seinem Weg als relevant betrachte. Ich habe mich gewissenhaft bemüht, all das mit hineinzunehmen, was ich als besonders wichtig empfunden habe. Doch kann die Sichtweise *eines* Menschen niemals alles beinhalten – daher fühlen Sie sich bitte frei, aufgrund Ihrer eigenen Erfahrungen die Ideen in diesem Buch in Frage zu stellen und zu revidieren.

Das zweite Kapitel, »Ein sich selbst organisierendes System«, ist eine Einführung in das Spezialgebiet dieses Buches: nämlich die Tatsache, dass jeder von uns ein sich selbst organisierendes Energiefeld mit einer ihm innewohnenden Lebensaufgabe ist. Wir werden lernen, was eine Lebensaufgabe ist und was nicht. Sie werden erkennen, dass Ihre Lebensaufgabe sich bereits verwirklicht, obwohl Sie vielleicht momentan vom Gegenteil überzeugt sind. Dieses Kapitel beschäftigt sich mit der Rückbesinnung auf unsere Lebensaufgabe und zeigt, wie wir uns bewusster darauf einlassen können.

Im dritten Kapitel, »Die richtige Startposition«, reden wir von zwei Aspekten unseres Weges. Der erste beinhaltet, dass wir uns nicht ziellos treiben lassen sollen in der Absicht, »für alles offen zu sein« – denn dann werden wir überhaupt nichts tun. Es wird notwendig sein, einen Standpunkt einzunehmen oder sich auf eine Sache zu konzentrieren und dann auf das entsprechende Feedback zu reagieren. Ohne einen Fokus werden Sie nicht in der Lage sein, sich tief genug auf Ihr Leben einzulassen, um den Synchronizitäten zu erlauben, Sie dorthin zu bringen, wo Sie sein sollen. Einem meiner Schüler, Bill Voelker, gefällt in diesem Zusammenhang eine Bemerkung, die er irgendwann einmal gehört hat: »Du kannst alles haben, was du willst, aber du kannst nicht alles gleichzeitig haben.« Im Laufe Ihres Lebens müssen Sie sich immer wieder entscheiden und eine Auswahl treffen. Paradoxerweise schließen sich Fokussiertsein und Offenheit nicht gegenseitig aus.

Wie Sie bei unserer Geschichte des Zen-Meisters Kwong-roshi sehen werden, zwingen uns die Umstände zuweilen, einen bestimmten Standpunkt einzunehmen, was den weiteren Verlauf unseres Lebens nachhaltig beeinflussen kann. Die Umstände helfen uns dabei, herauszufinden, wer wir sind, was uns wirklich wichtig ist und wie wir unsere Integrität leben können.

Das vierte Kapitel, »Alles ist möglich«, beschäftigt sich mit einem der wichtigsten prinzipiellen Glaubenssätze für das Erkennen Ihrer Lebensaufgabe: der Tatsache, dass fast alle Begrenzungen und Einschränkungen nur als Ideen in unseren Köpfen existieren. Dieser Abschnitt des Buches will Sie ermutigen, Ihrer sich entfaltenden Lebensaufgabe zu vertrauen. Alles ist möglich, wenn Sie einen tiefen Glauben an Gott, an Gottes unendliche Möglichkeiten und an Wunder haben. Wenn Sie nicht wirklich davon überzeugt sind, wird Ihnen das Erreichen Ihrer Ziele wahrscheinlich nur mit großer zeitlicher Verzögerung gelingen.

Im fünften Kapitel, »Das magnetische Kraftfeld Ihrer Lebensaufgabe«, betrachten wir das Leben unter dem Aspekt der Erkenntnisse der Quantenphysik – nämlich dass jeder von uns in Form eines Energie- und Bewusstseinsfeldes existiert, das innerhalb eines *kollektiven* Energie- und Bewusstseinsfeldes agiert und reagiert. Solange Sie auf dieser Erde leben, werden Dinge mit Ihnen und durch Sie geschehen. In der Regel geht ein Buch, das die Erkenntnis der Lebensaufgabe zum Thema hat, davon aus, dass Sie Ihre Aufgabe in der äußeren Welt »finden«, sich dann Ziele setzen und diese erreichen sollten. In dem vorliegenden Buch beschäftigen wir uns mit der Theorie, dass Sie sich in einem Gefüge von persönlichen Energiemustern befinden, welche die richtigen Personen, Orte und Ereignisse in Ihr Leben bringen. In diesem Kapitel finden Sie einen Analysebogen, in dem Sie die Komponenten Ihres eigenen Magnetfeldes aufzeigen und beschreiben können.

Das sechste Kapitel, »Synchronizitäten enthüllen Ihre Aufgabe«, zeigt, dass es keine Zufälle gibt, sondern dass bestimmte Ereignisse Informationen und Möglichkeiten mit sich bringen und Ihnen neue Türen zur Realisierung Ihrer Lebensaufgabe öffnen.

Zweiter Teil: Techniken

Das siebte Kapitel, »Intention und Loslassen«, stellt Techniken vor, mit deren Hilfe Sie Ihre Lebensaufgabe im Alltag erfüllen können – auch wenn Sie nicht genau wissen, um was es sich dabei handelt. Selbst wenn Sie Ihre Aufgabe nicht klar formulieren können, ist es möglich, dass Sie ihre Entfaltung beschleunigen, indem Sie den starken Wunsch haben zu erkennen, worin sie besteht! Daher betrachten wir *Intention* als einen wichtigen, ersten Schritt hin zur Entfaltung. In den tiefsten Ebenen des metaphysischen und wissenschaftlichen Verständnisses lernen wir zu erkennen, dass – in den Worten des Arztes und Autoren Leonard Laskow – »in den subtilen Bereichen (der zunehmend mobileren Kommunikation) *Intention gleich Aktion*« ist (Hervorhebungen der Autorin. Anm. d. Übers.).[1]

Das achte Kapitel, »Intuition als Wegweiser Ihrer Lebensaufgabe«, hilft Ihnen, dieses nichtphysische Sinnesvermögen zu verstehen und einzusetzen; unsere Intuition ist der Schlüssel zu dem Wissen, was wann zu tun ist.

Im neunten Kapitel, »Wachsende Kreativität und die Entwicklung Ihrer Fähigkeiten«, ist es unser Anliegen, Ihnen einige einfache Möglichkeiten aufzuzeigen, wie Sie mit Ihren inneren Visionen und Vorstellungsbildern spielen können. Um Ihre Lebensaufgabe finden und leben zu können, ist es notwendig, dass Sie in unbekanntes Terrain vordringen. Zuweilen werden Sie sich über Konventionen und die Meinung anderer Leute hinwegsetzen müssen. Sie werden Vertrauen in Ihre schöpferische Kraft und Ihre Fähigkeit zur Interpretation der Botschaften Ihrer eigenen Intuition wie auch der Synchronizitäten haben müssen.

Um Ihre intuitive Seite zu stärken, bietet Ihnen dieses Buch eine Vielzahl einfacher Methoden zur Steigerung Ihrer Kreativität. Diese Übungen haben (mindestens) drei Ziele. Das erste besteht darin, Ihr wahres Selbst wachzurufen, damit Sie Fakten über sich selbst erkennen können, zu denen Sie über Ihre gewohnten Denkabläufe sonst keinen Zugang hätten. Unser zweites Ziel ist es, Ihnen ein paar einfache Werkzeuge in die Hand zu geben, die es Ihrer Intuition ermöglichen, sich klar zu bestimmten Themen zu äußern. Drittens möchten wir Sie unterhalten: Die Übungen machen einfach Spaß. Und wenn Sie entspannt sind und Spaß haben, werden Sie wahrscheinlich viel leichter Energien anziehen!

Dritter Teil: Tiefes Wasser

Das zehnte Kapitel, »In der Leere«, hilft Ihnen bei der Bewältigung der Probleme, die auftauchen, wenn Sie sich »in der Leere« befinden – einem unvermeidlichen Abschnitt des spirituellen Weges. Die Leere ist ein natürlicher und notwendiger Aspekt unseres Lebens. Sie zwingt uns dazu, uns zu verändern oder jene Dinge zu akzeptieren, die wir nicht ändern können. Die Leere begünstigt Wachstum in den tiefsten Bereichen unserer Seele und lässt den Samen unserer Lebensaufgabe keimen.

Das elfte Kapitel, »Der Schatten und die Lebensaufgabe«, beschreibt, wie wir in jene Bereiche unseres Selbst vordringen können, von denen wir uns abgewandt haben, und zeigt uns die üblichen Fallen, wie wir bei der Interaktion mit anderen Menschen unsere Energien zu unserem Nachteil verschwenden. Das Ziel dieses Kapitels besteht darin, unsere bewusste Aufmerksamkeit in Bezug auf diese Muster zu erhöhen, damit wir unser Verhalten ändern können. Das Kapitel beinhaltet einen Analysebogen, mit dessen Hilfe Sie herausfinden können, wie viel Energie Sie auf diese oder jene Art vergeuden.

Das zwölfte Kapitel, »Die Transformation von Hindernissen«, zeigt auf, wie die Schwierigkeiten, denen Sie sich gegenübersehen, unter Umständen den Keim des Wachstums in sich tragen, das entweder Ihre Sicht des Lebens verändern oder Ihnen neue, kreative Wege anbieten wird, mit deren Hilfe Sie Hindernisse bewältigen können. Sie werden schöpferische und intuitive Wege kennen lernen, mit denen Sie arbeiten und die kreative Energie Ihrer jeweiligen Hindernisse freisetzen können.

Vierter Teil: Hier Sein

Im dreizehnten Kapitel, »Das tun, was Sie lieben – und Ihnen seit jeher bestimmt war«, werden Sie daran erinnert, Ihrem Herzen zu folgen und Ihren Geist offen zu halten, damit auch Sie die Aufgabe leben können, die Sie in Ihrem Innersten bewahren.

»Ich habe festgestellt, dass die Menschen sich nicht wirklich vor dem Tod fürchten. Vielmehr haben sie Angst, nie wirklich gelebt zu haben, weder ernsthaft nach dem tieferen Sinn ihres Lebens geforscht noch ihre Lebensaufgabe angenommen und zumindest versucht zu haben, etwas Wichtiges und Einzigartiges zur Welt beizutragen.«

Joseph Jaworski

ERSTER TEIL

Das Erkennen Ihres Weges: Prinzipien

ERSTES KAPITEL

Der Ruf und die Reise – Meine Geschichte

»Du wirst mit einem Charakter geboren; er ist dir gegeben worden, ein Geschenk – wie die alten Geschichten uns erzählen –, das Engel dir bei deiner Geburt übergeben haben… Jeder Mensch kommt in die Welt, weil er gebraucht wird und gerufen wurde.«

James Hillman

Der Grund, warum dieses Buch überhaupt geschrieben wurde, liegt wohl darin, dass ich eines Tages »ausgerastet« bin. In jenem Moment im August 1993, als es passierte, stand ich genau in der Mitte meines kleinen Häuschens in der Nähe von Richmond in Kalifornien.

Als ich dieses Haus zum ersten Mal sah, dachte ich: »Es sieht aus wie die Hütte eines Schriftstellers.« Ich nahm an, dass es ein Sommerhaus war und irgendwann in den vierziger Jahren für Leute aus San Francisco gebaut worden war, die ihre Wochenenden und Sommerferien hier draußen verbrachten. Von der winzigen Terrasse aus, auf der ich violette Stiefmütterchen und rosa Geranien zu züchten versucht habe, kann ich die Golden-Gate-Brücke sehen. Wäre mein Haus nicht von Pinien und Gebüsch umgeben, könnte ich sogar Mount Tamalpais sehen, den herrlichen »Berggeist« von Marin County. Die gesamte

Vorderwand des Häuschens ist wie ein einziges Fenster mit vielen kleinen Scheiben, was mir das Gefühl gibt, auf einer Sonnenterrasse zu sitzen und nicht in einem »richtigen« Raum. Hier empfange ich meine Klienten, und wenn ich schreibe, kann ich aus diesem Fenster schauen, das mir sowohl einen Blick auf die weite Landschaft als auch auf Bäume und Büsche gewährt. Ich bin glücklich, wenn ich hier arbeite.

Dieses Zimmer, mein Wohn- und Arbeitsraum, in dem mich plötzlich der Blitz der Erkenntnis traf, beherbergt meinen Computer, meinen Aktenschrank, eine Kommode mit vielen Schubladen und Tische voller Gefäße und Vasen, die ich von meinen Reisen mitgebracht habe – Gefäße, die ich in Pastellbildern und Zeichnungen festgehalten habe, die gerahmt an den Wänden meines Wohnzimmers hängen. Außerdem gibt es hier eine kleine grün gestreifte Couch, die bei Bedarf als Gästebett dient und über deren Rückenlehne ein roter peruanischer Webteppich drapiert ist. Auf den Fensterbrettern stehen mexikanische Tongefäße, Fotografien meiner Kinder und ihrer Ehegatten, Kerzen und ein sittsames, ernstes Foto von mir als Zweijähriger im Shirley-Temple-Look – für meine Mutter das Ideal einer vollkommenen Tochter. Abgesehen von einigen wild wuchernden Zimmerpflanzen sind das überfüllte Bücherregal und mehrere Stapel von Büchern auf dem Boden, die nicht mehr ins Regal passen, wohl der auffälligste Aspekt dieses Raumes.

Heute kann ich jenen Augenblick im August 1993 – so schmerzhaft er auch war – als einen Wendepunkt sehen, der es mir ermöglichte, die Wahrnehmung meiner selbst mit meiner Lebensaufgabe in Übereinstimmung zu bringen. Damals wusste ich natürlich nicht, dass sich mein Leben bald drastisch verändern würde. Ich wusste nur, dass *irgendetwas* anders werden musste, dass ich mir grundlegende Gedanken darüber machen musste, wie ich meinen Lebensunterhalt verdiente, wenn ich nicht den Verstand verlieren wollte. Ich war kurz zuvor 52 Jahre alt geworden und lebte allein. Mit allen Kräften versuchte ich, an einer Karriere festzuhalten, die mir zu entgleiten schien. Ich hatte keine Ahnung, dass die Absicht, die ich an jenem Tag verbalisierte – nämlich mit meiner künstlerischen Natur, meinen tief verankerten metaphysischen Wertvorstellungen und Interessen im Einklang zu leben –, tatsächlich zu dem führen würde, was ich heute als meine Lebensaufgabe betrachte.

Seit 1976 hatte ich ein Doppelleben geführt. Einerseits hatte ich mich als allein erziehende Mutter, die den Lebensunterhalt für ihre Familie als Sekretärin für die Direktoren verschiedener erziehungs- oder gesundheitsorientierter Wohltätigkeitsorganisationen verdiente, in der Nähe normaler, beinahe spießbürgerlicher Lebensführung bewegt. Andererseits sah ich mich selbst als Künstlerin und Schülerin der psychospirituellen Natur des Seins. Seit meinem neunzehnten Lebensjahr war es mein Ziel gewesen, Spießbürgertum und eine »normale« Existenz um jeden Preis zu vermeiden. Während meiner Jahre als allein erziehende, arbeitende Mutter versuchte ich, nur solche Jobs anzunehmen, von denen ich glaubte, dass sie einen sozialen Wert hatten. Ich war damals wahrscheinlich das, was ich heute einen »klassischen Unterverdiener« nennen würde, doch das mag nur eine andere Bezeichnung sein für eine Mutter mit Universitätsabschluss, aber ohne Wunsch nach unternehmerischem Erfolg.

Als ich vier oder fünf Jahre alt war, bestand meine Hauptbeschäftigung darin, Mutter und Hausfrau zu spielen. Als ich sieben war, beschloss ich, Sekretärin zu werden wie meine Mutter, bevor sie die Büroarbeiten und technischen Zeichnungen für meinen Vater übernahm, der Bauunternehmer war. Oft saß ich am Wohnzimmertisch – meinem »Schreibtisch« – und spielte mit Papierblöcken, Kugelschreibern und Bleistiften, schob die Papiere auf dem Tisch hin und her, ordnete sie dann in perfekten Stapeln und führte mit ernster, erwachsener Stimme Selbstgespräche. Ein ausgezeichnetes Training für später, wie ich feststellen sollte.

Als ich in der fünften Klasse war, veranstaltete meine Schule ein Faschingsfest und danach war mein heißester Wunsch der, eine wahrsagende Zigeunerin zu werden. Wenn ich nachts im Bett lag und nicht damit beschäftigt war, auf B-52-Bomber zu lauschen, die unser Haus bombardieren und den Dritten Weltkrieg verkünden würden, stellte ich mir vor, wie ich um die Welt reisen, wichtige Dinge tun und allein Abenteuer bestehen würde. Interessanterweise reise ich heute sehr viel – im Zusammenhang mit meinen Vorträgen und Seminaren – und in der Regel allein. Mein ganzes Leben lang habe ich einen Haushalt geführt und war sowohl Sekretärin als auch Weissagerin. Haben meine frühen Phantasien diese Erfahrungen kreiert? Oder waren diese Phantasien eine Vorahnung meines späteren Lebens?

Ich erinnere mich, dass ich in der siebten Klasse vor allem im Geschichtsunterricht so gelangweilt war, dass ich anfing, kleine Abenteuergeschichten zu schreiben, in denen ich selbst die Hauptrolle spielte und die ich meinen Freundinnen zum Lesen gab. Seit jeher waren Bücher eine meiner Leidenschaften und ich las alles, was mir in die Hände fiel. Als ich ungefähr fünfzehn war, beschloss ich, mich als Künstler zu profilieren. Ich nehme an, dass ich mich für die Kunst entschloss, weil meine ersten glücklichen Erinnerungen mit einem neuen Karton voller Kreiden zu tun hatten, die ich zu Weihnachten geschenkt bekam. Bis zum heutigen Tag liebe ich den Akt des Malens und die Sinnlichkeit der Farben. Ich könnte Farben essen. Farbe ist ein visuelles Vitamin für mich.

Doch obwohl ich die Erfahrungen im Kunstunterricht in der High School genoss, war mein Lieblingsfach Englisch. Ich konnte es kaum erwarten, einen Aufsatz zu schreiben, egal, um welches Thema es sich handelte. Nach meinem Schulabgang sagte mein Englischlehrer zu meinen Eltern, dass er sicher sei, ich hätte das Zeug zu einer erfolgreichen Schriftstellerin oder Journalistin. Habe ich das damals ernst genommen? Nein. Es stellte sich heraus, dass ich bei der Abschlussfeier der Abschiedsredner für meine Klasse werden sollte. Ich hatte keine Ahnung, was das bedeutete, bis mich der Direktor aufklärte und mir sagte, dass ich eine Rede halten müsste. Worte reichen nicht aus, um die negativen Gefühle zu beschreiben, die ich empfand, als ich am Tag der Abschlussfeier vor meiner Klasse, meinen Freunden, Lehrern und meiner ganzen Familie stand. Jahre später fand ich heraus, dass ich damals meinen Körper verlassen hatte, denn als ich »Guten Morgen« gesagt hatte, hatte ich mich erstaunt umgesehen, *wer* da sprach. Obwohl meine schulischen Leistungen immer gut gewesen waren, hatten meine Eltern nicht die Absicht, mich auf die Universität zu schicken. Ihrer Meinung nach gab es keinen Grund dafür, ein Mädchen studieren zu lassen.

Ich habe mich oft gewundert, warum es mir nie in den Sinn gekommen ist, das Schreiben als Beruf auszuüben, obwohl es für mich das Ungewöhnlichste und Leichteste war, was ich je getan hatte. Ich nehme an, es war *zu* leicht. Da ich kein sehr ausgeprägtes Selbstwertgefühl hatte, sollte es viele Jahre dauern, bis ich meine Fähigkeiten überhaupt bewusst erkennen konnte. Heute macht das Schreiben einen *sehr* großen Teil meiner Arbeit aus; es ist eine meiner Lieblingsbeschäftigungen und zudem finanziell äußerst einträglich.

Während ich dies schreibe, stelle ich fest, wie zersplittert mein Denken in diesen jungen Jahren war; wie absurd es war, dass ich beschlossen hatte, Künstlerin zu werden, während ich zur gleichen Zeit zwei negative Glaubenssätze hegte, die mich daran hinderten. Der erste war die Überzeugung, dass Künstler nie genug Geld verdienen. Der zweite bestand in der Annahme, dass ich niemals »gut genug« sein würde, um als professioneller Künstler Erfolg zu haben. Wie eigenartig, dass Kunst der Bereich war, mit dem ich mich am ehesten identifizierte, dass ich aber dennoch nicht einmal im Traum daran dachte, Kunst zu studieren oder eine Kunstschule zu besuchen. Als ich neunzehn war, hatte sich in mir offensichtlich die Annahme verfestigt – ohne dass ich wusste, warum oder wieso –, dass es mir aus irgendeinem Grund nicht beschieden war, erfolgreich zu sein. Die Möglichkeit, dass ein Künstler wachsen und sich entwickeln konnte – dass man dabeibleiben und im Laufe der Zeit, also später im Leben Erfolg haben konnte –, kam mir nicht in den Sinn. Ich gab mir selbst nie die Erlaubnis, Fehler zu machen oder neue Möglichkeiten zu erschließen. Rückblickend scheint es mir, dass ich geglaubt hatte, man müsste von einem Tag zum anderen vom Teenager zum erwachsenen, vollendeten Künstler reifen, dessen Talent dermaßen ausgebildet wäre, dass er auf der Stelle zum erfolgreichsten und gefragtesten Künstler auf seinem Gebiet werden würde; besser als jeder andere, einzigartig, von allen bewundert und mit Aufträgen überschüttet – einfach aus dem Grund, weil er so unübertrefflich und besonders war. Und war man nicht so gut, konnte man es sowieso gleich vergessen. Dann war man aus dem Rennen und wurde besser gleich Sekretärin.

Mit zwanzig heiratete ich. Mein Mann und ich studierten beide an der Universität von Berkeley in Kalifornien und ich hatte soeben die Psychologie entdeckt. Obwohl dieses Gebiet mich faszinierte, war das obligatorische Psychologieseminar, das in erster Linie von Statistiken handelte, völlig unverständlich für mich. Daraufhin entschied ich mich für einen Kunstkursus, in dem ich zum ersten Mal die Feinheiten der Renaissance-Symbolik kennen lernte. Und dafür werde ich ewig dankbar sein. Denn es war während meines Studiums der frühen niederländischen Malerei, dass ich damit begann, die aufregende Entdeckung einer tieferen Bedeutung hinter dem Offensichtlichen zu machen. Die Maler des Mittelalters und der Renaissance flochten in ihre köstlichen, geheimnisvollen und wunderbar komponierten Gemälde von Szenen aus dem alltäglichen und dem heiligen Leben in der Regel alle möglichen Symbole ein, wie zum Beispiel Orangen, die Reichtum oder die Beziehung zum Süden darstellten, oder Hausschuhe und kleine Hündchen, die eheliche Treue symbolisierten. Kunst und Schönheit retteten mich oft aus meiner Melancholie. Die Macht der Symbole als Botschaften wurde zu einem tief ruhenden Samen in meiner Seele.

1963 schloss ich mein Studium der Kunstgeschichte an der Universität von Kalifornien ab – zur gleichen Zeit, als das »Free Speech Movement« und die sozialen Umwälzungen in vollem Gange waren. Die Wichtigkeit dessen, was da stattfand, berührte mich jedoch kaum, da ich im Grunde genommen introvertiert, einsam und depressiv war. Aufgewachsen in einer einfachen und kulturell verarmten Umgebung, hungerte ich danach, mein ganzes Selbst von Grund auf zu ändern. Die ersten drei Jahre meiner Ehe waren sehr schwer für mich und ich erinnere mich, dass ich oft das Gefühl hatte, überhaupt nicht zu existieren. Ich weiß noch, wie ich in der Universitätsbibliothek alle möglichen Nachrichtenmagazine las, damit ich beim Abendessen in der Lage war, mit meinem Mann und seinen Ingenieurfreunden Konversation zu betreiben. Ich war damals so scheu, dass ich nicht wusste, wie ich eigene Freunde gewinnen konnte. Außerdem hatte ich mir in dem Bemühen, mich von meiner Mutter zu unterscheiden, eingeredet, dass Frauen weniger interessant wären als Männer und der Umgang mit ihnen um jeden Preis vermieden werden sollte. Ohne Ausnahme.

Nach meiner Scheidung acht Jahre später zog ich nach San Francisco. Mein Leben drehte sich um die Erziehung meiner beiden kleinen Kinder, um das Knüpfen neuer Freundschaften, um das Batiken von Landschaften auf Seide sowie um Teilzeitjobs. Hungrig nach Abenteuern und einem neuen Leben, stürzte ich mich in das Künstlerdasein.

Das wichtigste Ereignis im Zusammenhang mit der Entdeckung meiner Lebensaufgabe sollte 1974 eintreten, zwei Wochen vor meinem dreiunddreißigsten Geburtstag. Eineinhalb Jahre lang hatte ich eine große, erfolgreiche Firma für Gastronomieservice gemanagt und buchstäblich Tag und Nacht gearbeitet. Da ich selten zu Hause war, musste ich meine Kinder, Sigrid und Gunther, oft in der Obhut eines Babysitters lassen. Doch auf Dauer ging das nicht. Sie rebellierten und ihr Verhalten drohte unkontrollierbar zu werden. In der ersten Januarwoche entschieden meine Freundin Zenobia Barlow und ich, eine Woche

Ferien in Santa Fe in New Mexico zu machen. Wir waren beide erschöpft vom vielen Arbeiten.

Als wir vom Flughafen in Albuquerque nach Santa Fe hochfuhren, stellte ich bald etwas Eigenartiges fest. Die Landschaft erschien mir so vertraut, obwohl ich nie zuvor dort gewesen war. Die roten Hügel mit ihren kleinen grünen Büschen ähnelten den Bildern, die ich in letzter Zeit gemalt hatte. Hatte ich diesen Ort erfunden? Von dem Moment an, als wir in Santa Fe ankamen, waren wir von der Stadt begeistert – eine nicht ungewöhnliche Reaktion von Besuchern dieser Gegend. Von Anfang an begegneten wir Menschen auf synchronistische Weise. Wir waren kaum eine Woche da, als wir schon daran dachten, dorthin zu ziehen. Selbst der Rauch des Pinienholzes, das wir in unserem Kamin verbrannten, berauschte mich. Ich war wie verzaubert.

Um es kurz zu machen: Nach meiner Rückkehr nach Kalifornien folgte ich meiner Intuition und kündigte meinen einträglichen, aber aufreibenden Job. Zum Erstaunen meiner Freunde verkaufte ich fast alle meine Möbel und schickte den Rest meiner Sachen nach New Mexico. Dann bugsierte ich die Kinder und mich selbst in meinen alten blauen Volkswagenbus und fuhr nach Santa Fe.

Kaum waren wir angekommen, ereigneten sich auch schon die Synchronizitäten, die mir zeigten, dass meine Entscheidung richtig war. Es stellte sich heraus, dass das kleine Motel, in dem ich ein Zimmer mit Kochgelegenheit mietete, nur zwei Blocks von dem Haus entfernt war, in dem wir ein Jahr leben sollten. Einer der erstaunlichsten Zufälle passierte gleich am ersten Sonntag. Obwohl ich müde war und noch niemanden in der Stadt kannte, beschloss ich, ins Internationale Volkskunstmuseum zu gehen und mir einen indianischen Film anzuschauen. Als ich meinen Platz einnahm, bemerkte ich, dass an den Wänden viele Batikmalereien hingen. Ich selbst hatte jahrelang diese spezielle Maltechnik angewendet. Während ich darauf wartete, dass der Film anfing, stellte sich heraus, dass ich die beiden Leute kannte, die direkt in der Reihe vor mir saßen. Es waren Patti Nelson, die frühere Sekretärin meines geschiedenen Mannes, und ihr Freund. Kurz nachdem ich mich hingesetzt hatte, drehte Patti sich um, sah mich und strahlte. »Carol«, sagte sie, »wir haben gerade über dich gesprochen. Die Batikmalereien haben mich an dich erinnert. Wir haben uns gefragt, was du wohl machst und wo du bist!«

Von da an gestaltete sich mein Aufenthalt in Santa Fe wie im Film. Ich nahm verschiedene Jobs an, um unseren Lebensunterhalt zu verdienen, als der Mindestlohn kaum 2 Dollar pro Stunde betrug. Ich arbeitete als Modell für Maler und kellnerte in einem mexikanischen und einem italienischen Restaurant. Ich lernte, Silberschmuck zu fertigen, und führte einen Schmuck- und Kunstladen. Die meisten meiner Freunde waren Künstler und Suchende auf dem spirituellen Pfad. Während dieser Zeit hatte ich das Glück, zwei Schwestern wieder zu treffen, die ich 1971 kennen gelernt hatte, als sie gerade von New York nach San Francisco übergesiedelt waren. Sie hatten damals auf meine Einladung hin drei Monate bei uns gelebt. Seltsamerweise war eine von ihnen, ohne dass ich es wusste, bald darauf nach Santa Fe gezogen. In Anbetracht dessen, was ich heute weiß, würde ich sagen, dass die beiden Mitglieder meiner Seelengruppe gewesen sein müssen, deren Aufgabe es war, mich mit der nächsten Person zusammenzubringen, die mir helfen würde, mit meinem Schicksal in engeren Kontakt zu treten. Eine der Schwestern bestand darauf, dass ich ihre Freundin Ruth Drayer kennen lernen sollte. Wie üblich, wenn jemand unbedingt will, dass man seine Freunde kennen lernt, war ich mir nicht sicher, ob das wirklich eine so gute Idee war. Wie auch immer – eines Tages traf ich Ruth Drayer, die ein sehr netter Mensch zu sein schien. Ihre beiden Kinder waren im gleichen Alter wie meine und gingen in dieselbe Schule; und wir beide verstanden uns auf Anhieb.

Während meiner ersten Begegnung mit Ruth erwähnte ich beiläufig, dass ich das starke Bedürfnis hatte, meinen Nachnamen zu ändern, denn schließlich war ich nicht mehr verheiratet. Ich erklärte ihr, dass ich schon seit einiger Zeit das Gefühl hatte, weder meinen gegenwärtigen Namen beibehalten noch meinen Mädchennamen wieder annehmen zu wollen. Ruth schlug mir sogleich vor, es einmal mit der Numerologie zu versuchen. Dieses System könnte mir helfen, einen neuen Namen zu finden, der mit meinem Geburtsdatum harmonisierte und auf diese Weise einen geeigneten neuen Schicksalsweg gewährleistete. Sie bot mir an, meine Schicksalszahlen zu errechnen, und obwohl ich skeptisch war, stimmte ich zu. Wie sollte ich auch wissen, dass dieser Moment einer der wichtigsten meines Lebens sein und mich auf den Pfad zu meiner Lebensaufgabe bringen würde.

In dem Augenblick, als ich die kleine handgeschriebene Tabelle zum ersten Mal sah, die Ruth für mich anhand meines Geburtsdatums und Geburtsnamens erstellt hatte, *klickte* etwas buchstäblich in meinem Kopf. Ich war begeistert, ein System kennen zu lernen, das es mir erlauben würde, mich selbst wie auch andere Menschen besser zu verstehen, und mit dessen Hilfe ich vielleicht herausfinden konnte, was unsere jeweilige Lebensaufgabe ist. Wir probierten ein paar Namen aus, die mir gefielen. Schließlich entschied ich mich für Adrienne als neuen Nachnamen. Diesen fand ich schon immer schön und hatte ihn meiner Tochter als zweiten Vornamen gegeben. Sein symbolisches Potenzial versprach ein Schicksal, das mit Kunst und einer psychologisch-spirituellen Ausrichtung verknüpft war, vielleicht mit der Möglichkeit, andere durch Vorträge und mit Hilfe der öffentlichen Medien zu inspirieren. Obwohl mir dieser Weg damals äußerst unwahrscheinlich vorkam, gefiel mir der Gedanke, dass mein neuer Name die Kunst und Metaphysik hervorzuheben schien. Von da an gehörte die Numerologie – und was sie über Menschen zu enthüllen schien – zu meinen Lieblingsbeschäftigungen. Ich begann, sämtliche Bücher zu diesem Thema zu lesen, die ich nur finden konnte, und experimentierte mit den Namen aller Personen, die mir begegneten. Das System stellte sich als so präzise heraus, dass ich immer tiefer in die Materie eindrang. Es war etwas, das ich nicht loslassen konnte.

Wie ich durch meine Studien der persönlichen Zyklen lernte, war ich in einem »persönlichen Neuner-Jahr« nach Santa Fe gezogen, was besagte, dass ich in Wahrheit eher einen Zyklus *beendete* als einen neuen begann. In jedem Fall beschleunigte der Einfluss der Neun meine spirituelle Entwicklung beträchtlich. Heute weiß ich, dass der Grund für meinen Umzug nach New Mexico war, Ruth zu treffen und die Numerologie kennen zu lernen, einen wichtigen Aspekt meines Lebensweges als Lehrerin und Beraterin. Ich habe nicht den geringsten Zweifel daran, dass ich geboren wurde, um dieses System anzuwenden und Praktiken zu entwickeln, die den Menschen helfen können, sich zu erinnern, wer sie wirklich sind.

In dem Augenblick, als ich die Numerologie »fand«, wusste ich, dass ich nach Kalifornien zurückgehen musste. Ich war ein bisschen verlegen, weil ich so schnell wieder zurückkam. Ich befürchtete, meine Freunde würden denken, dass ich nicht wusste, was ich tat – was auch stimmte. Bevor ich jedoch New Mexico verließ, sah ich eine klare intuitive Botschaft vor meinem inneren Auge – eine der ersten, an die ich mich deutlich erinnere: »Du musst jetzt wieder zur Schule gehen.« Dazu hatte ich absolut keine Lust und ich ging so weit, mich diesem Gedanken aktiv zu widersetzen, denn schließlich arbeitete ich schon hart als allein erziehende Mutter und brauchte nicht noch eine zusätzliche Beschäftigung. So jedenfalls dachte ich.

Doch das »Neuner«-Jahr war vorüber und es war an der Zeit, etwas völlig Neues zu beginnen. Ich packte unsere Sachen und wir fuhren nach Kalifornien zurück. Vorübergehend zogen wir in das Haus eines Freundes in Berkeley und ich versuchte herauszufinden, was ich als Nächstes zu tun hatte. Der Gedanke, noch einmal die Schulbank zu drücken, ließ mich nicht mehr los, doch war ich völlig verwirrt. Ich hatte keine Ahnung, was ich überhaupt studieren sollte. Ich wusste zwar, dass es etwas Mentales – im Gegensatz zu etwas Künstlerischem – sein musste, denn mittlerweile galt meine ganze Leidenschaft allem, was mit Metaphysik zu tun hatte. Ich begann mich nach einem geeigneten Studienfach umzuschauen. War es vielleicht Parapsychologie? Nein. Ich interessierte mich nicht sonderlich für das Erscheinen von Geistern. War es Psychologie? Die Richtung stimmte, doch befasste sich das Studium der Psychologie nicht mit der mysteriösen, esoterischen Seite des Lebens, die mich so faszinierte. Schließlich stieß ich auf ein transpersonales Programm an der Sonoma State University in Nordkalifornien. Wunderbarerweise bekam ich noch einen Studienplatz in der letzten Woche vor Semesterbeginn. Meine Tochter war zu ihrem Vater gezogen und ich fand für meinen Sohn und mich ein scheußliches Studentenapartment in der Nähe der Universität. Leider musste ich bald feststellen, dass ich keinen Teilzeitjob fand, wie sehr ich mich auch bemühte. Der drohende Geldmangel wurde bald zu einer schwarzen Wolke, die sich immer mehr verdichtete und alle anderen Gedanken in den Hintergrund drängte. Ich hatte das Gefühl, flussaufwärts zu schwimmen und langsam den Boden unter den Füßen zu verlieren. Obwohl die Tatsache, dass ich so schnell einen Studienplatz gefunden hatte, darauf hinzuweisen schien, dass dies der richtige Ort für mich war, sah ich mich gezwungen, ihn aufzugeben und nach Oakland zurückzukehren. Dort traf ich auf synchronistische Weise zwei andere Wohnungssuchende und wir fanden bald ein schönes, großes Haus in der Nähe von Lake Merritt in Oakland. Die Besitzer hatten mehrere Bewerber abgelehnt, wobei ihnen sogar höhere Mieten angeboten worden waren, als sie verlangten, doch vermieteten sie uns ihr Haus gleich bei unserer ersten Begegnung. Innerhalb einer Woche fand ich einen langweiligen Job als Empfangssekretärin, mit dem ich die Miete zahlen konnte. Später erkannte ich, dass die Hindernisse, die sich in Sonoma vor mir aufgetan hatten, ein Beweis dafür waren, dass das Universum die »Möbel« meines Lebens umstellte. Doch damals hatte ich nicht die leiseste Ahnung davon.

Einige Monate vergingen. Ich arbeitete in meinem Job, der mir überhaupt nicht gefiel, studierte Numerologie und machte ein paar Berechnungen für Freunde und Bekannte. Nebenher nähte ich ein wenig, um meinen Verdienst aufzubessern. Eines Tages erhielt ich völlig unerwartet einen Anruf von meiner alten Freundin Zenobia Barlow, die mittlerweile in Petaluma lebte, nördlich von San Francisco. Zenobia und ich hatten seit einem Jahr keinen Kontakt mehr gehabt, da sie mit ihrem neuen Ehemann eine Weltreise unternommen hatte. Am Telefon sagte sie zu mir: »Ich habe ein sehr interessantes Psychologieprogramm hier in Sonoma gefunden. Es nennt sich ›archetypische Psychologie‹. Ich möchte das gern studieren und ich glaube, das wäre auch das Richtige für dich. Lass uns zusammen studieren!« Ich erklärte ihr, dass ich bereits einen erfolglosen Versuch unternommen hatte, ein anderes Fachgebiet in Sonoma zu studieren, doch sie bestand darauf. Dieses Programm war neu, eine Art Tiefenpsychologie, basierend auf der Arbeit des Schweizer Psychiaters C. G. Jung. Es stellte sich heraus, dass dies genau das war, wonach ich gesucht hatte – mit seiner Betonung der Symbolik und der tief verankerten kollektiven Kräfte in der menschlichen Psyche. Der Zeitpunkt war gekommen, um das nächste Stück ins Puzzle meines Lebens einzufügen.

Während der folgenden zwei Jahre kam alles zu mir, was ich brauchte – ein ideales Haus und eine Vielzahl von Teilzeitjobs. Ich tat, was getan werden musste, um meine Familie und mich selbst über Wasser zu halten, während ich wieder zur Schule ging. Unser Professor hatte eine besondere Vorliebe für die Arbeit des Jungianischen Psychologen und Autoren James Hillman, dessen Buch *Revisioning Psychology* damals gerade erschienen war.

Um Geld zu verdienen, nahm ich eine Reihe von Teilzeitjobs an. Ich ging putzen, war Babysitter oder machte Urlaubsvertretungen als Sekretärin. Eine Zeit lang kochte ich regelmäßig für meine Freunde Eleanor und Francis Coppola in ihrem Haus in Napa Valley. Ich hatte sowohl Zenobia als auch Eleanor Jahre zuvor in San Francisco kennen gelernt, wo wir eine der ersten »Frauengruppen« gründeten. Damals drehte Eleanors Mann, Francis, gerade den Film »Der Pate«. Eleanor, Zenobia und ich hatten unsere Freundschaft fortgesetzt, während wir alle – unabhängig voneinander – aufs Land nördlich von San Francisco gezogen waren.

Während dieser Zeit schwankte ich zwischen der intensiven Beschäftigung mit den psychologischen Prozessen des Lebens und den alltäglichen Aufgaben in meinen Jobs. Die schiere Langeweile in meiner Arbeit zwang mich, meine Aufmerksamkeit nach innen zu richten. Wenn ich an ruhigen Nachmittagen die kostbare Gläserkollektion eines Haushalts reinigte oder Toiletten putzte, hatte ich Zeit nachzudenken. Diese Zeit hatte etwas Reiches, Üppiges durch den Rhythmus und die Vielfalt meiner Aufgaben und die Tiefe der inneren Arbeit, die ich inzwischen verrichtete. Durch die Dinge, die ich während meines Studiums lernte, und die unerwarteten Begegnungen mit Menschen aus allen Schichten der Gesellschaft hatte ich Gelegenheit zu üben, im Hier und Jetzt zu sein. Ich genoss es, hier und da Zeit mit einigen älteren Menschen zu verbringen, die ans Haus gebunden waren und für die ich arbeitete, zum Beispiel bei einer Familie, deren zwei Kinder und Großmutter Connie ich versorgte, welche Alzheimer im Anfangsstadium hatte. Manchmal schrieb ich die Dinge auf, die Connie sagte, weil sie voller Poesie waren. Eine andere pflegebedürftige Frau, deren Haus ich putzte, erfreute mich mit faszinierenden Geschichten aus ihrem früheren Leben an den verschiedensten exotischen Plätzen. Ich befreundete mich mit einem neunzigjährigen Mann, Mr. Wright. Er liebte Steaks und Martinis und manchmal gingen wir gemeinsam zum Essen.

Ich führte ein Tagebuch und begann, einfache Haiku-Gedichte zu schreiben. Mein intellektuelles Leben während dieser Jahre stellte ein Flickwerk aus lebhaften psychologischen Ideen dar; es beinhaltete sowohl meine umfangreichen Studien über Jung, Hillman und andere Jungianische Autoren als auch Bücher über die Symbolik von Tarot, Traumanalyse und Zahlen. Zur selben Zeit war ich Mutter und zog meine beiden intelligenten, aktiven Teenager groß, während ich mich darum bemühte, weiterhin zu malen und Zeit für ein Privatleben zu finden. Ich dachte damals nie über meine Lebensaufgabe nach; dafür lebte ich viel zu intensiv.

Ich begann, Symbolen und Träumen mehr Aufmerksamkeit zu schenken, und bemerkte, wie alltägliche Synchronizitäten mich auf meinem Lebensweg führten; und ich erforschte meine innere Welt. Während ich auf der Suche nach einem Thema für meine Abschlussarbeit war, gelang es mir, vier Hauptkräfte, die in mir arbeiteten und offensichtlich mein Leben bestimmten, zu identifizieren. Ich folgte der Spur dieser Subpersönlichkeiten anhand von Träumen, Intuitionen, Leidenschaften und alltäglichen Situationen und schrieb schließlich meine Doktorarbeit über diese vier archetypischen Stimmen, von denen ich das Gefühl hatte, dass sie in mir lebten und mich mit ihrem jeweiligen Programm vorantrieben. Die vier inneren Persönlichkeiten, die ich fand, waren folgende: *der Direktor, die Odaliske* (Haremsdame), *Klein-Carol* und die dominierende *Mutter-Jongleurin.* Meine Lebensaufgabe schien in den Händen dieser vier Subpersönlichkeiten zu liegen. Der Direktor, eine klare, objektive, männliche Stimme – mein *Animus* –, sorgte dafür, dass ich fokussiert meine Projekte beenden und neue Aufgaben annehmen konnte. Er zeigte sich oft als dominanter Mann in meinen Träumen. In geführten Visualisierungen repräsentierte er Bestimmtheit und dynamische Risikobereitschaft. Die Odaliske, ohne Zweifel meine *Anima* oder innere weibliche Stimme, die traditionell in der Kunst oft als liegende, nackte Verführerin dargestellt wird, konnte ich problemlos schon seit jeher in meinem Leben erkennen. Träge, erdhaft, sinnlich und dramatisch, beschwörte die Odaliske meine Leidenschaft fürs Malen herauf, meine Beziehungen zu Männern und die Faszination des Exotischen und Metaphysischen. Sie war es, die Farben, Romantik, Kerzenlicht und Phantasien liebte. Klein-Carol war das innere Kind, das trotz seiner Ängste und Unsicherheiten ein mutiges, aufgewecktes kleines Ding war. Sie erschien mir in Erinnerungen und alten Fotografien und gemahnte mich daran, wie viel Spaß wir haben wollten, wenn ich erst einmal erwachsen war. Vor meinem geistigen Auge sah ich sie, wie sie dastand und mit einem etwas missmutigen Ausdruck im Gesicht zur Sonne blickte, eine Hand auf die Hüfte gestützt, genau wie meine geliebte Großmutter oft dagestanden war; sie wartete ungeduldig auf unser nächstes gemeinsames Abenteuer. Und schließlich war da die Mutter-Jongleurin, die in Wirklichkeit die Regie in meinem Leben führte. Entschlossen, praktisch und organisiert, war sie es, die die Jobs fand, das Essen kochte, Auto fuhr und für einen reibungslosen Ablauf des Alltags sorgte.

1976 machte ich mein Diplom und dachte: »Jetzt habe ich also zwei unnütze akademische Grade – Kunstgeschichte und archetypische Psychologie.« Offensichtlich sah ich keine Möglichkeit, diese neu gewonnenen Kenntnisse in die Tat umzusetzen. Ich hatte der Form halber versucht, meine Ausbildung zur Ehe- und Familienberaterin fortzusetzen. Doch als ich damit begann, geschah absolut nichts. Darüber hinaus hatte ich nicht die geringste Lust, Therapeutin zu werden.

Der Augenblick, den ich zu Beginn meiner Geschichte erwähnte, der Moment, als ich »ausrastete«, ereignete sich jedoch nicht inmitten all dieses Chaos, sondern kam erst siebzehn Jahre später, als meine Überlebenskämpfe, Identitätskrisen und geduldabverlangenden Episoden der Kreativität und des Familienlebens vorüber waren. Natürlich hatte dieser Moment ein Vorspiel.

In den Jahren zwischen 1976 und 1993 drehte sich mein Leben um meine Kinder, die Malerei, die Beschäftigung mit der Metaphysik und um intuitive Beratung. Die Bücherstapel neben meinem Bett wuchsen ständig und bedeckten den halben Boden. Tagsüber im Büro erstellte ich manchmal, wenn ich gerade nichts anderes zu tun hatte, numerologische Tabellen für meine Klienten (und versteckte meine Aufzeichnungen dann unter der Schreibtischauflage). In meinem Haus hatte ich immer wieder Untermieter, weil ich sonst Schwierigkeiten gehabt hätte, die Miete aufzubringen. Meine liebste und glorreichste Mitbewohnerin war die Romanautorin Anne Lamott. Sie wohnte ein Jahr bei mir, während sie ihr zweites Buch, *Rosie*, beendete. Wie oft war ich oben in meinem Zimmer und hörte Annie, wie sie auf unserer überdachten Terrasse mit Blick auf einen Steinbruch emsig ihre vorsintflutliche Schreibmaschine traktierte. Der Steinbruch war eine passende Metapher für uns, da wir beide an den Felsblöcken unserer Kreativität meißelten.

Ein wichtiger Wendepunkt in meiner Karriere trat ganz unauffällig an einem wunderschönen Sommernachmittag ein, als ich unter dem Eichenbaum in meiner kleinen Numerologie-Bude auf dem »Renaissance-Festival« saß (das jedes Jahr in Nordkalifornien stattfindet und viele Künstler, Maler, Schauspieler, Musiker, Tänzer und Hellseher anzieht). Ein Mann kam vorbei, und mein Aushängeschild erregte sein Interesse. Er blieb stehen und nach einer kurzen Pause sagte er: »Man könnte gut ein Softwareprogramm mit Numerologie erstellen.« Er bot an, mich mit einem Programmierer zusammenzubringen, und verschwand aus meinem Leben. Der Vorschlag ging mir nicht mehr aus dem Kopf, und ich beschloss, der Idee nachzugehen. Die Tatsache, dass ich meine Gedanken aufschreiben musste, setzte voraus, dass ich lernte, wie man einen Computer bedient – Gott sei Dank, muss ich heute sagen. Der Datenmanager bei der Wohltätigkeitsorganisation, für die ich damals arbeitete, brachte mir nach Büroschluss die Anfänge der Textverarbeitung bei. Damit war – wie sich herausstellen sollte – zwar kein Computerprogramm geboren worden, wohl aber mein erstes Buch über Numerologie. Ich zwang mich, an diesem Projekt zu arbeiten, auch wenn ich von außen kaum Unterstützung oder Ermutigung dafür fand. Da es mir nie gelang, einen Softwareverleger zu finden, legte ich das fertige Manuskript für Jahre beiseite.

Mit 41 Jahren und seit zwölf Jahren allein stehend, heiratete ich C., einen wunderbaren, warmherzigen und humorvollen jüngeren Mann. Ich malte nach wie vor, arbeitete hin und wieder als Sekretärin und hatte mir in der Zwischenzeit eine solide Numerologiepaxis aufgebaut. Das Leben war schön. Eines Tages suchte ich in der Zeitung nach einem Job und eine kleine Anzeige stach mir ins Auge, in der eine Teilzeitstelle in einer Public-Relations-Agentur angeboten wurde. Ich bekam einen Vorstellungstermin und meine Begegnung mit Candice Fuhrman, die die Anzeige aufgegeben hatte, stellte sich als ebenso schicksalhaft heraus wie mein Treffen mit Ruth Drayer Jahre zuvor. Ich machte eine kurze Numerologiesitzung mit ihr und überzeugte sie, dass unser beider Zahlen gut zusammenpassten! Sie lachte und gab mir den Job. Wir sind bis auf den heutigen Tag befreundet und außerdem ist sie meine Literaturagentin und war diejenige, die dafür sorgte, dass mein vergessenes Numerologiemanuskript zu meinem ersten Buch wurde, *Numerologie der Jahrtausendwende.*

Während der sechs Jahre, in denen C. und ich zusammen waren, schufen wir eine harmonische, große Familie, die mir meist das Gefühl gab, dass das Leben wunderbar war. Wir waren seit vier Jahren verheiratet, als meine Tochter Sigrid auszog, um an der Universität von Kalifornien in Los Angeles zu studieren, bald danach gefolgt von meinem Sohn Gunther. Die Kinder waren nicht mehr zu Hause, C.s Arbeit erforderte immer häufiger seine Anwesenheit in San Francisco und ich empfand das wachsende Bedürfnis, nach San Francisco zu ziehen. Wir begannen uns ernsthafte Gedanken darüber zu machen.

Während dieser Zeit bemerkte ich eines Abends eine kleine, aber deutlich spürbare Schwellung in meiner linken Brust. Am nächsten Morgen rief ich sofort meinen Arzt an. Nachdem er mich untersucht hatte, meinte er, es sei wahrscheinlich nichts Ernstes, »wir sollten es beobachten ...«. In den folgenden Monaten holte ich die Meinung zweier weiterer Brustkrebs-Spezialisten ein und erhielt von beiden die gleiche Antwort: »Lassen Sie uns abwarten und sehen, was passiert« und »Ich glaube nicht, dass Sie sich Sorgen machen müssen«. Mein Bedürfnis nach einem Umzug wurde immer stärker. Ich war getrieben von der inneren Notwendigkeit, ein neues Zuhause zu finden.

Geradezu als Antwort auf dieses innere Bedürfnis wurde die Schwellung immer größer. Mittlerweile war beinahe ein Jahr vergangen. Wieder ging ich zu meinem Arzt und dieses Mal nahm er in seiner Praxis eine Biopsie vor. Innerhalb von Minuten stand die Diagnose fest: Brustkrebs. In dem Moment konnten wir nicht wissen, dass der

Krebs bereits acht Lymphknoten erfasst hatte. Mein erster Gedanke war: »Ich werde nicht daran sterben. Ich werde etwas daraus lernen.« Mein nächster Gedanke war, zu einem Verhaltenstherapeutischen Zentrum in Tiburon zu fahren und mir einige Bücher über Krebsentstehung und -heilung zu besorgen. Es scheint, dass meine Medizin für alles darin besteht, ein Buch zu kaufen. Eleanor Coppola hatte mich an diesem Tag begleitet, damit ich nicht allein war, falls eine negative Diagnose gestellt werden sollte.

Nach der Diagnose erschien mir mein Leben wie eine Reihe umgestoßener Holzklötze. Innerhalb des nächsten Jahres gab es den Klotz »Umzug nach San Francisco«, den Klotz »Chemotherapie«, die Klötze »Operation«, »Bestrahlung« und »Scheidung«. Von dem Moment meiner Diagnose an waren die Synchronizitäten in meinem Leben erstaunlicher als je zuvor. Ich fühlte mich rundum geführt und unterstützt durch das Universum, so wie es durch meine Familie und Freunde arbeitete. An dem Wochenende, als C. und ich das Haus verließen, in dem wir zehn Jahre lang gelebt hatten, bekam ich meine erste Chemotherapie, deren Dosis so stark war, dass ich mich kaum daran erinnern kann, wie wir umgezogen sind – abgesehen davon, dass mein Chef, der Bauunternehmer Michael Conroy, sein Bauteam mitbrachte, um uns beim Auszug zu helfen. In San Francisco wartete Zenobias Mann, O.B. Wetzell, mit *seiner* Crew darauf, um uns beim Einzug in das neue Haus zu unterstützen. Am Valentinstag 1988 wurde mir die Brust amputiert. Einige Wochen später, im März, sagte mir C., dass er sich scheiden lassen wollte. Ich war völlig vor den Kopf gestoßen. Es war mir unmöglich zu begreifen, was er da sagte, aber er war entschlossen, sein Leben ohne mich fortzusetzen. Seine Mutter war an Brustkrebs gestorben, als er fünfzehn war, und offensichtlich konnte er die Unwägbarkeit unserer Zukunft nicht ertragen. Er zog aus.

Ich beendete die Chemotherapie, war aber zu schwach und krank, um zu arbeiten. Während ich tagelang auf dem Sofa lag, las und die Szenen der jüngsten Vergangenheit immer wieder vor meinem geistigen Auge ablaufen ließ, hatte ich ausreichend Zeit, mir über die tiefere Bedeutung dieser Ereignisse Gedanken zu machen. Meine spirituelle Arbeit erlaubte es mir, mich auf drei Fragen zu konzentrieren: Worin bestand die Botschaft des Krebses, der zu diesem Zeitpunkt in mein Leben gekommen war? Welche Konstellation aus Verhalten, Erwartungen, Karma, unbewussten Entscheidungen und physischen, geistigen und emotionalen Vergiftungen hatte diesen Ausfall in meinem System verursacht? Und was sollte ich in Bezug auf meine Zukunft unternehmen?

Einige Wochen, nachdem C. gegangen war, zog Kathryn, eine meiner besten Freundinnen, ein, um Haus und Miete mit mir zu teilen. Kathryn half mir in ungeheurem Maße bei der Lösung einiger ernster Geldprobleme und bei der Aufrechterhaltung meiner guten Laune. Außerdem machte sie es sich zur Aufgabe, mich davon abzuhalten, im Anzeigenteil der Zeitung nach einem neuen Job zu suchen! »Carol«, sagte sie eines Morgens bei einer Tasse Tee, »du hast ein besonderes Talent. Die Leute lieben es, wenn du ihnen eine Sitzung gibst. Du kannst nicht zurück in irgendwelche normalen Jobs gehen. Du wirst einen Weg finden!« Auf diese Weise fuhr sie fort, bis wir beide lachen mussten. Wenn ich dennoch ab und zu nach den Anzeigen schielte, war das einem Rückfall vergleichbar – so wie bei einem Alkoholiker, der versucht, trocken zu bleiben. Für mich war das Suchen nach einem anderen Teilzeitjob in irgendeinem Büro mein altes Muster, etwas aus Angst zu tun. Wir beide wussten, dass es für mich an der Zeit war, eine Vollzeit-Beratungspraxis zu eröffnen.

Im gleichen Sommer erschien mein erstes Buch, *Numerologie der Jahrtausendwende.* In einem Buchladen hielt ich einen Vortrag darüber. Um meinen Kopf hatte ich ein Tuch drapiert, denn ich war noch immer kahl von der Chemotherapie. Nach dem Erscheinen des Buches wusste ich, dass die Zeit gekommen war, eine Vollzeitpraxis aufzumachen. In meinem Herzen war mir klar, dass die Ära der Teilzeitjobs tatsächlich vorüber war. Ich glaube, der Krebs war gekommen, um mich auf meinen geistigen Pfad zu bringen und mich zu der Erkenntnis zu zwingen, dass mein alter Modus vivendi nicht mehr funktionierte.

Ich machte mich daran, eine Broschüre zusammenzustellen, und ließ neue Visitenkarten drucken. Ich bat meine Klienten um Weiterempfehlung und erhielt bald vermehrt Anfragen nach Terminen. Es schien, als würde das Universum meine neue Entschlossenheit unterstützen, mit dem erfolgreich zu sein, was ich am liebsten tat – mit Menschen über ihr Leben zu sprechen und meine Gabe der Intuition zu nutzen!

Ich begann, nach Möglichkeiten zu suchen, wie ich meine Beratungspraxis bekannt machen könnte. Zu diesem Zweck trat ich mehreren Netzwerkorganisationen bei. So werde ich nie das erste Mal vergessen, als ich zum Treffen einer dieser Organisationen für Geschäftsfrauen ging. Ich betrat den Saal, in dem ich niemanden kannte, und versuchte, all meinen Mut zusammenzubringen, um mich den Anwesenden vorzustellen. Ich war furchtbar scheu. All diese Frauen schienen so perfekt und professionell zu sein. Ich sah nichts als gut gekleidete, erfolgreiche Frauen mit langen manikürten Fingernägeln, die alle voller Begeisterung für das zu sein schienen, was sie taten.

Als mich jemand fragte, was ich denn tat, antwortete ich in meiner leisen, kleinen Stimme: »Ich bin Numerologin« – mit einem beinahe unhörbaren Flüstern, so dass ich meist falsch verstanden wurde und die Leute dachten, ich sei Neurologin! Ich fühlte mich über alle Maßen eingeschüchtert, denn ich betrachtete mich als Außenseiterin, die einen ungewöhnlichen Beruf in einer ansonsten normalen Welt ausübte. Ein Grund, warum es mir möglich war, nicht auf dem Absatz kehrtzumachen, lag in meinem Wissen, dass der Krebs ein Weckruf gewesen war, der mich dazu zwang, mich auf das zu konzentrieren, wofür ich hier war. Ich wusste, dass sich bei der Arbeit mit meinen Klienten etwas in ihnen neu ordnete und sie meine Praxis mit mehr Selbstvertrauen und dem Glauben daran verließen, dass das, was sie zu geben hatten, wichtig war.

Ich gab ihnen, was ich mir selbst nicht immer geben konnte. Nachdem ich Jahre später die *Prophezeiungen von Celestine* gelesen und über die Einsichten in Bezug auf Kontrolldramen nachgesonnen hatte, stellte ich fest, wie viel von meinem Leben von dem Kontrolldrama des Unnahbaren bestimmt gewesen war – während ich schüchtern darauf wartete, entdeckt zu werden!

Um ehrlich zu sein, ich baute mir eine Praxis auf, weil ich keine andere Wahl hatte. In einem groß angelegten Versuch, meine Kontakte zu erweitern, wurde ich Mitglied der Handelskammer von San Francisco. Dort lernte ich Leyla Bentley kennen, von deren eigenen Abenteuern wir im sechsten Kapitel hören werden. Durch ihre Neigung zur Numerologie und ihr echtes Interesse am Erfolg anderer Menschen gab Leyla mir das Gefühl, absolut willkommen zu sein. Ich trat den eindrucksvollen Reihen erfolgreicher Unternehmer, Geschäftsinhaber und Handy-Verkäufer bei. In meinem Bedürfnis dazuzugehören wünschte ich mir manchmal, dass *ich* Handys verkaufen würde. Numerologie kannte zu jener Zeit kaum jemand, sie war sogar noch weniger bekannt als Astrologie. Ich stellte fest, dass ich den Leuten immer wieder erklären musste, dass die Numerologie ein uraltes System zur Charakteranalyse ist, das sich auf die Lebensaufgabe und die Lektionen bezieht, auf die ein Mensch in seinem Leben stößt. Diejenigen, deren Weltsicht auf wissenschaftlicher Beweisbarkeit oder fundamentalistischen, streng religiösen Grundsätzen beruhte, bezeichneten Numerologie oft als »Werk des Teufels« oder bestenfalls als flüchtige New-Age-Erscheinung.

Kleine Erfolge brachten mich vorwärts auf diesem Pfad, den ich gewählt hatte – obwohl es mir, ehrlich gesagt, mehr so erschien, als ob dieser mich gewählt hatte. Meine innere Begeisterung für die Metaphysik war stärker als mein Wunsch dazuzugehören, wenn auch nur so gerade eben. Ich musste wirklich kämpfen. Manchmal klagte ich vor mir selbst und fragte rhetorisch: »Nur weil ich an etwas Interesse habe, heißt das etwa, dass ich es zu meinem Beruf machen muss?« Und in dem Zusammenhang fragte ich mich auch, was denn nun aus der Kunst werden sollte. Ich war davon ausgegangen, dass meine Lebensaufgabe mit der Malerei zusammenhing. Doch sosehr ich diese auch liebte – sie gab mir nicht das gleiche Gefühl der Erfüllung wie meine Beratertätigkeit. Ich stellte fest, dass ich den ständigen Energieaustausch mit anderen Menschen brauchte, der in einer Beratung entstand – obwohl ich es auch liebte, zuweilen stundenlang allein dazusitzen und kleine bunte Bilder zu malen. Ich fuhr mit dem Malen fort, weil ich es liebte. Und immer wieder mal – gerade, wenn ich es am meisten brauchte – gelang es mir wunderbarerweise, ein Bild zu verkaufen.

Diese Zeit des Aus-dem-Schatten-Tretens und der Aneignung meiner wahren Identität war ein kritischer Wendepunkt in meinem Leben, an dem die mir innewohnende Lebensaufgabe unnachgiebig die Kontrolle übernahm, ohne viel Rücksicht auf meine Gesundheit, Sicherheit, Vorsicht, Scheu oder Angst davor zu nehmen, wie »die anderen« über mich denken würden. Meine innere Absicht würde sich nicht mehr länger unterdrücken lassen, sondern sich um jeden Preis durchsetzen. Wie ein hungriger Tiger führte mein seelischer Drang, mehr über die Mysterien des Lebens zu wissen, zu einigen wirklich erstaunlichen Begegnungen mit Lehrern, die mir genau die Informationen gaben, die ich für den nächsten Schritt in meiner Beratungs- und Lehrtätigkeit brauchte. Ich begann mich darauf zu freuen, was wohl als Nächstes geschehen würde; langsam ließ die Spannung nach und ich wartete nicht länger darauf, dass irgendetwas Schlimmes passieren und all meine Anstrengungen zunichte machen würde. Es schien mir, als seien alle schlimmen Dinge sowieso schon passiert, durch die Scheidung, den Krebs, den Auszug meiner Kinder, die finanziellen Schwierigkeiten und die Anforderungen aufgrund meiner neuen beruflichen Selbstständigkeit. Ich begann im wahrsten Sinne des Wortes aufzuatmen.

Während mir meine Lebensaufgabe immer deutlicher wurde, hatte ich zuweilen mitten in der Nacht zaghafte kleine Intuitionen zu neuen Ideen und Übungen für Workshops. Nach und nach stieg der Gedanke in meinem Bewusstsein auf, fortlaufende Kurse mit dem Thema »Entdeckung der Lebensaufgabe« anzubieten. In den dunklen Stunden vor Sonnenaufgang begann ich damit, mir ein Lehrprogramm für diese Kurse auszumalen. Ich konsultierte das Tarot und das I Ging und lauschte auf die darin verborgene immense Weisheit, die sich genau dann zu offenbaren schien, wenn ich Hilfe brauchte.

Immer wieder passierten Dinge, die mir die nächsten Schritte möglich machten. Meine Aufgabe schien es zu sein, auf diese Intuitionen zu hören, die des Nachts durch mich flossen – die Ideen zu realisieren, hinzuhören, einen Fuß vor den anderen zu setzen und darauf zu vertrauen, dass ich mir einen Beruf schaffen würde, mit dem ich meinen Lebensunterhalt bestreiten könnte. Und darauf, dass ich gesund würde – auf allen Ebenen.

Während dieser Zeit starben innerhalb eines Jahres sowohl mein Vater als auch meine Mutter. Vielleicht war ich mittlerweile gefühlsmäßig ein wenig taub geworden, doch ihr Tod schien einen Weg zu eröffnen. Obwohl wir einander immer nahe gewesen waren, fühlte ich mich befreit von den Banden, die mich an mein altes Leben ketteten, und von der Notwendigkeit, unsere sehr unterschiedlichen Wertvorstellungen in Einklang zu bringen. Hart arbeitend, praktisch, erfolgreich und die guten Seiten des Lebens genießend, waren meine Eltern auch politisch und kulturell konservativ eingestellt gewesen und hatten nicht das geringste Interesse an abstrakten Ideen, Philosophie oder Spiritualität gehabt. Ich glaube, meine Mutter zeigte ihre Einstellung am deutlichsten, als sie einmal sagte: »Carol, du bist besser als das Fernsehen!«, nachdem ich ihr von einem meiner Abenteuer erzählt hatte. Der Einfluss meiner Eltern schenkte mir die Fähigkeit, über mich selbst zu lachen, einen frühen und tiefen Kontakt mit der Natur und die Liebe zu ihr sowie eine ausgeprägte Neigung zu Organisation und Pünktlichkeit.

Ein paar Monate nach meiner letzten Bestrahlung spürte ich, dass es an der Zeit war, San Francisco zu verlassen. Auch dieses Mal hatte ich keine Ahnung, wo ich hingehen sollte. Ich war nicht nur unsicher, wo ich leben sollte, sondern ich sah mich außerdem auch mit der Notwendigkeit konfrontiert, mehr Geld zu verdienen. Plötzlich schienen die Erfolge der letzten zwei Jahre nichts als flüchtige Erscheinungen gewesen zu sein. Hatte ich diese sichere Position nur gewonnen, um sie gleich wieder zu verlieren? Es stellte sich heraus, dass schiere Notwendigkeit mich dazu veranlassen würde, den nächsten Schritt auf meinem Weg zu machen.

Ähnlich der Intuition, die mich veranlasst hatte, noch einmal zur Schule zu gehen, wachte ich eines Tages mit dem klaren Gedanken auf: »Vielleicht könnte ich ein bisschen Geld verdienen, wenn ich jemandem helfen würde, ein Buch zu schreiben.« Ich habe keine Ahnung, warum mir dieser Gedanke kam oder was mich dazu brachte zu glauben, ich könnte so etwas überhaupt tun, denn schließlich hatte ich nicht die geringste Erfahrung auf diesem Gebiet. Nichtsdestotrotz rief ich gleich meine Freundin Candice an, da sie die einzige Person war, von der ich wusste, dass sie mit Büchern und dem Schreiben zu tun hatte. Ich sagte ihr: »Wenn du von irgendjemandem hörst, der Hilfe beim Schreiben braucht, sag mir bitte Bescheid.« *Noch bevor der Tag zu Ende war,* rief sie mich zurück. Sie hatte soeben »zufällig« von einem Arzt gehört, der einen Ghostwriter suchte. Ich war sprachlos über das Tempo, in dem meine Absicht erhört worden war. Wie sich herausstellte, teilte der Mann viele meiner metaphysischen Interessen. Und obwohl diese Aufgabe eine völlig neue Herausforderung für mich darstellte, wusste ich ohne den geringsten Zweifel, dass dieses Buchprojekt der nächste Schritt für mich war. Übrigens fragte er mich nie nach einem Exposé noch forderte er irgendwelche Proben meines Schreibens.

In den folgenden Monaten vollendete ich erfolgreich

sein Buch, während ich gleichzeitig meine Beratungspraxis weiterführte. Erstaunlicherweise bekam ich gleich danach eine zweite Gelegenheit, ein Buch zu konzipieren und mitzuverfassen – dieses Mal ging es um finanzielles Management. Während der Arbeit an diesem Buch klopfte die Versuchung wieder mal an meine Tür. Hatte sie jemals aufgehört zu existieren?

Mit den besten Absichten beschloss ich, mit der Autorin des zweiten Buches eine berufliche Partnerschaft einzugehen. Ich hatte großen Respekt vor ihr und wir kamen sehr gut miteinander aus. Charismatisch und stark, hatte sie einen ausgezeichneten Prozess entwickelt, um mit Menschen in einem der schwierigsten Bereiche zu arbeiten – dem des Geldes. Ich fing an, ihre Thesen an mir selbst auszuprobieren und an meiner eigenen finanziellen Situation zu arbeiten, die seit meiner Scheidung ein völliges Chaos war. Ich fand diese Arbeit sehr heilend und kraftspendend.

Ich liebte die Idee, mit einer Verbündeten, einer Partnerin zu arbeiten: Ich hätte Unterstützung beim Aufbau einer neuen Karriere. Ich wäre nicht allein. Ich könnte anderen Menschen in einer sehr direkten Weise helfen. Ich begann diesen Weg als Antwort auf mein Gefühl von Isolation und ständigem Kampf zu sehen. Ich wusste, dass es sich dabei um eine große Verpflichtung handelte und dass ich dadurch nur am Abend in der Lage sein würde, meine Numerologieklienten zu empfangen, nachdem ich tagsüber an dem Buch gearbeitet hatte. Es kam mir nie in den Sinn, dass ich tatsächlich keine intuitiven Sitzungen mehr geben würde. Interessanterweise fiel ich auf der Stelle in mein altes Muster der halben Verpflichtungen zurück. Ich nahm an, dass ich gleichzeitig sowohl das Buch schreiben als auch meine Sitzungen geben konnte. Ich fing an, mir diese neue Karriere immer mehr einzureden – sie schien so verheißungsvoll zu sein. Ich vertraute darauf, dass diese neue Tätigkeit erfolgreich sein würde, und war sicher, dass ich alle Voraussetzungen besaß, um das Beste daraus zu machen. Das einzige Problem bestand darin, dass diese Arbeit mit meinem eigenen Schattenbereich zu tun hatte – mit dem Bereich, in dem meine größten Schwächen lagen. Die Sprache der Zahlen – so vertraut sie mir als Qualitäten und spirituelle Metaphern auch waren – erschien mir wie ein dichter Nebel des Terrors, wenn es um Investitionen, Zinsen, Kontoführung und regelmäßige Zahlungen ging. Ich fühlte mich wie in jenen Träumen, in denen man nackt vor einem verschlossenen Spind steht und sich um nichts in der Welt an die Zahlenkombination des Schlosses erinnern kann.

Ich war völlig außer mir. Nach einigen Monaten spürte meine Partnerin natürlich meine Verzweiflung; trotzdem bemühte ich mich, gute Miene zum bösen Spiel zu machen. Ich versuchte, mein Gefühl, außer Kontrolle zu sein und nicht zu wissen, was ich tat, zu rationalisieren. Ich sagte mir, dass ich mehr Übung brauchte (was stimmte). Ich diskutierte meine Fälle mit ihr. Ich machte jede Menge Notizen. Ich fühlte mich weiterhin überwältigt, doch hatte ich so viel Begeisterung, Zeit, Geld und Energie in die Entscheidung investiert, in diesem Bereich zu arbeiten, dass ich mir nicht vorstellen konnte, einfach aufzugeben. Ich hatte das Gefühl, verloren zu sein, als sei dies meine letzte Chance, etwas aus mir zu machen. Ich war wild entschlossen, Erfolg zu haben – trotz meiner Gefühle von Unzulänglichkeit, die im Laufe der Zeit nicht nachließen, sondern immer stärker wurden.

Plötzlich bemerkte ich, dass ich in das klassische Mus- der Verdrängung geraten war, da ich versuchte, an-

Leuten zu gefallen und um keinen Preis die Kontrolle zu verlieren. Ich zwang mich dazu, meine eigentliche Natur zu überwinden, meine gottgegebenen Gaben und Talente im Namen von etwas zu verdrängen, das mir intellektuell wünschenswerter und »wirklicher« schien. Eines Abends, als ich tränenüberströmt im Regen nach Hause fuhr, war es mir buchstäblich egal, ob ich leben oder sterben würde.

Am nächsten Tag rastete ich schließlich aus.

Ich stand in der Mitte meines Wohnzimmers und schrie das Universum an: »Ich bin Künstlerin. Ich bin Schriftstellerin und Numerologin! Das ist es, was ich bin, Gott. Wenn ich damit nicht meinen Lebensunterhalt verdienen kann, dann weiß ich nicht, was ich tun soll. Du wirst mir helfen müssen, denn so bin ich und das ist es, was ich tun will.« Ich wiederholte dies ein paarmal aus voller Kehle, um sicherzugehen, dass Gott mich auch hörte. Zur Betonung stampfte ich mit meinem Fuß auf. Ich hatte wirklich die Nase voll. Ich war mit meinem wahren Selbst konfrontiert, stand von Angesicht zu Angesicht meinem Willen gegenüber. Ich versuchte, jemand zu sein, der ich nicht war, und es funktionierte nicht.

Am nächsten Tag hatte ich ein Gespräch mit meiner Partnerin und sagte ihr, dass ich nicht mehr weitermachen konnte. Sie war nicht überrascht, als sie das hörte, denn mittlerweile hatte sie die Agonie gespürt, in der ich mich befand. Und was sie nicht wusste, das sagte ich ihr. Als wir uns voneinander verabschiedeten, hatten wir unseren Humor wieder gefunden und konnten über die ganze groteske Situation lachen. Wir umarmten uns und weinten, schüttelten unsere Köpfe wie zwei Menschen, die plötzlich eine Wahrheit erfasst haben und sich wundern, warum es so lange gedauert hat, das Offensichtliche zu erkennen – oder wie Menschen, die erschöpft sind von einem langen Weg über beschwerliches Terrain und bereit sind, nach Hause zu gehen.

In der folgenden Woche reagierte das Universum mit einer wahren Flut von Angeboten auf meine lautstarke Deklaration. Mein Telefon läutete wie wild. Klienten, von denen ich seit Monaten oder gar Jahren nichts gehört hatte, meldeten sich und baten um eine weitere Sitzung. Neue Klienten, denen ich empfohlen worden war, riefen mich an. Man bat mich, einer Gruppe von Interessierten meine Arbeit vorzustellen. Ohne jegliche Werbung oder Bemühungen meinerseits verdiente ich allein mit meiner Beratungspraxis in diesem Monat doppelt so viel wie sonst. Ich war einen wichtigen Schritt weitergekommen. Ich hatte mich selbst wieder gefunden.

Was war bloß los? Heute sehe ich, dass dies nur der Anfang war.

Zwei Monate, nachdem ich meine »Deklaration« dem Universum gegenüber verkündet hatte, erhielt ich eine Einladung nach Mexiko. In diesem Zusammenhang begegnete ich einigen wunderbaren Menschen, die mir dabei halfen, meine Arbeit in Mexiko publik zu machen. In der ersten Woche nach meiner Rückkehr im August 1994 legten mir unabhängig voneinander zwei Freundinnen nahe, das Buch *Die Prophezeiungen von Celestine* von James Redfield zu lesen. Im Laufe der Jahre habe ich gelernt, darauf zu hören, wenn und wie andere mir etwas sagen, also kaufte ich das Buch. Zu diesem Zeitpunkt war Redfields selbstverlegtes Werk erst seit einigen Monaten auf dem Markt, doch wurde es bereits wie wild von Hand zu Hand weitergereicht, obwohl nicht die geringste Werbung dafür gemacht wurde. Dabei konnte damals noch niemand wissen, wie beliebt dieses Buch werden sollte.

Wie beinahe jeder Leser war ich sogleich fasziniert von dem Abenteuer und mochte die Konzepte auf Anhieb. Auch ich schaute mir die Grundregeln näher an und begann damit, im Sinne dieser Philosophie mein eigenes Leben zu betrachten. Das Buch beschreibt die Reise eines namenlosen Mannes, der auf mysteriöse Weise nach Peru geführt wird, um sich dort auf die Suche nach einem alten Manuskript zu begeben. Eine nach der anderen entdeckt er die Einsichten des Manuskripts, welche die Transformation des Bewusstseins beschreiben, die seit den sechziger Jahren stattgefunden hat. Es berichtet davon, wie mehr und mehr Menschen feststellen, dass sie Teil einer größeren Vision sind. Obwohl es als Abenteuer geschrieben ist, handelt das Buch von universellen Prinzipien und ewiger Weisheit und fügt auf brillante Weise viele der Wahrheiten aneinander, die wir in unserem eigenen Leben instinktiv erkannt haben. In dem Buch steht geschrieben, dass jeder von uns mit einer *innewohnenden* Lebensaufgabe geboren wurde, die wir entdecken können, wenn wir darauf achten, wohin uns die Synchronizitäten unseres Lebens führen. Unsere Aufgabe können wir erkennen anhand 1. unserer natürlichen Neigung und Vorlieben, 2. unserer Kindheitsträume und -ziele, 3. unserer kontinuierlichen Intuitionen und 4. durch unsere nächtlichen Träume, die uns leiten. Das Buch fordert uns auf, wahrzunehmen, wie wir im Kontakt mit anderen Menschen Energie gewinnen oder verlieren, und jegliches gewohnheitsmäßige Verhalten zu erkennen, in das wir automatisch verfallen, um ein Gefühl der Kontrolle in unseren Interaktionen mit anderen aufrechtzuerhalten. Außerdem erinnert es uns daran, dass unsere Seele bestimmte Intentionen mit dieser Inkarnation verfolgte. Um diese Aufgaben erfüllen zu können, suchten wir uns die geeigneten Eltern und die frühen

Umstände aus, die uns bei unserer Entwicklung helfen würden. Wenn wir unsere Eltern betrachten und den Weg erkennen, auf dem sie sich befanden, können wir besser verstehen, dass wir das *Ergebnis* dieser zwei Entwicklungsströme sind, die uns eine einzigartige Perspektive gaben, welche wir durch unsere eigenen Entscheidungen und Aktionen fortgesetzt haben. Das Buch sagt voraus, dass wir unter Berücksichtigung dieser neuen Einsichten ein authentischeres Leben in Übereinstimmung mit dem führen würden, was wir hier eigentlich tun wollten. Wenn jeder von uns gemäß seiner Lebensaufgabe leben und wirken würde, würde sich unsere gesamte Kultur verändern und wir wären in der Lage, inspiriertere Entscheidungen im Zusammenhang mit einem harmonischeren Verhältnis zur Erde zu treffen. Eine wahrhaft großartige Vision.

Offensichtlich leuchteten vielen Menschen diese Ideen ein. *Die Prophezeiungen von Celestine* wurde *weltweit* zu einem der bestverkauften Bücher der Jahre 1995 und 1996. Ich persönlich glaube, dass das Buch ein Auslöser war. Der Zeitpunkt war gekommen, da eine breitere Öffentlichkeit mit diesem Material vertraut gemacht werden konnte. Und diejenigen unter uns, deren Anliegen es ist, für einen Vorstoß des spirituellen Weges zu arbeiten, folgten dem Ruf des Buches. Ich bin überzeugt, dass wir und all jene, die auf diese neue Spiritualität ansprechen, eine Art Seelengruppe bzw. Bruder- oder Schwesternschaft bilden. Ich glaube, dass wir beginnen, die Mitglieder unserer Seelengruppe zu treffen, damit wir gemeinsam mit ihnen arbeiten können.

Im Jahr 1993 wusste ich allerdings nur, dass auch ich mich von diesem Material angesprochen fühlte und es in meiner eigenen Arbeit ausprobieren wollte. Ich beschloss, einen einfachen Fragebogen zu entwerfen, den ich in den

Sitzungen mit meinen Klienten benutzen würde und der es ihnen ermöglichte, sich die Lektionen anzuschauen, die sie von ihren Eltern gelernt hatten. Das Ziel war, die charakteristischen Eigenschaften der Eltern herauszufinden und nach dem *tieferen Sinn* zu suchen, warum wir gerade *diese* Menschen zu unseren Eltern (oder Versorgern) erwählt hatten. Warum war es notwendig, diesen bestimmten Elternteil zu haben, und welche Hinweise auf die eigene Lebensaufgabe können gewonnen werden, wenn man das Leben der eigenen Eltern bzw. Versorger genauer betrachtet? Eine weitere wichtige Einsicht bestand darin, sich genau anzuschauen, auf welche Weise wir versuchen, Energie von anderen Menschen zu bekommen. Was mich persönlich betrifft, so fand ich heraus, dass meine Tendenz, unnahbar zu sein und mich schnell zurückzuziehen, viele meiner schmerzhaften Erfahrungen und falschen Gedanken kreiert hat. Das erklärte mir vieles.

Ich stellte fest, dass meine Klienten durch wenige Fragen, die ich ihnen im Hinblick auf das Leben ihrer Eltern stellte, schnell Einsichten in ihre eigene Lebensaufgabe gewannen, vor allem in Verbindung mit dem Entwurf für ihr Leben, der sich aus ihrem Numeroskop ergab.

Es waren ungefähr drei oder vier Wochen vergangen, seit ich begonnen hatte, mit den neun Einsichten von *Celestine* zu arbeiten. Eines Tages rief Candice an. Wir plauderten eine Weile miteinander. Nach etwa dreißig Minuten, gerade in dem Augenblick, als ich dachte, ich sollte mich jetzt verabschieden und mich wieder an meine Arbeit machen, kam mir der flüchtige Gedanke: »Erzähl ihr von dem Buch.« Ich sagte: »Ich habe gerade dieses neue Buch gelesen und es hat meine Praxis völlig verändert.« Ich weiß nicht, warum mir der Gedanke gekommen war, ihr dies zu sagen, denn es hatte nichts mit dem zu tun, worüber wir vorher gesprochen hatten. Indem sie auf *ihre* eigene Intuition horchte, fragte sie mich, ob der Autor – James Redfield – sein Werk selbst veröffentlicht hatte, und ich sagte ja, so wäre es. Sie erwähnte, dass sie ihn vielleicht anrufen würde, um herauszufinden, ob er Interesse an einem Agenten hatte. Ich hätte nie daran gedacht, ihn selbst anzurufen, doch gab ich ihr die Telefonnummer, die auf dem Rückumschlag des Buches angegeben war.

Wunderbarerweise – denn er ist ein sehr zurückgezogen lebender Mensch – erreichte sie James nach vielen vergeblichen Versuchen. Sie gratulierte ihm zum Erfolg seines Buches. Obwohl er ihr Angebot ablehnte, ihn zu vertreten, gab sie interessanterweise nicht einfach auf. Noch während sie mit ihm telefonierte, kam ihr eine Idee und sie erwähnte, dass die Leute vielleicht gern eine Art Handbuch hätten, um besser mit den Einsichten in seinem Roman arbeiten zu können. Erwartungsgemäß antwortete James – wohl weil er die Synchronizität ihres Anrufes erkannte: »Vielleicht ist das ja der Grund, warum Sie anrufen. Ein Handbuch scheint mir eine gute Idee zu sein, aber ich habe nicht die Zeit, es zu schreiben.« Kurz danach rief Candice mich zurück und erzählte mir, was geschehen war. Zuerst verstand ich die Bedeutung dessen, was sie da sagte, nicht. Dann schlug sie vor, ich solle ein schriftliches Konzept für einen Ratgeber erstellen, wie man die Einsichten aus *Celestine* im täglichen Leben anwenden konnte – etwas, das praktisch wäre und den Menschen helfen könnte, die Einsichten in ihr eigenes Wachstum zu integrieren. Ich brauche wohl nicht zu erwähnen, wie erschrocken ich über diesen Gedanken war und dass ich mich sofort in meine alte Unnahbarkeit flüchtete. Doch gleichzeitig fand ich die Vorstellung eines solchen Projektes aufregend.

Während ich ihrem Vorschlag folgte und in den folgenden Tagen ein Konzept für ein Handbuch niederschrieb, bekam ich langsam eine Ahnung davon, auf welchem Weg ich mich befand. Ich hatte beinahe das Gefühl, als könnte ich mich physisch umdrehen und meine Vergangenheit in einem neuen Licht sehen. Ich erkannte, dass all die Arbeit im Bereich des Schreibens, das Finden meiner Lebensaufgabe, die Entwicklung von Übungen und das Lernen, wie man Ideen organisiert und Konzepte erklärt, mir geholfen hatte, die notwendigen Fähigkeiten zu entwickeln, um diese ungeheure neue Herausforderung bestehen zu können.

Vier Monate später traf ich gemeinsam mit Candice zum ersten Mal James Redfield und seine Frau, um das gemeinsame Schreiben des Handbuches zu besprechen. Er war einverstanden, mit mir zu arbeiten, und das taten wir während der nächsten vier Monate hauptsächlich übers Telefon. Es war ein Vergnügen, mit James zusammenzuarbeiten, und ich habe das Gefühl, als seien wir beide im Hinblick auf die relativ schnelle Fertigstellung und das baldige Erscheinen unseres ersten Buches – *Die Erkenntnisse von Celestine* – geführt worden. Nach der Veröffentlichung seines Folgeromanes *Die zehnte Prophezeiung von Celestine* bat James mich, als Co-Autorin an seinem *Handbuch der zehnten Prophezeiung von Celestine* mitzuwirken.

Seit 1994 bin ich viel gereist, sowohl innerhalb der USA als auch weltweit, und habe in Seminaren und Workshops über die Bedeutung des *Celestine*-Materials im Hinblick auf das alltägliche Leben und seinen Sinn gesprochen. Dabei habe ich unzählige, faszinierende Geschichten über Synchronizität und die erstaunlichen Dinge gehört, die geschehen, wenn man seiner Intuition folgt – und seiner nichtalltäglichen Weisheit. Darüber hinaus bin ich davon überzeugt, dass wir alle auf die flüchtigen Intuitionen und Ideen hören sollten, die uns zeigen, wo wir hinschauen und was wir entwickeln sollten. Selbst wenn wir das Gefühl haben, blockiert zu sein und zu stagnieren – wie es mir viele Male geschehen ist –, glaube ich, dass wir dabei lediglich eine bestimmte Stufe unserer sich enthüllenden Lebensaufgabe erreicht haben, die zu erfüllen wir auf die Welt gekommen sind.

Ein Teil unseres Weges in diesem Buch wird es sein, darauf zu achten, welche Muster unsere Lebensaufgabe gewoben hat, und die Signale dessen zu erkennen, was auf uns zukommt. Ich bin absolut davon überzeugt, dass jeder von uns in der Lage ist, ein sinnvolles, erfülltes Leben zu führen, wenn wir bereit sind, daran zu arbeiten. Manchmal wird es sogar ein Kinderspiel sein – und sich auch so anfühlen.

Unabhängig von der Art der Situation, in der Sie sich momentan befinden, hat diese einen Sinn und ich bin sicher, dass Sie nicht am Ziel vorbeischießen werden. Sie mögen vielleicht nicht länger in einer bestimmten Situation stecken bleiben wollen, doch hat es einen Sinn, dass Sie sich an diesem Punkt befinden. Indem Sie mit den besonderen Gegebenheiten Ihrer Situation arbeiten, werden Sie anfangen, Dinge über sich selbst zu erfahren, die Ihnen Hinweise auf Ihren nächsten Schritt geben werden. Ihre Aufgabe wird es sein, hinzuschauen, zu horchen, zu fühlen, zu entscheiden und zu handeln.

Ich glaube, dass es Hinweise darauf gibt, was für uns das Richtige ist. Nicht, was für unsere Mutter richtig ist oder für unseren Ehemann, unsere Nachbarn, unseren Chef oder unsere Freunde. Seit ich diesen Ereignissen in meinem eigenen Leben auf der Spur bin und sie mit metaphysischen Gesetzen vergleiche, habe ich festgestellt, dass diese universellen Wahrheiten uns bei der Suche nach uns selbst helfen. Diese ewigen *Mächte* haben verwirrten Menschen seit Tausenden von Jahren Kraft gegeben. Und das Wunderbare dabei ist: Wenn wir unseren menschlichen Teil dazu beitragen, wir selbst zu werden, dann wird auch in einem größeren Rahmen etwas Positives erreicht. Herzlich willkommen.

Lassen Sie uns beginnen.

ZWEITES KAPITEL

Ein sich selbst organisierendes System

»Es gibt keine A-priori-Intervention, die das System transformieren oder es meisterhaft in die gewünschte Richtung bringen könnte. Das System folgt seinem eigenen Drehimpuls ins Leben. Es kreiert sich selbst, seine zukünftige Richtung und Fähigkeiten, indem es mittels seiner Freiheit entscheidet, was es wahrnehmen will. Weder Volumen noch Quantität sind ausschlaggebend dafür, ob ein System bewegt wird. Nur Interesse und Bedeutung zählen. Wenn das System entscheidet, dass etwas bedeutungsvoll ist, absorbiert es diese Information in sich selbst.«

Margaret J. Wheatley und Myron Kellner-Rogers[1]

Der Ruf

»Ich möchte wissen, was meine Lebensaufgabe ist.« – »Ich bin so durcheinander. Ich weiß, es gibt etwas, das ich tun sollte, aber ich habe keine Ahnung, was es ist.« – »Wenn ich nur Klarheit gewinnen könnte, dann wäre ich in der Lage zu handeln.«

Diese Kommentare oder Variationen derselben waren in den letzten zweiundzwanzig Jahren in meiner Praxis die wichtigsten Fragen meiner Klienten. Erst vor kurzem hörte ich eine entsprechende Bemerkung von einem siebzehnjährigen Jungen, der mit seiner Freundin über das Leben sprach. Es war halb elf Uhr abends und die beiden standen auf einem Parkplatz hinter dem Buchladen, in dem ich soeben einen Vortrag gehalten hatte. »Ich bin so verwirrt«, meinte er, als ich an ihm vorbei zu meinem Auto ging, womit er die Gelegenheit ergriff, etwas zu sagen, was er vor der Gruppe nicht hatte ausdrücken können. »Ich lese gerade Meher Baba und Rilke und beschäftige mich mit Sufismus. Ich weiß nicht, ob ich schreiben oder meine Musik machen oder weiter zur Schule gehen soll. Aber ich weiß, dass ich meinen Weg finden will, damit ich anfangen kann, das zu tun, warum ich hier bin.« Sein atemloser Wasserfall tief empfundener Gefühle berührte und überwältigte mich, da ich wusste, wie wichtig und geradezu monumental diese Lebensfrage für ihn war.

In ähnlicher Weise sprach eine sehr gebildete und ungeheuer begabte achtzigjährige Frau zu mir, als sie mich um eine Sitzung bat: »Ich möchte wissen, worin meine wahre Berufung besteht. Ich weiß, dass ich viele verschiedene Talente habe – die Leute sagen mir immer, ich sollte meine Lebensgeschichte aufschreiben oder junge Menschen unterrichten –, aber ich weiß nicht, welchen Weg ich gehen soll.« Die Kraft ihrer Entschlossenheit, auf einer solch fortgeschrittenen Stufe von Lebenserfahrung ihren Weg zu finden, empfand ich als großartig.

Ich habe dieselbe Frage auch von einer sechsundfünfzigjährigen Frau gehört, die soeben in dem Unternehmen, für das sie seit langem arbeitete, befördert worden war. Sie genoss mittlerweile jede Menge Vorteile und Statussymbole, doch war sie zu mir gekommen, um herauszufinden, worin ihre wahre Lebensaufgabe bestand und wo sie in diesem Abschnitt ihres Lebens auf etwas wirklich Bedeutungsvolles stoßen konnte. Ich habe diese Frage von Hunderten von Menschen gehört, die Berufe ausübten, die sie nicht befriedigten, da sie nicht mit ihren Wertvorstellungen übereinstimmten. Oder von Leuten, die der Ansicht sind, dass sie eigentlich ins Kloster hätten gehen sollen, doch stattdessen alten Menschen helfen oder Möbel transportieren oder eine Firma leiten. Ich habe diese Frage von Personen gestellt bekommen, die nicht mehr als fünf Dollar in der Stunde verdienen, von anderen, die einer äußerst schwierigen und kraftraubenden Arbeit nachgehen, und von Leuten, die arbeitslos sind.

Ihre Lebensaufgabe erfüllt sich bereits

Ein Überblick

Haben Sie schon einmal die Erfahrung gemacht, irgendetwas im Haus zu erledigen, dann in ein anderes Zimmer zu gehen und festzustellen, dass Sie vergessen haben, was Sie dort eigentlich wollten?

Das ist es, was mit uns geschieht, wenn wir geboren werden.

Es ist eine notwendige Bedingung, dass wir ohne Erinnerung daran geboren werden, was wir hier tun wollten. Warum? Wenn es wahr ist, dass wir viele Inkarnationen leben, dann hat jede ihre eigene Aufgabe und ihre Erfahrungen, von denen einige ungelöst bleiben. Dies wird in den östlichen Traditionen Karma genannt – ein offensichtlich multidimensionaler Komplex von Kräften jenseits einfacher Erklärungen. Karma ist Aktion. Eine Aktion hat Folgen. Unsere Identität resultiert aus vergangenen Aktionen, welche Erinnerungen schufen. Diese Erinnerungen wiederum schaffen Wünsche, die ihrerseits neue Entscheidungen und Aktionen nach sich ziehen. Nehmen wir zum Beispiel an, dass Sie in einem früheren Leben ein begabter Musiker waren, der mit achtzehn Jahren in betrunkenem Zustand im Kampf um eine Frau starb. So hatten Sie niemals die Gelegenheit, Ihr Talent zu entfalten. Ihre Seele hatte den Wunsch, die Ekstase des Musizierens zu erleben, der jedoch unerfüllt blieb; ganz abgesehen davon, dass Sie voller Wut und Eifersucht starben. Dieses unerlöste Energiemuster bleibt weiterhin auf der energetischen Ebene Ihres Seins bestehen, während Sie ohne Körper zwischen Ihren verschiedenen Erdinkarnationen existieren. Diese unerledigte Angelegenheit – oder dieses Karma – muss in einem anderen Leben vollendet werden. Sowohl Physiker als auch Metaphysiker haben erkannt, dass sich Materie und Energie zwar ständig umwandeln, doch nie neu geschaffen werden oder verloren gehen.

Ihre Seele mag im Rahmen der Wahl einer Aufgabe für Ihr Leben entscheiden, erst in einer späteren Inkarnation an diesem Karma zu arbeiten – oder aber es jetzt zu tun. Demnach ist es unmöglich für uns, ein neues Leben zu beginnen, das mit allen Erinnerungen und Gefühlen unserer vergangenen Handlungen belastet ist – von denen viele wahrscheinlich recht schlimm waren. Wer will sein Leben mit all dieser Wut beginnen? Bewusst sicherlich niemand. Jedoch mögen wir uns unbewusst dieselben Seelen aussuchen (unsere Liebsten, unsere Feinde), um weiter mit ihnen zu arbeiten – diesmal vielleicht als Elternteil!

Im Bewusstsein zu wachsen heißt, die Folgen unserer Handlungen besser zu erkennen. Wenn Sie sich Wünsche erfüllen, werden Sie bald feststellen, dass Sie immer größere Befriedigung suchen – die schließlich zum Wunsch nach der Vereinigung mit »allem, was ist« oder Gott wird. An diesem Punkt unterwirft sich der persönliche Wille (der das Karma schafft) dem göttlichen Willen. Dann sind wir offen dafür, zu dienen und unsere Individualität im Dienste dessen einzusetzen, das größer ist als unsere eigenen Wünsche. Unser Wunsch reagiert nun auf eine höhere Ursache. An diesem Punkt sind wir – ohne es zu wollen – nicht mehr an ein bestimmtes Ergebnis gebunden, denn wir vertrauen darauf, dass es immer etwas gibt, aus dem wir lernen können. Im Zustand der Selbstaufgabe begeben wir uns in eine direkte Beziehung zu *Gott* und sind *ihr* gegenüber offen in all *ihren* Manifestationen – Liebe, Freude, Dienen, Schmerz oder Leid. Unsere individuellen Vorlieben finden leicht ein Betätigungsfeld im archetypischen Lebensweg der Mutter, des Vaters, Lehrers, Heilers, Künstlers, Führers, Friedenstifters, Versorgers und Propheten. Wir beginnen unser Dharma, unseren Weg des Dienens, in einem Fluss synchronistischer Ereignisse. Wir leben mit Integrität und werden von unseren Wertvorstellungen geleitet.

»Im Leben vieler Menschen ist es unmöglich, eine übergeordnete Absicht zu finden, welche die Dinge rechtfertigt, die sie tagein, tagaus tun – ein Ziel, das wie ein magnetisches Feld ihre geistige Energie anzieht, ein Ziel, von dem alle geringeren Ziele abhängen … Ohne eine solche Absicht mangelt es selbst dem bestorganisierten Bewusstsein an Bedeutung.«

Mihaly Csikszentmihalyi[2]

Wenn wir auf diese übergeordnete Weise unser Leben betrachten, ist es sehr wichtig, mit vorurteilslosen Augen zu schauen. Zum einen entscheidet sich niemand von uns für ein schlechtes Leben. Zum anderen können wir den Wert eines Lebens nicht aufgrund gesellschaftlicher Wertbegriffe und äußerer Erscheinungen beurteilen. Eine Seele mag die Erfahrungen als obdachloser Mensch willkommen heißen und die Aufgabe einer anderen mag sich darin erfüllen, den Obdachlosen zu helfen. Wir können nur dann in unserem Bewusstsein wachsen, wenn wir die Fähigkeit bewahren, unsere konditionierten Vorurteile fallen zu lassen. Wir sollten uns nicht von Etikettierungen beeinflussen lassen, indem wir zum Beispiel glauben, das Leben eines gebildeten, reichen Mensch sei wertvoller als eines, das hart und schwer ist. Wenngleich die Erlebnisse eines Individuums schmerzhaft und voller Herausforderungen sein können, sind sie dadurch weder schlecht noch falsch. Jedes Leben ist einzigartig und hat den gleichen Wert. Wir alle tanzen den Tanz gemeinsam.

Eine nähere Betrachtung

Wenn Sie sich dieses Buch ausgesucht haben – neugierig, was es Ihnen über Ihre eigene Lebensaufgabe sagen könnte –, haben Sie in sich vielleicht eine Art Rastlosigkeit gespürt. Vielleicht merken Sie, wie die Zeit vergeht und dass Sie nicht genug »Sinnvolles« getan haben. Vielleicht sehnen Sie sich nach einer Arbeit, die Ihnen gefällt und Sie dahin bringt, sich aufs allmorgendliche Aufstehen zu freuen. Vielleicht haben Sie – stärker noch als nach Status und mehr Geld – den Wunsch, anerkannt und wahrgenommen zu werden. Ich glaube, dass das, was Sie fühlen – dieser Drang nach Veränderung, die Verwirrung im Hinblick auf das, was Sie tun sollten, dieser Wunsch nach »Klarheit« –, der Ihrer Seele innewohnenden Zielsetzung entspringt, die *bereits erfüllt wird*, während Sie diese Worte lesen.

In diesem Augenblick befinden Sie sich in einer *Phase* Ihrer sich entwickelnden Aufgabe; Sie haben Ihren Weg *nicht verloren*, wie blockiert Sie sich auch gegenwärtig fühlen mögen. Der Ruf Ihrer Seele hat sich bereits durch das offenbart, was Sie *motiviert* (in der Vergangenheit und der Gegenwart), was Sie *anzieht*, dem Sie sich *widersetzen* und was Sie *frustriert.* Ihre Aufgabe mag sich kurzzeitig zwischen Ihrem dritten und achten Lebensjahr oder durch ein plötzliches Interesse in der Jugend gezeigt haben. Sie können Ihre Berufung auch in dem erahnen, was Sie an anderen Menschen bewundern. Sie kann ebenfalls in den Fähigkeiten erkannt werden, von denen Sie nicht einmal glauben, dass sie etwas Besonderes sind. Sie arbeiten so gut wie immer an Ihrer Aufgabe, *wenn Sie über einer Sache die Zeit vergessen.*

Ein Teil Ihrer Aufgabe wird auch dann erfüllt, wenn Sie mit Hindernissen und Problemen beschäftigt sind (das Beseitigen von Hindernissen schenkt Ihnen große Kraft und eine *besondere* Art von Wissen, die für Ihre *spezielle* Aufgabe wichtig ist). Ein Stück Ihrer Lebensaufgabe mag in der Erkenntnis liegen, die aus Schmerz, Kampf und Krankheit resultiert. Wenn Ihr Leben jedoch *ausschließlich* ein Berg von ständigen Schwierigkeiten und Hindernissen ist, sollten Sie sich noch einmal genau die Glaubenssätze anschauen, die Sie in Bezug auf das Leben haben. Generell ist es so, dass die Dinge fließen, wenn Sie auf dem richtigen Weg sind. Wenn Ihnen jedoch nur Steine in den Weg gelegt werden, sollten Sie innehalten und sich selbst fragen: »Was muss ich in meinem Denken verändern?«

Jenseits jeglicher einengender Kategorien von Beruf und Karriere besteht der Sinn unseres Lebens in unserer Fähigkeit, mehr und mehr zu lieben. Unsere Aufgabe ist es, Leben aus dem zu kreieren, was wir *sind* und was wir *werden.*

Das tun wir am besten gemeinsam mit den Engeln – den Experten für Liebe

Das Unbegreifbare im Begreifbaren sehen

Elmer Schettler ist Sojabohnen-Farmer in Iowa. Doch Elmer hat noch ein tieferes Feld, das er bestellt. In einem unserer Gespräche fragte ich ihn: »Wie können wir wissen, ob wir unsere Lebensaufgabe erfüllen?« Direkt und ohne Umschweife, wie es seine Art ist, antwortete Elmer: »Sieh dich um. Jeder von uns tut es bereits. Unsere Lebensaufgabe ist eine bewegende Kraft. Ich glaube nicht, dass es so sehr darum geht, ob jemand zum Beispiel Schriftsteller ist oder Farmer. Ein Mensch mag schreiben, doch das sagt nur aus, was er tut, und nicht, was er ist. Und oft ändern wir im Laufe unseres Lebens unsere Tätigkeiten. Genauso wie die Jacke, die ich als Junge getragen habe, mir als Mann nicht mehr passt, finde ich auf meinem Weg ständig neue Aufgaben. Wenn ich halbwegs wachsam bin, weiß ich, was ich *in diesem Augenblick* zu tun habe. Die Qualität unseres Lebens kann immer von verschiedenen Ebenen aus betrachtet werden. Sie verlagert und verändert sich ständig. Anstatt zu sagen: ›Ich bin Bäcker‹, sollte man vielleicht lieber sagen: ›Momentan backe ich.‹ Die Art und Weise, wie wir unseren Lebensunterhalt verdienen, ist eine Möglichkeit, unsere Aufgabe zu erfüllen.

»Wie organisieren Sie Ihr Leben?«

Indem ich hin und wieder die Position eines Beobachters einnehme und mich selbst betrachte, kann ich einen Schritt von meinem alltäglichen Leben zurücktreten und intuitiv einen tieferen Sinn hinter dem spüren, was ich zu einem gegebenen Zeitpunkt tue. Und es wird fast zu einer kurzfristigen inneren Zielsetzung, bewusster zu sein im Hinblick auf das, was passiert. Es mag eine Weile dauern, bis man das Ganze erkennen kann, wie bei einem Puzzle.

Manchmal denke ich: ›So reagiere ich normalerweise auf eine Situation. Sollte ich vielleicht mal etwas Neues ausprobieren?‹ Ich glaube, es ist wichtig, dass man wenigstens drei anders geartete Dinge pro Tag tut: etwas anderes essen, einen anderen Weg zur Arbeit nehmen und nicht in den alten Trott verfallen. Solange ich vom Leben berührt bin, unmittelbar reagieren kann und dem treu bleibe, was für mich wichtig ist – wie zum Beispiel Ehrlichkeit, Integrität oder Zuverlässigkeit –, fühle ich mich lebendig. Vielleicht kenne ich den Sinn meines Lebens nicht, aber solange ich das Leben liebe und mich allem verbunden fühle, spüre ich, dass ich auf dem richtigen Weg bin.«

Synchronizität, Intuition und nichtalltägliche Weisheiten

Die meisten von uns wissen, wie wir bekommen können, was wir wollen. Aber allzu oft wissen wir nicht, was wir wollen! Man hat uns Dinge beigebracht wie das Lesen von Landkarten, um von einem Ort zum anderen zu gelangen. Wir haben lesen und schreiben gelernt und auch die Grundregeln der Mathematik sind den meisten von uns nicht fremd. Man hat uns die Anschauung eingeflößt, das Leben sei hart und das Geld knapp. Wir sind darauf trainiert, in erster Linie auf unser eigenes Fortkommen zu achten und um jeden Preis zu gewinnen.

Spielregeln für ein Leben im Sinne Ihrer Lebensaufgabe

Denken Sie an diese Regeln, wenn Sie verwirrt sind oder ein wenig Unterstützung brauchen, bevor Sie einen neuen Schritt machen. Um Ihre gegenwärtigen Gedankengänge richtig einschätzen zu können, kreuzen Sie die Kästchen an, deren Aussage Sie zustimmen. Wenn Sie nicht einverstanden sind, sollten Sie vielleicht aufschreiben, wie Sie sich fühlen oder was Ihre Erfahrung gewesen ist.

☒ Ich glaube, dass mein Verhalten und meine Glaubenssätze meine Sicht der Welt schaffen.

☒ Ich bin mir völlig im Klaren darüber, dass ich meine Lebensaufgabe erfüllen will.

☐ Ich kann ehrlich sagen, was in meinem Leben funktioniert und was nicht.

☒ Ich glaube, dass meine Intuition mich zur Erfüllung meiner Lebensaufgabe hinführt.

☒ Ich verpflichte mich, kleine Schritte auf jene Dinge zuzumachen, die für mich in meinem Innersten Bedeutung haben.

☐ Ich kann den Kampf um Macht und den Versuch, andere zu kontrollieren, aufgeben.

! ☒ Ich achte darauf, dass die Dinge einfach bleiben.

☒ Ich glaube, dass jeder wenigstens ein gegebenes Talent hat, das zum reibungslosen Ablauf des Universums notwendig ist.

☐ Ich glaube, dass meine Welt sich verändern kann, wenn ich mein Verhalten und meine Glaubenssätze verändere, und dass alles möglich ist. – zusammen mit GOTT und den ENGELN!

☒ Ich ziehe zum richtigen Zeitpunkt die richtigen Menschen und Ereignisse an.

☒ Ich habe immer eine Wahl.

Wenn Sie ehrlich jede dieser Äußerungen bejahen können, hat sich Ihre Lebensaufgabe bereits enthüllt oder wird Ihnen zumindest sehr bald klar werden. Sollten Sie einige dieser Behauptungen nicht bejahen können, beginnen Sie, sich mit diesen Gedanken zu beschäftigen, und verfolgen Sie die Absicht, diese Einsichten durch direkte Erfahrungen bestätigt zu bekommen. Wenn Sie unter Stress stehen oder Zweifel haben, nehmen Sie sich einen Moment Zeit und betrachten Sie diese »Spielregeln« noch einmal genau.

Millionen von Dollar werden jährlich für Berufsberatung und Karriereplanung ausgegeben, damit uns jemand hilft, uns zu analysieren und auf die heißesten Jobs zu bewerben, um dann – wenn uns jemand einstellt – so produktiv wie möglich sein zu können. Man hat uns beigebracht, auf dem Weg von A nach C über B zu gehen. Man hat uns glauben gelehrt, dass unsere Lebensaufgabe durch die Arbeit erfüllt wird, der wir nachgehen. Obwohl manche sagen, dass es am besten sei, das zu tun, was man tun will, glauben wir nicht wirklich, dass diese Einstellung in Anbetracht der heutigen Arbeitslage Sinn macht. Wie kann ich meinen Lebensunterhalt durch das Lösen von Kreuzworträtseln verdienen? Wie kann ich mit Surfen meine Miete bezahlen? Wie kann ich durch das Betrachten des

Sonnenuntergangs existieren? Meist lassen wir unseren gesunden Menschenverstand die Entscheidungen treffen und richten uns danach.

Ich möchte klarstellen, dass gesunder Menschenverstand und logisches Denken wichtig sind. Gewöhnlich sind wir stolz darauf, »alles unter Kontrolle« oder »den Überblick« zu haben. Selbstdisziplin, Leistungen und Können sind wertvolle Ziele. Wir müssen unseren Kopf gebrauchen – und meistens tun wir das auch –, um gute Entscheidungen treffen zu können, die uns in Übereinstimmung mit unseren höheren Werten bringen. Doch dieses Buch möchte sich mit der anderen Seite des Lebens beschäftigen, mit dem Teil unserer Existenz, der ein Mysterium und ein großes Abenteuer ist. Um das zu tun, müssen wir andere Fähigkeiten nutzen und eine andere Herangehensweise wählen. Wir müssen mit anderen Augen schauen.

Seit langem gültige Theorien darüber, wie die Welt funktionieren soll, werden heute überall auf der Welt von der Wissenschaft in Frage gestellt – das gilt für die Physik und das Ingenieurwesen, für Biologie, Chemie, Physiologie, genetische Forschungen, Bioenergetik und andere medizinische Wissenschaften, desgleichen für die Verhaltensforschung. Bücher wie *Quantensprung der Führungskunst* von Margaret J. Wheatley öffnen unsere Augen für die unsichtbare, gestaltende Kraft jenseits unserer physischen Realität. »Der Raum, der sich überall befindet, von den Atomen bis zum Himmel, ist einem unsichtbaren Medium vergleichbar, angefüllt mit Feldern, die Einfluss ausüben und Materie als Form hervorbringen.«[3] Feld-Theoretiker postulieren ein organisatorisches Feld, das aus dem kombinierten Wissen der Mitglieder einer Spezies besteht. Nachdem eine kritische Masse der Spezies ein neues Verhalten oder eine neue Fähigkeit gelernt hat, scheint dieses neue Muster als ein strukturierendes Feld zu existieren, das es anderen Mitgliedern dieser Spezies leichter macht, das entsprechende Verhalten zu erlernen. Systemanalytiker stellen heute fest, dass wir – anstatt ein System zu kontrollieren – lieber unsere Intuitionen im Hinblick darauf, wie es funktioniert, entwickeln sollten, damit wir harmonischer mit ihm interagieren können. Tiefenpsychologen und intuitiv Heilende sprechen von archetypischen Energien, die im kollektiven Bewusstsein existieren. Diese Energiemuster setzen sich über alle kulturellen Grenzen hinweg und leben durch uns in Form der Geschichten, die wir individuell erleben. Wir beginnen zu erkennen, dass Ordnung ein jedem System innewohnender Aspekt ist. Diese Ordnung (Aufgabe, Sinn) strukturiert – mittels unserer Glaubenssätze, unserer kulturellen und individuellen Konditionierungen – unser Leben durch die Verarbeitung von hereinkommenden Informationen. Wir werden ermutigt hinzuschauen – nicht so sehr im Sinne von Ursache und Wirkung der alten Newtonschen Weltsicht, sondern in Bezug auf den zutage tretenden Sinn eines Ereignisses.

Wheatley und Kellner-Rogers schreiben dazu: »Eine sich selbst organisierende Welt ist am besten zu verstehen, indem man sich mit ihren Paradoxen befasst. Das Leben – frei, sich selbst zu kreieren, wie es will – nimmt bestimmte Formen an, festgelegte Muster des Seins. Verhaltensweisen und Gewohnheiten entwickeln sich ... Wer wir sind, wird ein Ausdruck dessen, wer wir zu sein beschlossen haben.« Und: »Die Welt fordert, dass wir uns weniger darauf konzentrieren, wie wir etwas dazu bringen können, sich unseren Vorstellungen anzupassen, sondern uns verstärkt darauf ausrichten, wie wir uns mit anderen zusammentun können, wie wir uns auf das Erlebnis einlassen und dann feststellen können, was dabei herauskommt. Es ist an der Zeit, dass wir mehr teilnehmen als planen.«[4]

Organisation will stattfinden. Ordnung ist eine uns allen inhärente Kraft. Joseph Campbell hat einmal gesagt, dass das grundlegende Thema aller Mythen (die archetypischen Geschichten, nach denen alle Menschen leben) darin besteht, dass es eine unsichtbare Ebene gibt, welche die sichtbare unterstützt. Das vorliegende Buch richtet Ihre Aufmerksamkeit auf diesen unsichtbaren Bereich. Vertrauen Sie darauf, dass Ihre nicht sichtbare Lebensaufgabe Sie dazu veranlassen wird, ihr den Raum, die Mitspieler und Informationen zu geben, die sie braucht, um sich entfalten zu können. Die Zeit ist gekommen, das Geheimnis des Lebens zu ergründen – das Geheimnis, das uns immer wieder in Erstaunen versetzt oder sich durch Koinzidenzen bzw. Synchronizitäten einen Spaß mit uns erlaubt. Das Geheimnis, von dem unsere Intuition ihre nichtalltägliche Weisheit bezieht.

Zwei Voraussetzungen, die uns direkt mit der Aufgabe unserer Seele in Kontakt bringen

Alles, was passiert, hat einen Sinn

Wenn Sie davon ausgehen, dass alles, was in Ihrem Leben geschieht – oder nicht geschieht –, zur Erfüllung Ihrer Lebensaufgabe *notwendig* ist, werden Sie gewissen Dingen gegenüber aufmerksamer sein, die Ihnen zuvor entgangen sind. Diese Annahme gibt Ihnen ein Gefühl dafür, dass Sie – unabhängig davon, in welcher Situation Sie sich gerade befinden – die Fähigkeit haben zu lernen, zu wachsen und aufgrund der Gegebenheiten den nächsten Schritt zu wählen.

Sie müssen nicht darauf warten, dass Sie der Blitzschlag der Erkenntnis trifft – »Jetzt weiß ich, was meine Aufgabe ist« –, solange Sie in der Lage sind, jeden Moment Ihres Lebens als eine kreative Möglichkeit zu sehen, der Mensch zu sein, der Sie sind, zu Ihren Werten zu stehen und die Intention für das auszusenden, was Sie als Nächstes schaffen wollen. Das Suchen nach dem Sinn in allem, was Ihnen geschieht, bringt eine innere Verlagerung der Perspektive mit sich, die Ihr gesamtes Energiefeld verändern wird. Diese offene Einstellung hebt im wahrsten Sinne des Wortes die Schwingung Ihres Kraftfeldes an und macht es möglich, dass Synchronizitäten verstärkt neue Türen für Sie öffnen. *Vergessen Sie nicht: Ihre äußere Welt ist eine direkte Widerspiegelung Ihrer inneren Welt.*

> Intuition ist die kreative, universelle Intention, die sich durch *dich* äußert.

Wir erhalten ständig Botschaften, doch oft tun wir sie als lediglich alltägliche Begebenheiten oder Begegnungen ab. Zum Beispiel hatte sich Jean, 61, in einen jüngeren Mann verliebt, nachdem sie vierundzwanzig Jahre lang keine Beziehung mehr gehabt hatte. Davor war sie zehn Jahre lang mit einem Mann zusammen gewesen, doch sie hatten sich vor der Hochzeit getrennt. Während es immer ihr Traum gewesen war zu heiraten, befürchtete sie, dass diese Liebe zu spät kam. Sie hatte Angst, dass sie sich all diese besonderen Gefühle nur einbildete. Eines Abends ging sie zu einer Gruppenmeditation, wo sie niemanden kannte. Eine andere Frau setzte sich einige Stühle weiter entfernt hin, doch im letzten Augenblick stand sie auf und setzte sich neben Jean. Während sie miteinander plauderten, erzählte ihr diese Frau, die aussah, als sei sie Ende fünfzig, dass sie demnächst einen Mann heiraten würde, den sie vor einem Jahr kennen gelernt hatte. Sie fügte hinzu, dass diese Beziehung für sie völlig unerwartet kam, da sie seit fünfundzwanzig Jahren allein gelebt hatte, doch sie beide wären sehr verliebt. Dies ist ein Beispiel einer scheinbar zufälligen, in Wahrheit jedoch sehr sinnvollen Begegnung, die direkt im Zusammenhang mit einer inneren Frage steht, mit der wir uns gerade beschäftigen. Diese Art sinnvoller und unerwarteter Ereignisse nennen wir Synchronizitäten. Synchronizität – wie wir im Verlauf dieses Buches sehen werden – ist die Magie, die Sie weiterbringt.

Alles ist möglich

Diese zweite Voraussetzung, in vielen Variationen von den verschiedensten spirituellen Lehrern formuliert, wurde mir erneut durch die Psychotherapeutin Colleen McGovern nahe gebracht, während ich an diesem Buch schrieb. Wahrhaft zu glauben, dass alles möglich ist, trifft direkt ins Herz unseres Themas. Als Colleen und ich diese Überzeugung diskutierten, richtete ich meine Aufmerksamkeit für einen Moment nach innen und dachte: »Glaube ich wirklich, dass alles möglich ist?« Ich muss sagen, dass ich es heute tue. Ich habe einige erstaunliche Veränderungen erlebt und ich glaube, dass Wunder geschehen können. Sobald ich in meinem Inneren wusste, dass ich diesen Glauben hatte und dachte: »Ja, alles *ist* möglich«, spürte ich eine subtile Bewegung in meinem Solarplexus, die sich wie eine Entspannung anfühlte oder wie eine kleine Tür, die sich öffnete. Versuchen Sie es selbst.

Wenn Sie nicht wirklich sagen können, dass Sie an Wunder glauben, dann ist das auch in Ordnung. Doch können Sie anfangen, um göttliche Hilfe zu bitten (zu beten), um die Situationen verändern zu können, die Ihnen zu schaffen machen. Bitten Sie darum, dass Ihnen Personen begegnen, die selbst ungewöhnliche Synchronizitäten oder Wunder erlebt haben, um Ihnen zu helfen, Ihren eigenen Glauben zu entwickeln. Sie werden bald überrascht und erstaunt sein, was auf Sie zukommt.

Wie Sie in das übergeordnete Bild passen

Wer Sie sind

Entsprechend einer kürzlich veröffentlichten Studie des Soziologen Paul H. Ray tritt in den Vereinigten Staaten eine neue Kultur in Erscheinung, deren Sichtweisen und Verhaltensformen immer mehr von der Allgemeinheit übernommen werden. Es sind hauptsächlich Frauen – 67 Prozent gegenüber 33 Prozent Männern –, die diese neue Sichtweise vertreten und nicht nur an Umweltthemen interessiert sind, sondern auch an weiterführenden Fragen zum ökologischen Gleichgewicht. Sie haben ein ausgeprägtes Interesse an persönlicher Entwicklung, sie genießen es, mit neuen Ideen zu arbeiten, sie reisen gern und sie schätzen fremde Kulturen. Die Gesundheit liegt ihnen besonders am Herzen, egal ob persönlich, sozial oder auf den Planeten Erde bezogen. Sie sind an Psychologie interessiert, an Spiritualität und humanitären Themen. Dabei sind sie sich der systembedingten Probleme bewusst, denen sich die Welt gegenübersieht, und verstehen, dass jeder Mensch, jeder Samen, jede Spezies, Gesellschaft, Nation, jeder Staat, Kontinent und jede Wetterlage unentrinnbar miteinander verbunden sind und sich wechselseitig beeinflussen.

Bis jetzt ist diese Kultur hauptsächlich in der Mittelklasse verbreitet, hat jedoch die Tendenz, ihren gesellschaftlichen Rahmen zu sprengen und über das Fernsehen, Seminare und Vorträge einem breiteren Publikum bekannt zu werden. Anstatt vor dem Fernseher zu sitzen, beginnen die Menschen wieder zu lesen und Radio zu hören. Und obwohl viele von ihnen etliches an materiellem Komfort genießen, sind sie weniger an oberflächlichem Konsum interessiert, sondern mehr daran, sich weiterzuentwickeln und anderen zu helfen.

Wie passen Sie in dieses Bild? Wenn Ihnen die oben erwähnten Ideen zusagen, sind Sie bereits ein Teil dieser neuen Entwicklung und es ist sehr wahrscheinlich, dass jegliche Fragen, die Sie bezüglich Ihrer Lebensaufgabe haben, von einer unbewussten Verbindung mit diesem neuen Feld kollektiver Energie herrühren. Nachdem ich überall in den USA Menschen getroffen und viele Briefe zu diesem Thema bekommen habe, bin ich zu der Überzeugung gelangt, dass jeder von uns mit einer Seelengruppe arbeitet, die ähnliche Aufgaben teilt.

Diese neue Weltsicht ist ein globales Phänomen und auf allen Kontinenten zu beobachten. Sie macht sich mehr und mehr innerhalb vieler Disziplinen bemerkbar – vor allem im Bereich der Heilung durch feinstoffliche Energie, Körperarbeit, Akupunktur, Naturheilkunde, Hypnotherapie, Rückführungstherapie, Ernährungskunde, der spirituellen Psychologie und in dem wachsenden Interesse an dem, was wir heute »ewige Philosophie« nennen. Im Bereich der Wissenschaft ist diese neue Sicht vor allem bei der Quantenphysik und den medizinischen Forschungen in Bezug auf den Zusammenhang von Geist und Körper anzutreffen. Außerdem zeigt sie sich im wachsenden Interesse an mehr Spiritualität im Geschäftsleben und bei Führungskräften. In all diesen Fällen verlagert sich das Gewicht von unserem früheren Glauben weg, dass das Leben etwas Voraussehbares ist, das wir kontrollieren können, wenn wir nur die richtigen Fakten und Ziele haben und entschlossen sind, eine Sache durchzuboxen.

Die neue Kultur erkennt, dass Probleme nicht mit wild durcheinander gewürfelten Heilmitteln oder einem Pflaster hier und da beseitigt werden können, sondern dass es Prinzipien bedarf, die systematisches Denken erfordern, holistisches Planen, Bereitschaft zu einer kooperativen Beziehung und Situationen, in denen es keine Verlierer, sondern nur Gewinner gibt. Die neue Weltsicht sucht nach der geistigen Bedeutung eines jeden Ereignisses; sie schätzt die Verschiedenheit von Meinungen, Geschichte und Kulturen. Die neue Sicht erkennt, dass Synchronizitäten Türen öffnen und qualitativ bessere Lösungen anbieten, als durch Zwang und Kontrolle möglich gewesen wäre.

Dies zeigt, wie unser individuelles Leben untrennbar mit der Absicht des Ganzen verwoben ist.

Die Verlagerung der Perspektiven

Die zweite Hälfte des zwanzigsten Jahrhunderts – beginnend mit den wilden Sechzigern – brachte eine neue Ära von Fragen: wer wir sind, welche Auswirkung jeder Einzelne von uns auf die Welt hat und was individuelle Verantwortung wirklich bedeutet. Wir fingen an, über die Konsequenzen des ungebremsten Wachstums und der grenzenlosen Expansion nachzudenken. Die Zeit für das so genannte »Systemfeld«-bezogene Denken war gekommen. Bei dieser Art des Denkens müssen wir uns anschauen, wie jeder Teil eines Systems jeden anderen Teil beeinflusst und was das Individuum zum Ganzen beiträgt. Wenn wir in Begriffen von Systemen denken, stellen wir vielleicht Fragen wie: »Auf welche Weise beeinflusst der

»Die meisten von uns investieren viel Mühe in ihre Arbeit, nicht nur, weil wir soviel arbeiten müssen, um unseren Lebensunterhalt zu verdienen, sondern weil Arbeit der Mittelpunkt des *Opus* der Seele ist. Wir gestalten uns selbst – wir individualisieren uns, um den Jungschen Terminus zu gebrauchen. Arbeit ist von fundamentaler Bedeutung für das *Opus* unserer Seele, denn der Sinn des Lebens ist die Fabrikation der Seele.«

Thomas Moore[5]

Gebrauch von Pestiziden in Iowa das Wetter auf Borneo?« – »Was muss physisch, geistig, emotional und spirituell geschehen, damit Heilung möglich wird?« – »Wie können wir den Reichtum der Vielfalt des Lebens nähren und in Harmonie existieren?« In den sechziger Jahren begannen verschiedene Segmente unserer Kultur, die Notwendigkeit von Veränderungen in diversen Bereichen zu erkennen: bei den Menschenrechten, bei den von uns als gerechtfertigt eingestuften Voraussetzungen, einen Krieg zu beginnen, und im Bereich der ökonomischen Theorie, insbesondere unter Berücksichtigung der Diskrepanzen beim Management und der Verteilung von Gütern.

Ungefähr zur gleichen Zeit tauchte ein neuer Slogan in den spirituellen Bevölkerungsgruppen auf: *Wir erschaffen unsere eigene Realität.* Plötzlich war der Begriff in aller Munde und das Bewusstsein einer großen Gruppe von Menschen änderte seine Richtung – von einem äußeren zu einem inneren Fokus. Wie mit dem Tag, an dem wir einundzwanzig und »erwachsen« wurden, stellten wir mit einem Mal fest, dass wir für uns selbst verantwortlich waren – und für das, was uns widerfuhr.

Der Gedanke, dass Realität die Art ist, wie wir die Welt sehen – und dass unsere Wahrnehmung der Realität die

Welt *ist* –, war etwas gewöhnungsbedürftig. Manche Menschen interpretierten die Feststellung »Du erschaffst deine eigene Realität« auf eine Weise, die Schuldgefühle verursachte. Zum Beispiel: »Ich schuf mir meinen Krebs, also bin ich wohl nicht spirituell genug« oder »Ich kreierte einen Autounfall, also denke ich nicht positiv«. Es schafft unnötige Verwirrung, diesen Gedanken wörtlich zu nehmen – so als wäre jede Schöpfung eine *bewusste* Entscheidung.

Wir dürfen nicht vergessen, dass eine Anzahl komplexer Faktoren bei jeder Krankheit, bei Unfällen, Missgeschicken oder Wundern zusammenwirkt. Wir können niemals ganz genau wissen, warum etwas mit uns geschieht. Eine Seele mag vielleicht mit der tiefergründigen Absicht auf die Welt gekommen sein, etwas sehr Schmerzhaftes oder Einschränkendes zu erleben, das nur durch die Erfahrung eines traumatischen Ereignisses oder zum Beispiel durch Armut möglich ist. Da wir mit einem freien Willen geboren wurden, programmiert unsere Seele uns nicht darauf, am 15. Dezember 1997 um Viertel nach drei einen Unfall an einer bestimmten Straßenkreuzung zu haben. Teil Ihrer Lebensaufgabe kann es jedoch sein zu lernen, Liebe von anderen anzunehmen. Es ist möglich, dass eine Seele ein großes geistiges Wachstum erfährt, während sie oder er eine körperliche oder emotionale Herausforderung überwindet. Was auf der menschlichen Verstandesebene wie eine Tragödie erscheint, mag in der übergeordneten Entwicklung einer Seele durch viele Inkarnationen hindurch ein transformierendes Erlebnis sein. Damit will ich sagen, dass wir nicht wissen können, auf welcher Ebene ein Ereignis von uns »kreiert« wurde. Eine Krankheit mag auf der seelischen oder auf der karmischen Ebene geschaffen worden sein – oder durch zu viele

Martinis in den letzten dreißig Jahren, weshalb unsere Leber schließlich aufgab, weil sie physisch zu überlastet war. Anstatt uns von verhungernden Menschen abzuwenden, weil sie ihr Karma schließlich selbst verschuldet haben, müssen wir zu allen Zeiten liebevolle Freundlichkeit und Mitgefühl walten lassen und dienen, wo wir dazu in der Lage sind.

Es ist jedoch eine Tatsache, dass unsere Vorstellungen von der Natur des Lebens unsere Reaktionen darauf *kreieren*, was wir als die Welt an sich wahrnehmen. Unsere Eindrücke, Verhaltensweisen und Glaubenssätze *sind* das, was wir in der äußeren, physischen Welt widergespiegelt sehen. Wenn wir also sagen: »Ich erschaffe meine eigene Realität«, dann meinen wir damit, dass wir uns entschieden haben, die Welt in einem bestimmten Licht zu sehen, und glauben, dass diese Realität echt ist.

Wir sind geboren worden, um mit Energien zu arbeiten. Wir sind hier, um zu kreieren. Einige Dinge schaffen wir, ohne viel darüber nachzudenken. Andere kreieren wir sehr bewusst. Irgendwo innerhalb dieses Spektrums der Kreativität – entweder auf der seelischen oder der karmischen Ebene, im unbewussten oder bewussten Bereich – haben wir in unserem Leben genau das, was wir *in diesem Moment* haben wollen. Das verdammt uns nicht dazu, für immer an diesem Punkt zu verharren. Es ist lediglich das, was wir mit unserem Grad an Wachsamkeit gegenwärtig kreiert haben, die Art und Weise, wie wir unsere Intentionen und Wünsche ausgerichtet haben, und die jeweiligen Entscheidungen und Aktionen, die wir vorgenommen haben.

Dinge geschehen. Wie wir mit ihnen umgehen, liegt an uns. Manchmal haben wir eine Menge Wahlmöglichkeiten. Zu anderen Zeiten sieht es so aus, als hätten wir überhaupt keine Wahl. In Wirklichkeit treffen wir immer irgendeine Art bewusster oder unbewusster Entscheidung, wie wir mit einer Situation umgehen. Die Geschichte ist voller Berichte von Menschen, die extremste Verluste und Traumata erlitten und dabei durchschnittliche oder auch außergewöhnliche Tapferkeit, Mitgefühl und Kreativität gezeigt haben.

Wie sollen wir leben?

Auf der tiefsten Ebene unseres Bewusstseins lautet unsere kollektive Frage: Was ist unsere Aufgabe? Wir wissen, dass es etwas gibt, was wir tun sollten. Was ist es? Wie können wir alle dazu beitragen, diese evolutionäre Aufgabe zu erfüllen?

Da wir in einer Welt der Dualität leben, in der wir die Dinge in heiß oder kalt, gut oder schlecht, hell oder dunkel, richtig oder falsch einteilen, trennt unser Verstand automatisch alles in Entweder-oder- bzw. Schwarzweiß-Konzepte. Interessanterweise bestehen die Realität des Lebens und die ihr zugrundeliegenden universalen Gesetze aus einem Paradoxon – also nicht aus entweder/oder, sondern aus sowohl/als auch. Auf den Pfad Ihrer Lebensaufgabe zu gelangen heißt zu lernen, mit Paradoxa zu leben.

Das erste grundlegende Paradoxon in unserem Leben besagt, dass nichts besteht; gleichzeitig geschieht nichts willkürlich oder zufällig. Wir ko-kreieren mit unserer spirituellen Quelle. Wir haben einen freien Willen und dennoch haben wir keine Kontrolle. Das zweite Paradoxon besteht darin, dass wir etwas, das wir unbedingt haben wollen, in der Regel nur dann bekommen, wenn wir den Wunsch danach loslassen. Das ist das Paradoxon der *Intention* (persönlicher Wunsch und Wille) und der *Hingabe* (indem man Gott oder das Universum entscheiden lässt, was das Beste für einen ist). Sie sind sowohl ein begrenztes Erdenwesen als auch eine unendliche Seele mit großer spiritueller Ausdehnung. Sie sind sowohl/als auch. Sie sind der Tropfen Wasser und die Welle. Sie führen sich selbst und Sie werden geführt.

Finden Sie Ihren Platz im universalen Feld des menschlichen Bewusstseins

Unsere höchste spirituelle Wahrheit besteht darin, dass wir eins mit dem Schöpfer sind. Wir existieren innerhalb des universalen Bewusstseinsfeldes und können dieses Feld durch unsere Intentionen und Wünsche beeinflussen. Entsprechend der Quantenphysik sind Zeit und Raum lediglich begriffliche Modelle, die wir anwenden, um unsere Verabredung zum Mittagessen einhalten zu können. Jede unserer Intentionen wird direkt vom universalen Energiefeld empfangen. Bahnbrechende Physiker, wie Dr. David Bohm und J.S. Bell, haben uns nahe gebracht, dass alles im Universum von allem beeinflusst wird. In seinem Buch *Synchronicity, The Inner Path of Leadership,* erklärt Joseph Jaworski die technische Sprache der Physik vor dem Hintergrund dieser Ideen: »Die einfachste Erklärung von Bells Theorem ist folgende: Stellen Sie sich zwei gepaarte Partikel in einem Zwei-Partikel-System vor. Wenn Sie dafür sorgen, dass sie auseinanderfliegen, oder wenn Sie sie trennen – indem Sie zum Beispiel ein Partikel nach New York und das andere nach London bringen – und dann die Drehrichtung eines Partikels verändern, wird das andere Teilchen simultan dazu seine Drehrichtung ebenfalls ändern.«[6]

Darüber hinaus haben Untersuchungen über die Natur des Lichts gezeigt, dass Licht sowohl ein Partikel ist – das heißt ein *Teil* des Ganzen – als auch die *Welle* – oder das Ganze. In der gleichen Denkweise wollen wir uns nun vorstellen, dass jeder von uns nicht nur ein Teil der Menschheit ist, sondern auch die gesamte Menschheit. Im Blickwinkel der Systeme sind wir alle, vom Buschmann über die Balletttänzerin bis zum Vizepräsidenten von General Electric, in einem zeitlosen Augenblick ohne Trennung von Zeit und Raum, in einem göttlichen Zusammenspiel tanzend, miteinander verbunden. Daraus folgt, dass wir alles, was wir für uns selbst tun, auch für alle anderen tun. Jeanne Achterberg, Autorin und Professorin am Saybrook Institut in San Francisco, schrieb in einem Artikel für das Magazin *Noetic Sciences Review:* »Wir leben in einer biochemischen, neurophysiologischen, klangerfüllten Quantensuppe. Unter diesem Gesichtspunkt ist die Verantwortung, die wir für unser inneres Leben haben, enorm und geht weit über unsere eigene persönliche und spirituelle Entwicklung hinaus. Was immer wir in unserer Seele an Liebe und Leidenschaft, Hass und Gier, Überfluss und Sehnsucht und sonstigen menschlichen Qualitäten erfahren, mag sehr wahrscheinlich nicht nur uns allein gehören.«[7]

Unsere persönliche Frage nach unserer Lebensaufgabe mag sowohl die Spitze als auch das Fundament des kollektiven Eisberges sein – ein Teil der wesentlich umfassenderen Frage: Wohin gehen wir von hier aus? Wenn wir diese individuellen Sehnsüchte unter dem Aspekt des Systemdenkens betrachten, werden wir sie vielleicht nicht als isolierte, narzisstische Überlegungen einstufen, sondern als Äquivalente zur DNS unserer Seele, dem produktiven Steuermechanismus der Evolution selbst sehen.

Unser Dilemma ist also folgendes: Ich weiß, dass ich etwas Bestimmtes tun soll, aber ich habe keine Ahnung, was es ist. Lassen Sie uns den ersten Teil dieser Aussage näher betrachten: *Ich weiß, dass ich etwas Bestimmtes tun soll.* Wir werden geboren mit dem inneren Wissen, dass wir hier eine Aufgabe haben. Wir kommen auf die Welt und wissen, dass Arbeit ansteht. Wenn wir nicht genügend geistige Wachsamkeit unser eigen nennen oder aber mit Menschen aufwachsen, die uns beibringen, die Welt als einen Ort zu sehen, an dem der eine den anderen auffrisst und man nur durch harte Arbeit weiterkommt – ein Alptraum von Konkurrenzdenken –, dann scheint unsere Lebensaufgabe darin zu bestehen, das System zu besiegen und uns als Gewinner zu profilieren. In diesem Fall besteht unser einziges Ziel darin, sich um unser eigenes Fortkommen und Wohlergehen zu kümmern, nicht in Schwierigkeiten zu geraten, dafür zu sorgen, dass wir stets nur das Beste bekommen, und alles verdächtig zu finden, was wir nicht essen, verkaufen, sehen oder erklären können.

Wenn wir für eine kurze Zeit unseren konditionierten Verstand hinter uns lassen – vielleicht indem wir in ein anderes Land reisen, ein gutes Buch lesen, einen Sonnenuntergang betrachten oder ein Kind adoptieren –, beginnen wir zu denken, dass es etwas Interessanteres gibt, das wir mit unserer Zeit hier auf der Erde anfangen könnten. Oder wir wachen jeden Morgen um vier Uhr auf und fühlen uns mit unserem unerfüllten Bedürfnis nach Zugehörigkeit und Anerkennung konfrontiert, mit dem Bedürfnis, eine Leistung zu vollbringen, und dem Wunsch, von unserer Familie und Freunden respektiert zu werden. Vielleicht spüren wir deutlich unseren Durst nach Wissen, den Wunsch, etwas für andere zu tun, und haben das Bedürfnis, unseren Platz in der Welt zu finden, bevor wir sterben. Oder wir weinen Tränen der Sehnsucht nach der

Unabdingbarkeit von Liebe, Schönheit, Musik und der stillen Anmut der Natur.

Wir wären nicht geboren worden, hätten wir nicht einen inneren Grund gehabt, eine Erdenexistenz zu leben. Eine Frau in einem meiner Seminare hat einmal gesagt – und ich weiß nicht, woher sie diese Information hatte –, dass für jede Geburt zehntausend Seelen um diese Gelegenheit kämpfen. Denken Sie einmal darüber nach. Sie waren derjenige, der es geschafft hat!

Wie sehr wir auch durch die Landschaft unseres Lebens dahintreiben mögen oder wie sehr wir uns durch die Tage kämpfen, wir wurden nicht als Seelen ohne Ziel geboren noch sind wir ohne Kompass auf die Welt gekommen. Wir sind nicht ohne Namen und nicht ohne Koordinaten geboren.

So fragen wir uns mitten in der Nacht, beim Rotlicht an der Ampel oder in der Schlange vor der Kasse im Supermarkt (was manchmal unsere einzigen Momente der Reflexion sind): »Was ist meine Lebensaufgabe?« Wir gehen davon aus, dass es sich dabei um eine definierte, messbare Angelegenheit handeln muss; einen Titel, einen Beruf, eine Beschäftigung, den Lebensunterhalt, eine Karriere, den Dienst am Nächsten, ein Talent oder eine Identität, die sich jenseits unserer Reichweite befindet. Wir haben in der Regel das Gefühl, als läge diese Aufgabe irgendwo *außerhalb* unserer selbst und als würde uns jemand mit genügend Autorität eines Tages darin einweihen. Fälschlicherweise glauben wir, dass wir sie nur durch Glück oder ungeheure, übermenschliche Ehrenhaftigkeit erreichen können. Wir glauben, dass die Erfüllung unserer Lebensaufgabe uns ein für allemal finanzielle Sicherheit und den Respekt aller Menschen schenken wird, die unseren Weg kreuzen. Wir gehen davon aus, dass wir nur hart arbeiten und Glück haben müssen, damit schließlich Ruhm und Erfolg unsere Anstrengungen belohnen. Die Nichterfüllung unserer Lebensaufgabe wird uns andererseits vielleicht ein Gefühl von Wertlosigkeit oder Unwichtigkeit bescheren. Wenn wir uns schlecht fühlen, sind wir schnell mit der Behauptung bei der Hand, dass wir viel bessere Möglichkeiten gehabt hätten, wenn wir nur mehr verstanden worden wären und unsere selbstsüchtigen oder kontrollierenden Eltern unsere Talente mehr gefördert hätten. Dann könnten auch wir so beliebt wie Tom Cruise sein oder wären ein erfolgreicher Schriftsteller oder Erfinder oder gar jemand wie Mutter Teresa und würden *wirklich* etwas Wichtiges zur Welt beitragen.

Tatsache ist, dass wir unsere »Aufgabe« oft externalisieren und sie als etwas für uns Unsichtbares und Unerreichbares ansehen – außer irgendwann in einer goldenen Zukunft, wenn wir plötzlich genau wissen, worum es sich dabei handelt und uns endlich das Stipendium gewährt wird, mit dem wir in Rom Kunst studieren können. Bis dahin bestrafen wir uns selbst, weil wir in unserem Leben noch nicht weiter gekommen sind.

Ich glaube, dass unsere Aufgabe weder ein Ding ist noch ein Ort, ein Beruf, ein Titel, nicht einmal ein Talent. Unsere Aufgabe ist es, *zu sein.* Unsere Aufgabe liegt darin, *wie* wir leben, und nicht, welche Rolle wir leben. Wir finden unsere Aufgabe in jedem Moment, wenn wir uns entscheiden, der Mensch zu sein, der wir wirklich sind.

DU

Du bist ein sich selbst organisierendes System
in einem unsichtbaren Energiefeld,
organisiert von deiner Aufgabe und einem Strom kontinuierlicher Information

Information ist die Nahrung eines sich selbst organisierenden Systems

du liest dieses Buch, um dich selbst kennen zu lernen.
Wenn du dich selbst kennst, enthüllt sich deine Lebensaufgabe

die eigene Lebensaufgabe zu leben heißt,
dass du eine Öffnung bist, durch die Gott strömt

Beziehungen zu entwickeln ist die Aufgabe
Aufmerksamkeit und Absicht in den gegenwärtigen Moment zu bringen ist die Aufgabe
und neue Ideen aufzugreifen
Hilfe zu geben und anzunehmen
freiwillig zu dienen
ein Mentor zu sein
der Vorstellungskraft und Intuition zu vertrauen
zu kommunizieren
aufgrund innerer Überzeugung zu handeln
Rat von außen anzunehmen
anpassungsfähig zu sein
Verantwortung zu übernehmen und ein für allemal die Rolle des Opfers aufzugeben
sich dem göttlichen Willen unterzuordnen, Toleranz, Mitgefühl und die Fähigkeit zur Liebe zu entwickeln.

Carol Adrienne

Die Menschen befürchten zuweilen, dass die Suche nach der eigenen Lebensaufgabe ein Luxus für Wohlhabende ist, die es sich »leisten können«, etwas Künstlerisches, Kreatives oder Humanitäres zu vollbringen. Viele Menschen beschweren sich darüber, dass die Armen nicht in den Luxus kommen, über ihre Lebensaufgabe nachdenken oder in Übereinstimmung mit einem höheren Zweck oder geistigen Werten leben zu können. Ein österreichischer Industrieller sagte einmal in der Halle eines Hotels in Istanbul, nachdem ich einen Vortrag über die Wichtigkeit einer positiven Vision für die Zukunft gehalten hatte: »Es gibt eine reale Welt da draußen. Leute verhungern. Ich glaube nicht, dass es sie interessiert, ihre Lebensaufgabe zu finden oder etwas zu einem übergeordneten Weltenplan beizutragen.« Erregt fuhr er fort: »Diese Leute da drinnen [das Publikum] werden aus diesem wunderschönen Hotel kommen und es sich gut gehen lassen, sich etwas kaufen oder teuer essen gehen. Sie werden sich nicht ändern.« Ich wusste, dass seine Bemerkungen auf seine eigene Frustration und seinen tiefen Wunsch danach zurückzuführen waren, andere zu inspirieren, den Träumen zu folgen, die zu erfüllen sie auf die Welt gekommen sind. Wenn eine solche Frage auftaucht, müssen wir zwei Dinge im Auge behalten. Erstens gibt es auf der physischen Ebene eine Reihe von Notwendigkeiten, die erfüllt werden müssen, bevor man die größeren, philosophischen Fragen angehen kann. Zweitens wählt eine Seele auf der geistigen Ebene die Bedingungen aus, die in dieser Inkarnation am hilfreichsten sind. Ein Mensch kann also jede Art von Leben führen und dennoch seine Aufgabe erfüllen.

Die Verzweiflung und Frustration, die wir im Angesicht der Welt und unserer Möglichkeiten spüren, die Bedingungen für uns selbst und andere zu verbessern, sind real und notwendig. Unsere Verzweiflung sorgt dafür, dass wir unsere Aufgabe nicht vergessen und auch in Zeiten absoluter Finsternis nicht aufgeben. Paradoxerweise führt uns die Frustration und sogar Hoffnungslosigkeit in die Leere – an den Ort, wo wir uns hingeben, wo wir etwas, das größer ist als wir selbst, in unser Leben treten und uns leiten lassen. Und auch, wenn Sie sich mitten auf Ihrem Weg befinden, kann das Leben überwältigend und entmutigend erscheinen und Sie fragen sich vielleicht: »Interessiert es überhaupt irgendjemanden, was ich hier mache?« Das ist ein Aspekt des spiralförmig verlaufenden Weges unserer Lebensaufgabe. Wir arbeiten hart, um unsere Ziele zu erreichen. Und wenn wir es tun – oder auch nicht –, gelangen wir an einen Punkt, wo wir aufs Neue unsere Situation überprüfen und weitergehen müssen.

> »So eigenartig es auch erscheinen mag, das Leben wird genau dann heiter und angenehm, wenn selbstbezogenes Vergnügen und persönlicher Erfolg nicht mehr das erstrebenswerte Ziel sind.«
>
> *Mihaly Csikszentmihalyi*[8]

Die Aufgabe des Lebens

Nach den Berichten von Personen, die glauben, sich an vergangene Inkarnationen erinnern zu können, hat es den Anschein, als ob Menschen aus so vielen verschiedenen Gründen eine Erdenexistenz annehmen, wie es Individuen gibt. Manche von ihnen sagten, sie seien zurückgekommen, um anderen zu helfen und selbst geistig zu wachsen. Andere sagten, sie seien gekommen, um ihre Erfahrungen aus früheren Lebenszeiten abzurunden oder um Tendenzen zu korrigieren, die seit mehreren Inkarnationen tief in ihnen verwurzelt waren. Wieder andere meinten, dass sie diesmal mehr mit Menschen zu tun haben wollten, nachdem sie ihre letzten Inkarnationen in Abgeschiedenheit oder Armut gelebt hatten. Und wiederum andere sagten, dass sie gekommen sind, um an persönlichen, karmischen Beziehungen zu arbeiten.

Die nachfolgend aufgeführten Gedanken sind allgemeine Überlegungen, die uns bei dem Versuch herauszufinden, was unsere Lebensaufgabe sein könnte, in den Sinn kommen.

1. Unser aller Lebensaufgabe besteht darin, das Leben, das uns gegeben wurde, mitzugestalten – unsere Lebensenergie in Richtungen zu lenken, die für uns sinnvoll sind.
2. Jeder von uns wird mit einer inneren Führung geboren, die uns hin zu Menschen, Orten und Ereignissen bringt, welche es uns ermöglichen, unsere Aufgabe synchronistisch zu erfüllen.
3. Unsere Lebensaufgabe entfaltet sich ständig, auch wenn wir dies aufgrund unserer Fixierung auf ein bestimmtes Ziel oder einen festgelegten Zeitpunkt nicht erkennen.
4. Unsere Lebensaufgabe bezieht sich in der Regel darauf zu lernen, tiefer, umfassender, beständiger und bedingungsloser zu lieben.
5. Unsere Lebensaufgabe kann darin liegen, besondere Werte zu entwickeln, wie zum Beispiel Glauben, Vertrauen, Mut oder die Bereitschaft zur Vergebung.

6. Unsere Lebensaufgabe mag es sein, die geistige Entwicklung eines anderen Menschen zu unterstützen.
7. Unsere Lebensaufgabe kann in der Zusammenarbeit mit einer anderen Seele liegen, mit der wir unerledigte Dinge zu klären haben.
8. Unserer Lebensaufgabe begegnen wir bei jenen Aktivitäten, bei denen wir das Gefühl für die Zeit verlieren.
9. Wir haben unsere Lebensaufgabe gefunden, wenn uns etwas so sehr bewegt, dass wir unser Herz dem öffnen, dem es zuvor verschlossen war.
10. Wir finden unsere Lebensaufgabe, indem wir unseren täglichen Verrichtungen nachgehen. Wir können sie auch in Momenten der Transzendenz finden, wie zum Beispiel bei einem Augenblick des geistigen Erwachens im Wald, bei einem Nahtoderlebnis oder nach einer vollbrachten Leistung, ob groß oder gering, die uns mit etwas verbindet, das größer ist als wir selbst.
11. Unsere Lebensaufgabe ist es, so voll und ganz, so gegenwärtig und authentisch zu leben, wie es uns möglich ist.

Geben Sie eine wirksame Erklärung zu Ihrer Lebensaufgabe ab

So weit, so gut. Wir haben darüber gesprochen, was eine Lebensaufgabe ist und was nicht. Nun wollen wir uns Ihnen persönlich zuwenden. Wir beginnen damit, indem wir eine wirksame Erklärung zu unserer Lebensaufgabe abfassen. Keine Sorge – das ist eine einfache und amüsante Übung. Folgen Sie den nachstehend aufgeführten Schritten und lassen Sie Ihre Intuition bei den Antworten soufflieren. Sie können Ihre Erklärung jederzeit abändern, wenn Sie eine bessere Möglichkeit finden, Ihre innerste Essenz zum Ausdruck zu bringen. Diese einfache Übung ist der erste Schritt bei der Erstellung eines wirksamen Plans für Ihre Lebensaufgabe.

Warum »wirksam«?

Sie sind ein sich selbst organisierendes Energiefeld und tragen eine Aufgabe in sich. Sie *tun* Ihre Aufgabe bereits, doch wenn Sie nicht das Gefühl haben, dass dem so ist, wird Ihnen dieser Prozess dabei helfen, Ihre Aufmerksamkeit für die Art und Weise zu verstärken, wie Sie zur Welt beitragen. Mit jeder Zunahme an Aufmerksamkeit bekommt unser Leben mehr Bewegung und Sinn. Benutzen Sie für diese Übung den Vordruck auf Seite 97.

Erklärung zu meiner Lebensaufgabe

Beantworten Sie die folgenden Fragen, so schnell Sie können, ohne zu viel über die einzelnen Fragestellungen nachzudenken. Lassen Sie die Antworten kommen, ohne sie zu bewerten. Nachdem Sie alle oder die meisten der Fragen beantwortet haben, formulieren Sie eine kurze, phantasievolle Erklärung, die die Essenz Ihres innersten Wesens zum Ausdruck bringt. Wenn Ihre Erklärung Sie zum Lachen, Weinen oder Lächeln bringt, sind Sie auf dem richtigen Weg. Beim Schreiben achten Sie darauf, dass jedes Wort *genau* das ausdrückt, was Sie meinen. Und wenn es sich nicht völlig stimmig anhört, suchen Sie so lange nach einem passenden Wort, das Ihren Geist beflügelt, bis Sie es gefunden haben. Dann verwenden Sie diese Aussage als Ihre Erklärung zu Ihrer Lebensaufgabe, bis Ihnen eine bessere einfällt!

Mich selbst erkennen

Als ich ein Kind war, wollte ich ______________________ sein.

Als ich ein Kind war, hat es mir immer großen Spaß gemacht, wenn
____.

Die Aktivitäten, die ich heute liebe, sind (vgl. Kasten auf Seite 98)
____.

Meine besten Eigenschaften sind (vgl. Kasten auf Seite 99) ________
____.

Die Eigenschaften, die ich gern entwickeln und ausdrücken würde, sind (vgl. Kasten auf S. 100 ______________________________
____.

Ich glänze, wenn ich ________________________________
____.

Ich habe ein besonderes Talent für ____________________
____.

Ich bin am meisten ich selbst, wenn ich __________________
____.

Es fällt mir leicht, zu ______________________________
____.

Ich fühle mich immer wieder zu __________________ hingezogen.

Zusammenfassung: Meine Erklärung

Allem Anschein nach ist Folgendes meine Aufgabe: ____________
____
____
____

Erster Schritt

ICH LIEBE ES … *Schreiben Sie mehrere Dinge auf, die Sie gern tun.*

Wählen Sie Aktivitäten, die *ganz einfach* für Sie sind – Dinge, die Sie vielleicht nie gelernt haben, in denen Sie jedoch einfach »gut« sind. Die Vorschläge auf Seite 98 sollen Ihnen dabei helfen, zu beginnen – wobei Ihre speziellen Aktivitäten hier unter Umständen nicht aufgeführt sind.

Aktivitäten

ICH LIEBE ES …

zu reden	zuzuhören	zu lehren
zu gärtnern	zu reparieren	zu analysieren
zu rennen	zu beraten	zu malen
zu surfen	zu sammeln	zu überzeugen
zu redigieren	Probleme zu lösen	zu verhandeln
zu verteidigen	zu kritisieren	zu dirigieren
etwas aufzuzeichnen	zu renovieren	zu führen
zu schreiben	zu nähen	zu basteln
zu fahren	zu segeln	zu gehen
zu entdecken	zu kochen	zu versorgen
zu heilen	zu helfen	zu entdecken
zu produzieren	zu agitieren	zu inspirieren
zu tanzen	aus dem Fenster zu schauen	zu träumen

Zweiter Schritt

ICH BIN … *Schreiben Sie einige der besonderen Qualitäten auf, die Sie an sich selbst lieben oder die andere an Ihnen schätzen.*

Seien Sie nicht schüchtern oder bescheiden im Hinblick auf Ihre besten Eigenschaften. Lassen Sie sich von der nachstehenden Liste nicht einschränken.

ICH BIN …

humorvoll	enthusiastisch	tröstend	entschlossen
intelligent	sanft	freundlich	mutig
tapfer	direkt	inspirierend	unterstützend
optimistisch	visionär	voller Mitgefühl	flexibel
unterhaltsam	gebildet	praktisch	offen
großzügig	stark	voller Energie	ruhig
abenteuerlustig	überzeugend	beredsam	geduldig
verständnisvoll	spontan	schnell im Denken	originell

Dritter Schritt

ICH HÄTTE GERN MEHR ... *Schreiben Sie die Qualitäten auf, die Sie gern besitzen würden.*

ICH HÄTTE GERN MEHR ...

Bescheidenheit	Großzügigkeit	Mitgefühl
Liebesfähigkeit	Freundlichkeit	Mut
Glauben	Integrität	Führungsqualitäten
Bereitschaft zum Dienen	Kreativität	Forschungsgeist
Erfindungsgabe	Toleranz	Fairness

Talent, Menschen zum Lachen zu bringen
Fähigkeit, Frieden zu stifen
künstlerisches oder musikalisches Talent
Fähigkeiten zu heilen
Möglichkeiten, einer Situation gerecht zu werden
positiven Einfluss auf die Umwelt oder Menschenrechte
Fähigkeiten, komplexes Material einfach darzulegen
Eleganz
Talent zum Tanzen
gesunden Menschenverstand
nichtalltägliche Weisheit

Vierter Schritt

Zusammenfassung. Fassen Sie Ihre Antworten der ersten drei Schritte zusammen und schreiben Sie diese auf ein Blatt Papier.

Ihr Ziel ist es nun, diese Antworten in eine Erklärung zu integrieren, die die Essenz Ihres Selbst und Ihre Lebensaufgabe kurz, treffend und einfallsreich zum Ausdruck bringt. Lassen Sie sich mit der Zusammenfassung Ihrer einzelnen Antworten Zeit. *Um eine wirklich effektive Hilfestellung zu werden, muss dieser Satz mit Emotionen geladen sein, die Sie entweder zum Weinen oder herzhaft zum Lachen bringen!*

Beispiel 1

Victoria, eine Mutter auf Arbeitssuche, schrieb beim ersten Schritt:

»Ich liebe es, meine Umgebung zu verschönern – ob es sich dabei nun um meine Wohnung, die Wohnung eines anderen, Make-up oder das Ausmisten meines Kleiderschranks handelt. Ich liebe es einfach, so etwas zu tun.«

Zum zweiten Schritt notierte sie: »Ich bin *enthusiastisch und entschlossen*, wenn ich etwas erreichen will.« Zum dritten Schritt schrieb sie: »Ich würde gern für *meine Fähigkeit, das Leben ein wenig schöner und lebenswerter zu machen*, anerkannt werden.«

Sie fasste diese Elemente in die folgende Erklärung zusammen und las sie laut vor: »Ich bin die Königin der Schönheit und Freude.« Sie konnte nicht anders, als ein »O Gott!« hinzuzufügen, weil ihre Erklärung so klar und einfach die Essenz dessen zusammenfasste, was sie ausdrücken wollte.

Beispiel 2

Chuck, ein Zeitungsreporter, schrieb zum ersten Schritt: *»Ich liebe es zu segeln.«* Aber er fragte sich: »Wie kann das Teil meiner Lebensaufgabe sein?« Zum zweiten Schritt schrieb er: »Ich bin *intelligent und geduldig.*« Und zum dritten Schritt: »Ich bin für *meine Fähigkeit, komplexes Material einfach darzulegen*, bekannt.« Als er diese verschiedenen Elemente miteinander verband, ergab sich folgende Aufgabe:

»*Ich segle durch das Leben* und erlaube der Strömung, mich dahin zu tragen, wo ich sein muss, damit ich *Wissen* in alle vier Winde *verstreuen kann.«* In einem Kommentar zu seiner Erklärung sagte er: »Ich liebe die Idee, durchs Leben zu segeln, denn dann fühle ich, dass ich in Bewegung bin, und gebrauche meine Instinkte, um mir die Richtung weisen zu lassen.«

Beispiel 3

Arlene, eine Hypnotherapeutin, sagte: »Ich liebe es, *zu lesen, Ideen zu erforschen, zu schreiben, zu fühlen, zu heilen und zu verschönern. Ich bin visionär, kreativ, voller Mitgefühl, verständnisvoll und intelligent.* Ich würde gern für meine *Fähigkeit anerkannt werden, Menschen bei ihrem Wachstum zu helfen.«* Nach kurzem Nachdenken schrieb sie plötzlich: »Meine Lebensaufgabe ist es, zu wissen und bekannt zu sein.«

Beispiel 4

Wendy, eine Mutter von drei Kindern, die nach dem richtigen Beruf suchte, schrieb: »Ich liebe es, *zu reden und zuzuhören. Ich bin sanft, freundlich und tröstend.* Ich möchte für meinen *Dienst am anderen anerkannt werden.«*

Unsicher im Hinblick auf ihre Lebensaufgabe, antwortete Wendy auf die Frage »Was tust du als Erstes, nachdem du am Morgen die Kinder zur Schule gebracht hast?«: »Ich logge mich ins Internet ein und rede mit anderen!« Sie musste lachen. Schließlich schrieb sie: »Es ist meine Lebensaufgabe, *mit anderen Verbindung aufzunehmen.«*

Beispiel 5

Bill, ein momentan arbeitsloser Softwareprogrammierer, schrieb: »Ich liebe es, *Dinge zu entdecken, zu konstruieren, zu bearbeiten, zu integrieren, zu restaurieren, neu zu gestalten* und über meine Entdeckungen *zu reflektieren.* Ich bin *humorvoll, geduldig, verständnisvoll, großzügig und abenteuerlustig.«* Zunächst fiel ihm dazu ein: »Meine Aufgabe ist es, *andere hin zum Lachen, zur Liebe und zum Leben zu führen.«* Das änderte er dann zu der Aussage: »Meine Aufgabe ist es, *zu lachen, zu lieben und zu leben.«* Und dann schrieb er: »Meine Aufgabe ist es, Bill der Pirat zu sein!«

Lassen Sie sich von Ihrer Lebensaufgabe den Weg weisen

Hegen Sie die klare Absicht, das auszudrücken, was Sie liebend gern tun, und bereit zu sein, sich den Weg zu der Rolle weisen zu lassen, für die Sie ein einzigartiges Talent haben und die Sie am besten erfüllen können. Lesen Sie Ihre Erklärung jeden Morgen und jeden Abend. Und wenn es Ihnen schwer fällt, Entscheidungen zu treffen, lesen Sie Ihre Erklärung und lassen Sie Ihre Essenz in Ihrem Inneren die Entscheidung fällen, die ihr am meisten entspricht. Wege zu entdecken, um Ihre Talente einzusetzen, bringt das Abenteuer zurück ins Spiel des Lebens. Der sicherste Weg herauszufinden, ob Sie Ihre Lebensaufgabe leben, ist ganz einfach: Empfinden Sie Freude? Fühlen Sie eine tiefe Bereitschaft? Sind Sie wirklich Sie selbst? Genießen Sie eine Aktivität, unabhängig davon, ob Sie dafür bezahlt werden oder nicht?

Visualisierungsübung

Je öfter Sie tatsächlich das Gefühl erleben, wie es ist, Ihr Talent einzusetzen, desto mehr Möglichkeiten für seine Anwendung werden Sie finden. Neben dem Lesen Ihrer Erklärung zur Lebensaufgabe sollten Sie täglich diese kurze, einfache Visualisierung vornehmen:

Stellen Sie sich etwas vor, das Sie lieben und gern tun.

Schließen Sie die Augen und erinnern Sie sich an das letzte Mal, als Sie diese Tätigkeit ausgeübt haben. Bringen Sie das positive Gefühl, das damit einherging, mit Hilfe Ihrer Vorstellungskraft real in Ihren Körper zurück. Tun Sie dies drei Wochen lang jeden Tag. Sobald Sie in der Lage sind, problemlos diese besondere Erfahrung wieder zu erleben, werden Sie sehen, dass bald die ersten Nachfragen nach Ihrem Talent auftauchen oder Sie für Ihre Tätigkeit bezahlt werden.

Visuelle Verstärkung

Sammeln Sie alte Zeitschriften, in denen Menschen bei Tätigkeiten abgebildet sind, die Ihrer eigenen Lebensaufgabe entsprechen – Fotos von Reisen, humanitären Aktionen, Führerschaft, Sport, Heilen, Inneneinrichtungen, Mode, spirituellem oder gesellschaftlichem Leben. Schneiden Sie die Bilder aus, die Ihre Träume und Ziele repräsentieren. Kleben Sie diese dann auf eine Pappunterlage oder in einen Ordner, damit Sie jederzeit darin blättern können. Streuen Sie Fotos von sich selbst dazwischen, um die Botschaft für Ihr Unterbewusstsein deutlicher zu machen. Und wann immer etwas geschieht, das Sie an die Fotos in Ihrem Ordner erinnert, schreiben Sie es auf. Schreiten Sie zur Tat, wenn sich entsprechende Möglichkeiten bieten. Vertrauen Sie darauf, dass Ihre Aufgabe sich durch Sie entfaltet. Je mehr Sie sich der Manifestierung Ihrer Träume und Gedanken bewusst werden, desto tiefer wird die Verbindung zu Ihrer Aufgabe.

Der Naturheiler Brendan Feeley aus Washington hatte das Ziel, ein nach außen hin ganz alltägliches Leben zu führen, doch war es ihm genauso wichtig, geistig zu wachsen. Dieser Wunsch scheint ihn direkt zu seiner Lebensaufgabe geführt zu haben. Beachten Sie, wie Brendans Priorität, nämlich Stabilität in der äußeren Welt zu gewinnen, es ihm ermöglichte, seine spirituelle Berufung zu finden.

Lernen, sich selbst zu sehen

»Ich eröffnete meine Vollzeitpraxis für Naturheilkunde, Homöopathie und vedische Astrologie vor vier Jahren«, erzählte mir Brendan. »Ich war jedoch schon seit Mitte der siebziger Jahre stark an diesen Dingen interessiert. Es gelang mir, meine Neugier und mein Interesse in eine Vollzeitbeschäftigung umzuwandeln.

Ich bin im westlichen Irland aufgewachsen und hatte schon immer ein ausgeprägtes Interesse für spirituelle Dinge. Mit sechzehn Jahren wandte ich mich vom Katholizismus ab, da er mir keine Antworten bot, die mir sinnvoll erschienen. Mit achtzehn begann ich, die Veden, die Philosophie Indiens, zu lesen.

Während der nächsten fünfzehn Jahre war ich voller Begeisterung bei der Sache und meditierte täglich. In dieser Zeit studierte ich viele verschiedene Heilmethoden, beschäftigte mich mit Astrologie, mit C. G. Jung und der archetypischen Psychologie. Zur gleichen Zeit studierte ich an der Universität von Dublin, um Ingenieur zu werden. Auch wenn ich anschließend im Ingenieurwesen arbeitete, war ich immer mehr an den Menschen interessiert, die ich traf, an ihrer Psyche und ihrer Seele. Ich bin davon überzeugt, dass der einzige Grund, warum ich Ingenieur wurde, der ist, mit den Füßen auf dem Boden zu bleiben.

»Wir meinen, dass ein normales Leben nicht gut genug für uns ist.«

Früher hatten mich Beziehungen, vor allen Dingen die zwischen Mann und Frau, und überhaupt das Leben in unserer Welt sehr verwirrt. Ich konnte keinen Sinn in all dem finden. Nach acht Jahren der Meditation war ich sogar noch verwirrter. Meine Erfahrung von Spiritualität und Meditation war so abgehoben, dass sie mit der alltäglichen Welt nichts gemein zu haben schien. Schrittweise entdeckte ich, dass der Weg in der Welt der Weg zu Gott ist. Ein normales Leben zu führen ist der Weg zur Selbstentdeckung.

Etwa 1981/82 durchlebte ich eine schwere spirituelle Krise. Aus der Tiefe meiner Seele fragte ich mich: ›Was ist meine Lebensaufgabe?‹ Ich war ein recht durchschnittlicher Mann, der das archetypische Dasein eines *puer* führte [*puer aeternus*, der mythologische, ewig junge Peter-Pan-Typus], und glaubte, absolut über den Dingen zu stehen. Wir meinen, dass ein normales Leben nicht gut genug für uns ist. Und schließlich sind wir nicht mehr in der Lage, uns hinzugeben, Verpflichtungen einzugehen oder eine dauerhafte Beziehung zu führen. Unser Leben dreht sich darum, ständig irgendwas zu leisten, immer gut auszusehen und die neuesten Trends in Büchern, Filmen, Technologie und sonstigen Gebieten zu kennen.

Natürlich steht bei den meisten von uns das Leben unter dem Einfluss kultureller Erwartungen. Das Christentum hat von Natur aus eine maskuline, patriarchalische Philosophie. Der archetypische maskuline Geist will stets das Höchste erreichen – der Mythos der Himmelfahrt. Langsam begann ich zu verstehen, dass ich mein Leben in einer unbewussten Reaktion auf die kollektive Energie führte. Es war wie ein Entwirren der Auswirkungen der Kultur auf meine Psyche, was zur Folge hatte, dass ich anfing, mein Selbst unabhängig von gesellschaftlichen Erwartungen zu sehen.

Das war der Moment, in dem ich zusammenbrach. Mehrere Jahre verbrachte ich damit, verwirrt zu sein und mich treiben zu lassen. Ich versuchte nicht, diese chaotische Zeit unter Kontrolle zu bringen, sondern erlaubte ihr, mich zu unterweisen. Und ich wollte jede Lektion lernen, die sie mir brachte. Ich wusste, dass dies mein Prozess der Individuation war.

Während dieser Jahre, in denen ich nicht wusste, was ich tun sollte, begann ich, Chaos und Verwirrung als etwas Positives zu betrachten. Ich fühlte, wie ich innerlich stärker wurde, indem ich lebte, ohne zu wissen – stärker als in der falschen Sicherheit, die ich vorher spürte. Ich beschloss, mich in eine Situation zu bringen, in der ich meine Stabilität schulen konnte.

Ich hatte Angst, depressiv zu werden oder mich von meinen Emotionen herunterziehen zu lassen. Ich spürte, dass es gleichgültig war, was ich tat, solange ich dabei Stabilität entwickeln konnte. Früher hatte ich immer zu sehr den Wunsch nach Veränderung gehabt und war ständig unzufrieden gewesen. Ich musste mich mit dieser Unzufriedenheit auseinander setzen, ob ich wollte oder nicht. Ich nahm eine Stelle in einem großen Unternehmen an, die ich fast neun Jahre behielt.

Nachdem ein paar Jahre vergangen waren, hatte ich endlich das Gefühl, meinen Weg im Leben gefunden zu haben. Ich spürte, dass ich die Welt benutzte, um mein eigenes Selbst zu sehen. Ich konnte in die Langeweile *hineingehen,* in Unzufriedenheit, Irritierbarkeit, Enttäuschung, und über die Bedeutung hinter diesen Bewusstseinszuständen nachdenken. Ich gelangte zu der Überzeugung, dass alle Erfahrungen wertvoll waren. All die Komplexitäten und Beziehungen in meinem Leben – zu meinen Vorgesetzten und Kollegen – hatten einen Sinn, und zwar den, mich selbst zu erkennen. Ich sah, wie ich mit anderen umging, erkannte meine Vorurteile, Vorstellungen und Interpretationen des Lebens. So weit es mich betraf, war die Welt Gott, der durch das alltägliche Dasein zu mir sprach. Die Welt war meine Art, mit Gott im Theater der Seele zu kommunizieren.

Das Ritual war denkbar einfach. Ich machte es mir zur Aufgabe, hinter meine täglichen Erfahrungen zu schauen. Mir schlicht anzusehen, was passierte. Es gibt eine wunderschöne Metapher in einer Geschichte von Robert Bly. Der große deutsche Dichter Rainer Maria Rilke hatte einen ambitionierten jungen Schüler, der ihn fragte: ›Ich möchte ein berühmter Dichter werden. Was soll ich tun? Wie kann ich das erreichen?‹ Daraufhin sagte Rilke zu ihm, er solle in den Zoo gehen und sich die Tiere anschauen, bis er sie sehen würde.

Der Gedankengang ist also der, in den Zoo zu gehen und so lange zu schauen, bis du siehst. Was du dann siehst, das bist du selbst – dein eigener Unsinn, deine eigenen Vorstellungen, dein eigenes falsches Selbstbild. Die Welt ist ein Spiegel für dieses falsche Selbst. So weit es mich betrifft, sehen wir nichts, solange wir nicht die Schönheit in jeder alltäglichen Erfahrung sehen, in all den vielen alltäglichen Geschenken des Lebens. Das Geheimnis des Lebens besteht darin, jede noch so geringe Erfahrung als ein Geschenk anzusehen. In diesem Geschenk ist sowohl Schönheit als auch Schmerz enthalten. Und nur weil Schmerzen damit verbunden sind, heißt das nicht, dass es deswegen weniger Schönheit besitzt.

Mein Vertrauen ins Leben wuchs und wurde immer stärker, je mehr ich beschloss, ein alltägliches Leben zu führen. Ich begann, über die Menschen in Westirland nachzudenken, wo ich aufgewachsen war. Sie hatten etwas, womit ich wieder in Berührung kommen wollte. Diese Menschen waren einfache Männer und Frauen ohne Illusionen oder Erwartungen an ihre Realität oder Kultur. Sie hatten kaum genug Geld zum Leben, aber ihre Geschichten und ihr gesellschaftliches Leben waren unglaublich reich.

Dieses Leben ist jedoch heute nicht mehr genug für mich. Ich glaube, dass ich mich jetzt dort langweilen würde. Die Amerikaner hingegen haben eine Leidenschaft fürs Philosophieren; sie führen ein mehr psychologisch orientiertes Dasein und es hat mythologischen Charakter. Früher hatte mich der *puer* im Griff, der immer höher hinaus wollte, weg vom Alltäglichen. In der vedischen Astrologie gibt es das Konzept eines Planeten, der *graha* genannt wird. Ein *graha* ist etwas, das den Menschen im Griff hat. Wir wissen, dass die Planeten archetypische Muster sind, das heißt also, dass wir uns alle im Griff von irgendetwas befinden, dass wir aufwachen müssen, um diese Tatsache erkennen und etwas dagegen tun zu können.

Was ich an der amerikanischen Kultur liebe, ist ihr Interesse an archetypischen Ideen, an der Existenz der Seele und der Psyche. Ich glaube, dass es hier mehr Möglichkeiten gibt, Dinge zu hinterfragen, zu verändern und Neues zu schaffen.

Als ich dreizehn war, hatte ich eine schwere Lebererkrankung. Meine Mutter ging zu einer Frau im Dorf, die Gelbsucht heilen konnte. Sie gab meiner Mutter ein Kraut und innerhalb einer Woche war ich gesund. Der Arzt hatte gesagt, es würde ein Jahr dauern, bis es mir wieder besser ginge, und seiner Ansicht nach gab es kein Medikament, das mir helfen könnte. Dieses Ereignis hinterließ eine unauslöschliche Erinnerung in mir. Von dem Moment an hatte ich einen unstillbaren Hunger danach, Kräuter- und Heilkunde zu studieren. Im Gymnasium wurde mir nahe gelegt, Medizin zu studieren, doch das war mir nicht einmal eine Überlegung wert. Ich glaube, dass ich instinktiv wusste, dass die Schulmedizin mir nicht erlauben würde, das zu tun, was mich wirklich interessierte.

Ich konnte mir kein Ziel für meine Karriere setzen, weil ich nicht wusste, was mein Ziel war. Stattdessen machte ich es mir zum Ziel, alltägliche Dinge mit einem symbolischen Auge zu betrachten, damit ich die Bedeutung, die diese Ereignisse *für mich* hatten, erkennen konnte. Und mir war klar, dass ich dafür Stabilität brauchte. Daher schien es mir nicht so wichtig, welcher Art von Arbeit ich nachging. *Nachdem ich mir einmal zum Ziel gesetzt hatte, an mir selbst zu arbeiten, nahm meine Karriere ganz automatisch ihren Lauf.* Astrologie und Naturheilkunde, zwei Hobbys von mir, wurden zu meinem Beruf.

Obwohl ich meine Lebensaufgabe gefunden habe, heißt das nicht, dass ich jeden Tag ekstatisch bin. Ich bin froh, dass ich nicht von diesem erhabenen Zustand abhängig bin. Mein Leben ist sehr durchschnittlich und befriedigt mich völlig. Vor vier Jahren habe ich geheiratet und bin vor kurzem Vater geworden. Ich liebe meine Arbeit. Und bei allem achte ich in erster Linie darauf, meine Fähigkeit zu stärken, im alltäglichen Leben meiner selbst gewahr zu sein.

Es ist der symbolische Pfad. Das Leben ist ein symbolischer Prozess. Eins führt zum andern.«

Brendans Gefühl des Erfülltseins scheint weniger mit irgendeiner besonderen Karriere oder Arbeit zu tun zu haben als vielmehr mit dem Ausdruck dessen, was in jedem Moment in ihm vorgeht. Wir müssen nicht davon ausgehen, dass wir auf einem Irrweg sind – verloren im Raum –, wenn wir uns weder besonders noch reich oder berühmt nennen können. Die Arbeit, die zu tun wir geboren wurden, wird sich durch uns äußern, sobald wir uns der Aufgabe widmen, unser Leben lang »wach« zu bleiben.

Unsere Angelegenheit ist es zu wissen, dass wir von einer inneren Aufgabe beseelt sind, die immer völlig anders aussehen wird, als wir uns das vorgestellt haben. Sie liegt in unserer Verwirrung, unseren Schwächen und Krankheiten verborgen. Sie ist die Kraft hinter unseren Leidenschaften. Das Energiefeld unserer Aufgabe bearbeitet die hereinkommenden Daten unserer Realität und erlaubt uns, die Entscheidungen zu treffen, die uns am meisten entsprechen.

Selbstgespräche

Wie würden Sie sich selbst beschreiben, ohne Ihren Beruf zu erwähnen?

Welche Menschen haben Ihr Leben nachhaltig und positiv beeinflusst? Was waren ihre bemerkenswertesten Charaktereigenschaften?

Bestandsaufnahme der Zufriedenheit im Leben

Ihr Lebensrad

Wie gut kommen Sie voran?

HINWEISE: Die acht Teile des Kreises repräsentieren zusammen ein Gleichgewicht.
Betrachten Sie die Mitte des Rades als 0 Punkte und die äußeren Ränder als 10 Punkte. Dann bestimmen Sie den Grad Ihrer Zufriedenheit mit jedem Bereich Ihres Lebens, indem Sie eine Linie zeichnen und damit einen neuen äußeren Rand schaffen (siehe Beispiel).
Die neue Peripherie des Kreises stellt das Lebensrad dar. Stellen Sie sich vor, wie holprig die Reise verliefe, wenn dies ein richtiges Rad wäre!

Beispiel

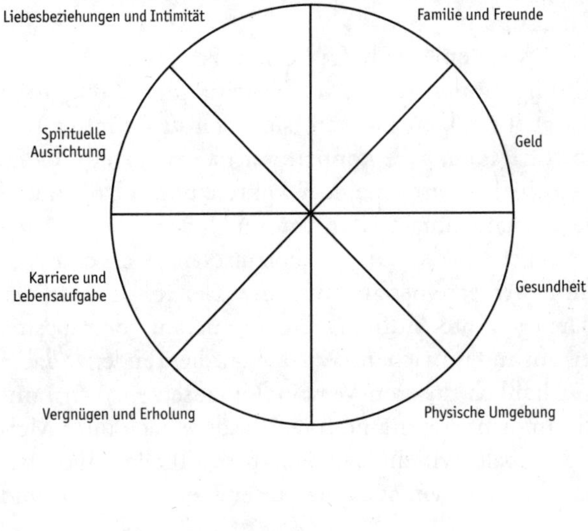

DRITTES KAPITEL

Die richtige Startposition

»Eine echte Vision entwickelt ihr Eigenleben.«
Greg Anderson[1]

Fließen oder kontrollieren?

Während wir lernen, im Fluss der Synchronizität und Intuition zu leben, zeigt sich uns bald ein neues Paradoxon. Wie können wir einerseits im Fluss bleiben und andererseits einen Kurs festsetzen, der mit unserer Lebensaufgabe übereinstimmt?

Schlüsselelemente beim Lernprozess, wie wir unsere Richtung festlegen und gleichzeitig den Ereignissen des Lebens folgen können, sind Selbsterkenntnis und Selbstvertrauen. Wie können wir das erreichen? Wenn wir normalerweise an eine Wegkreuzung gelangen und eine Entscheidung treffen müssen – auf die Universität zu gehen, der Armee beizutreten oder eine bestimmte Arbeit einer anderen vorzuziehen –, richten wir unsere gesamte Aufmerksamkeit darauf, den besten Weg ausfindig machen. Wir haben die Tendenz, dabei ausschließlich unseren Verstand einzusetzen. Wir sammeln Informationen und fragen andere nach ihrer Meinung. Sobald wir uns auf einem spirituellen Weg befinden, lernen wir, auch auf unser Herz zu hören und uns für das zu entscheiden, was unserem Herzen entspricht.

Entscheidungen treffen zu können setzt voraus, dass wir im Einklang mit unserem Energiekörper sind. Ich persönlich habe festgestellt, dass eine der besten Fragen bei dem Versuch, eine Entscheidung zu treffen, folgende ist: »Gibt mir diese Entscheidung ein offeneres und weiteres Gefühl oder gibt sie mir das Gefühl, verschlossen und eingeengt zu sein?« Wenn Sie es nicht gewohnt sind, Ihre Gefühle auf diese Weise zu betrachten, mag das einiger Übung bedürfen. Fangen Sie an, sich ähnliche Fragen in ganz alltäglichen Situationen zu stellen und bewusster gegenüber den geringfügigen Schwankungen Ihres Energiefeldes zu werden.

In diesem Kapitel beginnen wir uns mit dem Gedankengang zu beschäftigen, dass sich unsere Lebensaufgabe – und unsere Macht – dort enthüllt, wo wir Grenzen setzen, wo wir einen Standpunkt einnehmen, eine Wahl treffen. In einem solchen Moment hören wir nicht nur auf unsere innere Stimme, sondern verleihen auch unserer eigenen Wahrheit Ausdruck. Jene Wahrheit ist der erste Schritt in unserem Individuationsprozess – mit dem Ziel, der Mensch zu werden, der wir eigentlich sein sollten. Wir müssen bereit sein und an uns selbst glauben. Wir müssen in der Lage sein zu deklarieren: »Dies bin ich«, und dann werden wir sehen, welche Unterstützung daraufhin erfolgt.

Um Ihre Lebensaufgabe erfüllen zu können, müssen Sie in der Lage sein zu sagen: »Ich entscheide mich, *auf diese Art* zu leben.« Sinnvoll zu leben setzt voraus, dass Sie sich selbst ein Versprechen geben und es auch halten. Wenn Sie wirklich wissen wollen, worin die Aufgabe Ihres Lebens besteht, werden Sie die Antwort dort finden, wo

»Im Angesicht der Tatsache, dass wir hier leben, dass es dieses Leben gibt und dass es so ist, wie es ist – wie können wir darin leben? Wie kann ich darin auf eine Weise leben, die zum Äußersten strebt, die die Fähigkeit, wachsam zu sein, zu lieben, frei zu sein, die menschliche Seele zu befreien, auslebt?«

Jack Kornfield[2]

Sie sich aus vollem Herzen bewusst für eine Sache entscheiden. Und nur, nachdem Sie Ihre Versprechen sich selbst gegenüber eingehalten haben, können Sie auch auf einer übergeordneten Ebene effektiv sein.

Einer meiner Schüler, Bill Voelker, rief mich an und bat mich um ein persönliches Gespräch, um herauszufinden, wie er auf die Spur seines Lebensweges gelangen könnte. Während wir Tee tranken, fragte ich Bill, welches Problem er im Moment zu haben glaubte. Spontan erwiderte er: »Ich fühle mich völlig aus dem Gleichgewicht.« Ich wollte von ihm wissen, wie es sich anfühlt, aus dem Gleichgewicht geraten zu sein. Woran mangelte es ihm seiner Meinung nach?

»Ich habe das Gefühl, aus dem Gleichgewicht geraten zu sein, weil ich zu viel Zeit mit Dingen vertue, die nirgendwohin führen, und weil ich *beinahe nie das tue, von dem ich glaube, dass es darauf wartet, von mir getan zu werden.* Meine Frage«, fuhr er fort, »ist: Womit fange ich an? Was ist die leitende Kraft oder Idee, die mich auf die Spur meiner Lebensaufgabe bringen wird?« Er hielt einen Augenblick inne, um Luft zu holen, und fügte dann hinzu, dass er einen Vortrag von Lynne Twist, Autorin und Vorsitzende des Instituts für Noetische Wissenschaften (IONS) anlässlich einer IONS-Tagung gehört und ihr die gleichen Fragen gestellt hatte. Ihre Antwort darauf war: »Nimm einen Standpunkt ein, entscheide dich für eine Sache. Du kannst nicht alles sein, was du sein könntest, wenn du dir immer alle Möglichkeiten offen hältst.« Bill sagte, dass dieser Rat ihm völlig eingeleuchtet hatte. Er realisierte, dass er sich für eine Sache, der sein hundertprozentiges Interesse galt, entscheiden und dass er ihr folgen musste.

Während Bill und ich sprachen, begann die synergistische Energie zu fließen und wir konnten beide sehen, wie sich einige grundlegende Prinzipien aus unseren jeweiligen Lebenserfahrungen und seinen Fragen herausschälten.

Die meisten der Prinzipien, die im Folgenden näher beschrieben werden, sind mir im Laufe der letzten Jahre klar geworden. In meinem eigenen Leben scheine ich mit Hilfe von Intuitionen vorwärtszuschreiten, die beinahe so deutlich sind wie der Hinweis auf einem Briefmarkenautomaten: »Dieser Automat verkauft Postwertzeichen. Wer-

Zu Beginn des Jahres 1968 stand der kalifornische Rechtsanwalt Maurice »Mo« Jourdane vor der Herausforderung: »Wenn du wirklich den Landarbeitern helfen willst, dann sieh zu, dass der *cortito* – eine kurzstielige Hacke – aus dem Verkehr gezogen wird.«
»*El cortito,* ›der Kurze‹, war eine nur circa 50 Zentimeter lange Hacke, die die Landarbeiter, die sie benutzten, zwang, sich den ganzen Tag lang zu krümmen und zu beugen – eine Haltung, die oft ein Leben lang zu schweren Rückenleiden führte ... Innerhalb von wenigen Wochen, in denen er selbst die Schmerzen erlebt hatte, die durch *el cortito* verursacht wurden, begannen er und andere kalifornische Rechtsanwälte einen siebenjährigen Kampf mit dem Ziel, das heimtückischste Werkzeug, das je in der kalifornischen Landwirtschaft benutzt wurde, gesetzlich zu verbieten.
Für Cesar Chavez, der eine Schlüsselrolle in diesem lang-

wierigen Drama spielte, war es einer der größten Erfolge, als *el cortito* 1975 endlich von den kalifornischen Feldern verbannt wurde. In seiner Jugend kannte Chavez selbst diese Hacke, mit der er unzählige Reihen von Salat ausgedünnt und Unkraut aus den Möhrenfeldern entlang des Sacramento ausgerissen hatte, nur zu gut. Später sagte er einmal, dass er beim Einkaufen niemals einen Salatkopf ansehen konnte, ohne daran erinnert zu werden, wie die Landarbeiter von der Aussaat bis zur Ernte dafür gelitten hatten.«

Susan Ferriss und Ricardo Sandoval[3]

fen Sie den angezeigten Betrag ein und drücken Sie die entsprechende Taste.«

Die meisten von uns erleben innere Kämpfe, wenn es darum geht, was wir tun sollen, und wir hören widerstreitende Stimmen, die uns zwischen Angst, Verwirrung und Klarheit hin und her zerren. Warum? Weil ununterbrochen von uns gefordert wird, über die Grenzen hinauszuwachsen, die wir übernommen und festgesteckt haben. Um ein erfülltes Leben führen zu können – oder zumindest nicht zu verdorren –, brauchen wir sowohl Stabilität als auch Wachstum. Die Stimme der Stabilität möchte in den vertrauten Grenzen bleiben. Die Stimme des Wachstums drängt uns, ins Unbekannte vorzustoßen. Irgendwo tief in unserem Inneren gibt es eine Art Fahrplan, der uns sagt, dass wir den nächsten Schritt machen *müssen.* Wir können entweder jemand anderen die Entscheidung treffen lassen und uns danach richten oder wir können unsere eigenen Entscheidungen treffen, die darauf basieren, wer wir als Individuen sind. Dennoch ist es ganz natürlich, dass wir zwei Stimmen in uns haben. Eine Stimme sagt, wie die Zeichentrickfigur Popeye: »Ich bin, wer ich bin.« Die andere – die kombinierte Stimme unserer »Autoritäten«, wie unsere Familie, unser gesellschaftliches Umfeld, unsere Vorgesetzten – sagt: »Wer glaubst du, bist du? Geh an deinen Platz zurück. Setz dich hin und sei still. Lass dich auf keine Risiken ein. Wir wissen, was für dich am besten ist.« Diese nie in Frage gestellten Glaubenssätze zeigen, auf welche Weise Sie neue Gelegenheiten in Ihr Leben lassen. Zu jeder Zeit, doch vor allem, wenn die Dinge sich nicht so entwickeln, wie Sie möchten, und Sie enttäuscht sind, sollten Sie versuchen, den Glaubenssatz zu identifizieren, der Ihnen gerade durch den Kopf gegangen ist, ohne dass es Ihnen bewusst war. Im Verlauf dieses Buches fordere ich Sie immer wieder dazu auf, innezuhalten, zu schauen und auf die Gedanken zu horchen, die in Ihnen aufsteigen. *Wann immer* Sie das Gefühl haben festzustecken, hören Sie sich an, was Sie gerade denken. Solche Gedanken sind vielleicht mehr für Ihr Problem verantwortlich als irgendwelche äußeren Hindernisse.

Wählen

Stefani, eine allein stehende Frau Mitte dreißig, lernte kürzlich, was es heißt, einen Standpunkt einzunehmen. Sie hatte vor zwei Jahren eine meiner »Pfadfinder«-Klassen besucht und mich angerufen, um mir von den neuesten Umwälzungen in ihrem Leben zu berichten.

Sie hatte eine sehr verantwortungsvolle und stressreiche Stelle in einem medizinisch-technischen Unternehmen innegehabt. Nachdem sie zwei Jahre lang zur Zufriedenheit ihrer Vorgesetzten dort gearbeitet hatte, wurde sie eines Freitagnachmittags in das Büro ihrer Chefin gerufen. Stefani hatte nicht die geringste Ahnung, worum es ging.

»Ohne jegliche Vorwarnung sagte meine Chefin: ›Stefani, wir brauchen Sie in Chicago. Ihre Stelle hier ist mit sofortiger Wirkung gestrichen. Ich möchte, dass Sie Ihre wichtigsten Unterlagen einpacken und Montagmorgen zum Umzug bereit sind.‹ Ungläubig starrte ich sie an, als sie wiederholte: ›Chicago. Montagmorgen. Sie können jetzt gehen.‹

Ich war so verblüfft, dass ich nur sagen konnte: ›Nein, ich glaube nicht, dass ich nach Chicago ziehen möchte.‹ An dieser Stelle zögerte ich ein bisschen und ich glaube, das brachte meine Chefin zu der Annahme, dass sie mir überlegen sei. Denn im nächsten Moment sagte sie mit wirklich unangenehmer Stimme: ›Stefani, Sie verstehen nicht. Sie haben keine Wahl. Ihre Stelle hier ist gestrichen.‹

Einen Moment lang sah ich sie an und ich erinnerte mich an unsere alte Pfadfindergruppe, wo wir gelernt hatten, dass wir im Leben *immer* eine Wahl haben. Ich schaute ihr in die Augen und sagte: ›Ich *habe* eine Wahl, Mona, und sie besteht darin, dass ich diese Firma verlasse.‹ Mona fiel der Unterkiefer herunter und – stellen Sie sich vor – sie sagte: ›Aber Stefani, und was ist mit Ihren Kreditkarten? Wie wollen Sie sie abbezahlen?‹ Das war der Moment, wo ich aufstand und ihr Büro verließ.«

Während der nächsten Wochen blieb ich mit Stefani in Kontakt und verfolgte ihren Fortschritt. Zu Beginn hatte die Tatsache, dass sie einen eigenen Standpunkt eingenommen hatte, sie energetisiert und ihr Kraft gegeben. Klugerweise nahm sie sich selbst Zeit zum Entspannen, Spazierengehen, Lesen, Schwimmen und Nachdenken darüber, welche Art von Arbeit sie als Nächstes haben wollte. Es geschah sogar, dass einige ihrer Kollegen von der alten Firma sie während dieser Zeit anriefen und sie um Rat baten in Bezug auf ihre eigene Versetzung. Sie sagte ihnen, dass sie gut darüber nachdenken sollten, ob sie für eine Firma, die so wenig Rücksicht auf das Leben ihrer Angestellten nahm, ihr Zuhause aufgeben und ihre Familien umziehen lassen wollten.

Nach etwa drei Wochen Erholung und Ausruhen wurde Stefani plötzlich von Panik und Selbstzweifeln überwältigt. Sie hatte Angst, bald all ihre Ersparnisse aufgebraucht zu haben und dann aus Verzweiflung irgendeinen Job annehmen zu müssen. Sie rief mich an und wir bemühten uns darum, Klarheit über ihre wahren Absichten zu gewinnen – darüber, was sie von einem Unternehmen erwartete, in das sie ihre Energie investieren würde. Sie begann, sich selbst als eine Art *Quelle* zu sehen, die für andere Menschen wertvoll war. Behutsam fragte sie herum und holte Erkundigungen ein über Firmen, von denen sie den Eindruck hatte, dass sie die gleichen Wertvorstellungen hatten.

Es dauerte nicht lange und sie war überhäuft mit Arbeitsangeboten aus allen möglichen Richtungen und den verschiedensten Bereichen. »Ich fühlte mich beinahe überwältigt von der Vielzahl der Angebote. Jeden Tag riefen mich Vertreter irgendwelcher Firmen an und machten mir verlockende Angebote. Ich wurde beinahe süchtig nach dem Prozess des Befragtwerdens, denn die Gespräche verliefen stets so positiv, dass ich mich hinterher wunderbar fühlte! Ich begann zu befürchten, dass ich die Idee mit der Absicht zu weit getrieben hatte!

Ich glaube, Folgendes war passiert: Ich hatte einen Schritt vorwärts gemacht, indem ich mir anschaute, wer ich war, und erkannte, dass ich in einem Unternehmen arbeiten wollte, das zu mir passte – anstatt zu versuchen, um jeden Preis die Angestellte zu sein, die sie sich vorstellten. Wenn mich zum Beispiel ein Personalberater fragte, wie ich mit Stress umginge, antwortete ich: ›Also gut, was ist so stressig an diesem

Job?‹ Oder jemand fragte mich: ›Wo liegen Ihre Schwächen?‹, worauf ich sagte: ›Ich habe keine. Welche Schwächen hat die Firma?‹ Vielleicht war ich ein wenig zu selbstbewusst, aber die Leute reagierten total positiv auf mich!

Schließlich entschied ich mich für eine Position in einer Firma, die medizinische Software herstellte. Von Anfang an mochte ich ihr soziales Verantwortungsgefühl, ihre Wertvorstellungen und ihre verschiedenen Auszeichnungen für exzellenten Service. Darüber hinaus übten mittlerweile Familie und Freunde verschärft Druck auf mich aus, diese ›phantastische Gelegenheit im Silicon Valley‹ nicht verstreichen zu lassen. ›Silicon Valley! Da wirst du immer Arbeit haben!‹ So redeten sie.

Ich beschloss, die Stelle anzunehmen, obwohl es bedeutete, dass ich jeden Morgen und Abend zwei Stunden lang unterwegs sein würde, um in mein Büro zu gelangen. Außerdem bedeutete es, dass ich nicht mehr in meinen Fitnessclub gehen könnte und eine neue Wohnung finden müsste. Nach zwei Wochen intensiven Trainings in Programmieren und Software-Analyse kam ich zu dem Schluss, dass diese Arbeit nicht das war, was ich wirklich tun wollte. Ich sagte ihnen, dass ich leider die Stelle nicht annehmen könnte. Ich musste erkennen, dass mir diese Arbeit gegen den Strich ging – sowohl was meine Interessen als auch meinen Lebensstil betraf.

Ich kündigte, ohne zu wissen, ob ich eine andere Stelle finden würde. Doch ich rief die Firma an, die meine zweite Wahl gewesen war – Clorox – und sie nahmen mich mit offenen Armen auf.

In jener Nacht hatte ich einen Traum, in dem ich – nach fünf Monaten – zum ersten Mal wieder arbeitete. Ich ging in ein kleines Büro, wo ich von zwei freundlichen Frauen begrüßt wurde. Ich fing mit meiner Arbeit an, doch hatte ich das Gefühl, am falschen Ort zu sein. Ich fuhr zwei Stunden lang mit meiner Arbeit fort, als ich feststellte, dass es bereits zehn Uhr war. Plötzlich schwante mir: ›Ich bin in der falschen Firma!‹ In der Verwirrung, die all die Stellenangebote mit sich gebracht hatten, war ich am falschen Ort erschienen. Dann fiel mir ein, dass ich zu Clorox hätte gehen sollen. Ich rief dort an und erklärte, was mir passiert war, und sie sagten: ›Kommen Sie gleich rüber. Wir warten auf Sie.‹ Dieser Traum bestätigte mir schließlich, dass ich die richtige Wahl getroffen hatte – zumindest für den Moment!

»Silicon Valley! Da wirst du immer Arbeit haben!«, sagten mir alle.

Ich spüre, dass diese Arbeit nicht unbedingt das Gelbe vom Ei ist, doch ermöglicht sie mir, mein größeres Ziel zu verfolgen, nämlich noch einmal zur Schule zu gehen. Und noch wichtiger: Ich kann etwas für meine Gesundheit tun, was mir nicht möglich gewesen wäre, hätte ich jeden Tag vier Stunden im Auto zubringen müssen.«

Sechs Grundregeln, um in Übereinstimmung mit Ihrer Lebensaufgabe zu kommen

In unserer Diskussion kamen Bill und ich auf die folgenden Regeln, die essenziell zu sein scheinen, wenn man seine Lebensaufgabe finden und erfüllen will – nicht, indem man Ereignisse kontrolliert und beharrlich versucht, einen Fünf-Jahres-Plan einzuhalten, sondern indem man seine Intuition und die Vorteile überraschender Synchronizitäten nutzt; indem man handelt und nichtalltägliche Weisheit einsetzt – das heißt, indem man nicht einfach die Meinung anderer Leute übernimmt.

Regel 1 – Mit Leidenschaft handeln. Erkennen Sie, wo Ihre Leidenschaften liegen. Tun Sie diese Dinge. Stehen Sie zu dem, der Sie zu sein glauben – zumindest im Moment. Wenn Sie meinen, keine Leidenschaften zu haben, sehen Sie noch einmal genau hin. Was tun Sie so gern, dass Sie darüber jegliches Gefühl für Zeit verlieren? Welche Art von Arbeit würden Sie als »zu schön, um wahr zu sein« bezeichnen? Was tun Sie gern, selbst wenn Sie nicht dafür bezahlt werden? In diesen Aktivitäten liegt die Quelle Ihrer Leidenschaften verborgen.

Regel 2 – Seien Sie kritisch und anspruchsvoll. Lassen Sie Ihre Leidenschaft Ihr Denken bestimmen, ohne dass Sie dabei jemand anderen verletzen oder vor der Verantwortung zurückschrecken, die Ihnen obliegt. Gebrauchen Sie Ihren kritischen Verstand. Hören Sie auf, Dinge zu tun, mit denen Sie nur Ihre Zeit vergeuden.

Regel 3 – Hören Sie hin. Folgen Sie Ihren immer wiederkehrenden intuitiven Botschaften.

Regel 4 – Verpflichten Sie sich. Tun Sie, was immer notwendig ist, um Sie zu veranlassen, Ihrer Intuition zu folgen.

Regel 5 – Bleiben Sie offen. Lassen Sie sich von Synchronizitäten bestätigen, dass Sie auf dem richtigen Weg sind, auch wenn Ihnen deren Bedeutung nicht hundertprozentig klar ist.

Regel 6 – Lernen Sie zu vertrauen. Vertrauen Sie dem Prozess.

Ihre Fragen sind wichtig für das Ganze

Wir sind an einem Punkt in der Geschichte angelangt, wo die Frage nach unserer Lebensaufgabe längst nicht mehr ein Luxus, sondern eine der zweckmäßigsten und wichtigsten Fragen ist, die wir stellen können. Sie mag tatsächlich die zentrale individuelle Frage dieses Zeitalters sein; die Frage, die uns schließlich dazu führt, das Experiment »Menschsein« auf dem Planeten Erde fortsetzen zu können. In uns selbst wissen wir, dass es an der Zeit ist, einen Standpunkt einzunehmen. Warum?

Jeder von uns ist Teil einer größeren Bewegung. Es gibt einen Grund, warum jeder von uns zu diesem Zeitpunkt der Geschichte geboren wurde. Wenn wir davon ausgehen, dass wir die Wahl hatten, geboren zu werden – nicht durch Zufall –, und dass wir einen freien Willen haben und jeden Moment neu entscheiden können, wer wir sein wollen, lassen wir die Tendenz hinter uns, uns selbst als Opfer vergangener Umstände zu sehen.

Wir sind nicht allein. Forschungen in den neuen Wissenschaften haben gezeigt, dass wir durch unsere Intuitionen, Gedanken, Wünsche und Handlungen mit einer Welt verbunden sind, die größer ist, als wir je angenommen haben. Wir werden feststellen, dass uns Türen geöffnet werden, wenn wir uns entscheiden, einen Kurs des Handelns einzuschlagen, und den sinnvollen »Zufällen« folgen, die uns voranbringen.

Sieben Punkte zur Erinnerung, wenn Sie einen Standpunkt einnehmen

1. *Alles ist möglich.* Das Leben ist viel geheimnisvoller, als wir in unserem alten Paradigma zu glauben gewohnt waren, da wir dachten, dass A plus B automatisch C ergibt. Doch in Wahrheit ist *alles* möglich. Die Zukunft wird nicht unwiderruflich durch unsere Vergangenheit festgelegt. Was Sie bis heute getan haben, muss nicht die Möglichkeiten einschränken, die vor Ihnen liegen. Es hat einen Grund, dass Sie hier sind, und Ihre individuelle Lebensaufgabe ist Teil des sich entfaltenden Mysteriums der menschlichen Evolution.

2. *Sie kreieren Ihre Welt gemeinsam mit der universalen Intelligenz und der kollektiven Weisheit.* Unsere alltägliche Realität ist das Ergebnis unserer Geisteshaltung, Glaubenssätze, Sprachmuster, Entscheidungen und Taten. Das bedeutet, dass unsere Aufgabe *in uns* liegt. Wir sind mit einer inneren, treibenden Kraft geboren worden, die will, dass wir erfolgreich sind und unsere Aufgabe erfüllen. Wir sind spirituelle Wesen, die vorübergehend ein Erdenleben führen, und wir sind immer mit der universalen Quelle allen Lebens verbunden. Wir haben Schutzengel, alte Freunde und Seelengruppen in der geistigen Dimension, die uns helfen, uns zu erinnern, wer wir sind und was wir hier tun wollten. Je mehr wir um Hilfe und Unterstützung bitten – und wir müssen darum bitten –, desto erstaunlichere Fügungen werden sich ergeben. Oftmals erreichen wir unsere Ziele ohne Anstrengung, indem wir das Universum sich um die Details kümmern lassen.

3. *Was Sie als die Welt erfahren – als materielle Realität –, ist lediglich ein Aspekt eines ganzen Systems von Energiefeldern.* Unsere physische Realität nehmen wir durch unsere physi-

schen Sinne wahr. Komplexere, doch genauso reale Welten existieren in anderen Dimensionen und sind uns mit Hilfe unserer nichtphysischen Sinne zugänglich. Die Erkenntnis, dass jeder von uns ein Teil des gesamten Energiefeldes ist und dass die Weisheit dieses Feldes uns über unsere Intuition und durch Intention zur Verfügung steht, wird unsere Vorstellung darüber, wer wir sind und wie unsere weitere Entwicklung verlaufen wird, grundlegend wandeln.

4. Sie sind immer mit der unsichtbaren Welt verbunden. Durch Träume, Intuitionen, blitzartige Erkenntnisse, Wunder, göttliche Intervention, energetische Heilungen und geistige Offenbarungen bekommen wir flüchtige Eindrücke von der spirituellen Seite unserer Existenz.

5. Sie können zur Verbesserung der Lebensqualität beitragen. Als Teil *eines* Energiefeldes ist unsere individuelle Lebensaufgabe notwendig und für die Aufgabe des Ganzen unentbehrlich.

6. Es ist wichtig, Spiritualität und Integrität in Taten umzusetzen. Wir erhöhen automatisch den Grad der Spiritualität auf unserem Planeten, wenn wir beschließen, unsere Integrität zu wahren und aus Liebe zu handeln, anstatt von Angst getrieben, selbst wenn der Preis, den wir dafür zahlen müssen, unter Umständen sehr hoch ist. Wenn unser Ziel darin besteht, unabhängig von den jeweiligen Umständen Liebe zu schenken, erfüllen wir bereits unsere Lebensaufgabe.

7. Die Erfüllung Ihrer Lebensaufgabe trägt zur Erfüllung der übergeordneten Aufgabe bei und fügt der kritischen Masse Ihr Gewicht hinzu. Ob Sie Ihre Lebensaufgabe kennen oder nicht – Sie haben immer die Möglichkeit, Liebe zu geben und zu empfangen und Licht in jede Situation zu bringen, in der Sie sich befinden. – in dem ich Kontakt mit den Engeln auf nehme

Einen Standpunkt einnehmen

Eines Tages rief ich Kwong-roshi an, den Abt des Sonoma Mountain Zen-Zentrums in Santa Rosa, Kalifornien. Ich wollte herausfinden, ob und wie er gewusst hatte, dass es seine Bestimmung war, ein Zen-Meister zu werden. Vor einigen Jahren war er in das Soto-Geschlecht des berühmten Lehrers Shunryu Suzuki-roshi ordiniert worden. Ich hatte Kwong-roshi und seine Frau Laura 1975/76 kennen gelernt, als ich mich im Rahmen meines Studiums mit Zen-Buddhismus beschäftigte.

Als ich eine Nachricht für ihn im Zentrum hinterließ, war ich mir nicht sicher, ob er sich an mich erinnern würde. Wenige Tage später vernahm ich seine heitere Stimme am Telefon und wir machten einen Termin für ein Interview aus. Ganz gegen meine Natur nahm ich mir für diesen Tag nichts anderes vor, denn irgendwie wusste ich, dass ich mich auf die Reise zurück auf den Berg vorbereiten musste. Es war kaum zu glauben – einundzwanzig Jahre waren seit meinem letzten Kurs bei ihm vergangen.

Am Tag meines Besuches war es bitterkalt und grau. Auf dem Weg zum Zentrum bemerkte ich, dass sich nicht viel verändert hatte, als ich langsam mit dem Auto in das Herz des Sonoma Mountain hinauffuhr. Es war kein großer Berg, eher ein Hügel, der seine ganz eigene Schönheit besaß. Ich hielt nach Omen Ausschau und sah eine Gruppe von sechs Rehen, die sich vor einer riesigen Scheune jagten. Über mir drehten Habichte ihre Kreise, zwei Reiher und zwei Schwäne flogen vorbei. Der für mich schönste Teil des Weges ist die enge, einspurige Straße durch einen kleinen, aber majestätischen Redwood-Wald. Plötzlich wird man sich seiner *inneren* Welt bewusst – dunkel, geschützt und still. Auf diesem engen Weg, umgeben von den riesigen Bäumen, wird die vor einem liegende Straße unsichtbar.

Ich parkte mein Auto auf dem Parkplatz vor dem Garten. Alles sah noch genauso aus, wie ich es in Erinnerung hatte – abgesehen von den ungefähr zwanzig Buddha-Statuen in verschiedenen Größen, die jemand rund um den Redwood-Baum rechts neben dem Büro aufgestellt hatte. In einer Anwandlung von spirituellem Materialismus war ich versucht, drei oder vier davon zu kaufen.

Ich zog meine Schuhe aus und betrat den kleinen Mehrzweckraum, wo soeben das Mittagessen beendet wurde. Der erste Mensch, den ich sah, war Roshi in einem graugrünen Pullover, Hosen und einem dicken Wollschal. Zunächst erkannte er mich nicht, doch dann strahlte er mich an und wir umarmten uns. Seine Frau Laura saß am Tisch und sprach zu den Studenten. Ich bemerkte an ihr die kurzen, eben erst nachgewachsenen Haare einer frisch geweihten Zen-Nonne.

Ich wurde aufgefordert, eine Weile zu sitzen, bevor ich Roshi zu einem Gespräch treffen würde. Ich betrat den geräumigen, scheunengroßen *Zendo*-Meditationsraum und erinnerte mich, dass mein Freund O.B. Wetzell freiwillig seine Dienste zur Verfügung gestellt und dieses großartige Gebäude in einen exquisiten Tempel verwandelt hatte. Direkt vor dem Eingang befand sich eine fünf Meter hohe, hölzerne Buddha-Statue. Ich setzte mich auf die gegenüberliegende Seite, nahm mir ein rundes, schwarzes Kissen und schaute auf die Wand, wie es beim *Zazen* üblich ist. Ich behielt meinen Wintermantel an und genoss die Kälte, die Stille und die Holzwände – die köstliche spirituelle Gegenwart, die mich einhüllte.

Roshi bat mich in seinen *Dokusan*-Raum, der mit seiner rustikalen, subtilen Schönheit, dem Altar voller einfacher Objekte – eine holzgeschnitzte Dose von einem deutschen Studenten, eine Fotografie von Suzuki-roshi, Kerzen, Räucherstäbchen – in jeder Beziehung vollkommen war. Zwischen uns gab es keine Distanz.

Das letzte Mal, als ich in diesem Raum saß – 1976 –, hatte ich einen ganz anderen Mann getroffen. Ich hatte gerade eine dreitägige Sitzmeditation beendet. Zum Abschluss eines dreitägigen *Sesshin* (kontinuierliche Meditation) begegnet der Student dem Meister unter vier Augen in einem so genannten *Dokusan.* Nachdem man drei Tage allein meditiert hat – mit all seinen Dämonen, Juckreizen und Wehwehchen und dem eigenen hilflosen, wütenden, jammernden, todtraurigen, desillusionierten Ich –, schaut man plötzlich in ein Paar unergründlicher Augen und steht der Tiefe des eigenen Selbst gegenüber. Das dauert nicht länger als etwa fünfzehn Minuten, doch wenn man den Raum verlässt, ist man ein anderer als der, der ihn drei Tage zuvor betreten hat.

Ich war froh, dass Roshi zu einem inoffiziellen Treffen mit mir bereit war. Er erzählte mir sogleich von den erstaunlichen Erlebnissen, die er 1993 hatte, als er und Laura nach Polen eingeladen waren, um dort Zen zu lehren. »Es gab dort einen solchen Hunger nach Religion und Sex«, sagte er und sann still über jene Tage nach. »Als wir das erste Mal dorthin fuhren, hatten wir Suzuki-roshis Buch übersetzen lassen und verkauften zehntausend Exemplare. Im darauf folgenden Jahr konnte ich nicht hinfahren, da ich krank war. Also sagte ich meinen Studenten in Polen, sie sollten es ohne mich machen. Sie hatten Angst. Es gab Probleme. Die Leute stritten sich über das Prozedere. Am ersten Abend sollten die Studenten einen meditativen

»Spaziergang« – eine Circumambulation – durchführen, doch hatten sie vergessen, Taschenlampen mitzubringen. Stattdessen kamen die Leuchtkäfer. Das sahen sie als Zeichen dafür, dass alles gut gehen würde. Das war gut so und stärkte die Energie. Ich war glücklich, denn sie fühlten sich stark und in der Lage, allein weiter zu machen. Es ist eine Freude für jeden Lehrer, wenn seine Studenten etwas ohne ihn machen können.«

Ich fragte ihn, ob er wüsste, warum er von dieser stillen, abseits gelegenen Enklave auf Sonoma Mountain nach Polen gegangen sei.

»O ja. Als ich acht oder neun Jahre alt war, habe ich viele Filme gesehen. Und nie konnte ich die Bilder von Auschwitz vergessen. Ich fühlte mich hilflos und wusste nicht, was ich tun konnte. Selbst im College spürte ich diese Emotionen und versuchte, sie zu verdrängen. Als ich schließlich erwachsen war, glaubte ich, sie überwunden zu haben. Doch vor etwas mehr als zehn Jahren führten wir zusammen mit dem Zen-Zentrum in Los Angeles eine *Sesshin* durch und ungefähr um zwei Uhr morgens erhielt ich in meinem Zimmer einen Anruf direkt aus Polen. Je-

»Nichts kann unvermittelt getan werden. Die wirklichen Veränderungen sind langsam und unsichtbar. Zum Beispiel erscheint es mir, als ob die Anziehung, die der Westen seit einigen Jahren gegenüber dem Buddhismus verspürt, mit zwei bestimmten Ideen zusammenhängt, die nichts Spektakuläres an sich haben, aber sehr tief empfunden werden. Die erste ist *ahimsa,* Gewaltlosigkeit, die langsam zu einer anerkannten Macht wird. Die zweite ist die Idee der *wechselseitigen Abhängigkeit,* die seit Urzeiten ein Teil des buddhistischen Gedankenguts ist.«

Seine Heiligkeit der Dalai Lama[4]

mand hatte sich verwählt. Doch es stellte sich heraus, dass dies ein Zeichen war. Im selben Jahr – 1986 – wurde ich eingeladen, an einem ökumenischen Seminar in Polen teilzunehmen.

Es wurde eine der überwältigendsten Erfahrungen meines Lebens. Es war Winter und bitterkalt. Die Kommunisten hatten alles völlig unter ihrer Kontrolle und dennoch erschienen beinahe vierhundert Menschen, um meinen Vortrag zu hören. Ein koreanischer Zen-Meister hatte mich eingeladen. Wir saßen im Untergeschoss einer katholischen Kirche ohne Heizung. Die Leute stellten Fragen. Selbst sieben- oder achtjährige Kinder standen auf und wollten *Dharma*-Fragen beantwortet haben. Es herrschte eine intensive Atmosphäre. Allein die Mühe, die sie sich gaben, uns etwas von sich zu schenken und uns später zum Flughafen zu bringen, war etwas Besonderes. Es handelte sich um ganz normale und nicht unbedingt spirituelle Leute. Sie waren Geschäftsinhaber, Hausfrauen, Prostituierte – einfach alle Arten von Menschen. Hier in Kalifornien hätten wir nie die Gelegenheit, solchen Menschen zu begegnen. Sie besitzen dort so wenige materielle Dinge.

Dann fragten sie mich, ob ich nach Polen kommen und eine *Sangha* (spirituelle Gemeinschaft) gründen würde. Ich antwortete: ›Nein, das glaube ich nicht‹, aber schließlich hatte ich doch neun Studenten. Jemand sagte in Englisch, dass die meisten von ihnen Alkoholiker waren. Ich arbeitete mit ihnen. Das war der Anfang. Kaum war ich angekommen, erschienen auch schon die Leute.

1995 hatte ich einhundertfünfundfünfzig *Dokusans.* Es war eine ungeheuer intensive Zeit. All diese Menschen beim Frühstück, Mittag- und Abendessen, die so viele Fragen stellten – in Polnisch! Zwei Jahre vorher hatte die erste Konferenz westlicher Buddhisten beim Dalai Lama in

Dharamsala in Indien stattgefunden. Im gleichen Jahr fuhr er nach Polen und er erinnerte sich meiner. Wir hatten eine wunderbare Begegnung. Wir fuhren an einige dieser schrecklichen Orte wie Auschwitz und brachten Räucherwerk dar und Blumen und hielten Vorträge.

Eines der herausragendsten Ereignisse war das Treffen mit den letzten Überlebenden der Konzentrationslager und Vertretern der Solidarischen Partei. Ein Höhepunkt war der Aufenthalt in den Verbrennungsöfen von Auschwitz. Zufällig war ich der Einzige, der Räucherstäbchen dabei hatte. Ich gab sie Seiner Heiligkeit, doch dort war nichts, wo man sie hätte aufstellen können. Ich sagte: ›Ich glaube, Sie müssen sie hinlegen.‹ Das war symbolisch, denn die Menschen hatten dort damals auch nicht stehen können.«

Einen Moment lang schwiegen wir. Ich konnte mir kein archetypischeres Ereignis vorstellen als das, was er soeben beschrieben hatte: wie er mit dem Dalai Lama am Hochofen von Auschwitz stand und ihm Räucherstäbchen gab.

Er fuhr fort: »Wir fuhren an einen Ort, wo mehr als zwanzigtausend Menschen von einem Erschießungskommando getötet worden waren. Ich hatte Blumen mitgenommen und wollte sie dort niederlegen, doch Seine Heiligkeit hatte keine Blumen, also gab ich ihm meine. Der Augenblick, da ich sie ihm überreichte, erschien mir wie eine zeitlose Ewigkeit. Später sah ich das Video, das jemand von der Begebenheit gemacht hatte, und dieser Moment – das Überreichen der Blumen – unterschied sich in nichts von den anderen, doch während es geschah, fühlte es sich wie eine Ewigkeit an.«

Wir redeten noch eine Weile, bevor ich ihn fragte, was es denn mit seiner eigenen Reise auf sich habe. Was hatte er werden wollen, als er noch ein kleiner Junge war? Wie gelangte er dorthin, wo er heute ist? Was hatte ihn dazu veranlasst, die Arbeit seines Lebens aufzunehmen? Was war seiner Meinung nach das Ziel seiner Existenz als Roshi?

»Ich glaube, meine frühere physische Schwäche war der Anlass. Und eine Art Hilflosigkeit. Darüber hinaus die Identität des menschlichen Geistes und wie er emporsteigen statt vernichtet werden kann. Das brachte mich auf den Weg. 1957 – frisch verheiratet – hatte ich einen Autounfall, der mich beinahe das Leben kostete. Ich war am Steuer eingeschlafen.« Ich fand es interessant, dass Roshi zu seinem Leben erwachte, indem er am Steuer einschlief – insbesondere weil die Praxis des Zen ihre Wurzeln in der Wachsamkeit hat und nicht im Einschlafen! Dies sagte ich ihm und er lachte fröhlich, so, wie es nur die Zen-Mönche können, als hätte man ihnen soeben etwas mitgeteilt, von dem man glaubte, es sei brillant – was sie aber schon seit Ewigkeiten wussten.

»Meine Mutter hielt uns immer zur Arbeit an. Ich war ständig mit irgendwas beschäftigt und der Unfall war das erste Mal, dass ich in der Lage war, innezuhalten. Es war die Beatnik-Zeit. Damals gab es noch keine Zen-Lehrer hier. Ich traf Suzuki-roshi, weil ich in einem japanisch-amerikanischen Magazin einen Artikel über ihn gelesen hatte, den sein erster amerikanischer Student, Bill McNeil, geschrieben hatte. Zu jener Zeit war ich Postbote und ich erinnere mich, dass ich an jenem Morgen den Artikel las, bevor ich die Zeitungen austrug. Bill hatte Roshi gefragt, warum er einen Vogel in einem Käfig hatte, wenn er an Befreiung glaubte. Suzuki-roshi ging zu dem Käfig, öffnete ihn und der Vogel flog aus dem Fenster. Ich war ungeheuer beeindruckt. Ich ging nicht direkt zu ihm; mein Ego war sehr stark.«

Er fuhr fort: »Das erste Mal traf ich Suzuki-roshi, als ich in seine umgebaute Kirche ging. Er kam zu einer Tür herein und ich zu einer anderen, doch machte ich mir nicht die Mühe, mich umzudrehen und zu schauen, wer er war. Er ging durch den Raum zum Altar und arrangierte dort ein paar Blumen neu. Er sah nicht auf. Ich betrachtete ihn und dachte: ›Das ist wirklich eigenartig‹ und ging. Das war unsere erste Begegnung.

Auf dem Nachhauseweg fand ich ein großes Buddha-Bild, das jemand weggeworfen hatte. Es war so groß, dass es nicht in meinen Schrank passte, also stellte ich es auf den Flur. Ich glaube, dieses Bild brachte mich in den Tempel zurück. Heute hängt es im Gemeinschaftshaus.«

Was hatte ihn so beeindruckt, dass er in den Tempel zurückging und begann, Zen zu praktizieren? Es ist nicht leicht, jeden Morgen um fünf und jeden Abend um fünf zu meditieren.

»Was soll ich sagen? Ich wusste einfach, dass ich es tun musste. Das war es, was ich tun wollte. Natürlich war Suzuki-roshi der Auslöser. Ich hatte noch nie jemanden wie ihn getroffen. Er hat mein Leben verändert.«

Hat er je geglaubt, dass er Suzuki-roshis Nachfolger werden würde, der einundneunzigste Lehrer in dieser Linie?

»Nein. Damals gab es weder Nonnen noch Mönche. Es war nur die Liebe, die ich für ihn empfand. Es war das erste Mal, dass mich jemand wirklich gesehen und nicht beurteilt hatte. Er sah mich. Natürlich hatte ich großen Respekt vor ihm und wollte einfach ein guter Schüler sein. Er wusste, dass ich sehr angespannt und dass mein Vater ein chinesischer Arzt war, also sagte er: ›Glaubst du, dass dein Vater es gutheißen würde, wenn du am Abend ein Glas Wein trinkst, um dich zu entspannen?‹ Sehr liebenswürdig. Sehr sanftmütig.«

»Ich glaube, dass Glück und Freude die Aufgabe des Lebens sind. Wenn wir wissen, dass die Zukunft sehr dunkel und voller Schmerzen ist, verlieren wir unseren Lebenswillen. Daher kann man sagen, dass das Leben auf Hoffnung basiert. ... Eine allen fühlenden Lebewesen – besonders den Menschen – innewohnende Eigenschaft ist der Drang oder der ausgeprägte Wunsch, Glück zu erleben und Leid und Schmerz zu vermeiden. Daher ist die Basis des menschlichen Lebens die Erfahrung verschiedener Stufen von Glück. Das Erreichen oder Erfahren von Glücklichsein ist die Aufgabe des Lebens.«

Seine Heiligkeit der Dalai Lama[5]

Wir sprachen über die Bedeutung seines spirituellen Namens Zen San Jakusho, dessen wörtliche Übersetzung »Beruhigender, strahlender Zen-Berg« lautet. Dann zeigte er mir ein Foto von Suzuki-roshis Vater und Lehrer und erklärte mir, dass Suzuki-roshi der neunundachtzigste Meister der Soto-Linie war.

»Als wir dieses Stück Land hier kauften, fiel mir auf, dass die Telefonmasten an der Sonoma-Mountain-Straße nummeriert sind und die Nummer 89 sich direkt vor unserem Grundstück befindet. Perfekt. Ich wusste ohne den geringsten Zweifel, dass dies der richtige Platz war. Neunundachtzig ist außerdem die Steuernummer unserer gemeinnützigen Organisation. Aufgrund des Zeitpunkts meiner Ordination bin ich der einundneunzigste Lehrer in der Soto-Linie. Anderen Menschen mögen diese Fügungen unwichtig erscheinen, aber für mich sind sie Zeichen voller Bedeutung.«

Ich kam noch einmal auf meine ursprüngliche Frage zurück, was ihn dazu veranlasst hatte, diesen Weg weiterzugehen.

»Laura, meine Frau, hat mir dabei sehr geholfen. Wir hatten uns geeinigt, dass wir nicht in einem konventionellen Lebensstil gefangen sein wollten. Einer von uns würde arbeiten, während der andere nichts tun musste, und umgekehrt. Wir lebten damals in der McCarthy-Ära. Ich war von der Schule gewiesen worden, weil ich mir einen Bart hatte wachsen lassen. Es war alles sehr erschreckend. Nach dem Autounfall war ich mit einem Spitzbart in meine Klasse zurückgekehrt und die Lehrer sagten, das ginge nicht. Der Bart repräsentierte irgendetwas für sie. Aus Prinzip sollte ich die Schule verlassen und ich entschied mich dafür, obwohl ich Kunstlehrer hatte werden wollen, immer die besten Noten bekam und dies mein letztes Semester war.

Merkwürdigerweise«, fuhr er fort, »flog ich vor ein paar Jahren spät abends von Paris in die USA zurück und da das Flugzeug überbucht war, gaben sie mir einen Platz in der ersten Klasse. Ich saß neben einem amerikanischen Offizier, der an einer Gedenkzeremonie für den Zweiten Weltkrieg in Paris teilgenommen hatte. Um es kurz zu machen: Es stellte sich heraus, dass er inzwischen eine politische Laufbahn eingeschlagen hatte und genau wusste, wie mein Name von der Schwarzen Liste der McCarthy-Ära gestrichen werden konnte. Das hieß, dass 1993 – sechsunddreißig Jahre später – diese Angelegenheit endlich, nach sechsunddreißig Jahren, erledigt war. Ich war frei!«

Ich war bewegt, erneut zu sehen, wie oft wir auf den richtigen Weg geführt werden, wenn wir uns entscheiden, einen Standpunkt einzunehmen, für etwas gerade zu stehen. In Roshis Fall hatte die Tatsache, dass er in der Schule auf seinem Recht bestand, einen Bart zu tragen, zur Folge, dass er den Weg, den er eigentlich einschlagen wollte, verließ und sich damit auf den unbekannten Pfad zu seiner wahren Bestimmung begab.

Roshi lächelte und begann, die beiden buddhistischen Friedenssymbole zu zeichnen, die ursprünglichen Swastiken, von denen das Hakenkreuz der Nazis stammt. Die Buddhisten zeichnen sie gerade, eine mit einer Bewegung im Uhrzeigersinn, die andere entgegengesetzt. »Diejenige im Uhrzeigersinn bedeutet, *mit* dem Strom zu fließen. Wir sagen im Zen: Gehe mit dem Strom. Doch manchmal muss man *gegen* den Strom angehen. Dann fühlt man sich sehr einsam, doch Einsamkeit scheint dazuzugehören.«

Selbstgespräche

Was hat in der Vergangenheit Ihre Leidenschaft geweckt?
Wenn Sie haben könnten, was immer Sie wollten, was wäre das?
Welche Aspekte Ihres Lebens oder Ihrer Karriere sind Ihnen wirklich wichtig?
Wie könnten Sie die Qualität Ihres Lebens verbessern?
Was würden Sie gern in der Welt verändern?
Was wären die Voraussetzungen, die es Ihnen ermöglichen würden, in völliger Integrität zu leben?

VIERTES KAPITEL

Alles ist möglich

»Immer wieder sagen uns die alten Überlieferungen, dass unsere Lebensaufgabe darin besteht, die Kraft unseres Geistes zu verstehen und zu entwickeln – eine Kraft, die unentbehrlich ist für unser geistiges und physisches Wohlbefinden.«

Caroline Myss[1]

Den Kanal öffnen

Das Konzept des Lebens als Feld unendlicher Möglichkeiten ist so bedeutungsvoll, dass wir es in diesem Kapitel genauer untersuchen wollen. Wenn alles möglich ist, *könnten* Sie die Antworten auf Ihre Lebensfragen schon heute Abend gefunden haben. In ähnlicher Weise – wenn alles möglich ist und somit *Ihre Vergangenheit nicht Ihre Zukunft festlegt* – werden Sie es vielleicht wagen, Ihre Träume sich entfalten zu lassen.

»Alles ist möglich« ist eine Bejahung der grenzenlosen schöpferischen Macht des Universums. Der Glaube daran schafft einen offenen Kanal, der es Ihnen ermöglicht, alles zu bekommen, was Ihnen zusteht. Ihre in Ihnen verborgene Lebensaufgabe, Ihre Glaubenssätze, Intentionen, Wünsche und Ängste formen dieses kreative Potenzial um in Menschen, Orte, Ideen, Dinge und Ereignisse, die

Zusammen mit GOTT ist alles möglich, ich vertraue auf die Anwesenheit der Engel

auf Sie zukommen. Die Überzeugung, dass alles möglich ist, scheint mir in meinem eigenen Leben der wirkungsvollste und am besten funktionierende Glaubenssatz zu sein.

Obwohl viele Religionen Facetten der Idee lehren, dass Gott auf geheimnisvolle Weise wirkt und der Glaube Berge versetzen kann, engen wir uns oft selbst durch die gesellschaftliche Konditionierung unserer Umwelt und einen nicht in Frage gestellten Glauben an eine mechanistische Welt von Ursache und Wirkung ein. Um eine Veränderung Ihrer Sicht der Realität zu ermöglichen, ist es notwendig, dass Sie die bewusste Absicht haben, sich von der Intelligenz einer höheren Ordnung leiten zu lassen – anstelle der einschränkenden Glaubenssätze, die Sie bisher als Reaktion auf Ihre Angst gelernt und gelebt haben. Bewusst an der Überzeugung festzuhalten, dass alles möglich ist, ist ein guter Weg, Ihre Lebensaufgabe klarer zu erkennen. Indem Ihre persönlichen synchronistischen Erfahrungen zunehmen und Sie anderen Menschen begegnen, die ähnlich denken wie Sie, wird Ihr Glaube, dass alles möglich ist, immer tiefer in Ihrer geistigen Struktur verankert.

In diesem Kapitel werden Sie drei Menschen kennen lernen, die ihre Träume realisiert haben. Jeder von ihnen hat irgendwann innegehalten und sich gefragt: »Was ist mir wirklich wichtig?« Jeder von ihnen hat eine Gelegenheit gesehen, eine Möglichkeit, und ist das Risiko eingegangen, dem zu folgen, das seinem Gefühl nach in seiner Seele nur darauf gewartet hat, sich ausdrücken zu können. Colleen McGovern ist NLP-Therapeutin in Belvedere in Kalifornien. Helen Johnson ist die Gründerin und Direktorin des Re-Entry-Programms an der Universität von Kalifornien in Berkeley. Der erst sechsunddreißigjährige

Kermit Heartsong ist der Gründer und Präsident von World Origin, einem Spieleunternehmen, das er entwickelte, um Familien darin zu unterstützen, miteinander zu spielen und zu lernen.

Diese drei Menschen – die sich in nichts von Ihnen oder mir unterscheiden – gingen von dem Prinzip aus, dass alles möglich ist und Einschränkungen nur in den Grenzen existieren, die wir unserem Denken setzen. Als Kinder glaubten wir, dass ein Besenstiel unser Pferd war – oder ein Zauberstab oder das Schwert eines Ritters. Unsere natürliche Vorstellungskraft ist flexibel, offen und unendlich kreativ. Imagination ist der Königsweg zur Manifestation. Im Laufe der Zeit legen Angst und die Notwendigkeit, akzeptiert zu werden, unsere Kreativität in Ketten.

Welche Gefühle werden in Ihnen wach, wenn Sie die Aussage »Alles ist möglich« überdenken? Wenn möglich, nehmen Sie sich ein wenig Zeit und schreiben Sie Ihre diesbezüglichen Gefühle nieder. Notieren Sie alle Bedenken, Gegenargumente und »Beweise«, die das Gegenteil bestätigen. »Alles ist möglich« ist ein anderer Ausdruck für »Ich vertraue darauf, dass alle meine Bedürfnisse erfüllt werden« und »Ich vertraue darauf, dass meine Lebensaufgabe mein Leben gestaltet«. Wenn dieser Gedanke schwer für Sie zu akzeptieren ist, fragen Sie sich selbst: »Woher kommt mein Skeptizismus?« – »Wer oder was hat eine größere Autorität in meinem Leben als der Glaube daran, dass alles möglich ist?«

»Alles ist möglich« erkennt die Wahrheit der unbegrenzten universalen Intelligenz und deren reines Potenzial an. Wir leben in einer Welt der Möglichkeiten. Und wir sind mit allem verbunden.

Manche Menschen sagen, dass metaphysische Ideen nicht funktionieren, wenn Sie nicht daran glauben. Die metaphysischen Prinzipien selbst lehren, dass jeder Veränderung zunächst ein Wandel der innersten Gedanken, Annahmen und Glaubenssätze vorausgehen muss. Es ist jedoch bekannt, dass auch jenen, die keinen festen Glauben haben, Wunder widerfahren! Ich habe kürzlich die Geschichte einer Frau gehört, die geplant hatte, mit ihrem erwachsenen Sohn eine Reise nach Europa zu machen. Sie wollten bestimmte Orte besuchen, damit der Sohn sich weiterbilden und architektonische Zeichnungen anfertigen konnte. Vierzehn Tage vor der Reise wurde bei der Mutter Knochenkrebs diagnostiziert und man sagte ihr, dass sie nur noch ein paar Wochen zu leben hätte. Ihre Ärzte legten ihr nahe, die Reise abzusagen.

Sie war jedoch nicht bereit, ihre Pläne zu ändern, und fuhr mit ihrem Sohn los. Sie besuchten all die Orte, die sie sich vorgenommen hatten, obwohl sich ihr Gesundheitszustand unaufhaltsam verschlechterte und es ihr immer schwerer fiel zu gehen. An einem Tag gingen die beiden in eine Kirche in Italien, wo der Sohn mehrere Stunden lang zeichnete, während sich seine Mutter auf eine Bank setzte und ausruhte. Als die beiden später zu ihrem Auto gingen, stellten sie fest, dass sie nicht mehr hinken musste. Als sie drei Wochen später wieder zu Hause ankamen, war die Frau vollkommen gesund. Ihre Ärzte konnten keine Spur von Krebs mehr finden. Es stellte sich heraus, dass die Kirche, in der sie gewesen waren, bekannt für ihre heilenden Energien war, was weder sie noch ihr Sohn damals gewusst, sondern erst später erfahren hatten. In diesem Fall war die Frau geheilt worden, obwohl sie keinen *bewussten* Glauben an die Heilkräfte dieser Kirche gehabt hatte. Doch zweifellos trug sie in ihrer Seele die Möglichkeit, zuzulassen, dass das Leben geheimnisvoller und mysteriöser ist, als es den Anschein haben mag.

»Unsere nichtphysische Hilfe kommt von Bereichen nichtphysischen Lichtes, deren Frequenz höher ist als unsere. Die Intelligenzen, die uns helfen und leiten, ... stehen auf einer höheren Stufe der Schöpfung als wir und können uns daher mit einer Qualität von Führung und Unterstützung zur Seite stehen, die wir einander nicht geben können.«

Gary Zukav [2]

Es zahlt sich in der Regel weit mehr aus, in Glauben zu investieren statt in Ängste.

Die Form aufgeben

Ich lernte Colleen McGovern über gemeinsame Freunde kennen. Sie hatten mir verschiedene Geschichten erzählt über ihre Fähigkeit, auf ihren weiten Reisen zur richtigen Zeit am richtigen Ort zu sein oder die *einzige* Person in der Stadt zu finden, die Englisch sprechen und ihr genau *die* Information geben konnte, die sie in dem Moment brauchte. Kürzlich hatte sie ihre Verlobung mit David bekannt gegeben, eine Romanze wie aus dem Bilderbuch. Reich, gut aussehend, selbst ein spirituell Suchender und zehn Jahre jünger als sie, hielt David auf einer Reise nach Hawaii um ihre Hand an. Er hatte veranlasst, dass ihr der Verlobungsring auf dem Kopf eines Delphins dargereicht wurde!

Obgleich sie bescheiden in Bezug auf diese Ereignisse geblieben war, gab Colleen zu, dass sie durch viel Arbeit im Bereich der Selbsterkenntnis während der letzten Jahre die Resultate der Identifikation und des Überdenkens limitierender Glaubenssätze und Vorstellungen zu sehen begonnen hat. Mittlerweile hat sie eine feste spirituelle Basis und sie ist zu der Überzeugung gelangt, dass *alles* möglich ist.

»In den achtziger Jahren arbeitete ich für verschiedene ›Fortune One Hundred Companies‹. Dieser Lebensstil war ein genaues Spiegelbild dessen, was ich damals glaubte. Ich war ständig unterwegs und verkaufte irgendwelche Produkte. Meine wichtigsten Utensilien waren ein Zeitplaner und eine Aktentasche. Ich hatte zwei Glaubenssätze, die mich dazu veranlassten, hart zu arbeiten. Der erste war, dass ich diese Art von Arbeit tun *musste,* einfach weil ich sie so gut machte. Nach außen hin erschien ich wie eine sehr erfolgreiche, organisierte Angestellte, doch in Wahrheit war ich ständig erschöpft.

Der zweite Glaubenssatz war, dass ich ›für mich selbst sorgen musste‹. Dieser übermächtige Glaube an die völlige Autarkie bedeutete, dass ich ein Leben führte, das nicht viel mit Gott und spirituellen Werten zu tun hatte. Mein Glaube an die Wichtigkeit meiner Unabhängigkeit rührte von meiner frühen Kindheit her, wo es oft so wehgetan hatte, wenn ich etwas von meiner Mutter wollte. Für alles, was ich von ihr bekam, musste ich in der Regel einen hohen Preis zahlen. Dieses Muster, für mich selbst zu sorgen und nicht viel über mich zu erzählen, war so stark, dass ich jahrelang niemanden an mich heranließ.«

Colleens Fähigkeit, organisiert und ausdauernd zu sein, brachte ihr nicht nur Erfolg im Geschäftsleben, sondern kam auch sehr gelegen, als sie begann, einen spirituellen Weg einzuschlagen, um mehr über sich selbst zu erfahren. Mehrere Jahre lang las sie entsprechende Bücher, meditierte, studierte und belegte verschiedene Kurse, die ihre Bereitschaft für die Erkenntnis universaler Wahrheiten und Prinzipien förderten. Des weiteren sagte sie, ihr größter Durchbruch sei die Erkenntnis gewesen, dass ihre inneren Wahrnehmungen für das, was möglich war und was nicht, höchstwahrscheinlich die Dinge limitierten, die sie in der äußeren Welt anziehen konnte.

> »Es geht nicht um Stellungsmacht; es geht nicht um Leistung; und letztendlich geht es nicht einmal um das, was wir tun. Führerschaft hat damit zu tun, eine Domäne zu schaffen, in der Menschen ständig ihr Verständnis der Realität vertiefen können und zunehmend fähiger werden, an der Entfaltung der Welt mitzuarbeiten. Letzten Endes geht es bei Führerschaft um die Schaffung neuer Realitäten.«
>
> *Peter Senge*[3]

Schließlich gab sie ihren Job auf und eröffnete eine Beratungspraxis. Anstatt den gleichen übermäßig aktiven Zeitplan zu wiederholen, beschloss sie, sich genug Zeit zu nehmen, um andere Interessen zu verfolgen, wie Gärtnern, Kochen und Malen. Sie ist absolut davon überzeugt, dass alles, was sie braucht, immer kommen wird; ihr Terminkalender ist jeden Montagmorgen bereits für die kommende Woche voll. Sie betreibt keine Werbung für ihre Praxis und verdient ihren Lebensunterhalt problemlos, indem sie drei Tage in der Woche arbeitet.

»Während ich mit anderen Menschen an diesen Prinzipien arbeite, kann ich sehen, wie sie immer wieder erstaunliche Veränderungen erleben, sobald sie die Glaubenssätze, nach denen sie seit ihrer Kindheit gelebt haben, bewusst erkennen und ändern.

Die beiden meiner Meinung nach wichtigsten Aspekte sind erstens: Alles ist möglich; und zweitens: Selbst wenn

Mit der universellen Intelligenz ist alles möglich!

eine bestimmte Situation so zu sein scheint, wie sie ist, gibt es *immer eine Lösung innerhalb dieser Situation,* die nicht auf den ersten Blick erkennbar sein mag. Wann immer ich mich in meinem Inneren einem Konflikt oder einem Hindernis gegenübersehe, frage ich mich automatisch: Welcher meiner Glaubenssätze schränkt diese Erfahrung ein?

Vor ein paar Jahren, als ich beschlossen hatte, nicht mehr als drei Tage pro Woche zu arbeiten, sah ich mich natürlich mit dem alten Paradigma konfrontiert, das besagt, ich müsste fünf Tage lang arbeiten, um genug Geld für meine Lebenshaltungskosten zu verdienen. In meinem alten Job hatte ich sogar geglaubt, ich müsste mehr als Vollzeit arbeiten, denn schließlich war ich nicht verheiratet. Als ich mit meiner Beratungspraxis begann, sah ich mich mit der kollektiven Überzeugung konfrontiert, dass es schwierig ist, mit einer privaten Praxis zu überleben.

Heute arbeite ich tatsächlich nur drei Tage in der Woche und bin finanziell völlig unabhängig. Meine Arbeit ist buchstäblich mühelos. Ich mache keinerlei Werbung, doch biete ich meinen Klienten einen sehr guten Service. Ich glaube, dass meine Lebensaufgabe zum Teil darin besteht, neben meiner Praxis auch noch andere Dinge zu tun, und dieser Glaube scheint den Weg für gerade diese Dinge zu ebnen, die sich dann ergeben.

Mein Verlobter sagt, ich sei wie ein Laserstrahl. Am Montag wache ich auf und denke darüber nach, wie ich mir die kommende Woche vorstelle. Ich fühle mich sicherer, wenn die Termine mit meinen Klienten rechtzeitig festgelegt werden und ich mir keine Sorgen darüber machen muss. Dann schaue ich mir die Löcher in meinem Terminkalender an und stelle mir vor, dass Menschen anrufen und einen Termin haben wollen. Und sie tun es. Es ist so erstaunlich. Ich glaube, dass das Universum uns hilft, wenn wir unsere eigene Wahrheit leben und der Makellosigkeit unseres wahren Pfades folgen. Ich bilde mir nicht ein, dass ich für dieses Phänomen verantwortlich bin, denn ich weiß, dass ich mit der Energie Gottes arbeite. Vielleicht stimmt das nicht, aber ich weiß, dass ich es glaube. Für mich funktioniert es. Ich glaube, dass jemand, der an Möglichkeiten glaubt, all diesen Möglichkeiten erlaubt, sich zu zeigen.

Für mich ist der Gedanke von Mangel gleichbedeutend mit der Unkenntnis der unendlichen Fähigkeiten des Universums. Wenn Sie zum Beispiel das Gefühl haben, nicht Ihren wahren Beruf auszuüben, haben Sie in Ihrem Inneren wahrscheinlich einen Glaubenssatz, der Sie daran hindert, Ihrer wirklichen Lebensaufgabe zu begegnen. Dieser limitierende Glaube ist für jeden anders und hat seine Ursache in vielen verschiedenen Faktoren. Ein Mensch glaubt vielleicht, dass jeder andere das Talent zu einer perfekten Karriere hat, nur er nicht. Oder ein anderer denkt: ›Manche Leute haben immer Glück.‹ Oder: ›Wenn ich nur eine bessere Ausbildung gehabt hätte, wäre ich heute erfolgreich.‹

Heute bin ich davon überzeugt, dass der Mechanismus für die Erfüllung unserer Wünsche diesen Wünschen innewohnt. Wenn wir zum Beispiel den Wunsch haben, Musiker zu sein, dann ist es der Wunsch des Universums, durch uns Musik auszudrücken. Es handelt sich hierbei um eine Gedankenform, deren Absicht es ist, durch uns erfüllt zu werden. Ich wusste beispielsweise, dass etwas fehlte, als es mir so schwer fiel, Liebe zu finden. Vor ein paar Jahren hörte ich auf, um Liebe in Form eines Liebhabers zu bitten. Stattdessen fragte ich mich: Was würde ein

Liebhaber zu meinem Leben beitragen? Was möchte ich wirklich, wenn ich um einen Geliebten bitte? Worin liegt die wahre Bedeutung für mich, einen Geliebten zu haben? Als ich mir meine Motivationen genauer ansah, stellte ich fest, dass ich in Wahrheit das Gefühl haben wollte, einen Beitrag zu leisten und dies mit jemandem zu teilen. Ich hatte um einen Liebhaber gebeten, doch was ich wirklich wollte, war, mit jemandem zusammenzuarbeiten und dadurch Freude und Dienen in mein Leben zu bringen.

Also fing ich an, Dinge zu tun, die mir gefielen und die anderen zugute kamen, zum Beispiel ehrenamtliche Arbeit. Ich arbeitete mit einer Freundin zusammen. Ich half einigen Teenagern, die in Schwierigkeiten geraten waren. Ich suchte nach verschiedenen Wegen, um die Kernerfahrung zu machen, nach der ich suchte. Ich sammelte einfach jede Menge Erfahrungen.

Ich traf David, als wir zusammen an einem Projekt mit einem Schamanen arbeiteten. Wir arbeiteten Hand in Hand als Team. Es war ein einmaliges Erlebnis. Aus dieser Arbeit heraus verliebten wir uns ineinander. Ich hatte mich auf den Wunsch nach einem bestimmten Gefühl als Ergebnis konzentriert und aufgehört, um eine bestimmte Form zu bitten, die der Gedanke von einem Liebhaber gewesen war. Hätte ich eine Liste aufgestellt mit all den Eigenschaften, die ich mir bei einem Mann wünschte, dann hätte ich nur ein Viertel von dem bekommen, was ich tatsächlich in David gefunden habe. Stattdessen konzentrierte ich mich auf die *Gefühle*, die ich erfahren wollte. Und was dabei herauskam, war ein Mann, der alle meine Träume in den Schatten stellte. Ich glaube, dass wir uns selbst keinen Gefallen tun, wenn wir versuchen, die Arbeit der kreativen Kraft zu tun, die die Ozeane und Bäume geschaffen hat. Wenn es eine Kraft gibt, die diese Dinge kreieren kann, ist sie mit Sicherheit auch in der Lage, meine Absicht, einen Beitrag zu leisten, besser zu erfüllen, als ich es mir je vorstellen könnte.«

Schreiben Sie auf, wie Sie sich Ihre Arbeit vorstellen

In der kleinen Lobby des Re-Entry-Programms auf dem Campus der Universität von Kalifornien in Berkeley sind die folgenden Worte von George Eliot auf eine der Säulen gemalt, die das Gebäude stützen: ES IST NIE ZU SPÄT, DERJENIGE ZU SEIN, DER DU SEIN KÖNNTEST. Das Programm bietet eine Vielzahl von Diensten an, um Menschen zu helfen, die nach langer Unterbrechung wieder studieren wollen. Anders als junge Studenten, die sofort nach der Schule auf die Universität gehen, die eine klar umrissene soziale Identität haben und an die Striktheit des akademischen Lebens gewöhnt sind, sind sich die zurückkehrenden älteren Studenten oft sowohl ihrer sozialen Stellung als auch ihrer akademischen Fähigkeiten nicht sicher. Unter Umständen haben sie eine Arbeitsstelle, Familie und sonstige Verantwortungen, die sie in Einklang bringen müssen. Ältere Studenten fühlen sich oft isoliert und unsicher, ob sie mithalten können, und haben als Gruppe ihre eigenen Sorgen und Nöte.

Ich interviewte Helen K. Johnson in ihrer Position als Gründerin und Koordinatorin des Programms, selbst eine Stütze für andere, in ihrem gemütlichen Büro. Bescheiden in ihrer Art, hat Helen die sehr wohltuende Ausstrahlung eines Menschen, der in sich ruht. Ihre Geschichte ist ein klassisches Beispiel für die Worte: Finde ein Bedürfnis und erfülle es. Ich bat sie, mir ihre Geschichte zu erzählen – wie es war, im Alter von fünfzig Jahren ein luxuriöses Zuhause in Burlingame zu verlassen und wieder zur Schule zu gehen, um eine Aufgabe zu verfolgen, die damals noch völlig im Dunkeln lag. Ich wollte wissen: Wo liegen die Hauptschwierigkeiten bei einer solch radikalen Veränderung? Welche Ängste haben die Menschen im Hinblick auf die Entscheidung, wieder zu studieren, nachdem sie lange Zeit »draußen in der Welt« gewesen sind? Sie erwärmte sich sofort für dieses Thema.

Noch einmal zur Schule gehen

»Die erste Angst hat mit Geld zu tun. Die Menschen machen sich Sorgen, wie sie ihr Studium finanzieren können – studieren, arbeiten, leben, die Familie versorgen und alle sonstigen Dinge, die mit Geld zu tun haben. Zweitens befürchtet jeder, dass sein Gehirn nicht mehr so gut funktioniert!« Helen lachte wissend.

»Andere Ängste drehen sich um die Veränderung des Status quo. Die Leute glauben: ›Wenn ich das aufgebe, was ich habe, werde ich vielleicht nichts Besseres finden, selbst wenn ich wieder studiere.‹ Oder sie haben Angst vor der Wiederaufnahme ihres Studiums, weil sie in der Schule Lernschwierigkeiten und wenig Selbstbewusstsein hatten, was ihre Fähigkeiten zu schreiben anging.

In jedem Fall begeben sich diese Menschen aus ihrer Sicherheitszone heraus und sie müssen den Status aufgeben, den sie durch ihre gegenwärtige Arbeit innehaben. Auf einmal sollen sie auf einen Professor hören, während bisher sie das Sagen hatten. Vielleicht haben sie eine Arbeitsstelle aufgegeben, ohne sicher sein zu können, dass ihnen das Studieren irgendetwas bringt. Und natürlich sehen sie sich alle mit den Fragen und Einstellungen ihrer Familie und Freunde konfrontiert.« Helen durchlebte all diese Ängste und Zweifel, als sie sich entschied, ihr bequemes, bürgerliches Dasein aufzugeben und sich weiterzuentwickeln – egal, wohin das führen würde.

Helen kommt ursprünglich aus Schottland und emigrierte im Alter von neunzehn Jahren in die USA. Sie heiratete und hatte Kinder. »1957 sah man nie schwangere Frauen in einem Büro. So etwas gab es einfach nicht.« Doch nachdem sie dreizehn Jahre lang Hausfrau war, wurde sie in der Gemeinde aktiv. »Meine Freunde hatten mir schon seit langem gesagt, ich sollte studieren, aber ich hatte einfach nicht genug Selbstvertrauen dafür.«

Selbstvertrauen ist ein entscheidender Faktor, wenn wir die Notwendigkeit spüren, unseren Lebensstil zu verändern. Andere mögen uns vielleicht Hinweise und Tipps für unseren nächsten Schritt geben, doch wenn wir nicht genügend Selbstvertrauen haben, um zu handeln, können wir von solchen Tipps nicht profitieren. Ich fragte Helen, was sie den Leuten empfiehlt, um ihr Selbstvertrauen zu stärken.

»Ich denke, es ist wichtig, sich nach Vorbildern umzusehen. Nach dem Motto: Wer hat so was bereits gemacht? Außerdem glaube ich, dass es von essenzieller Bedeutung ist, mit kleinen Schritten anzufangen. Für mich war das der Beginn meines Studiums am Community College anstatt an der Universität. Und anstatt mir genau vorzustellen, was auf mich wartete, sagte ich mir einfach: ›Ich werde nur ein Semester studieren.‹ Ich machte mir keine Gedanken über den ganzen ›Vier-Jahres-Plan‹; das war zu überwältigend. Verpflichten Sie sich einfach für ein Semester, ohne das Gefühl, Ihr ganzes Leben ändern zu müssen.

Es ist auch wichtig, dass Sie nicht das Gefühl haben, irgendwelche Brücken niederzureißen. Machen Sie es sich so leicht wie möglich. Zudem sollten Sie wissen, dass Sie sich wahrscheinlich eine Zeit lang irritiert fühlen werden. Das ist normal. Sie sind in einer Veränderung begriffen, und wenn Sie immer nur in Ihrer Bequemlichkeitszone blieben, würden Sie sich nie dazu gezwungen fühlen, irgendetwas in Ihrem Leben anders zu tun als bisher.

Sie müssen bereit sein, mit dem Lernen noch einmal ganz von vorn anzufangen. Wir alle müssen die Fähigkeit des Lernens beibehalten, wenn wir achtzig oder neunzig Jahre alt werden wollen. Wenn Sie zum Beispiel eine Arbeitsstelle aufgeben, wo jeder auf Sie hörte, dann müssen Sie dazu bereit sein, nicht mehr das Sagen zu haben. Das mag Ihr Selbstvertrauen empfindlich stören, doch wenn Sie merken, dass Sie Ihr Leben wirklich in die eigene Hand nehmen und entschlossen sind, alles zu tun, was erforderlich ist, werden Sie dieses Vertrauen wiedergewinnen, doch auf eine neue Art. Sie werden lernen und wachsen und irgendwann eine Ebene erreichen, auf der Sie vielleicht vorübergehend ein Gefühl der Stagnation haben – auch das ist normal.

Wieder eintretende Studenten bringen so viele neue Dimensionen in die Ausbildung ein – eine ganz neue Perspektive auch für ihre Kommilitonen. Wenn Sie sich selbst als Teil dieses Prozesses betrachten können, werden Sie auch Ihren Beitrag im richtigen Licht sehen. Das hilft Ihnen, sich mit dem, was Sie tun, verbunden zu fühlen, auch wenn Sie nicht wissen, wo es hinführen wird.

Ein wichtiger Teil unseres Re-Entry-Programms besteht einfach darin, die Leute zusammenzubringen, damit sie ihre Gefühle teilen und spüren können, dass sie nicht allein oder isoliert sind. Das macht einen immensen Unterschied. Für all jene, die diesen Schritt zur Wiedereingliederung in die Schule oder Universität machen wollen, aber noch zögern, haben wir Orientierungstreffen, wo sie andere Leute kennen lernen können, die in der gleichen Situation waren. Außerdem sind alle unsere Berater Re-Entry-Studenten.«

Ich bat Helen, mir ihre eigenen Erlebnisse zu schildern – wie es war, ihr behütetes Familiendasein hinter sich zu lassen, um wieder Studentin zu werden und schließlich diesen begehrten Service ins Leben zu rufen.

»Ich ging aufs College, schrieb meine Diplomarbeit und muss sagen, dass man dort sehr mit meiner Fähigkeit zu schreiben zufrieden war. Als ich später auf die Universität überwechselte, sah die Sache allerdings ganz anders aus. Wenn ich eine Arbeit ablieferte, bekam ich sie des öfteren mit dem Vermerk zurück: *Nichts sagend!* Das war wirklich hart für mich. Doch ich gab nicht auf, obwohl ich nicht wusste, was dabei herauskommen würde. Die Universität transformierte mich. Ich entdeckte eine intellektuelle Seite an mir, die ich nicht kannte. Schließlich bekam ich nur noch die besten Noten und schloss mein Studium mit Auszeichnung ab!

Im gleichen Jahr – 1981 –, als ich mich an der Universität einschrieb, begannen auch meine Wechseljahre. Zuerst glaubte ich, einen Schlaganfall erlitten zu haben. Ich hatte ständige Hitzewallungen und mein Erinnerungsvermögen ließ so sehr nach, dass es mich erschreckte. Ich stand unter enormem Stress wegen des Studiums und der Trennung von meinem Mann und weil ich das angenehme Leben in Burlingame aufgegeben hatte. Aber ich wusste, wenn ich es nicht tun würde, wäre das mein siche-

Selbstvertrauen ist ein entscheidender Faktor, wenn wir die Notwendigkeit spüren, unseren Lebensstil zu verändern. Andere mögen uns vielleicht Hinweise und Tipps für unseren nächsten Schritt geben, doch wenn wir nicht genügend Selbstvertrauen haben, um zu handeln, können wir von solchen Tipps nicht profitieren.

rer Tod. So wichtig war mir dieser Schritt.

Damals gab es keine Artikel oder Bücher über die Wechseljahre und ich muss gestehen, dass ich große Angst hatte wegen der Schlaflosigkeit, des Erinnerungsverlustes und der Tatsache, dass mein Gehirn einfach nicht mehr so arbeitete, wie ich es gewohnt war. Ich konnte nicht denken und nichts schien mehr normal zu sein. Doch ich wusste, dass ich meine intellektuelle Weiterentwicklung verfolgen musste, und ich glaube, das half mir ungeheuer dabei, mein Gehirn vor der Atrophie zu bewahren. Mittlerweile ist bewiesen, dass die Gehirnzellen nicht schrumpfen und absterben, wenn man sich immer wieder selbst neue Herausforderungen stellt. Doch irgendwann gab ich nach und nahm Östrogen.

Es kam eine Zeit, wo ich mir eine bezahlte Arbeit suchen musste, was ich psychologisch als sehr anders als die ehrenamtliche Arbeit empfand, die mir lag und an die ich so gewohnt war. Ich hatte so viele Ängste wegen der Arbeitsstelle, dass ich eine Kurzzeittherapie begann. Teil der Therapie war, dass ich meine Ängste zeichnerisch darstellte. Ich malte einen riesigen Stacheldrahtzaun über die ganze Seite und zeichnete meinen Kopf hinein, dessen Augen über den Zaun schauten. Mir schien dieses Bild ziemlich düster zu sein, doch die Therapeutin sagte: ›Oh, sehen Sie! Ihr Kopf ist über dem Zaun und Sie können Ihren Weg erkennen!‹«

Ich fragte sie, was ihre größte Angst im Zusammenhang damit gewesen war, wieder arbeiten zu müssen.

»Meine größte Angst war mein schlechtes Erinnerungsvermögen sowie die Tatsache, dass mein Denken nicht mehr so scharf war wie früher. Ich war damals fünfzig Jahre alt und befürchtete, nicht mehr mithalten zu können. Ich hatte Angst, dass ein voller Arbeitstag von neun bis fünf zu viel für mich wäre. Ich hatte Angst, dass man mich beurteilen und feststellen würde, dass ich nicht die notwendigen Voraussetzungen besaß. Doch trotz all dieser Bedenken wusste ich, dass ich meine Ausbildung hatte und nicht aufgeben würde.

Verschiedentlich wurde mir geraten, an einem College zu lehren, doch dafür hatte ich nicht genug Selbstvertrauen. Also machte ich einen winzigen Schnitt und nahm eine Praktikantenstelle in einem Frauenzentrum an. Das fühlte sich nicht so sehr nach einem *Arbeitsplatz* an. Ich dachte, dass sie dort alle freundlich zu mir sein würden. Das war die gleiche Art zu denken, die ich hatte, als ich von Schottland nach Amerika auswanderte und auf die Frage von Freunden, warum ich das tat, antwortete: ›Ich bleibe nur sechs Monate.‹ Das machte es mir einfacher, mit der Situation umzugehen.

Als ich an meinem ersten Tag im Frauenzentrum erschien, fand ich auf meinem Schreibtisch einen Stapel von Notizen von Frauen, die angerufen hatten, weil sie wieder zur Schule gehen wollten. Es gab keinerlei Beratungsstellen für sie und ich glaube, ich saß einfach nur da und hatte keine Ahnung, was ich tun sollte. Frauen kamen in mein Büro und ich sah ihre Ängste. Ich dachte: ›Ihnen geht es genauso wie mir.‹ Und das war ein Geschenk. Ich war der Ansicht, dass die Universität sich der Sorgen und Nöte dieser Frauen annehmen und ihnen helfen sollte, denn sie ka-

> »Wenn wir mit einer Sache nicht weiterkommen, hält uns entweder ein Mangel an Information vom Handeln ab oder die Tatsache, dass wir in unserem Gefühl der persönlichen Macht im Zusammenhang mit einem bestimmten Thema verletzt wurden; oder dass es kein System gibt, das es uns ermöglicht, die Sache weiterzuverfolgen … Indem ich strategische Fragen stelle, öffne ich eine Tür für die Menschen, durch die sie über ihre Trauer, Schuldgefühle und Machtlosigkeit hinaus gelangen können, hin zum aktiven Träumen und dem Kreieren ihrer eigenen Beiträge.«
>
> *Fran Peavey*[4]

men aus einem völlig anderen Leben; sie schlafen nicht in Schlafsälen und gehören auch nicht Studentenverbindungen an. *Aber für die Universitätsverwaltung waren solche Probleme nicht sichtbar.* Sie erkannten nicht, dass diese Gruppe von Studenten ganz besondere Bedürfnisse hatte.

Ich begann, mit den verschiedenen Abteilungen zu reden, wie zum Beispiel mit den Verantwortlichen für Einschreibung, finanzielle Beratung und Wohnraumbeschaffung, und war sehr naiv im Hinblick auf die territorialen Ansprüche der einzelnen Abteilungen untereinander.

Bald stellte ich fest, dass dies genau das war, was ich tun wollte. Mein Praktikum wurde nicht verlängert und ich hatte kein gutes Verhältnis zu der Direktorin des Frauenzentrums. Doch war es mir möglich, ein kleines Büro zu ergattern. Ich richtete es mir ein und entschied, dass ich hier als Beraterin arbeiten würde. Gleich im ersten Jahr erhielt ich ein Stipendium und innerhalb von vierundzwanzig Monaten wurde das Re-Entry-Programm Teil der offiziellen Universitätsverwaltung. Ich tue all die Dinge, die ich liebe – Vermittlung, Beratung, mich für andere einsetzen –, und gebrauche dabei zwischenmenschliche Fähigkeiten, von denen ich nicht einmal wusste, dass ich sie besitze. Ich verfasste meine eigene Arbeitsplatzbeschreibung und habe den Eindruck, den für mich perfekten Job gefunden zu haben. Ich spüre noch immer diese Leidenschaft für das, was ich tue, und jeden Tag habe ich das Gefühl, etwas Sinnvolles zu machen. Es bereitet mir Freude und es ist gut für die Universität und für die Studenten.«

Gibt es in Ihrer Umgebung ein unerkanntes Bedürfnis?

Helen berichtet uns, dass die Themen und Probleme von Re-Entry-Studenten als Gruppe von der Universitätsverwaltung nicht erkannt worden waren, weil diese Probleme für sie *nicht sichtbar* waren. Die Identität dieser Gruppe wurde nur bekannt, weil Helen den Mut und die Fähigkeit hatte, ein Bedürfnis zu sehen, das darauf wartete, erkannt zu werden. Indem sie das tat, fand sie ihre Lebensaufgabe. Gibt es in Ihrer Umgebung oder Gemeinde eine Situation, die nicht sichtbar ist, weil sich niemand die Zeit nimmt, sie zu identifizieren?

Sich einen Traum erfüllen

Wie oft schon hatten Sie einen kreativen Gedankenblitz in Bezug auf irgendein Produkt und dachten sich: »Das ist eine wirklich gute Idee. Jemand sollte dieses Ding verkaufen«? Vielleicht haben Sie Ihre Idee auf ein Stück Papier gekritzelt oder sogar mit jemandem darüber gesprochen, wie viel es kosten würde, ein solches Produkt anzufertigen und in Umlauf zu bringen. Doch früher oder später haben Sie die Zeichnung verlegt oder Sie haben sie weggeworfen und gedacht: »Wem mache ich hier etwas vor? Ich habe keine Zeit dafür. Es würde wahrscheinlich sowieso nicht funktionieren. Außerdem habe ich nicht genug Startkapital.«

Kermit Heartsong, Gründer und Präsident von World Origin Inc., denkt darüber ganz anders. Er ist ein sechsunddreißigjähriger Unternehmer aus San Francisco, der im Laufe seiner Karriere immer der Stimme seines Herzens gefolgt ist, wobei seine Idee aus einem schockierenden Erlebnis geboren wurde. Seine Geschichte fasziniert mich, denn sie ist ein klassisches Beispiel dafür, wie Synchronizität, Beharrlichkeit und das Festhalten an den eigenen höchsten Werten Sie auf einen Weg katapultieren können, von dem Sie nie zu träumen gewagt hätten. Ich lasse ihn seine Geschichte selbst erzählen.

Arbeit und Spiel

»Meiner Mutter waren Worte und Sprache stets wichtig. Das führte dazu, dass sie meinem Bruder und mir *alles* vorlas, was sie in die Hände bekam. Ich ging abends mit einem Buch und einer Taschenlampe ins Bett, und wenn ich sie ausmachen musste, las ich im Schein des Nachtlichts.

Als ich aufs College kam, wusste ich nicht, was ich werden wollte, also tat ich das Gleiche wie ein paar meiner Freunde und studierte Ingenieurwesen. Ich schloss mein Studium an der Universität von Kalifornien in Davis mit einer Diplomarbeit ab, doch ich hatte keine Lust, als Ingenieur zu arbeiten. Das war nicht ich. Außerdem stellte ich zur gleichen Zeit fest, dass mein Wortschatz auf dem College schlechter geworden war, da ich nur wenige Literaturkurse belegt hatte. Ich begann, im Wörterbuch zu lesen, doch das war so langweilig. So fing ich an, darüber nachzudenken, wie die Leute besser lernen könnten, und zwar indem sie spielten und Spaß hatten.

> »Fassen Sie den Entschluss zu helfen, wo immer Sie sind und wem immer Sie begegnen. Solange Sie helfen, werden Sie empfangen. Und je mehr Sie dienen, desto größer wird Ihr Vertrauen in die wunderbaren Auswirkungen dieses Lebensprinzips. Und während Sie diesen Austausch genießen, wächst gleichfalls Ihre Fähigkeit zu helfen.«
>
> *Greg Anderson*[5]

Während dieser Zeit verrichtete ich alle möglichen Jobs. Ich arbeitete bei einem Schlüsselkinderprogramm für Kinder in der Großstadt. Einige dieser Kinder waren noch nie am Strand gewesen – obwohl der nur ein paar Meilen entfernt war –, also fuhren wir mit ihnen an den Strand oder besuchten Geschäftsbüros, um ihnen verschiedene Dinge zu zeigen. Eines Tages beschloss ich, mit ein paar Zehnjährigen ein Wortspiel zu machen. Sie stellten gerade die Hauptwörter pantomimisch dar, als ein Dreizehnjähriger in den Raum kam. Ich wollte ihn in unser Spiel einbeziehen und bat ihn, das Wort ›Leiter‹ zu buchstabieren. Er dachte einen Moment lang nach und buchstabierte es falsch«, erinnert sich Heartsong.

»Ich dachte: ›Irgendetwas stimmt hier nicht!‹ Ich schrieb ein Wort auf ein Blatt Papier und rief ihn zu mir. Ich bat ihn, das Wort ›Haus‹ zu lesen, und er sagte ›Leiter‹. Er war immerhin in der achten Klasse. Man hört hier und da von Analphabetentum, doch bis es Ihnen leibhaftig begegnet, können Sie sich nicht vorstellen, wie verheerend es ist. Der Junge konnte nicht einmal so einfache Worte wie ›auf‹ oder ›in‹ buchstabieren. Ich war davon so betroffen, dass ich mit seinen Eltern reden wollte. Doch sie waren misstrauisch und wollten nicht, dass ich ihrem Sohn half.

Interessanterweise gab es in der Nachbarschaft dieser Familie viele besonders begabte Kinder und in diesen Fällen hatten die Eltern sich die Zeit genommen, ihnen vorzulesen, Spiele mit ihnen zu spielen und sie in Aktivitäten zu verwickeln, die ihr Gehirn wach hielten. Wenn Sie die Gesichter dieser kleinen Kinder betrachten, deren Eltern ihnen regelmäßig vorlesen, merken Sie, wie sehr sie das Lesen lieben. Diese beiden Beispiele – die argwöhnischen, nicht involvierten Eltern und die involvierten – zeigten mir, dass man ein Element finden musste, um die Eltern zu engagieren, damit die Kinder lernen konnten.

Es ist wichtig, die Kinder in einem zarten Alter zu erreichen, wo sie noch lernhungrig sind. Meine Spiele sind dazu da, Familien zusammenzubringen. Eines von ihnen heißt ›Artikulation – die Familienversion‹, und es besteht aus zwei Stufen, damit sowohl die Kinder als auch die Eltern dasselbe Spiel spielen können, ohne dass sich die Eltern dabei langweilen.«

Ich fragte Kermit, was ihm zu Beginn seiner Idee die Kraft gegeben hatte, seine Vision auch zu realisieren.

»Nennen Sie es dickköpfig und naiv! Die Spieleindustrie ist sehr hart. Am Anfang hatte ich lediglich ein Blatt Papier, auf dem meine grundsätzlichen Ideen notiert waren. Während der nächsten zwei Monate wurden aus diesem Stück Papier dreizehn Seiten, die detailliert all die Dinge beschrieben, die ich in das Spiel integrieren wollte. Ich begann, mit jedem Vertreter der Spieleindustrie zu reden, den ich auftreiben konnte. Ich ging den Leuten bei Trivial Pursuit und Pictionary (beides beliebte Sprachspiele in den USA; Anm. d. Übers.) sechs Monate lang auf die Nerven, bis sie mich zu einem Gespräch einluden. Ich stellte ihnen viele grundsätzliche Fragen, zum Beispiel: Wie viel kostet es, Spiele herzustellen? Wie geht der Vertrieb vor sich? Werde ich bei der ersten Auflage bereits einen Profit haben? Nachdem ich alle nötigen Informationen erhalten hatte, entschied ich, dass dies genau das war, was ich tun wollte.

Meine Familie und Freunde hatten mir am Anfang Geld für dieses Unternehmen gegeben, doch der erste wahre Durchbruch ereignete sich, als ich mir bei einem Baseballspiel die Achillessehne riss. Den drei orthopädischen Chirurgen, die mich operierten, erzählte ich, was ich machte. Sie alle liebten den Umgang mit der Sprache. Als ich aus dem Krankenhaus entlassen wurde, besuchten sie mich in meinem Haus. Wir besprachen das Projekt und alle drei halfen mir, mein Unternehmen auf die Beine zu stellen. Ohne sie hätte ich nicht anfangen können. Mehrere andere Synchronizitäten, wie beispielsweise zu den richtigen Käufern geführt zu werden, ereigneten sich so oft, dass ich sicher war, auf dem richtigen Weg zu sein.

Doch das größte Ding geschah voriges Jahr. Alles lief recht gut, blieb jedoch mehr oder weniger Stückwerk. Ich hatte noch kein wirkliches Wachstum in meinem Umsatz verzeichnen können; außerdem hatte ich kein Geld für Werbung, Marketing oder um Vertreter einzustellen, die meine Spiele an den Mann bringen konnten. Ein Büro gab es auch nicht. 1995 war der Punkt erreicht, wo ich entweder den großen Durchbruch schaffen oder aufgeben musste. Wenn ich bis dahin keine finanzielle Unterstützung gefunden hatte, war alles umsonst gewesen. Da erzählte mir eine Freundin von einer Gruppe sozial eingestellter

»Doch dann entspannte ich mich und begann zu beten. Es war, als käme etwas über mich.«

Investoren, die sich »Investorenkreis« nannten. Sie glaubte, dass meine Spiele eine wunderbare Sache waren, und sagte mir, ich solle diesen Leuten einen dreiseitigen Antrag schicken. Das tat ich. Ich wartete. Dann rief ich noch mal an und schickte ihnen einen meiner Kataloge, weil er aussagekräftiger war als mein schriftlicher Vorschlag. Eine weitere Woche verging. Mittlerweile war es Juli und ich hatte nicht mehr viel Zeit, wenn ich für die kommende Geschenkmesse eine Präsentation zusammenstellen wollte. Drei Wochen vor der Ausstellung luden sie mich zu einem Treffen ein. Sie dürfen nicht vergessen, dass *Tausende* von Leuten ihre dreiseitigen Vorschläge einschicken und nur zehn ausgewählt werden. Ich war Nummer zehn. Sie forderten mich auf, eine zehnminütige Präsentation vorzubereiten, und sagten, ich solle bitte nicht mehr als zwanzig Kopien meiner geschäftlichen Pläne mitbringen, weil ich die sowieso nicht alle brauchen würde.

Ich übe und übe, vor allem meinen Vortrag. Das ist *die* Gelegenheit für mich, das darf ich nicht vergessen. Mit dieser Aktion bin ich entweder auf dem Weg zum Erfolg – oder ich kann es gleich vergessen. Ich fliege also nach Atlanta und mache den Fehler, im selben Raum zu sitzen, in dem die anderen neun Kandidaten ihre Präsentation machen. Ich schwitze Blut und Wasser und denke: ›O Gott, das kann ich vergessen.‹ Das Publikum besteht aus ungefährt hundert Leuten – den Gettys, Mellons und McKays –, die alle das große Geld haben.

Doch dann entspannte ich mich und begann zu beten. Es war, als käme etwas über mich. – Jetzt bin ich dran. Ruhig gehe ich auf das Podium zu und bitte um ein bewegliches Mikrofon. Dann steige ich vom Podium herab und beginne, das Publikum mit einzubeziehen. Ich fange einfach an zu reden und erzähle ihnen die Geschichte von dem dreizehnjährigen Jungen, der nicht lesen konnte. Von dem Moment an ist alles wie verzaubert. Sie lachen. Sie klatschen. Sie fühlen, was ich fühle. Ich teilte ihnen sowohl mein persönliches Anliegen in Bezug auf dieses Spielen mit als auch das, was wir als Unternehmen bewerkstelligen wollten.

Bei seiner Aufgabe bleiben

- Jede Situation hat einen Sinn.
- Das zu tun, was Sie lieben, bringt Sie in den Fluss der Synchronizitäten.
- Sie ziehen das an, worauf Sie Ihr Ziel richten.
- Universale Intelligenz ist vollkommen und operiert mühelos.
- Sie haben immer eine Wahl.
- Machen Sie Ihre Absicht klar und bitten Sie um Unterstützung.
- Überlassen Sie die Details dem Universum.
- Vertrauen Sie dem Prozess.
- Ihr Leben ist Teil des größeren Weltenplanes.

Hinterher bauten wir alle unsere Stände auf und in fünf Minuten waren meine zwanzig geschäftlichen Pläne weg, von denen sie gesagt hatten, ich würde sie nie alle loswerden. Beim Mittagessen saß ich an einem riesigen runden Tisch und jeder hatte Fragen zu meinem Projekt. Ich hatte keine Zeit, auch nur einen Bissen zu essen.

Kurz danach hatte ich zwölf Investoren und ich war gerettet. Das alles passierte vor etwas mehr als einem Jahr.

Als ich mit meinem Unternehmen anfing, erzählte ich den Leuten, dass ich in einem so winzigen Zimmer lebte, dass ich am Morgen, wenn ich aufwachte, nur meine Beine aus dem Bett schwingen brauchte und schon mit den Händen am Computer war. Heute habe ich sechs Mitarbeiter, achtzig Außendienstmitarbeiter und siebenunddreißig Produkte.«

Und was denkt er über seine Aufgabe, seinen Weg?

»Dies ist der Weg, auf dem ich mich gerade befinde.« Er hielt einen Moment inne, um nachzudenken. Dann sagte er: »Ich erinnere mich an einen Traum, den ich hatte, als ich noch in der Schule war. Ich hatte die Idee für ein innerstädtisches Internat, wo die Kinder mehr als nur die grundsätzlichen Dinge lernten. Mir schwebte ein Ort vor, wo ihnen Sprachen, Kunst und Musik nahe gebracht wurden. Als ich mit Kindern in dem Schlüsselkinderprogramm arbeitete, war es hart für mich, Zeit mit ihnen zu verbringen und zu wissen, dass sie danach zurück in ihre negative Umgebung gingen. Ich möchte die Kinder erreichen, solange sie noch jung sind, möchte ihre Lernbegeisterung entfachen. Ich möchte sie wissen lassen, dass jemand für sie da ist und sich um sie kümmert. Die Tatsache, dass die Mittel für Erziehung und Ausbildung gekürzt werden, ist für mich völlig unbegreiflich. Wir müssen den Kindern einen Bezug zu Kunst und Musik geben und ihren Horizont erweitern, anstatt sie zu beschränken. Es mag vielleicht verrückt klingen, aber ich glaube, dass mein Weg dahin führt, dass ich eines Tages mit Kindern arbeiten werde.«

Selbstgespräche

Welche innovativen Ideen hatten Sie, die Sie aufregend fanden?
Was ist mit ihnen geschehen?
Was hat Sie in den Geschichten von Colleen McGovern, Helen Johnson und Kermit Heartsong besonders berührt?

Lesen Sie diese Geschichten in sechs Monaten oder einem Jahr noch einmal. Beobachten Sie, ob irgendetwas in diesen Geschichten Sie auf eine neue Art und Weise berührt, und werden Sie sich bewusst, wie Ihr Denken sich weiterentwickelt hat.

FÜNFTES KAPITEL

Das magnetische Kraftfeld Ihrer Lebensaufgabe

»Sie können sich die Dinge, die Sie erreichen wollen, wie auf einer Kette aufgereiht vorstellen, die unendlich lang ist. Es ist nur eine Frage des Vertrauens, dass Sie diese Kette an sich bringen können und dass alles, was in Ihrem Leben auf Sie zukommen soll, vorhanden sein wird, wenn Sie die Fähigkeit entwickelt haben, es zu empfangen. Doch der Kniff besteht darin, dass Sie es nicht empfangen, geschweige denn manifestieren können, wenn Sie kein Vertrauen in sich selbst als eine Erweiterung von Gott haben.«

Wayne Dyer[1]

Schaffen Sie ein Feld positiver Anziehungskraft

Waren Sie jemals auf einer langen Reise und haben bei sich zu Hause angerufen, um die Nachrichten auf Ihrem Anrufbeantworter abzuhören? Hatten Sie jemals das Gefühl, dass Sie irgendwie ein »Leben« haben, das zu Hause auf Sie wartet, auch wenn »Sie« auf einer Reise sind, die auf ihre Weise nicht so real ist wie das, was Sie hinter sich gelassen haben?

Wir wollen uns nun ein visuelles Vorstellungsbild Ihres »Lebens« in Form eines Energiefeldes schaffen. Dieses Energiefeld zieht Menschen, Gelegenheiten und Ereignisse in Ihr Leben. Innerhalb dieses Feldes gibt es das Zentrum einer Aufgabe, um das herum alle hereinkommende Energie geordnet wird. Dieser zentrale Punkt – der Sinn Ihres Lebens, Ihre Lebensaufgabe – wird von den energetischen »Unterfeldern« von Glauben, Verhalten, vergangenen Erlebnissen, Erwartungen, ungelösten emotionalen Zuständen und anderen unbewussten Vorgängen beeinflusst. Wir strahlen ununterbrochen ein bestimmtes Energiemuster aus, das auf unseren physischen, emotionalen und spirituellen Zuständen basiert. Das Modell eines magnetischen Kraftfeldes soll zum Ausdruck bringen, dass wir nicht nur aus einem Zentrum einer sich selbst organisierenden, inhärenten Lebensaufgabe heraus Energie aussenden, sondern dass dieses Energiefeld auch jene Menschen und Dinge – magnetisch – anzieht, die uns helfen werden, diese Aufgabe zu erfüllen. Es scheint so, dass unser Kraftfeld auch alle hereinkommenden Informationen durch unsere Überzeugungen, Erwartungen, vergangenen Traumata und Erfahrungen filtert. Wir werden nur *die* Informationen benutzen, die wir bewusst wahrnehmen, und jene Informationen in unserem Unterbewusstsein lagern, denen wir keine Aufmerksamkeit schenken konnten. Da unser Ziel darin besteht, symbolisch und energetisch an unserer Wahrnehmung zu arbeiten, damit wir beginnen können, unsere wahre Mission in diesem Leben zu finden, lassen Sie uns ein wenig mit diesem vereinfachten Modell spielen, um uns der miteinander in Verbindung stehenden Energiefelder unseres Lebens bewusst zu werden.

Wie energetisiert sind Sie in diesem Augenblick? Wie fühlen Sie sich *genau in diesem Moment* – auf einer Skala von eins bis zehn (wobei »zehn« das Gefühl höchster Energie symbolisiert)? Wenn Sie sich recht zufrieden und wach fühlen – sich sozusagen eine Sechs oder Sieben geben –,

»Sie nehmen an dieser Form des ›Datenbank-Austausches‹ mit all den Seelen teil, die Ihnen nahe stehen, und in gewisser Weise mit allen Seelen, mit denen Sie im Laufe Ihres Lebens in Berührung kommen. Wie auch immer Sie den Inhalt Ihrer persönlichen Datenbank und die Information, die Sie einer Seele senden, abändern, wird von seinem oder ihrem eigenen System verarbeitet. Und dies ist die Ebene, auf der Ursache und Wirkung Ihrer Intentionen, die Art und Weise, in der Sie beschlossen haben, Ihre Energie zu formen, andere Seelen beeinflussen.«

Gary Zukav[2]

dann nehmen Sie sich ein paar Minuten Zeit und sagen zu sich selbst: »Während ich diese Worte lese, beginnt sich mein Leben auf eine Weise zu verändern und Gelegenheiten anzuziehen, die mir dabei helfen, meine Lebensaufgabe zu erfüllen.« Wenn Ihr Energielevel sich in der Zweier- oder Dreier-Zone befindet, versuchen Sie sich zu erinnern: »Alles ist möglich.« An manchen Tagen haben wir das Gefühl, es mit der Welt aufnehmen zu können, und an anderen wollen wir uns am liebsten verkriechen.

Wann immer Sie sich entmutigt oder deprimiert fühlen, erinnern Sie sich an die vielen kleinen Dinge in Ihrem Leben, für die Sie dankbar sind. Wenn Sie Ihre Energie darauf richten, für Dinge dankbar zu sein, wie ein Dach über dem Kopf (wenn Sie eins haben), ein bequemes Bett, fließend warmes Wasser, das Lächeln Ihrer Kinder, den Baum vor Ihrem Balkon, die Möglichkeit, sich frei und ungehindert zu bewegen oder was immer es sein mag, auf das Sie sich mit echter Dankbarkeit konzentrieren, erzeugen Sie eine höhere Energiefrequenz. Während Sie auf einer höheren Energiefrequenz leben und handeln (die gleichzeitig eine tiefere und reichere Frequenz ist), befinden Sie sich in größerer Übereinstimmung mit Ihrer Lebensaufgabe.

Da wir alle innerhalb eines universalen Intelligenzfeldes existieren, wäre es nur logisch, dass *es umso leichter für Sie ist, sich mit der inhärenten Aufgabe Ihrer Seele in Übereinstimmung zu bringen, je mehr Menschen dieses oder ein ähnlich ausgerichtetes Buch lesen.*

Die intuitive Beraterin und Autorin Penney Pierce sagte zu mir: »Ich versuche niemals zu vergessen, dass ich von einem freundlichen, kooperativen ätherischen Feld umgeben bin. Ich nenne es das Feld des Wissenden. Vor ein paar Tagen zum Beispiel brauchte ich für einen Artikel, den ich schrieb, dringend eine kleine Geschichte von jemandem, der sich selbst mit Hilfe seiner Intuition geheilt hatte. Ich rief all meine Freunde an, aber niemand war zu Hause. Sobald ich mir innerlich bestätigt hatte, dass dieses Feld um mich war und die Geschichte nicht unbedingt von einem anderen Menschen kommen musste, fiel mir umgehend ein Erlebnis ein, das ich selbst gehabt hatte. Sie können das, was Sie aus dem Feld universaler Energie benötigen, so unmittelbar und schnell erhalten, wie Sie es zulassen.«

Das magnetische Kraftfeld Ihrer Lebensaufgabe

zieht Umstände und Gelegenheiten an, die sich auf Ihre Glaubenssätze im Hinblick auf Folgendes beziehen:

- Ihre Stärken
- Ihre Schwächen
- die Dinge, die Sie lieben
- das, was Sie für notwendig halten
- die Art, wie Sie sich einschätzen
- Ihre Fähigkeit, einen Sinn in dem zu erkennen, was geschieht

- die Natur des Lebens
- Richtig und Falsch
- Ihren Grad von Kreativität
- Ihre bewussten Absichten
- Ihre unbewussten Motivationen
- Ihren Grad von Optimismus
- Verantwortlichkeiten und Loyalitäten
- wichtige Errungenschaften und stolze Momente
- Erfolge / Versagen / Belohnungen
- Ihre Fähigkeit, präsent zu sein
- Ihre Fähigkeit, Ihrem eigenen Prozess zu vertrauen
- Ihre Fähigkeit, über sich selbst zu lachen
- Ihre Fähigkeit, mit Angst umzugehen
- Ihre Fähigkeit zur Hingabe
- Ihre Fähigkeit, in Hindernissen Sinn und Botschaften zu finden.

Wie gestaltet sich Ihr magnetisches Aufgabenfeld?

Beschreiben Sie Ihr eigenes magnetisches Kraftfeld, indem Sie zu den unten stehenden Fragen Ihre Antworten eintragen. Seien Sie so ehrlich wie möglich, selbst wenn Sie feststellen, dass Sie des öfteren die Kategorie »Schwach« oder »Kommt darauf an« als Antwort auf die Fragen ankreuzen. Diese Antworten helfen Ihnen, jegliche Ängste, Teilnahmslosigkeit oder Blockierungen Ihrer Wachsamkeit ans Tageslicht zu bringen – nicht damit Sie sich selbst als unfähig verurteilen, sondern damit Sie anfangen können, positive Energie in diese Bereiche zu lenken. Es gibt keine richtigen oder falschen Antworten, keine Probleme, die überwunden werden müssen. Richten Sie einfach nur Ihre Aufmerksamkeit auf jeden dieser Bereiche mit dem ausdrücklichen Wunsch, ihn zu stärken oder loszulassen.

Meine Stärken sind ______________________________

____.

Meine Fähigkeit, in Hindernissen einen Sinn zu sehen, ist	sehr groß – groß – durchschnittlich schwach – kommt darauf an.
Meine Fähigkeit, emotionale Risiken einzugehen, ist generell	sehr groß – groß – durchschnittlich schwach – kommt darauf an.
Meine Fähigkeit, finanzielle Risiken einzugehen, ist im Allgemeinen	sehr groß – groß – durchschnittlich schwach – kommt darauf an.
Meine Fähigkeit, bei kontroversen Themen meine ehrliche Meinung zu äußern, ist	sehr groß – groß – durchschnittlich schwach – kommt darauf an.
Meine Fähigkeit, über mich selbst zu lachen, ist	außergewöhnlich – phantastisch – groß – in Ordnung – kommt darauf an.
Ich glaube, dass ich kreativ bin:	absolut – sehr – einigermaßen – nicht sehr – kommt darauf an.
Mein Optimismus ist	sehr, sehr groß – groß – durchschnittlich – gering – kommt darauf an.
Meine Fähigkeit, die Bedeutung von Ereignissen zu erkennen, ist	sehr groß – groß – durchschnittlich – gering – kommt darauf an.

Meine Fähigkeit, mich hinzugeben
(die Kontrolle aufzugeben), ist sehr groß – groß – durchschnittlich – gering – kommt darauf an.

In meinem Leben und meiner Familie bin ich verantwortlich für ____
____.

Ich bin loyal gegenüber ______________________
____.

Ich vertraue meiner Fähigkeit,
gute Entscheidungen zu treffen absolut – meistens – manchmal vielleicht – kommt darauf an.

Ich neige dazu, mich selbst zu verurteilen, wenn ____________
____.

Ängste blockieren mein Wachstum ständig – oft – gelegentlich – kaum.

Meine drei größten Ängste sind:
1. Angst vor dem Tod 2. Angst vor öffentlichem Reden 3. Angst davor, Fehler zu machen 4. Angst vor Zurechtweisung 5. Angst, neue Menschen zu treffen 6. Angst, dumm dazustehen 7. Angst davor, gefangen zu sein 8. Angst, nicht wahrgenommen zu werden 9. Angst vor dem Alleinsein 10. Angst, nirgendwohin zu gehören 11. Angst vor Armut 12. Angst vor Krankheit und Schmerzen 13. Angst vor Autorität 14. Angst davor, falsche Entscheidungen zu treffen 15. Angst vor ____________.

Die wichtigsten Ereignisse, die mich geformt haben, sind ________
____
____.

Die Leistungen, auf die ich am stolzesten bin, sind ______________
____.

Die folgenden Aktivitäten tue ich besonders gern: ______________
____

Ich würde mich selbst beschreiben als ______________________
____.

Meine gegenwärtige Intention besteht darin, __________________
____.

Es gelingt mir am besten, zielgerichtet zu bleiben, wenn ich ________
____.

Folgende Dinge / Menschen / Ereignisse würde ich gern in mein Leben bringen: ____________________________________
____.

Ihr magnetisches Feld verliert Kraft durch Gedanken, Sprache und Handlungsweisen, die ihre Wurzeln haben in

- negativem Selbsturteil
- einem unmäßigen Kontrollbedürfnis
- der Tendenz, anderen die Schuld an der eigenen Situation zu geben
- dem Wunsch nach Rache
- leichtfertig eingegangenen Verpflichtungen
- Pessimismus
- von der Gesellschaft übernommenen Glaubenssätzen
- falschen Loyalitäten

- dem Bedauern von Fehlern
- Verbitterung aufgrund von Ungerechtigkeiten
- Hass
- Angst

Gedanken

- Sie verlieren kreative Energie, wenn Ihr Denken von einer oder mehreren der oben genannten Kraft raubenden Eigenschaften kontrolliert wird.
- Um den Verlust von Energie zu stoppen, trainieren Sie sich selbst darauf wahrzunehmen, wann Ihre Gedanken in einem dieser Energiezustände wurzeln. Widerstehen Sie dem Bedürfnis, in diesen Zuständen zu verharren. Vergessen Sie nicht, dass sie nur in dem Maße wirklich sind, wie Sie ihnen Energie geben.
- Fragen Sie sich selbst: »Will ich wirklich weiterhin so denken? Warum?«

Sprache

- Fangen Sie an, darauf zu achten, welche Sprache Sie im Umgang mit anderen gebrauchen. Das Unterbewusstsein speichert alles, was Sie sagen oder worüber Sie sich lustig machen, als Wahrheit.

Handlungsweisen

- Um Energie zu gewinnen, üben Sie sich in jeder schwierigen Situation in Selbstvergebung und in der Vergebung anderer. Vergeben Sie und vergegenwärtigen Sie sich Ihre Absicht, weiterzugehen.
- Beobachten Sie Ihre Tendenz, diese Muster erneut in Ihre Gespräche und Ihren Umgang einzubringen.

Finden Sie heraus, wem Sie Ihre Kraft (Energie) geben

Teil Ihrer Lebensaufgabe ist es, Ihre kreative menschliche Energie zu nutzen. Solange Sie in der geistigen Dimension sind, haben Sie keinen Körper, den Sie gebrauchen, und keine physische Energie, die Sie einsetzen können. Sobald Sie geboren sind, sind Sie in der Lage, durch die Arbeit mit physischer Energie den Dingen Form zu verleihen. Einige von uns sind so sehr darauf erpicht, etwas zu leisten, ihr Zeichen zu hinterlassen, ihrem Selbst Ausdruck zu verschaffen, dass sie nonstop arbeiten. Brennen Sie Ihre Kerze an beiden Enden ab? Arbeiten Sie marathonmäßig, um anschließend langsam zu sein wie eine Schnecke? Wie behandeln Sie Ihr physisches Vehikel (Ihren Körper)? Halten Sie sich fit oder geben Sie sich verstärkt sinnlichen Freuden hin? Manche Seelen inkarnieren sich mit dem speziellen Wunsch, alles im Leben zu fühlen, zu berühren und in der sinnlichen Erfahrung des Erdenlebens zu schwelgen.

Wenn Sie glauben, dass Ihre Geisteshaltung Ihre Sicht der Welt kreiert, und wissen, dass Sie dafür verantwortlich sind, Ihre Lebensaufgabe zu entdecken und zu erfüllen, mögen Sie es vielleicht hilfreich finden zu sehen, welches Maß an Energie Sie in positive bzw. negative Anziehung investieren. Negative Geisteshaltungen entstehen, wenn Sie sich unbewusst von Ihrer spirituellen Quelle getrennt oder isoliert fühlen. Wenn ein Mensch sich abgetrennt fühlt, versucht er, seine Ziele zu erreichen, indem er sich ausschließlich auf seine eigene Willenskraft konzentriert, und er versucht, alles zu kontrollieren. Wenn Sie sich daran erinnern, sich in Übereinstimmung mit Ihrer eigenen Natur und Ihrer Lebensaufgabe zu bringen, sind Sie ganz von selbst mit Ihrer natürlichen Energie in Kontakt. Wenn Sie sich auch nur auf einen einzigen der Werte ausrichten – wie zum Beispiel Mitgefühl, Vertrauen, Selbstachtung oder den Synchronizitäten zu folgen –, wird das Leben mit einem Mal sinn- und hoffnungsvoller, oftmals auch vergnüglicher und reich an Hilfsquellen. Ihre Lebensaufgabe ist gottgegeben und der Schöpfer verlangt danach, dass Sie sie erfüllen.

Die folgende Übung – inspiriert von Caroline Myss' Kassetten *Energy Anatomy* – soll Ihnen dabei helfen herauszufinden, wie und warum Sie kreative Energie verlieren.

Stellen Sie sich vor, Sie haben morgens beim Aufwachen einhundert Prozent schöpferische Energie, mehr als genug, um sich das Leben zu schaffen, das Sie führen wollen. Laufen Sie wirklich auf all Ihren Zylindern? Vielleicht nicht. Die meisten von uns investieren ein beachtliches Maß an Zeit in Bitterkeit, Sorgen, Ablehnung, Reue und in die vielfältigen Blockaden unserer inneren Leitungen. Obwohl wir uns Erfolg wünschen, senden wir Angstgedanken aus, die unweigerlich als *negative Resultate* zu uns zurückkehren. Wir haben jedoch die Chance, unsere Situation zu verbessern, wenn wir wissen, worauf diese negative Geisteshaltung basiert. In der Regel sind *unsere Gedanken* die Quelle dessen, was wir als von außen kommende Probleme betrachten. Nach Beobachtern des menschlichen Verhaltens wie dem Physiker David Bohm liegt die Wurzel unserer Probleme einzig und allein in der Natur unseres völlig unerkannten, unerforschten, fragmentarischen Denkens.

Kraftverlust-Analyse

Lesen Sie die unten stehenden Fragen und nehmen Sie eine intuitive Einschätzung des Prozentsatzes Ihrer kreativen Energie vor, die Sie in jeder dieser Kategorien investieren. Damit dies funktionieren kann, müssen Sie sehr ehrlich mit sich selbst sein. Stellen Sie sich Ihre Prozentsätze in Abschnitten von dreißig Minuten, einer Stunde, zwei Stunden etc. *pro Tag* vor. Erlauben Sie Ihrer Intuition, Ihnen eine Prozentzahl zu nennen. Vertrauen Sie darauf, dass sie genau ist. Addieren Sie Ihre Prozentzahlen, sobald Sie fertig sind.

Wenn Sie Ihren Kraftverlust visuell identifizieren wollen, zeichnen Sie eine Grafik Ihres Energiefeldes mit Linien zu all den Menschen und Situationen, bei und in denen Sie derzeit Energie verlieren.

Kraftverlust-Analyse

Beantworten Sie bitte die nachstehenden Fragen, ohne mehr als ein oder zwei Minuten bei jeder einzelnen zu verweilen. Schätzen Sie, so gut Sie können, den Aufwand von Energie ein, die Sie in nichtkonstruktiver Weise verschwenden.

Wen oder was machen Sie für negative Situationen verantwortlich? ____

____

Fühlen Sie sich gezwungen, Ihre Familie oder irgendeine andere Gruppe von Menschen zufriedenzustellen? ____________________

____

Wie viel Energie investieren Sie,
um Ihre Familie zufriedenzustellen? ____________________ %

Wie viel Energie investieren Sie in Pessimismus? ______________ %

Wie viel Energie verschwenden Sie,
indem Sie Rachegedanken hegen? ______________________ %

Wie viel Energie verschwenden Sie in dem Versuch,
Ihrem Chef alles recht zu machen? ______________________ %

Wie viel Energie verschwenden Sie täglich in
negativen Selbsturteilen? ____________________________ %

Wie viel Energie investieren Sie in Reuegefühle
aufgrund von Fehlschlägen? __________________________ %

Ich lehne (wen oder was) ab: ____________________________
Wie viel Energie investieren Sie in Ablehnung? ____________ %

Ich hasse ____.
Wie viel Energie schicken Sie Ihren Feinden? ______________ %

Ich versuche, (wen oder was) zu kontrollieren: ______________
Wie viel Energie investiere ich in den Versuch,
andere zu kontrollieren? _____________________________ %

Wie viel Energie verschwende ich täglich mit
meinen Sorgen und Ängsten? ___________________________ %

Gesamtsumme der kreativen Energie pro Tag in Bereichen,
die unmittelbar negativ auf Sie zurückkommen ____________ %

In den folgenden Geschichten werden Sie drei Menschen kennen lernen, die in verschiedenen Lebensabschnitten ein Verständnis für ihre jeweilige Aufgabe erlangt haben. Sie alle haben tief in sich einen Ruf verspürt, der sie dazu veranlasste, auf ihrem Weg voranzuschreiten – trotz großer Ungewissheit. Wenn Sie diese Geschichten lesen, achten Sie darauf, wie ihre Energiefelder diese drei Menschen in ein Leben voller Sinn und Erfüllung gesogen haben. Boona cheema aus Indien ist heute Direktorin einer gemeinnützigen Wohltätigkeitsagentur mit einem Multimillionen-Dollar-Budget in Berkeley, Kalifornien. Jerry Horowitz hat eine eindrucksvolle Mischung von Interessen, Talenten und Berufen in seinem eigenen Verlagsunternehmen zusammengebracht. Laura Kwong, die lebensfrohe Frau des Zenmeisters Kwong-roshi, lebt und lehrt die Praxis des Zen-Buddhismus in einer spirituellen Gemeinschaft.

Boona cheema

Die Grundregeln, nach denen boona cheemas Familie lebte (sie zieht die Kleinschreibung ihres Namens vor), waren »Glaube, Dienen und Sinn«. Eine der beliebtesten Aussagen ihres Vaters war: »Bei allem, was wir tun, müssen wir darauf achten, dass wir so wenig Schaden wie möglich anrichten.« Als ich ihrem Bericht der Erlebnisse, die ihr Leben geformt haben, lauschte, war ich tief berührt von der offenkundigen Sinnhaftigkeit hinter den frühen Erfahrungen dieser tief spirituellen und zielgerichteten Frau.

Boona cheema ist die Direktorin von BOSS, einer gemeinnützigen Agentur in Berkeley, Kalifornien. Eine bessere Beschreibung wäre, dass sie eine ungebremste Kraft aus Integrität, Intelligenz, gepaart mit Weisheit, guter Laune und Mitgefühl ist. Sie wurde an dem Tag in Indien geboren, als die Bombe über Hiroshima abgeworfen wurde, und kam 1971 als mittellose Emigrantin in die Vereinigten Staaten. Sie erhielt Sozialhilfe von der neuen Einrichtung Berkeley Oakland Support Services und es dauerte nicht lange, bis sie sich dort als Sozialarbeiterin anstellen ließ; 1979 wurde sie Direktorin. Seit dieser Zeit hat sie BOSS (heute »Building Opportunities for Self-Sufficiency« genannt) zu einer Agentur mit einem jährlichen Budget von mehr als 6,5 Millionen Dollar und einem Team von hundert Angestellten ausgebaut, die eine Vielzahl von Unterkünften, ökonomischen Entwicklungsmöglichkeiten, Gemeindeeinrichtungen und Sozialdiensten für Menschen unterhalb der Einkommensgrenze anbieten. Ihre Lebensgeschichte ist ein gutes Beispiel dafür, wie die Lebensnotwendigkeit, gepaart mit Vision und dem Wunsch, anderen zu helfen, durch eine einzige Person einen deutlichen Unterschied im Leben vieler Menschen machen kann. Ich wollte wissen, wie sich ihre Berufung entwickelt hatte. Wir nahmen eine kurze Zusammenfassung jener bedeutenden Ereignisse vor, die ihr dabei halfen, ihre Lebensaufgabe zu finden. Die zeitliche Abfolge ist in ihrer offenkundigen Sinnhaftigkeit einfach faszinierend.

Das Familien-Credo von »Glaube, Dienen und Sinn«

»Ich betrachte Obdachlosigkeit als Krieg zwischen den Klassen«, erzählte boona mir. »Meiner Ansicht nach haben die Armen in den Städten ähnliche Probleme wie Flüchtlinge, denn es scheint, dass auch sie die Verbindung zu ihrer Gesellschaft verloren haben. Die Obdachlosigkeit und Entwurzelung dieser Menschen erinnert mich sehr an mein eigenes frühes Gefühl von Entwurzelung während der Teilung Indiens 1947.

Es gibt überall unter den Menschen, die in Armut leben, immer wieder solche, deren Kraft und Geist den anderen als Vorbild dienen – selbst bei jenen, die ständig die falschen Entscheidungen zu treffen scheinen, indem sie ihren Körper verkaufen oder drogenabhängig sind. Ihre Entscheidung, diese Dinge zu tun, bedeutet nicht, dass sie ihren spirituellen Mittelpunkt aufgegeben haben. In den Vereinigten Staaten sind wir noch nicht bereit dazu, diese Tatsache zu erkennen, und daher verurteilen wir diese Menschen und behaupten, dass sie seelisch verarmt sind. Mein Leben hat mich gelehrt, dass ich von einem Moment auf den anderen alles, was ich besitze, verlieren kann. Doch kann ich nicht mich selbst verlieren.«

Boona informierte mich in groben Zügen über die Ereignisse und Lektionen, die sie erfahren hatte und die ihr das Geheimnis und die geistige Kraft des Lebens offenbart hatten:

6. August 1945: Ihr Geburtstag. Der Tag, an dem Hiroshima bombardiert wurde. Eines ihrer Lebensthemen, meinte sie, ist immer der Krieg im Geist der Menschen.

Die Teilung Indiens im Jahre 1947: Zusammen mit drei Generationen ihrer Familie wurde sie zum Flüchtling. Ein tiefes Gefühl der Hilflosigkeit stellte sich ein, da sie von außen entmachtet wurde – in diesem Fall durch eine politische Aktion.

Im Alter von acht Jahren wird sie auf eine katholische Schule geschickt: Ihre Familie hatte die Absicht, der Tochter eine gute Ausbildung zuteil werden zu lassen. Sie lernte, unter rigiden Bedingungen zu leben und Autorität auf eine geschickte, unbedrohliche Art in Frage zu stellen.

Im Alter von neun Jahren Besuch des Goldenen Tempels der Sikhs: Diese sowohl vom Islam als auch vom Hinduismus unterdrückte Religion lehrte sie die Botschaft der Universalität. Sie war äußerst beeindruckt von dem Credo der Sikhs, jedem, der bedürftig zu ihrem Tempel kommt, Nahrung und Obdach zu gewähren.

Im Alter von dreizehn Jahren trifft sie den Dalai Lama: Zusammen mit ihrem Vater, der bei der Ansiedlung tibetischer Flüchtlinge half, traf sie den Dalai Lama, der ihr über den Kopf streichelte. Sie sagt: »Auch wenn ich zu jung war, um wirklich zu begreifen, wer dieser Mann war, fühle ich seine Berührung bis zum heutigen Tag als einen großen Segen.«

Arbeit als Journalistin: Dabei entwickelte sie kritisches Denken und erweiterte ihre Sicht der Welt.

Studium von Improvisation und Schauspiel in Indien: Indem sie sowohl weibliche als auch männliche Rollen spielte, brachte sie ihre innere Weiblichkeit und Männlichkeit ins Gleichgewicht.

Heirat und Emigration in die USA: Dadurch lernte sie, was es heißt, Hunger zu haben und nicht zu wissen, ob man in der Lage sein wird, ein neues Leben zu beginnen.

Die Geburt ihres Sohnes: »So also fühlt sich die Liebe an!« Ihr Herz öffnete sich wie nie zuvor. Von diesem Moment an hatte sie keine Angst mehr vor Krieg, Tod oder Armut. Gleichzeitig wurde ihr die Notwendigkeit der Erhaltung der Umwelt bewusst.

Besuch einer Klosterschule: Sie folgte einem inneren Bedürfnis, ihre intuitive Natur mit Hilfe von Disziplin und formalem Lernen zu stärken, um so ihr Leben noch effektiver zu gestalten.

Bekanntschaft mit Drogen: Indem sie sich mit einer Kraft konfrontiert sah, die größer war als sie selbst, lernte boona, dass es keine Abkürzungen auf dem Weg zur Erkenntnis gab. Durch ihre Erfahrung demütig geworden, erkannte sie, wie stark die Macht ist, die das Universum zusammenhält.

Traf und heiratete ihren zweiten Ehemann: Dies war ihre erste Beziehung, in der jeder den anderen völlig akzeptierte und auf seinem Weg unterstützte. Sie fühlte sich weitaus freier als zuvor.

Bewusste Entscheidung für Gemeindearbeit: »Es fällt mir leichter, mit Menschen zu arbeiten, die für eine Verbesserung ihrer Lebensumstände kämpfen.«

»Sie können so viele Vorträge und Seminare besuchen und Bücher über Spiritualität lesen, wie Sie wollen, doch es dreht sich alles immer nur um das eigene Ich, Ich, Ich, bis Sie anfangen zu helfen, diese Welt zu einem etwas besseren Ort für alle Wesen zu machen. Wenn ich einem Menschen begegne, suche ich nach seinen Fähigkeiten und Stärken, stelle fest, wie schön er ist. Können Sie sich vorstellen, welche Kraft nötig ist, jede Nacht bei eisiger Kälte auf dem Bürgersteig zu schlafen?! Wir müssen die Fähigkeit entwickeln, das Innere eines Menschen wahrzunehmen und nicht nur seine übel riechenden Kleider. Wir müssen lernen, mit der Wut, den Selbstzweifeln, der Angst in Kontakt zu treten – in welchem Zustand auch immer eine Person sich gerade befindet. Ich bemühe mich seit langem konsequent darum zu versuchen, niemanden zu verurteilen. Wenn ich bei mir selbst Rassismus oder Angst verspüre, erkenne ich dies und versuche, hinter diese Gefühle zu schauen. Die westliche Kultur ist sehr isolierend; wir alle müssen unsere Hände ausstrecken und die Grenzen zwischen uns überschreiten.«

Ich fragte boona, wie sie die überwältigende Aufgabe des Dienstes an so vielen Menschen handhabt. »Ich bin sehr zielstrebig und beharrlich. Ich mache mir die Gründe klar, warum ich etwas tue, egal, ob es dabei um Geldbe-

> »Mir scheint, dass wir zwischen diesen beiden Polen Vollendung suchen: zwischen der Aufgabe unserer Selbstbezogenheit und der Annahme eines neuen Bewusstseins; zwischen den Ehrfucht gebietenden Ängsten, die uns klein machen, und der Liebesfähigkeit, die uns über alles vorstellbare Maß hinauswachsen lässt; zwischen der Notwendigkeit der Wachsamkeit im Angesicht von Gefahr und dem Vertrauen, das uns erlaubt einzuschlafen.«
>
> *Kathleen Norris*[3]

schaffung oder die Festsetzung des Budgets geht. Ich bin davon überzeugt, dass das Leben eines Menschen einen großen Unterschied im Leben der Kinder und Alten machen kann, denen er begegnet. Ich halte emotional nicht lange an etwas fest und ich kreiere auch nicht ständig irgendwelche Systeme oder Pläne. Wenn ich mir selbst eine Bezeichnung geben müsste, wäre es die des ›Kriegers‹ – in einem positiven Sinne – anstelle des Bürokraten! Meine Waffen sind mein Verstand, meine Seele und mein Geist. Die Arbeit, die ich mache, ist nicht einfach und ich verschwende keine Energie, indem ich mich in die Probleme und Konflikte anderer Leute verwickeln lasse. Ich weiß, dass ich eine Aufgabe habe, und bin sehr zweckorientiert. Ich möchte sowohl meine Kraft als auch meinen Mut anderen zur Verfügung stellen, deren Kraft und Mut anders geartet sein mögen. Ich werde weiterhin bestätigen, werde berühren, wachsen und mich verändern, je nach dem, was im Leben auf mich wartet. Ich kann sagen: Ja, heute ist ein guter Tag. Ich werde nicht dazu beitragen, den Schaden in der Welt zu vergrößern.«

Der Fluss der Vielfalt

Jerry Horowitz ist der Alleininhaber eines kleinen Verlagshauses, Amber Lotus, das Grußkarten, Kalender und Tagebücher herausgibt. Die Themen all dieser Arbeiten und Produkte beschäftigen sich mit der Schönheit der Natur, der Kunst ethnischer Kulturen und visionärer Kunst. Ich hatte Jerry schon vor ein paar Jahren kennen gelernt, als er noch Städteplaner und Berater für Inneneinrichtungen war, der Basketball spielte und Buddhismus praktizierte. Damals war er gerade dabei, seine Meditationspraxis um die Feng-Shui-Komponente zu erweitern. Obwohl ich Jerry nicht gut kannte, fielen mir drei Dinge in seinem Wesen sofort auf. Er strahlte Integrität und Engagement aus, er lebte seine spirituellen Grundsätze und bei jeder seiner diversen Karrieren schien er einer Kernfrage nachzugehen. Ich wollte wissen, was ihn dazu veranlasst hatte, diese verschiedenen Richtungen einzuschlagen.

Der rechte Lebensunterhalt

»Ich möchte vermeiden, so viel Zeit mit dringenden Angelegenheiten zu verbringen, dass ich nie zu dem komme, was wichtig ist«, sagte Jerry über sein neues Unternehmen. »Ich sehe das Geschäft als eine ›Hochzeit‹ von Kunst, Kommerz und Service, was schon immer mein Ziel gewesen ist. Meine Arbeit beinhaltet, künstlerische Entscheidungen zu treffen, die auch gut fürs Geschäft sind. Ein noch wichtigerer Teil des Ganzen sind die Beziehungen, die damit einhergehen. Ich möchte, dass der Geschäftsablauf genauso kunstvoll ist wie die Produkte, die ich verkaufe. Es wäre heuchlerisch, auf der einen Seite eine künstlerische Firma haben zu wollen, mich andererseits jedoch bei den geschäftlichen Angelegenheiten wie ein Neandertaler zu verhalten. Wenn Sie wirklich aus einem Gefühl von Ehrlichkeit und echtem Interesse handeln, zeigt sich das im Endprodukt und in den Beziehungen, die Sie zu Ihren Kunden, Händlern, Angestellten und allen anderen haben. Ich möchte nicht im Geschäftsleben stehen, wenn es nicht kunstvoll und fürsorglich ist.

Vor ein paar Tagen«, fuhr er fort, »erhielt ich telefonisch eine kleine Bestellung aus Berkeley für ein paar Kalender. Da ich sowieso vorhatte, dorthin zu fahren, bot ich der Kundin an, ihr die Kalender vorbeizubringen. Ich glaube, sie war nicht wenig erstaunt, ihre Bestellung von mir eigenhändig geliefert zu bekommen! Als ich sie ablieferte, begannen wir ein wenig miteinander zu plaudern und sie kam auf die Idee, meine Arbeit einem Freund vorzustellen. Sie müssen wissen, ich hatte keine weiteren Absichten, als ich ihr die Kalender brachte. Doch ich glaube, dass netzwerkartige Beziehungen sich am besten aus einem ehrlichen und fürsorglichen Service ergeben. Ich glaube fest, dass das, was man gibt, früher oder später zurückkommt. Ich weiß nicht, ob ich mit meiner Firma irgendwann einmal viel Geld machen werde, doch ich bin überzeugt, es wird funktionieren, wenn ich mit diesen Werten arbeite.

Außerdem denke ich, dass der Zeitpunkt für mich richtig ist, ein eigenes Geschäft aufzumachen. Ich bin siebenundvierzig Jahre alt. Ich habe mehr als fünfzig Länder bereist. Ich hatte eine Menge Spaß und versuchte mich in allen möglichen Dingen. Es fühlt sich an, als sei dies der richtige Moment, mich wirklich auf etwas einzulassen, an dem ich wachsen kann. Und die Skala meiner Fähigkeiten ist ideal für dieses Geschäft.

Einige Leute mögen denken«, fuhr Jerry fort, »dass es verrückt ist, zu diesem Zeitpunkt ein Verlagsgeschäft aufzubauen. Wir wissen, dass die großen Ketten die kleinen Einzelhändler schlucken. Bin ich verrückt? Werde ich einen Weg finden, wie es funktionieren kann? Ehrlich gesagt – ich weiß es nicht. Doch irgendwie vertraue ich darauf, dass dieses Geschäft das Richtige für mich ist.«

Jerrys Einstellung zeigt drei sehr wichtige Glaubenssätze, die bei der Ausrichtung auf unsere Lebensaufgabe notwendig sind: 1. Er hat eine klare Absicht in Bezug auf seine Arbeitsethik, die sein Herz und seinen Kopf zufriedenstellt – und auch sein Scheckbuch. 2. Er blickt über das konventionelle Denken hinaus (»die großen Ketten reißen alles an sich«). 3. Er vertraut sich selbst, zu wissen, was für einen Erfolg erforderlich ist, und er vertraut darauf, dass etwas Tiefergründiges seine Bemühungen unterstützt. »Waren Synchronizitäten von Bedeutung?«, fragte ich Jerry.

»Absolut. Zum Beispiel war die erste Begegnung mit meinem Großhändler synchronistisch. Ich hatte die Absicht, mit einem bestimmten Großhändler bei der American Book Association in Chicago zu sprechen, als ich zufällig jemanden traf, den ich bereits kannte. Er sah auf den ersten Blick, wie wir zu unser beider Vorteil zusammenarbeiten konnten. Auf Anhieb erkannte er das übergeordnete Bild, eine Fähigkeit, die ich immer besonders an Menschen schätze. Ich bin sehr froh darüber, dass wir uns genau zum richtigen Zeitpunkt gefunden haben.«

Da Jerry Erfahrungen in vielen verschiedenen Berufen gesammelt hatte, wollte ich gern wissen, was er hatte werden wollen, als er noch ein kleiner Junge war. Gab es irgendwelche Zeichen in Bezug auf die Art von Existenz, die er als Mann führen würde?

»Ich erinnere mich, dass ich mir mit ungefähr acht Jahren eines Tages ein *Parade*-Magazin anschaute. Dort sah ich einen Artikel über Zukunftsplanung. Ich dachte, das ist es, was ich machen will! Die Zukunft planen. Natürlich wollten meine Eltern, dass ich Arzt oder Rechtsanwalt werde, doch ich behielt immer dieses Interesse an der Zukunft bei. Nachdem ich mein Studium abgeschlossen hatte, wurde ich Gesellschafter in einer Firma für Städteplanung. Durch diese Erfahrung wurde mir meine erste große Erkenntnis zuteil, nämlich die, dass ich allein arbeiten wollte. Um das tun zu können, brauchte ich einen akademischen Grad, das heißt, ich musste noch einmal auf die Universität zurück. Dort hatte ich meine zweite Erkenntnis. Während die anderen Studenten den pragmatischen Weg einschlugen und einen Job in einer Agentur haben wollten, war ich mehr an dem menschlichen Aspekt der Arbeit interessiert. Zum Beispiel: Was geschieht mit den *Menschen*, die aufgrund von Automatisierung bei Ingenieursprojekten ihre Arbeit verlieren? Unter diesem Gesichtspunkt gelang es mir, eine Stelle als Umweltplaner zu bekommen. Das brachte mich auf den Weg.

Meine nächste Erkenntnis kam, als ich herausfand, dass man die Zukunft nicht wirklich planen kann! Man kann die besten Pläne der Welt haben, doch im Endeffekt ist es so, dass politische und ökonomische Überlegungen die Resultate aller Pläne bestimmen. So verlor ich meine Illusionen und ließ diesen Bereich hinter mir. Zur gleichen Zeit war ich viel mit politischer Organisation und mit Schreiben beschäftigt. Viele der Veränderungen in meinem Leben sind darauf zurückzuführen, dass ich meinen eigenen Bedürfnissen gefolgt bin, entweder im Hinblick auf meine persönliche Entwicklung oder weil ich meine Integrität so weit wie möglich bewahren wollte.

Doch mittlerweile war ich ausgebrannt von den Berichten und Studien, die nie realisiert wurden und nichts mit den wahren Bedürfnissen der Menschen zu tun hatten. Ich wollte direkte Hilfe leisten. Also ging ich auf eine Massageschule, lernte massieren und bekam ein Zertifikat. Eine Zeitlang gefiel mir diese Arbeit, doch schon bald stand ich erneut vor einer ähnlichen Art von Desillusionierung. Direkte Hilfe zu leisten schien mir nicht befriedigend genug zu sein. Ich interessiere mich mehr für Fragen des Bewusstseins und Handelns als für die körperliche Verfassung.

Unmittelbar nachdem ich festgestellt hatte, dass Körperarbeit mich nicht völlig ausfüllte, erhielt ich die Gelegenheit, an der Entwicklung des Children's Council mitzuarbeiten. Das war phantastisch, denn damit hatte ich die Chance, all meine bisherigen Erfahrungen – das Planen, Organisieren und meine Fähigkeiten im Umgang mit Menschen – mit dem Ziel einzusetzen, weitere Kindertagesstätten und Familienzentren aufzubauen. Damit konnte ich meine Dienste für eine gute Sache einbringen. In jedem meiner Berufe – sei es das Massieren oder das Planen oder die Arbeit als Aktivist – hatte ich immer damit zu tun, die Bewusstheit beziehungsweise das Bewusstsein der Menschen zu transformieren. Und obwohl mein Berufsweg extrem divergent erscheint, glaube ich, dass der rote Faden, der all diese Tätigkeiten miteinander verbindet, in meinem Interesse an der Entwicklung des Bewusstseins besteht.

Früher fragte ich mich oft ängstlich: ›Worin besteht der Sinn des Lebens? Was soll ich mit meinem Leben anfangen?‹ Heute sehe ich, dass es möglich ist, irgendetwas zu

»Jeder von uns trägt etwas in sich, das ich eine Entelechie nenne. Das Wort stammt aus dem Griechischen und heißt soviel wie ›gesät, codiert, dynamischer Antrieb‹. Es ist die Entelechie der Eichel, zu einem Eichbaum zu werden, die Entelechie des Babys, sich zu einem Erwachsenen zu entwickeln. Ihre und meine Entechelie besteht darin *zu sein* – Gott allein weiß, was! Manchmal erhaschen wir einen flüchtigen Blick auf unsere Entelechie. Ein Teil unserer Aufgabe ist es, uns auf die Entelechie der Reifung einzulassen.«

Jean Houston[4]

tun, ohne zu wissen, warum man es tut oder worin sein Sinn besteht. Es ist einfach etwas, das man tut. Wenn man sich dabei einigermaßen wohl fühlt und es irgendeinen Wert hat, ist das unter Umständen schon ausreichend. Vielleicht erkennt man den Sinn erst später. Wenn Sie sich alle meine verschiedenen Berufe vor Augen halten, könnten Sie zu der Annahme gelangen, dass ich nicht weiß, was ich tue. Doch es gibt einen roten Faden, der sich durch all diese Tätigkeiten hindurchzieht. Meist ist unsere Arbeit wahrscheinlich ein Spiegelbild dessen, was uns zu dem gegenwärtigen Zeitpunkt innerlich am meisten beschäftigt. Wenn Sie jemanden sehen, der sich fanatisch für Politik engagiert oder Schüler eines Gurus wird, können Sie davon ausgehen, dass er etwas in seiner *persönlichen* Geschichte erarbeitet.

Vielleicht sollten wir aufhören, darüber nachzudenken, ob wir irgendeine theoretische Lebensaufgabe erfüllen. Vielleicht sollten wir lieber einfach das tun, was vor uns liegt, und es so gut wie möglich tun, mit offenem Herzen. Geben Sie in jedem Moment Ihr Bestes. Das ist Ihre Lebensaufgabe in diesem Moment. Versuchen Sie nicht, irgendetwas Absolutes, das Allerbeste zu finden. Benutzen Sie den Haupteingang oder den Nebeneingang – vielleicht finden Sie heraus, was Ihre Lebensaufgabe ist. Mir gefällt das Sprichwort: Wenn du Zitronen hast, dann mach Limonade. Tun Sie das, was anliegt, machen Sie das Beste aus der Situation und nehmen Sie sich selbst nicht zu ernst. Vielleicht ist Ihnen der Sinn dessen, was Sie gerade tun, nicht klar und vielleicht handelt es sich hierbei nur um einen Zwischenschritt, durch den Sie eventuell einen wichtigen Menschen treffen. Natürlich wollen Sie nicht in einer Sackgasse enden, doch Sie sollten davon ausgehen, dass jeder Augenblick Ihres Lebens einen Sinn hat.«

Weggehen und nach Hause kommen

Schließlich beinhaltet Jerrys Geschichte noch ein weiteres Element, das ich bei vielen Menschen beobachten konnte, die fühlen, dass sie ihre Lebensaufgabe gefunden haben. Dieses Element besteht darin, dass sie alle irgendwoanders hingegangen und mit einer neuen Perspektive nach Hause zurückgekehrt sind. Vielleicht muss jeder von uns an einem bestimmten Punkt in seinem Leben die Reise des archetypischen Helden nachvollziehen, indem wir uns an weit entfernte Orte begeben. Ein wichtiger Teil unseres Selbstfindungsprozesses besteht darin, die Lebenserfahrungen anderer Menschen auf der ganzen Welt kennen zu lernen und hautnah daran teilzuhaben. Dieser Prozess wird durch unseren archetypischen Drang vorangetrieben, das Wissen anderer Kulturen und ihre »Stammes«-Realitäten zu erleben. Wir müssen den bekannten Weg verlassen und ins Unbekannte vorstoßen. Auf dieser Reise gelangen wir zu anderen Schlussfolgerungen darüber, wohin wir gehören, als uns jemals möglich wäre, wenn wir immer nur innerhalb des übernommenen Glaubenssystems blieben, in das wir hineingeboren wurden. Ich bat Jerry, mir zu sagen, ob oder wie seine Reisen ihm geholfen hatten, seinen eigenen Platz im Leben zu finden.

»Meine Reisen hatten einen ungeheuren Einfluss auf das Gefühl für meinen eigenen Weg. 1983 hatte ich beschlossen, mir vier Monate frei zu nehmen und neun verschiedene Länder in Asien zu bereisen. Der Höhepunkt war ein Treck durch den Himalaja, wo tibetische Buddhisten leben. In ihren Dörfern und in ihrer Lebensart fand ich eine gewisse innere Kraft und Festigkeit. Sie haben nichts. Sie besitzen nichts. Sie leben in einer Gegend, die so unfruchtbar ist, dass sie nichts anbauen können. Und trotzdem schienen sie die glücklichsten Menschen zu sein, die ich je getroffen hatte. Ich wollte wissen, was sie in ihrem Inneren bewahrten, das ihnen diese Freude schenkte.

Nach meiner Rückkehr in die Vereinigten Staaten begann ich, tibetischen Buddhismus zu studieren, und diese Studien haben genau die Voraussetzungen geschaffen, damit dieses neue Geschäft in mein Leben treten konnte. Als ich beschlossen hatte, durch Asien zu reisen, wusste ich nicht, dass dies mich schließlich dazu bringen würde, Verleger zu werden. Manchmal scheint es, als hätten die Dinge keinen tieferen Sinn. Doch wenn man einen starken Drang verspürt, etwas Bestimmtes zu tun – solange es kein niederer Instinkt ist –, so glaube ich, dass man diesem Drang folgen sollte. Sie müssen Ihrem Traum folgen, selbst wenn er nicht unmittelbar mit Ihrer Lebensaufgabe oder Ihrem Beruf in Zusammenhang zu stehen scheint. Was das Verlagsgeschäft betrifft, so habe ich damit vielleicht eine Möglichkeit gefunden, mehr tun zu können als mit allen anderen Jobs oder Berufen, denen ich bis jetzt nachging. Gleichzeitig mag dies nicht meine letzte Karriere sein. Ich bin einfach glücklich, dass ich die Gelegenheit habe, das zu tun, was mich im Moment am meisten interessiert.«

Seelenpartner

Laura Kwong, Kwong-roshis Frau und Seelenpartner seit über vierzig Jahren, sprach mit mir über ihren eigenen spirituellen Weg. Ein weicher Flaum war auf ihrem Kopf gewachsen, seit sie sich anlässlich ihrer Ordination zur Zen-Nonne einen Monat zuvor hatte kahl scheren lassen. Ich hatte Laura schon einmal vor fünfundzwanzig Jahren getroffen, als sie ein Praktikum für eine Therapeutenlizenz machte. Ich wusste, dass sie Mutter von vier mittlerweile erwachsenen jungen Männern war. Sie erwähnte, dass sie in ihrer Jugend Stepptanz gelernt hatte.

Lebhaft, temperamentvoll, mit einer starken Ausstrahlung erzählte sie mir: »Jahrelang habe ich mich dagegen gewehrt, Nonne zu werden. Ich brauchte Jahre, um zu erkennen, was die Sehnsucht war, die ich seit jeher gespürt hatte.«

Zen-Lehrerin, Stepptänzerin

»Noch in der Nacht vor der besonderen Zeremonie, bei der ich meinen Kopf kahl scheren musste, war ich nicht bereit dazu. Ich dachte: ›Oh, ich werde so hässlich aussehen.‹ Doch ich nahm die Schere und begann zu schneiden. Das rief die Erinnerung an meinen Hochzeitstag hervor, an dem meine Mutter mich dazu brachte, mir meine langen Haare abzuschneiden. Ich erinnere mich, dass ich mit

> »Ich habe beobachtet, dass die Menschen durch Mitgefühl und Freiheit aufblühen, genau wie Pflanzen in einem Garten von Sonnenschein und Regen, von Dünger und durch gutes Saatgut genährt werden.«
>
> *Jack Kornfield*[5]

Roshi nicht nur das Gefühl hatte zu heiraten – es war, als hätte ich meinen Seelenpartner gefunden. Uns beiden ging es so. Jetzt bin ich ordiniert und endlich habe ich ihn als spirituellen Lehrer akzeptiert. Uns beiden geht es nach wie vor wunderbar, wenn wir zusammen sind. Vor einigen Tagen legte ich mein Make-up auf und zog mein perlenbesticktes Kleid an. Dann gingen wir ins Sheraton Palace Hotel und tanzten die halbe Nacht. Beide Aspeke, die Nonne und die Frau, sind Teile von mir. Die Person, die ich in meiner Jugend war – die Tänzerin, die Make-up und das gesellschaftliche Leben liebte –, war meine äußere Seite. Die andere – die spirituelle Seite – war immer innen. Heute ist die spirituelle Seite außen und die andere – die Tänzerin – innen. Und alles entfaltet sich ganz von selbst auf eine beinahe unheimliche Weise, die ich überhaupt nicht verstehe. Zum Beispiel wurde mein erster Tanzlehrer kürzlich Buddhist!

Meine Lehrtätigkeit ist heute offensichtlich. Hätte ich diesen geistigen Pfad vor mir liegen sehen, so hätte ich mich wahrscheinlich gar nicht erst darauf eingelassen, Buddhismus zu praktizieren. Doch mittlerweile habe ich genug Lebenserfahrung und spirituelle Disziplin gewonnen, dass die *Zazen*-Praxis sehr wichtig und wertvoll für mich ist. Es geht dabei um Vernunft und Klarheit. *Zazen* hat etwas Wahres und Nacktes an sich, wovor ich nicht weglaufen kann. Es ist so ähnlich, wie sich über das Wasser zu freuen; Wasser ist erfrischend und man möchte mehr davon. Wenn Sie Wasser mögen, dann brauchen Sie kein Soda oder Ähnliches.

Als ich klein war, wollte ich immer Tänzerin werden und hatte gleichzeitig einen inneren Wunsch, Gutes zu tun. Mir war deutlich bewusst, dass es viel Leid auf der Welt gibt, und vielleicht liebte ich das Tanzen so sehr, weil ich auf diese Weise diejenige war, die allen Freude bereitete und sie dazu brachte, sich besser zu fühlen. Unser Inneres spürt, wie sehr die Menschen leiden. Das wusste ich schon als Kind, aber ich konnte es nicht artikulieren.

In meinen Zen-Übungen bin ich nicht übermäßig ernst. Aber ich bin über alle Maßen davon begeistert! Jeden Tag ist meine Freude groß, wenn ich sehe, dass ich meinem wahren Selbst und der wahren Natur des Universums näher komme. Es ist alles sehr aufregend – doch was ist eigentlich so aufregend daran? Diese Frage wird mich wahrscheinlich bis zu meinem letzten Atemzug beschäftigen.

Wenn mich die Menschen fragen, wie sie versuchen können, ihre Lebensaufgabe zu finden, erinnere ich sie daran, dass sie zunächst ihr wahres Selbst kennen müssen, wobei unsere Methode natürlich das *Zazen* ist. Durch regelmäßiges Meditieren finden sie einen Zugang zu sich selbst, und zwar auf eine sehr nackte, direkte Weise. In Wahrheit ist diese Information immer in uns gegenwärtig, doch wissen wir nicht, wo wir sie finden können. Es ist sehr wichtig zu meditieren und sich Zeit zum Alleinsein zu nehmen. Sie sind derjenige, der alle Informationen hat, die Sie brauchen. Wir stellen Ihnen lediglich den Rahmen zur Verfügung, damit Erkenntnis sich einstellen kann. Wir sorgen für das Theater und die Rituale, die ›Zen-Praxis‹ genannt werden! Wir müssen uns für subtiles Wissen öffnen. Wir müssen unseren Herzschlag hören. Den Wind fühlen. Wir müssen hören, wie das Wissen jetzt in uns aufsteigt, nicht in irgendeiner Zukunft. Dort, wo Sie sich in diesem Augenblick befinden, wird es sich entfalten. Selbst wenn Sie nicht wissen, was der Sinn Ihres Lebens ist, besteht Ihre Aufgabe darin, den gegenwärtigen Moment bewusst wahrzunehmen.«

Selbstgespräche

Sinnvolle Ereignisse auf Ihrem Weg. Schreiben Sie in einem simplen Zeitplan von Ihrer Geburt bis heute Ihre eigenen Momente der Einweihung auf. Was waren die ausschlaggebenden Ereignisse Ihres Lebens? Was war Ihrer Meinung nach der Sinn jedes dieser Ereignisse, das heißt: Was haben Sie daraus gelernt? Auf welche Weise hat es Sie bewegt? Wie hat es Sie verändert?

Nachdem Sie diese Liste aufgestellt haben, fragen Sie sich selbst:

Wie haben mich meine Eltern und meine frühe Umgebung geprägt?

Wenn ich davon ausgehe, dass ich mir diese Seelen (meine Eltern) selbst ausgesucht habe – was war wohl der Grund dafür?

Als große Seelen, die ihren Vertrag eingehalten haben, Teil meines Lebens zu sein – was haben meine Eltern mir auf der höchsten geistigen Stufe durch ihre Sprache, Gedanken und Handlungsweisen vermittelt?

Wie sieht Ihr Weltbild heute aus?

Fertigen Sie jetzt gleich eine Zeichnung der wichtigsten Dinge in Ihrem Leben an. Machen Sie sich keine Gedanken in Bezug auf Ihr Zeichentalent. Malen Sie Strichmännchen und Symbole, um Folgendes darzustellen:

Alles, was für Ihr Wohlbefinden kostbar und wertvoll ist.
Jene Dinge, die Sie in Ihrem Leben anziehen wollen.
Zeichnen Sie ein großes Herz um die Dinge, die Sie sich wünschen.
Jene Dinge, die Sie loslassen möchten.
Zeichnen Sie Flügel um jene Dinge, die Sie nicht mehr in Ihrem Leben haben wollen.
Ihre Werte: Sehen Sie sich alles noch einmal genau an, was Sie gezeichnet haben, und schreiben Sie unter jedes einzelne Bild ein Wort, das den Wert *repräsentiert, den es für Sie hat.*

Ihre Zeichnung stellt nun einen Plan Ihrer Werte dar. *Indem Sie sich bewusst auf Ihre Werte ausrichten, kommen Sie in direkte Berührung mit Ihrer Lebensaufgabe und wie Sie sie erfüllen können.*

Sarah hatte zum Beispiel eine Gruppe von Bäumen gezeichnet, ein Haus, aus dessen Schornstein Rauchwolken aufstiegen, ihren Computer, ihre Katze, ihr Auto und vier Personen aus ihrer Familie, die um einen Tisch herum saßen. Sie wollte eine Reise nach Brasilien ›anziehen‹, einen großen Auftrag schreiben und mehr Geld. Loslassen wollte sie ihre Frustration mit ihrem Bruder, ihre Sucht nach Schokolade und ihre Tendenz zur Selbstkritik. Nachstehend sehen Sie, welchen Wert sie jedem ihrer visuellen Symbole gab:

Sarahs Werte

Symbol	Wert
Baumgruppe	Nähe zur Natur, Alleinsein
Um den Tisch sitzende Familie	Sich geliebt und akzeptiert fühlen
Katze	Bedingungslose Liebe
Haus mit Schornstein	Stabilität
Auto	Beweglichkeit
Computer	Kreativität

SECHSTES KAPITEL

Synchronizitäten enthüllen Ihre Aufgabe

»Wir könnten unser Leben so viel interessanter gestalten und so viele neue Fähigkeiten entwickeln, wenn wir versuchen würden, mit den Aspekten des noch Unbekannten zu arbeiten, anstatt zu planen und zu versuchen, Überraschendes aus unserem Leben zu verbannen.«

Margaret J. Wheatley und Myron Kellner-Rogers[1]

Was ist Synchronizität?

Eine Synchronizität ist eine scheinbar zufällige Begegnung, die gleichzeitig kosmisch arrangiert scheint. Wenn wir mit unserer Lebensaufgabe in Übereinstimmung kommen wollen, ist es notwendig, diese katalysierenden Ereignisse zu erkennen und uns ihnen zu öffnen.

Synchronizitäten sind Kräfte, die in Raum und Zeit zusammenkommen und das bereitstellen, was benötigt wird. Der Betreffende empfindet die Begebenheit als besonders, unerwartet oder unerklärlich im Rahmen des normalen Denkens von Ursache und Wirkung. Die Wirkung einer Synchronizität auf die Seele besteht darin, die Bewusstheit darüber auszulösen, dass hier ein größerer – oder sogar göttlicher – Sinn wirkt. Synchronizitäten scheinen externe

»Doch Schicksalhaftigkeit war wieder mal am Werk im Leben von Joseph Campbell – oder ›Synchronizität‹, wie C. G. Jung es jetzt nannte, die bedeutungsvollen Zufälle, die nicht nur ohne unsere Intention zu geschehen scheinen, sondern sich letztendlich als genau das offenbaren, was wir innerlich brauchen und was zu dem Zeitpunkt Sinn macht. Es war ein Freund C. G. Jungs, den die unsichtbaren Helfer Campbell 1941 über den Weg geschickt haben. Die Begegnung entwickelte sich zu einer Vermischung von Schicksalen, die nicht nur das Leben der beiden Männer aufs Tiefste beeinflusste, sondern ihr jeweiliges gesamtes Lebenswerk.«

Stephen und Robin Larsen[2]

Antworten auf einen internen Seelenzustand zu sein. Zum Beispiel brauchen wir eine bestimmte Information und unerwarteterweise treffen wir jemanden, der genau das für uns bereithält, was wir brauchen. Synchronizitäten sind Augenblicke in der Zeit, wo wir mit Menschen oder Informationen auf eine Weise in Berührung kommen, die nicht durch lineares Denken erklärt werden kann. Sie veranlassen uns, innezuhalten und nachzudenken. Eine andere Bezeichnung für Synchronizität ist »Vorsehung«.

Die Bezeichnung *Synchronizität* wurde zuerst von dem Schweizer Psychiater Carl Gustav Jung verwendet, der damit begann, »zufällige« Begebenheiten unter Umständen als Phänomene einer anderen Weltordnung zu betrachten. Bis vor kurzem basierte unsere Erklärung der materiellen Welt auf Logik und wurde nur im Sinne von Ursache und Wirkung verstanden. Während der vergangenen fünfhundert Jahre suchte die wissenschaftliche Methode nach linearen Wegen zwischen einer Ursache und ihrer voraussehbaren Wirkung. Das ist es, was wir

»Beweis« nennen. Beweis ist die Fähigkeit zu zeigen, was oder wie etwas passiert ist, und dieses Ereignis nach Belieben zu wiederholen. Kausalität befriedigt unser mentales Bedürfnis, das Leben zu erklären. Kausalität gibt uns Sicherheit.

Doch die Dinge haben sich geändert. Wie die Quantentheorie uns lehrt, kann das Prinzip von Ursache und Wirkung nur teilweise unsere physische Welt erklären. Wir sind nicht so sehr an Raum und Zeit gebunden, wie wir gedacht haben. Beispielsweise haben Wissenschaftler Molekularpartikel voneinander getrennt und dann die Drehrichtung eines der Partikel verändert, woraufhin das andere Partikel im gleichen Moment auch seine Drehrichtung veränderte, *unabhängig davon, wie weit sie voneinander entfernt waren.* Die Beziehung zwischen den Partikeln blieb bestehen, ohne von der Zeit oder der Entfernung beeinflusst zu werden. Es scheint, dass alle Dinge innerhalb eines zusammenhängenden Energiefeldes existieren.

Mit den Worten der Tiefenpsychologin Marie-Louise von Franz:

> Synchronistisches Denken, übrigens die klassische Denkweise in China, ist ein so genanntes »Denken in Feldern«. In der chinesischen Philosophie ist diese Denkweise viel differenzierter und weiter entwickelt als in irgendeiner anderen Zivilisation; dort stellt man nicht die Frage, warum etwas geschieht oder welcher Faktor eine Wirkung verursacht hat, sondern vielmehr, was gern zusammen auf eine sinnvolle Weise im selben Moment geschieht.[3]

In unserer gewöhnlichen Art zu denken ist unser erster Impuls der, ein Problem direkt anzugehen. Wenn wir zum Beispiel unsere Arbeit verloren haben, folgen wir einem logischen Denkprozess, um eine neue Stelle zu finden. Wir bringen unseren Lebenslauf auf den neuesten Stand, kopieren ihn einige Male und schicken ihn an zwanzig verschiedene Unternehmen. Wir werden zu einem Vorstellungsgespräch eingeladen, und wenn uns die Firma gefällt und wir ihr, fangen wir bald in unserer neuen Stelle an zu arbeiten. Unser Leben hat sich geändert – wir haben einen neuen Arbeitsplatz, neue Menschen, mit denen wir interagieren, neue Pflichten und eine neue berufliche Schiene. Nichts erscheint uns bei dieser Art der Arbeitssuche (Ursache) und dem Finden einer neuen Stelle (Wirkung) ungewöhnlich. Wir sind in der Lage, diese rationale Methode von Handlungen nachzuvollziehen, und sie erscheint uns absolut sinnvoll. Wir fühlen uns, als hätten wir alles im Griff. Wir können aber auch den Synchronizitäten folgen, die uns einen Weg eröffnen, den wir nie hätten planen können. Auf diese Weise hat Jill Coleman ihre Berufsberatungspraxis nach Portugal verlegt, ohne dies je bewusst geplant zu haben.

Jill Coleman rief mich eines Tages überraschend an, als ich gerade dieses Kapitel schrieb. Sie rekrutiert erfolgreich leitende Angestellte und hat ihr eigenes Seminarunternehmen, das darauf ausgerichtet ist, den Menschen zu helfen, ihre Lebensaufgabe zu finden. Ich beschloss, ihre Geschichte in dieses Kapitel mit einzubeziehen, da sie eine Kombination von Synchronizität, Intuition und Intention darstellt. Jills Intuition führte sie zur richtigen Zeit an den richtigen Ort, um nach fünfzehn Jahren eine alte Beziehung wieder aufzunehmen. Einmal dort angelangt, bescherte ihr die Intention und Entschlossenheit, dieser Synchronizität zu folgen, ein völlig neues Leben – eines, von dem sie nie im Traum gedacht hätte, dass es ihr beschieden sein könnte.

Liebe und Geschäft

»Im Juli 1996 erhielt ich einen Anruf von einer Freundin; sie und ihr Mann boten mir eine Stelle bei einer High-Tech-Firma in Europa an«, erzählte Jill. »Die beiden vermitteln Personalberater überall in den USA und dies war ihre erste internationale Vermittlung. Ich sprach mit ihnen an einem Dienstag und weniger als eine Woche darauf saß ich im Flugzeug nach Europa. Zwei Monate lang stellte ich für eine Firma mit Zweigstellen in Brüssel und Amsterdam leitende Angestellte ein. Ich hatte kein Interesse an einem Langzeitjob dieser Art, daher sagte ich ihnen, ich müsste Ende August in die USA zurück, obwohl ich mehr Geld verdiente als je zuvor in meinem Leben.

Vorher wollte ich noch mit zwei Freundinnen Urlaub machen. Ich wollte irgendwo an den Strand, eventuell in Griechenland, doch eine meiner Freundinnen bestand darauf, dass wir nach Portugal fuhren. Zunächst war ich von dieser Idee nicht begeistert, denn ich war mit Mitte zwanzig eine Zeit lang in Portugal gewesen und musste es mir eigentlich nicht noch mal ansehen. Doch da sie so hartnäckig insistierte, beschloss ich mitzufahren. Wir mieteten eine Villa an der Algarve.

Fünfzehn Jahre zuvor war ich durch Portugal gereist und hatte zum Schluss eine Beziehung mit einem Portugiesen namens Fernando gehabt. Zwei Jahre lang war ich zwischen San Francisco und Faro in Portugal hin- und hergependelt. Auf der Berlitz-Schule lernte ich Portugiesisch und verdiente immer gerade genug, um zwischen den beiden Ländern hin- und herfahren zu können. 1986 hatte ich Fernando das letzte Mal gesehen.

Da meine Freundinnen und ich nur fünf Meilen von Faro entfernt wohnten, beschloss ich, mit Fernando Kontakt aufzunehmen.

»Das Thema der Grals-Romantik besteht darin, dass das Land, das ganze Territorium, um das es geht, in Schutt und Asche liegt. Es ist Ödland geworden. Und was ist die Natur eines Ödlandes? Es ist ein Land, dessen Bewohner ein nicht-authentisches Leben führen und das tun, was die anderen tun und was ihnen gesagt wird – ohne den Mut, ihr eigenes Leben zu führen. Das ist das Ödland. Und das ist es, was T. S. Eliot in seinem Gedicht *The Waste Land* zum Ausdruck bringt.«

Joseph Campbell[4]

Ich nahm an, dass er verheiratet war und ein Haus voller Kinder hatte. Zunächst war es schwierig, ihn zu erreichen. Doch die zwanghafte Seite meines Wesens sagte: Ich werde diesen Mann finden. Ich konzentrierte mich völlig darauf, ihn irgendwie zu erreichen. Ich ging zu dem Café zurück, wo ich Fernando zum ersten Mal begegnet war, und der Besitzer erinnerte sich an mich. Er sagte, er würde versuchen, ein Treffen zu arrangieren.

Nun, um es kurz zu machen: Wir trafen uns wieder und es stellte sich heraus, dass er nicht verheiratet war. Sofort war wieder diese Anziehung zwischen uns zu spüren und im Moment bin ich dabei, mein Geschäft nach Faro zu verlegen. Ich hatte buchstäblich dem Vorschlag, Urlaub in Portugal zu machen, Widerstand geleistet, doch es sieht so aus, als sei die Hand des Schicksals dazwischengefahren!«

Sich im Fluss befinden, selbst wenn man feststeckt

Wie wäre es, wenn eines Morgens Ihr Wagen nicht startet und Sie stattdessen zu Fuß gehen müssen, was dazu führt, dass Sie jemanden treffen, der Ihr Leben verändert? Pater John Rossner, ein Priester der Episkopalkirche und Professor für Religion an der Concordia-Universität in Montreal, Kanada, war vierundzwanzig Jahre alt und hatte soeben sein Studium an der Brown-Universität abgeschlossen, wo er sich auf die Geschichte des Altertums und humanistische Sprachen spezialisiert hatte, als ihm genau das passierte. Hier ist seine Geschichte.

»Als ich in England war, hatte ich einen kleinen roten MG, den ich nach meiner Militärzeit mit zurück in die USA brachte. Eines Sonntags bat mich ein Kommilitone, ihn zur Sonntagsmesse zu einer Kirche außerhalb von Providence, Rhode Island, zu fahren. Zum ersten Mal, seit ich das Auto hatte, wollte es nicht starten. Daher schlug ich vor, dass wir zu Fuß zur nahegelegenen St.-Stephans-Kirche gingen. Der Prediger an diesem Sonntag war Reverend Edward S. White, der Dekan von Nashotah House in Wisconsin.

Als ich nach der Messe die Kirche verließ, stand der Dekan am Portal und begrüßte die Gemeindemitglieder. Während ich seine Hand schüttelte, bemerkte ich beiläufig: ›Sie sind der Dekan eines unserer Seminare. Ich habe oft daran gedacht, dass ich eines Tages gern ein Priesterseminar besuchen würde.‹ In diesem Moment nahm mich der Dekan am Arm und zog mich auf die Seite, indem er sagte: ›Warten Sie hier, junger Mann. Ich möchte mit Ihnen reden, wenn die Leute gegangen sind.‹ Wenige Minuten später nahmen wir unser Gespräch wieder auf, und ich

»Wenn diese neue Art von Bindung zu operieren beginnt, spüren wir, wie alles um uns herum im Fluss ist. Die Dinge scheinen einfach zu geschehen. Wir beginnen zu sehen, dass jede kleine Bewegung, genau zur richtigen Zeit am richtigen Ort, alle möglichen Folgeaktionen nach sich zieht. Wir entwickeln das, was Künstler die *Ökonomie der Mittel* nennen, wobei wir – anstatt Dinge mit Mühe und brutaler Kraft durchzusetzen – anfangen, sehr subtil zu operieren. Ein Fluss von Bedeutung und Sinn tritt um uns herum in Kraft, so als seien wir Teil einer übergeordneten Erfahrung.«

Peter Senge[5]

erzählte ihm von meinem kürzlich abgeschlossenen Studium, woraufhin er fragte: ›Können Sie Altgriechisch unterrichten?‹ und ich ihm antwortete, dass ich Privatunterricht darin erteilt hatte. Er antwortete: ›Gut. Mein Professor für den Studienbereich des Neuen Testaments hat mich gebeten, jemanden zu finden, der Griechisch lehren kann. Ich biete Ihnen Zimmer, Verpflegung und drei Jahre kostenloses Studium an, wenn Sie bereit sind, nach Nashotah House zu kommen, um dort Ihre Doktorarbeit zu schreiben und gleichzeitig für uns zu unterrichten.‹ Ich nahm sein Angebot sofort an, eine Entscheidung, die mein Leben von Grund auf ändern sollte.

Nach dem gemeinsamen Mittagessen ging ich zurück zum Parkplatz, um nachzusehen, was mit meinem MG los war. Ich wollte ihn abschleppen lassen, doch siehe da, er startete ohne die geringsten Schwierigkeiten, so als sei nie etwas gewesen!«

Das Beispiel Dr. Rossners zeigt eine hochenergetische Synchronizität, die eine wichtige Änderung der Lebensrichtung zur Folge haben kann – vergleichbar damit, vom Flügel eines Engels gestreift und dahin geleitet zu werden, einen neuen Weg zu sehen.

Stufen der Bedeutung von Synchronizitäten

Doch was ist mit weniger klaren Begebenheiten, zum Beispiel wenn man an jemanden denkt, der gleich darauf anruft? Was soll man davon halten, wenn man im Supermarkt plötzlich einen alten Freund trifft, den man lange nicht gesehen hat? Oder wenn Ihr Zimmernachbar vom College aus Taiwan anruft, wenn Sie gerade dabei sind, nach Taiwan zu fahren?

So wie bei allem im Leben gibt es auch bei Synchronizitäten eine Hierarchie der Wichtigkeit und Bedeutung. So wie eine Nachricht von Ihrer neuen Liebe eine höhere emotionale Priorität besitzt als die Mitteilung, dass Ihr Altpapier in Zukunft an einem anderen Tag abgeholt wird, glaube ich, dass Synchronizitäten im gleichen Licht bewertet werden müssen. Manchmal, wenn eine Freundin gerade dann anruft, wenn uns ihr Name in unserem Adressbuch ins Auge gefallen ist, als wir nach einer anderen Telefonnummer suchten, kann es sein, dass sie eine Information für uns hat. Das ist mir vor ein paar Wochen passiert. Während dieser Zeit war ich mit der Frage beschäftigt, welches Thema ich diesmal für eine monatliche Kolumne wählen sollte. Eines Morgens, als ich gerade mein Adressbuch durchsah, fiel mir plötzlich für einen kurzen Moment aus irgendeinem Grund der Name Cori Kenicer auf. Flüchtig dachte ich: ›Hmm, ich habe lange nichts von Cori gehört‹ – genau genommen hatte ich vor ungefähr zehn Monaten das letzte Mal mit ihr gesprochen.

Eine knappe Stunde später rief sie mich an. Das erschien mir sehr ungewöhnlich, denn wir beide hatten nicht die Angewohnheit, miteinander zu plaudern, und daher erzählte ich ihr, wie mir plötzlich ihr Name aufgefallen war. Wie sich herausstellte, war Cori genau die richtige Person, um sie für meine Kolumne zu interviewen. Sie ist eine der Frauen, deren Entwicklung ich im Auge behalte, weil Synchronizitäten eine solch herausragende Rolle bei ihrer Verwandlung von einer Grundstücksmaklerin zur Reiseschriftstellerin gespielt hatten. Im nächsten Kapitel werden wir mehr über sie erfahren.

Das Arbeiten mit Synchronizitäten

Ich empfehle Ihnen, jedes Mal, wenn Ihnen ein seltsamer »Zufall« widerfährt, einen Moment lang innezuhalten und in sich hineinzuhören. Lassen Sie Ihren Verstand ein wenig in den Hintergrund treten, so als würden Sie Ihre intuitive Seite »entspannen« und ihr gestatten, Ihnen das zu zeigen, was Sie in dem Moment wissen müssen. Stellen Sie sich selbst eine der folgenden Fragen: 1. Woran habe ich gerade gedacht? 2. Worin besteht meine Verbindung zu diesem Menschen? 3. Hat dieser Mensch mir irgendetwas mitzuteilen in Bezug auf meine momentanen Fragen oder Interessen? 4. Was scheint diese Fügung zu bedeuten? Könnte es eine positive oder negative Antwort auf eine Frage sein, die mich – wenn auch vielleicht nur hintergründig – beschäftigt? 5. Fühle ich mich energetisiert? Fühlt es sich wie »grünes Licht« an? 6. Habe ich das Gefühl, ich möchte diesen Menschen wieder sehen? 7. Was schien zu passieren, als wir uns trafen?

Ich habe festgestellt, dass oftmals die wichtigste Information bei einem Austausch erst zum Ende des Gespräches erfolgt – beinahe wie eine nebensächliche Bemerkung. Etwas möchte Ausdruck finden. Wenn Sie auch nur das geringste Zögern verspüren, sich von einem Menschen zu verabschieden, geben Sie dem nach und beeilen Sie sich nicht. Wenn irgendetwas in Ihrem Hinterstübchen an Ihnen nagt, achten Sie darauf, wo und wann Ihre Energie während des Gespräches stärker wird. Nehmen Sie die andere Person bewusst in einem guten Licht wahr. Bemerken Sie ihr Lächeln, ihre Augen, ihre Ernsthaftigkeit und schicken Sie ihr positive Energie. Wenn Sie sich inspiriert fühlen, ein bestimmtes Projekt oder eine Frage zu erwähnen, die Sie gegenwärtig beschäftigt, dann tun Sie das.

Wenn Sie einen Anruf erhalten, nehmen Sie sich einen Augenblick Zeit und erinnern Sie sich daran, dass deroder diejenige vielleicht eine Botschaft für Sie hat, selbst wenn Sie meinen, dass der Anruf eine unwillkommene Unterbrechung darstellt. Selbst wenn der Anrufer keine direkte Information für Sie hat, mag sein Anruf Sie dazu veranlassen, in eine Richtung zu denken oder zu schauen, die Sie zuvor übersehen hatten. Vergessen Sie nicht: Ihr Energiefeld zieht jene Personen, Orte und Ereignisse an, die Ihnen helfen werden, Ihre momentane Aufgabe zu finden und zu erfüllen.

Sie wissen nie, woher Ihre nächste Inspiration kommen wird! Ich erhielt eines Tages einen Anruf von jemandem, den ich kaum kannte und dessen Nähe ich nach Möglichkeit mied, weil ich das Gefühl hatte, er raubte mir meine Energie. Ich war mitten im Kapitel über die Schattenseite der Lebensaufgabe. Und als dieser Mensch damit begann, mir von seinen persönlichen Problemen zu erzählen, löste das eine sehr fruchtbare Gedankenkette in mir aus.

Wenn Sie andererseits versuchen, jemanden zu erreichen, Ihnen dies jedoch auch nach mehreren Anläufen nicht gelingt, sollten Sie vielleicht davon ausgehen, dass Sie im Moment den Beitrag dieses Menschen nicht brauchen oder dass jemand anders eine bessere Quelle oder ein wichtigerer Kontakt ist.

Vertrauen Sie Ihrem Prozess. Es mag Jahre dauern, bis eine neue große Synchronizität die nächste Tür öffnet. Dr. Rossner berichtete mir von einer weiteren Folge seiner ersten großen Synchronizität:

»Ich verbrachte drei Jahre im Nashotah House. Im Februar des Jahres, in dem ich meine Doktorarbeit beendete und im Juni zum Priester geweiht werden sollte, trat ich gerade in dem Moment aus einem Klassenzimmer, als Pater John Bruce, Professor für alttestamentarische Studien, aus seiner Klasse kam und hinüber ins Kloster gehen wollte. Wir gingen zusammen ins Refektorium. Auf dem Weg dahin sah ich in einiger Entfernung einen kleinen Mann in Kirchenkleidung. Er trug einen hohen Pelzhut auf dem Kopf, was damals in Wisconsin ungewöhnlich war. Ich fragte Pater Bruce, ob er wüsste, wer der Mann sei. Er sagte: ›Oh, das ist Vater Pertzler. Er ist der Pfarrer einer großen Gemeinde in Montreal. Er ist gekommen, um sich nach einem Teilzeitvikar umzusehen, der Interesse hat, weitere Studien an der McGill-Universität in Montreal vorzunehmen und gleichzeitig hin und wieder zu unterrichten.‹ Ich antwortete: ›Das ist genau das, was mich interessiert‹, obwohl ich in Wahrheit noch nicht darüber nachgedacht hatte. Pater Bruce sagte: ›Er ist Gast des Dekans‹ und er brachte mich dorthin. Der Dekan war Edward S. White, der mich vor Jahren in einer Fügung des

Schicksals am Eingang zur St.-Stephans-Kirche auf dem Campus der Brown-Universität kennen gelernt und mich als Lehrer ins Nashotah House gebracht hatte! Pater Bruce erklärte ihm, dass ich an Pater Hertzels Angebot einer Teilzeitstelle in Montreal als Vikar im Zusammenhang mit weiterführenden Studien interessiert sei, und dieser sagte: ›Wunderbar. Sie sind genau der Richtige dafür.‹ In diesem Augenblick kam Pater Hertzel herein. Wir sprachen miteinander und er bot mir die Stelle an. Selbstverständlich nahm ich sie sofort an.

Wäre ich damals nicht nach Montreal gegangen, hätte man mir nie vier Jahre später eine Lehrstelle an der Sir-George-Williams/Concordia-Universität angeboten. Und wenn das nicht geschehen wäre, hätte ich nie meine Frau Marilyn getroffen und wir hätten 1975 nicht das International Institute of Integral Human Sciences (IIIHS) gegründet. Heute ist das IIIHS eine regierungsunabhängige Organisation, die den Vereinten Nationen angeschlossen ist und das Leben vieler Menschen in vielen Ländern berührt und beeinflusst hat.«

Die nächsten drei Personen, die Sie auf den folgenden Seiten kennen lernen werden, haben eines gemeinsam: Leidenschaft. Diese Leidenschaft sowie ein Gespür für ihre Aufgabe – für Musik, Service, Herausforderung und Abenteuer – scheint ihnen genau die Umstände gebracht zu haben, die es ihnen möglich machten, erfolgreich zu sein. Die lebenslange Leidenschaftlichkeit des Musikers Steve Cooper hat alles in sein Leben gebracht, was er benötigte, um zu erkennen, dass er sich seine Träume erfüllte. Diese Synchronizitäten ereignen sich bei ihm sowohl im Kleinen als auch im Großen, auf lebensverändernde Weise – wie Sie sehen werden. Der Heilerin

Mary Lee Banks gaben ihre Herkunft und Begebenheiten in ihrer Jugend all die Ingredienzien, um ihre Lebensaufgabe manifestieren zu können. Für Leyla Bentley war das Leben eine große Herausforderung nach der anderen, was ihr ermöglichte, sich zu entwickeln und sich in den verschiedensten Kulturen und unter haarsträubendsten Begleitumständen zu behaupten. Wenn Sie die nachfolgenden Geschichten lesen, werden Sie vielleicht die Freiheit des Geistes spüren, die diese drei Menschen durch harte Arbeit und Hingabe an ihre Leidenschaft erlangt haben.

Ich hatte Steve Cooper, einen Musiker und Leiter zweier Bands – dem Steve Cooper Orchestra und Dixie Patrol – 1994 für unser Buch *Die Erkenntnisse von Celestine* interviewt. Eineinhalb Jahre vergingen, bevor Steve mich erneut kontaktierte. Ich war mir sicher, dass er noch einen anderen Grund für seinen Anruf hatte als die Frage, die angeblich so wichtig war. Und siehe da, Steve stand unmittelbar vor dem bedeutendsten Ereignis seines Lebens. »Ruf mich bitte in einer Woche wieder an«, sagte er geheimnisvoll, »und ich werde dir alles darüber berichten können.« Ich wartete und am vereinbarten Tag rief ich ihn an. Ich bat ihn, mit seiner Geschichte ganz am Anfang zu beginnen.

Der Melodie folgen

»Ich spüre, dass meine Lebensaufgabe darin besteht, Musiker in all den Aspekten dieses Berufes zu sein – auf der Bühne, unterrichtend und arrangierend. Ich habe alles getan, was ich im Leben tun wollte, und alles geschah mit Hilfe der bizarrsten Fügungen. Wegen all dieser Synchronizitäten begann ich mich vor etwa zehn bis fünfzehn Jahren für Metaphysik zu interessieren.

Heute glaube ich, dass ich auf subtile Weise andere Menschen berühre und ihre Augen für Synchronizitäten öffne, indem ich ihnen die Geschichten erzähle, die ich erlebe.

Ich habe buchstäblich alles im Leben manifestiert, was ich jemals wollte. Ich denke, dass es vielleicht zwei Möglichkeiten gibt zu erklären, wie diese Dinge passieren konnten. Erstens kann es sein, dass meine Intuition ausgeprägt genug war, um diese Ereignisse in mein Leben zu bringen; oder es könnte sein, dass vor meinem geistigen Auge ein deutliches Bild meiner zukünftigen Erlebnisse erschien und ich daher irgendwie wusste, dass diese Dinge eintreffen würden. Vielleicht traf ich zum Beispiel genau den Typ Frau, der mir vorschwebte, weil ich wusste, dass sie in mein Leben kommen würde. Ich weiß es nicht.«

Mir war bekannt, dass Steve ein geradezu unheimliches Talent hatte, sich genau auf die Information einzustimmen, die er in einem gegebenen Moment brauchte. Ich erinnere mich an eine der Geschichten, die er mir damals erzählt hatte. Er sagte, dass er eines Tages einem Musiker in einem Club einige Musikkassetten bringen wollte. Da er vergessen hatte, wo der Club war und wie er dahin kommen konnte, hielt er an einem Bahnübergang an und überlegte, in welche Richtung er fahren sollte. In dem Augenblick hörte er in seinem Autoradio eine Werbedurchsage für diesen Club und der Sprecher sagte: »Und vergessen Sie nicht, am Bahnübergang links abzubiegen!«

»Vor ein paar Monaten«, fuhr Steve fort, »rief mich jemand an und hinterließ eine Nachricht. Ich wusste nicht mehr, wer der Mann war, und wollte mir seine Nachricht noch einmal anhören, doch dann dachte ich: ›Moment mal!‹ Plötzlich erinnerte ich mich, dass eine Fernsehschow, auf die ich seit zwei Wochen gewartet hatte, jeden Augenblick beginnen würde. Dabei ging es um die Frage, ob es vertretbar ist, Hunde in Pflegeheime mitbringen zu dürfen – ein Thema, das mich sehr interessiert. Noch bevor die erste Minute der Show vorbei war, sah ich auf dem Fernsehschirm den Mann, der mich angerufen hatte. Er sprach darüber, ob man Hunde mit in Pflegeheime nehmen sollte! Ich hatte keine Ahnung, dass er sich mit diesem Thema beschäftigte. Er hatte mich angerufen und mir eine Nachricht hinterlassen, die besagte, dass er bereit sei, in meiner Band zu spielen.

Ein anderes Mal besuchte ich eine Elektronikausstellung in Las Vegas. In einem kleinen Raum sah ich mir einen Präsentationsfilm über High-Definition-TV an. Es war ziemlich langweilig und ich begann, über mein größtes Engagement im nächsten Jahr nachzudenken und wie wir die Band ersetzen konnten, die im Jahr zuvor dort gespielt hatte. Ich hatte diese Band noch nie gesehen oder gehört und fragte mich, welche Art Bassist sie hatte. Genau in dem Augenblick zeigte der Film, den ich mir ansah, *ebendiese Band* und die Kamera zoomte direkt auf das Gesicht des Bassisten! Ich konnte alles sehen, was sie machten. Das Ganze war so unheimlich, dass mir noch eine halbe Stunde später der Schweiß auf der Stirn stand.

Doch was ich diese Woche getan habe, war das größte Ding meines Lebens, meine Lebensaufgabe, und es ist einfach so passiert. Ich hätte mir nie vorstellen können, dass sich so etwas je ereignen könnte. Hätte ich dieses Ereignis geträumt, hätte ich nie erwartet, dass es tatsächlich im richtigen Leben eintreffen könnte. Doch ist es nicht nur tatsächlich passiert; darüber hinaus behandelte mich jeder, den ich in diesem Zusammenhang traf, wie ein König.«

Steve erzählte mir, dass er als Kind ein begeisterter Fan eines Bandleaders gewesen war, den wir Mr. X nennen wollen. Mit beinahe religiösem Eifer lauschte er ihm, wann immer er im Radio oder Fernsehen auftrat. Dieser Mann beeinflusste Steve so nachhaltig, dass er sich schon im frühen Alter das Spielen verschiedener Instrumente selbst beibrachte und sehr geübt darin wurde, Arrangements der Musik von Big Bands nachzuvollziehen, indem er sich einfach nur die Schallplattenaufzeichnungen anhörte.

»Also, vor kurzem erhielt ich einen Anruf von den Konservatoren der musikalischen Bibliothek von Mr. X. Sie luden mich ein, vorbeizukommen und sie mir anzuschauen. Als ich ankam, ließen sie mich von Hand so viele Arrangements kopieren, wie ich wollte. Ich konnte es nicht glauben. All diese Arrangements befanden sich in alphabetischer Reihenfolge in einem Regal und ich durfte alles kopieren, was mir gefiel. Ich fühlte mich wie in einem herrlichen Traum. Es gab dort zehntausend Arrangements und ich wusste genau, was ich wollte. Es war, als wenn man plötzlich Zugang zu allem hatte, was einem je vorschwebte. Ich kann noch immer nicht glauben, dass das Ganze wirklich passiert ist. Und nicht nur das – darüber hinaus traf ich mehrere Leute, die ihn kannten, und sah Notizbücher mit Fotos von Freunden, die mit ihm gespielt hatten. Ich fand sogar ein Foto von dem Konzert, das ich mit meiner Mutter besucht hatte, und auf ihm konnte ich erkennen, wo wir gesessen hatten. Doch das Beste war ein Foto, auf dem Mr. X mit Red Nichols abgebildet war [ein Bandleader, dessen gesamtes Werk Steve gesammelt hatte]. Es war einfach unfassbar.

Als ich jung war, bestanden meine Eltern darauf, dass ich Lehrer wurde. Sie sagten: ›Sonst wirst du nur ein erfolgloser Musiksüchtiger, der sein ganzes Leben lang auf dem Fußboden sitzt und Schallplatten hört.‹ Es stimmt, ich sitze wirklich oft auf dem Boden und höre mir Musik an, doch werde ich dafür bezahlt! Ich habe mehr Aufträge, als ich annehmen kann. Ich habe versucht, von der Musik wegzukommen, doch hat sie mich immer wieder eingeholt.«

In den letzten zehn Jahren hat Steve durch diese wiederholten faszinierenden Synchronizitäten all die musikalischen Mentoren, die ihn am meisten beeinflusst haben, persönlich getroffen, mit ihnen gespielt oder Zugang zu ihren musikalischen Bibliotheken erhalten – Red Nichols, Jimmy Palmer, Bob Crosby und Mr. X.

»Ich habe sehr, sehr hart gearbeitet, doch es war gut, denn es hat mir den Wert harter Arbeit gezeigt. Es hat mir gezeigt, dass ich alles tun konnte. Ich habe meinen Teilzeitjob als Lehrer beibehalten, weil ich ein paar wunderbare Schüler habe, die unterrichtet werden müssen. Doch habe ich all das getan, was ich nie geglaubt hätte, tun zu können – ich habe mit den besten Big Bands von Chicago gespielt, bei der *Oprah Winfrey Show* und der *Mary Tyler Moore Show.* Vor zwei Jahren habe ich zum ersten Mal Trompete für Steve Allen gespielt, ein anderes meiner Idole. Ein Song, den wir gemeinsam spielten, war ›Moonglow‹, was mich an meine eigene Lebensgeschichte erinnert. Ich stand da und spielte und hatte Tränen in den Augen. Alles, was ich je wollte, ist Wirklichkeit geworden. Doch kommt es immer später, als man möchte, und man muss auch etwas dafür tun. Ich musste viel üben und es hat eine Ewigkeit gedauert, doch nach und nach ist alles eingetroffen, was ich mir je gewünscht habe.«

»Plötzlich erkannte ich meine Mission«

Es interessiert mich stets zu erfahren, wie die Leute ihr Geschäft starten – und es dann erfolgreich am Laufen halten. Besonders faszinierend sind Menschen wie Mary Lee Banks, die ein ungewöhnliches Produkt auf den Markt brachte, das den meisten Leuten unbekannt war. Mary Lee ist die Gründerin von Earth Tribe, einem Unternehmen, das naturreine ätherische Heilöle herstellt. Sie fing in ihrem Keller an und hat mittlerweile eine erfolgreiche, mittelgroße Firma aufgebaut, die ihre Produkte auf der Basis von Network-Marketing verkauft.

Den Stamm versammeln

»Als ich jung war, wollte ich eine Hexe oder ein Hexendoktor werden. Ich liebte die Vorstellung von Hexen wie bei Disney, wo eine Hexe eine Katze namens Thomasina wieder zum Leben erwecken konnte. Hexen schienen etwas Wundervolles zu sein. Schon meine Großmutter und Urgroßmutter stellten geheimnisvolle Mischungen und Tees aus den Kräutern in ihrem Garten her. Meine Mutter sagte, ich sei ein Hexendoktor, weil ich immer kranke Vögel mit nach Hause brachte. Ich bin in Walker, Minnesota, in der Nähe des Leech Lake Indianerreservats aufgewachsen, einer Touristengegend. Walker hatte ungefähr neunhundert Einwohner, doch im Sommer kamen bis zu zehntausend Besucher. Wir lebten auf demselben Stück Land wie meine Vorfahren. Kriminalität gab es in unserer Gemeinde nicht. Wir führten ein richtiges Landleben, vielleicht ein wenig anspruchsvoller wegen des ständigen Zulaufs von Touristen. Meine Urgroßmutter väterlicherseits war eine Ojibwa-Indianerin.

Ich war der Überzeugung, dass jeder so aufwachsen würde wie ich und Medizin von der Erde bekam. Wenn jemand krank wurde, gruben meine Mutter oder Großmutter eine Wurzel aus oder kochten ein paar Pilze. Ich war völlig überrascht, als ich die Pillendöschen und die rosafarbenen, herzförmigen Seifen meiner Freundinnen sah. Meine Großmutter machte unsere Seife selbst. Als ich heranwuchs, stellte ich fest, dass die Leute solche Dinge in Geschäften kauften. Heute bin ich sehr stolz auf meinen familiären Hintergrund. Bei der Herstellung unserer Öle nehme ich noch immer die Rezepte meiner Großmutter.

Als ich aufs College ging, hatte ich das Ziel, einen heilenden Beruf auszuüben. Doch es dauerte nicht lange, bis ich an der Medizin oder dem Gedanken, Ärztin zu werden, die Lust verlor. Ich wollte mit ganzheitlicher Medizin arbeiten, doch meine Professoren sagten, dass es mir nie gelingen würde, eine Praxis im holistischen Bereich aufrechtzuerhalten.

Nicht lange nach diesem Rückschlag bereitete ich eines Morgens das Frühstück zu, während eine Freundin den Gasofen andrehte, ohne zu merken, dass die Zündflamme wieder erloschen war. Ich ging zum Ofen und wollte ihn anzünden – und die ganze Küche explodierte. Am ganzen Oberkörper und im Gesicht erlitt ich Verbrennungen zweiten Grades. Die Ärzte an der Universitätsklinik von Michigan meinten, dass ich wahrscheinlich für den Rest meines Lebens durch Narben verunstaltet sein würde. Sie legten mir nahe, nicht an die Sonne zu gehen, und sagten, dass ich schneller altern würde als üblich. Ich war wild entschlossen, ihnen zu beweisen, dass sie sich irrten.

Ich kam wieder nach Hause und begann, meinen Körper und mein Gesicht mit ätherischem Lavendelöl zu behandeln. Das war vor fünfzehn Jahren, als noch niemand etwas von ätherischen Ölen gehört hatte. Nach ein paar Wochen fuhr ich noch einmal ins Krankenhaus der Universität von Michigan. Die Ärzte wollten ihren Augen nicht trauen. Meine Verbrennungen waren verheilt und hatten nicht die geringsten Narben hinterlassen.

Ich war fasziniert von dem, was mit mir geschehen war, doch stellte ich bald fest, dass es nicht möglich war, diese Heilmethoden in den USA zu studieren. Niemand wusste, wovon ich sprach. Glücklicherweise war mein Partner ein schwedischer Zahnarzt, der zurück nach Europa ging, um dort für eine schwedische pharmazeutische Firma zu arbeiten. Ich ging mit ihm. Wir lebten in Athen, London und Stockholm. Und das Wunderbare dabei war, dass ich in Europa ganz offiziell klinische Aromatherapie studieren konnte, die sich immer größerer Beliebtheit erfreute, vor allem in England. Ich studierte bei einigen der Leute, die heute als Meister auf diesem Gebiet gelten. Außerdem arbeitete ich für ein europäisches Pharmaunternehmen und erhielt aus europäischer Sicht einen Einblick in Pharmazeutika – eine Sicht, die sich von der der amerikanischen Gesundheitsbehörde unterscheidet.

Als ich in die USA zurückkam, begann ich, Öle zu importieren und meine eigenen Produkte herzustellen. Zunächst hatte ich nicht die Absicht, dies zu einem Geschäft zu machen. Meine Stärke war die Zubereitung der Mischungen und Tinkturen. Diese schenkte ich Freunden und einer von ihnen arrangierte ein Seminar für mich im Beverly Hills Hotel in Los Angeles. Es stellte sich heraus, dass ein paar Schönheitsspezialisten bekannter Frauenmagazine anwesend waren, was ein großes Glück war. Sie schrieben mehrere Artikel über die Öle. Bald hatte ich einige berühmte Klientinnen, unter anderen Sigourney Weaver. Ungefähr zur gleichen Zeit wurde

»Geistige Familienführer wachen über das Schicksal von Familien. Sie überwachen den Lebensweg jedes Einzelnen und der Familie als Gruppe. Sie retten gefährdete Kinder, besonders jene unter fünf Jahren, und Teenager, die sich auf dem Weg ins Unglück befinden. Sie kümmern sich außerdem um das angesammelte Karma, zu dessen Verarbeitung sich die Familienmitglieder zusammengefunden haben.«

Leah Maggie Garfield und Jack Grant[6]

ich schwanger mit meinen Zwillingen.

Die Zeitschrift *Woman's Day* druckte einen Artikel und nannte darin meine Adresse. Ich wusste nicht, in welchem Monat der Artikel erscheinen würde. Meine Babys, die zu der Zeit zwei oder drei Monate alt waren, hielten mich voll in Atem. Eines Tages ging ich zu meinem Postfach und es lief regelrecht über von Briefen. Dazwischen lag ein Zettel, auf dem stand: ›Bitte kommen Sie an den Schalter. Wir haben noch mehr Post für Sie.‹ In der Tat – der Postbeamte gab mir einen ganzen Karton voller Briefe; sie alle enthielten Kommentare zu dem Artikel über Aromatherapie. Mein Mann war schließlich derjenige, der sagte: ›Du solltest vielleicht ein Geschäft daraus machen. Viele Menschen brauchen deine Hilfe.‹

Es gab also drei Ereignisse, die dafür verantwortlich waren, dass ich mein Unternehmen startete. Zuerst der Unfall mit den Verbrennungen und meine Heilung. Dann die Geburt meiner Zwillinge, was mich dazu veranlasste, von zu Hause aus arbeiten zu wollen. Außerdem wollte ich schwangere Frauen mit dem Öl versorgen, damit ihre Schwangerschaft besser verlief. Und schließlich kamen dann all die Briefe. Mein Mann sagte: ›Wenn du einfach nur in deinem Zimmer sitzt, wird niemand deine Botschaft hören.‹ Das war der Moment, da mir bewusst wurde, was ich zu tun hatte. Es war wie eine Erleuchtung. Plötzlich erkannte ich mit absoluter Klarheit, dass meine Mission darin bestand, diese Botschaft nach außen zu tragen und meinen Mitmenschen den Segen dieser bescheidenen, die Lebensqualität verbessernden Öle aus der Natur zugänglich zu machen.

Heute erhalte ich täglich unglaubliche Briefe und Dankesbezeugungen. Ich stand vor der Post und die Tränen liefen mir übers Gesicht, als ich den Brief einer Frau las, die sich nach einem Autounfall das Leben nehmen wollte. Wegen starker Allergien konnte sie keinerlei Medikamente nehmen. Sie schrieb, dass sie *Calming* [eine der ätherischen Ölmischungen von Earth Tribe mit beruhigender Wirkung] nahm und dies ihr Leben verändert hatte. Manchmal sind die Auswirkungen dieser Öle höchst dramatisch und unwiderlegbar. Sie haben auch mein Leben verändert.

Ich glaube, dass uns Türen geöffnet werden, von denen wir nicht einmal wissen, dass sie da sind – wenn wir nur unserem Herzen folgen. Das ist vor allem für Frauen wichtig. Wenn Sie Geld zu Ihrem einzigen Ziel machen, wird es zu einem Hindernis, beinahe wie eine Wand. Wenn Sie nicht ans Geld denken und stattdessen Ihre Aufmerksamkeit auf das richten, was Sie lieben und was den Menschen hilft, dann erscheint alles andere mühelos und einfach.

Was mir wirklich am Herzen liegt, ist eine Veränderung und Verbesserung der Lebensbedingungen für die nachfolgende Generation. Ich bin davon überzeugt, dass Aromatherapie eine der wichtigsten Wiederentdeckungen unseres Jahrhunderts ist. Diese Heilmethode bringt uns erneut in Kontakt mit der Natur und dadurch heilen wir Jahrhunderte der Entfremdung und Distanz zu ihr. Die Anwendung dieser Öle führt außerdem Eltern und Kinder näher zusammen. Das Auftragen von Ölen bedeutet Berührung und stärkt heilende Bande. Ich glaube, ätherische Öle stellen die weibliche Kraft in den Vordergrund und helfen, Jahrhunderte der Geringschätzung der natürlichen Weisheit von Frauen und weiblichen Heilern wieder gutzumachen.«

Mary Lee hat eine sinnvolle Aufgabe gefunden, indem sie die Gaben ihrer Herkunft anderen zugänglich gemacht hat. Ihre Geschichte ist außerdem ein gutes Beispiel dafür, dass die Entscheidungen eines Menschen Auswirkungen auf viele andere haben können – vielleicht sogar auf zukünftige Generationen. Ihre Hingabe an ihren eigenen Weg kann sogar im Kontext einer größeren Bewegung hin zur Ganzheit und einer Rückkehr zu den Wurzeln der Natur gesehen werden.

Mit einem Mal fiel Mary Lee eine ihrer Lieblingsanekdoten ein und sie sagte mit einem Lächeln in der Stimme: »Weißt du, Cleopatra war die größte Aromatherapeutin aller Zeiten. Sie verführte zwei der mächtigsten Männer der Welt, Julius Cäsar und Mark Anton. Sie tränkte die Segel ihres Schiffes mit herrlichen Düften, bevor sie über das Mittelmeer fuhr. Die Römer wussten um ihre Ankunft, bevor sie sie sehen konnten. Der Duft war ihre Visitenkarte. Am Anfang wollte Julius Cäsar sie nicht empfangen, als sie versuchte, eine Audienz bei ihm zu erhalten. Also ließ sie sich nackt in einen Teppich rollen, den sie mit Duftölen getränkt hatte. Ihre Wächter trugen den Teppich zu Cäsar und rollten ihn aus. Die Geschichte besagt, dass Cäsar und Cleopatra die nächsten drei Tage allein in seinem königlichen Gemach verbrachten. Sie eroberte die halbe damals bekannte Welt, ohne dabei Blut zu vergießen. Sie tat es mit Hilfe von ätherischen Ölen.

Ich denke, dass Frauen Intuition, Instinkt, Liebe und Menschlichkeit ins Geschäftsleben mitbringen und dass wir der Gesellschaft eine Menge zurückgeben. Anstatt uns nur um Zahlen und Quoten zu kümmern, treffen wir unsere Entscheidungen mit Hilfe unseres Herzens und unserer Seele. Ich glaube, dass die wichtigen Entscheidungen in unserem Leben von dort kommen sollten.«

Von Kalifornien nach Afrika

Ich war nach Sacramento gefahren, um dort ein Seminar zu halten. Leyla Bentley hatte die Ankündigung gelesen, woraufhin sie mich anrief und dazu einlud, die Nacht nach dem Seminar in ihrem Haus zu verbringen. Sie war nach East Nicolaus gezogen, einem Ort mit zweihundertsiebzig Einwohnern, ungefähr zwanzig Meilen nördlich von Sacramento in Kalifornien.

Ich hatte Leyla zum ersten Mal 1989 getroffen, als sie Mitglied und erfolgreichste Verkäuferin der Handelskammer von San Francisco war. Wir wurden Freunde und vor zwei Jahren erhielt ich einen Brief von ihr aus Botswana. Sie war dem Friedenskorps beigetreten und lebte in Afrika. Ich war furchtbar neugierig herauszufinden, wie sie diesen Übergang gemeistert hatte.

Leyla ist fünfzig Jahre alt, attraktiv und lebhaft. Sie hat fast immer ein strahlendes Lächeln auf ihrem sonnengebräunten Gesicht und ein Funkeln in den Augen. Was mich besonders an ihr beeindruckt, ist ihre Bereitschaft, jederzeit etwas völlig Neues zu tun, mit beiden Beinen ins Unbekannte zu springen, und dass es ihr dabei immer irgendwie gelingt, eine Auszeichnung zu gewinnen oder das beinahe Unmögliche zu schaffen, selbst wenn sie behauptet, lediglich das getan zu haben, was getan werden musste.

Die Abenteurerin

»Als ich 1984 Mitarbeiterin der Handelskammer wurde, hatte ich nicht die geringste Erfahrung im Verkaufen«, begann sie. »Ich hatte immer als Managerin oder Koordinatorin in amtsärztlichen Einrichtungen gearbeitet. Damals stand die Handelskammer vor dem Zusammenbruch. Ich sollte nur auf Kommission arbeiten. Nicht einen Moment lang dachte ich darüber nach, wie schwierig das für mich werden könnte. Ich machte mich einfach an die Arbeit und warb die Leute an. Mein Chef war ganz schön erstaunt. Er sagte zu mir, dass er in seiner gesamten Laufbahn noch nie so etwas gesehen hatte. Es dauerte nicht lange und ich verdiente mehr als alle anderen. Der Einzige, der mehr Geld nach Hause trug als ich, war der Vorsitzende der Handelskammer.

Ich nahm alle möglichen Leute als Mitglieder auf – nicht nur althergebrachte Unternehmen. Ich dachte, jeder sollte in der Handelskammer vertreten sein, also nahm ich Massagetherapeuten auf, Transaktionsanalytiker, Hellseher und so weiter.«

Ich musste lachen. Ich werde nie vergessen, wie ich das erste Mal zu einem Orientierungstreffen der Handelskammer für neue Mitglieder erschien. Leyla begrüßte mich, obwohl sie nicht meine ursprüngliche Kontaktperson gewesen war. Ich erinnere mich an ihr breites Lächeln und wie sie mir die Hand gab und sagte: »Oh, ich bin so froh, dass Sie Numerologin sind. Wir brauchen Sie hier.« Leylas Unterstützung bedeutete mir viel.

»Warum warst du deiner Meinung nach so erfolgreich?«, fragte ich sie.

»Nun, ich konzentrierte mich darauf, den Leuten zu zeigen, wie die Kammer ihnen bei ihrem jeweiligen Unternehmen Hilfe leisten konnte«, antwortete sie. »Ich lud sie zu Veranstaltungen ein, die wichtig für sie waren, und manchmal ergatterte ich für sie Einladungen von Leuten, die sie ohne meine vorsichtige Intervention wahrscheinlich nie getroffen hätten. Ich habe mich nie allzu sehr an die Regeln gehalten!« Sie lachte. »Außerdem bin ich gern ganz oben. Keine Frage. Doch was die Leute an mir mochten, war mein Enthusiasmus. Sie sagten mir oft, dass sie das Gefühl hatten, ich würde wirklich zuhören, wenn sie mir von ihren Geschäftsproblemen erzählten, und ernsthaft versuchen, ihnen neue Möglichkeiten anzubieten. Ich glaube, dass ich *leidenschaftlich* an *ihrem* Geschäft interessiert war, was mir letztendlich bei *meinem eigenen* Geschäft half – nämlich dem Verkaufen.«

»Das war also ein völlig neuer Bereich für dich. Was hast du davor gemacht?«, fragte ich.

»O Gott. Du wirst nicht glauben, wie ich an meinen vorherigen Job geraten bin. Ich kann nur sagen: Synchronizitäten. Ich war zu meinem Zahnarzt gegangen, der wusste, dass ich eine neue Stelle suchte. Er erwähnte meinen Namen gegenüber einem seiner Freunde, Dr. Richard Walden, der eine Assistentin suchte. Er war Spezialist für innere Medizin und unterrichtete gleichzeitig andere Ärzte. Er kam zu mir nach Hause, befragte mich und meinte, er brauche eine Assistentin für seine Klinik in Mount Shasta, Kalifornien. Er erwähnte allerdings nicht, dass es seine Klinik bis jetzt nur auf dem Papier gab!

Er beschäftigte sich mit Präventivmedizin, was 1972 noch etwas Neues war. Hier war ich also, sechsundzwan-

»Also sagte ich: Okay, das kann ich machen.«
Leyla Bentley

zig Jahre alt, und er sagte: ›Übrigens fliege ich in zwei Tagen nach China. Noch habe ich kein Büro am Mount Shasta. Ich besitze ein Stück Land und habe ein Fertigbüro bestellt, das in meiner Abwesenheit geliefert wird.‹ Er brauchte einen asphaltierten Parkplatz, ein Brunnen musste gegraben werden, Wasser- und Abflussleitungen verlegt und Genehmigungen von der Planungskommission eingeholt werden. Außerdem wollte er alle Ärzte in der Gegend benachrichtigen, damit sie anfangen konnten, ihm bei Bedarf ihre Patienten zur Weiterbehandlung zu schicken. Er wollte, dass ich Termine mit Patienten vereinbarte, damit er direkt nach seiner Rückkehr aus China die ersten Patienten sehen konnte. Also sagte ich: ›Okay. Das kann ich machen.‹

Ich sorgte dafür, dass die Fertigpraxis an der richtigen Stelle aufgebaut und der Parkplatz angelegt wurde, stellte Sprechstundenhilfen, Labor- und Röntgenassistentinnen ein. Ich sorgte dafür, dass all seine Instrumente am richtigen Platz waren, und ordnete seine Fachbücher in ein Regal ein. Am Tag seiner Rückkehr kam er in die Praxis und untersuchte seine ersten Patienten.«

»Wie hast du das alles nur geschafft?«, fragte ich erstaunt.

»Ich muss verrückt gewesen sein. Nein, ehrlich, ich habe einfach gedacht: ›Das ist es also, was er will, also tu es.‹ Nach seiner Rückkehr brachte er mir bei, wie man Blut abnimmt und EKGs macht, Urin- und Blutanalysen durchführt. Ich habe sogar zwei Leben retten können, weil ich im Blut der betreffenden Patienten bestimmte Zellen gefunden hatte. Ich kann mich heute nicht mehr daran erinnern, um was es sich handelte.«

»Du warst aber doch keine Krankenschwester.« Das war sowohl eine Frage als auch eine Feststellung.

»Nein. Allerdings beschloss ich, mich an der Chico-State-Universität zur Krankenschwester ausbilden zu lassen. Ich wusste, wenn ich als Studentin in der Universitätsklinik arbeiten würde, wäre ich in der Lage, die Ausbildung umsonst zu erhalten. Ich hatte keine Ahnung, dass es für diese Stellen eine ellenlange Warteliste gab. Ich bewarb mich und bekam einen Teilzeitjob. Das war ideal, denn so war es mir möglich zu studieren, ohne dafür bezahlen zu müssen.

Ich wurde Dr. Stephen Cowdrey zugeteilt, dem medizinischen Direktor der Klinik. Es hieß, dass es schwer war, für ihn zu arbeiten, und sein Verschleiß an Krankenschwestern war enorm. Doch ich verstand mich wunderbar mit ihm. Eines Tages rief er mich in sein Büro und sagte: ›Ich möchte nicht, dass Ihnen langweilig wird.‹ Ich hatte ohnehin schon immer mehr getan, als mein Job verlangte; trotzdem war ich überrascht, dass er sich für mich interessierte. Dr. Cowdrey betrieb Forschungen im Zusammenhang mit Krebsvorsorge für Jungfrauen. Ob du es glaubst oder nicht, damals konnten Frauen nur dann einen Krebsabstrich machen lassen, wenn sie Kinder bzw. schon einmal Sex gehabt hatten. Die Ärzte glaubten nicht, dass Jungfrauen ein Krebsrisiko hatten, und Dr. Cowdrey wollte diese Theorie prüfen, da er nicht damit übereinstimmte. Also zeigte er mir, wie man einen Krebsabstrich vornimmt und wie die Frauen sich selbst auf Brustkrebs untersuchen können, und ich verfasste eine Marketingbroschüre für die Studentinnen, um sie von diesem Service in Kenntnis zu setzen. An zwei Nachmittagen in der

Woche empfing ich Patientinnen, die noch nie Geschlechtsverkehr gehabt hatten.

Eines Tages rief mich der Arzt zu sich und sagte: ›Wissen Sie, dass Sie eine Ausleserate von hundert Prozent bei Ihren Probeexzisionen hatten? [Alle Glasplättchen mit den Gewebeproben waren also klar und brauchbar.] Wie machen Sie das nur?‹ Die durchschnittliche Ausleserate bei den anderen Sprechstundenhilfen lag bei zweiundachtzig Prozent und einige Werte waren sogar noch niedriger.«

»Also, *wie* hast du das fertig gebracht?« Ich bin immer auf der Suche nach dem Schlüssel, der die Leute dazu bringt, sich selbst zu übertreffen.

»Nun, ich liebte einfach meinen Job und alles, was damit zusammenhing. Ich war sehr vorsichtig und achtete darauf, dass ich den Patientinnen nicht wehtat. Ich erklärte ihnen stets, was ich mit ihnen tat. Ich konzentrierte mich auf die Patientinnen, fragte sie nach ihrem Leben und lauschte auf alles, was sie mir sagten. Ich war der Ansicht, dass diese Untersuchungen für die jungen Frauen wirklich wichtig waren, und erläuterte ihnen, dass es sich hierbei um ein besonderes Programm handelte, das dazu beitragen konnte, die bisher übliche Praxis zu ändern. Sie hatten das Gefühl, an einer wichtigen Sache teilzuhaben, und das gefiel ihnen. Übrigens wurde diese Studie später veröffentlicht und sie zeigte, dass Jungfrauen das gleiche Krebsrisiko hatten wie Nicht-Jungfrauen, und bewies, dass Krebsabstriche Leben retten konnten.«

Während Leyla sprach, konnte ich etwas in ihrer Methode erkennen – sowohl bei den neuen Mitgliedern der Handelskammer als auch mit den Patienten. Sie hatte das Talent, einen Energiefluss zwischen ihrer eigenen Person und anderen in Bewegung zu setzen. Sie war in der Lage, die Schwingung dieser Energie zu erhöhen, und sie kreierte eine besondere Beziehung, die alle Aspekte ihrer Arbeit berührte – sogar bis hin zu Blutproben. Alles funktionierte so viel besser, weil sie ganz bei der Sache war und ihre Arbeit liebte. Das wirkte sich positiv auf alles und jeden aus.

»Das Friedenskorps war etwas, dem ich schon immer beitreten wollte. Vor einigen Jahren befand sich mein Leben erneut in einer Übergangsphase. Ich war gerade erst – nach mehreren Jahren bei der Handelskammer – Vizepräsidentin einer Bank geworden. Mittlerweile kannte ich jeden und sie wollten, dass ich diese Bank all meinen Kontakten schmackhaft machte. Ich hatte das größte Büro und die höchste Stellung. Soeben war es mir gelungen, ein Zwei-Millionen-Dollar-Geschäft abzuschließen, doch meine Arbeit bei diesem Institut machte mich nicht glücklich. Dann starb meine Tante und das bot mir die Gelegenheit, etwas zu verändern. Ich kündigte meine Arbeit bei der Bank, ohne zu wissen, was ich als Nächstes tun würde, und gönnte mir im Grunde genommen eine zweijährige Pause. Hier und da machte ich ein paar Beratungen, schrieb mich auf der Rudolf-Steiner-Schule für Lehrer ein und bewarb mich beim Friedenskorps. Es dauerte nicht lange, bis sie mich anriefen und mir eine Position im Ostblock anboten – ich konnte wählen zwischen Estland, Lettland, Polen und so weiter. Doch ich verspürte nicht den Drang, in eines dieser Länder zu gehen, also lehnte ich ihr Angebot ab. Ich hoffte, das würde sich nicht allzu nachteilig auf meine Chancen für einen anderen Posten auswirken – schließlich hatten sie ungefähr zwölftausend Bewerber für zweitausend Jobs.

Ich wartete neun Monate und organisierte in der Zwischenzeit eine 27-Städte-Tour für eine Tanzgruppe. Irgendwann rief mich erneut das Friedenskorps an und bot mir eine Stelle im Jemen bzw. in Botswana an. Ich ging in die Bücherei und las alles, was ich über Botswana finden konnte und über die Probleme, die dort existierten. Dann war mir klar, dass ich dorthin wollte. Ich hatte sechs Monate, um mich vorzubereiten, was mir ermöglichte, meine Arbeit mit der Tanzgruppe zu Ende zu bringen. Das Timing war perfekt.

Ich kaufte einen großen Container, in dem ich all meine Sachen lagerte. Ich hatte keinerlei Schulden und war frei, dorthin zu gehen, wohin ich wollte. Das Friedenskorps bezahlt seine Mitarbeiter nicht, doch geben sie ihnen Unterkunft und Verpflegung. Ich konnte es kaum erwarten, diese materialistische Kultur eine Weile hinter mir zu lassen. Man schickte mich nach Kanye in Botswana, wo ich mein Training mit dem Stamm der Buschmänner erhielt – den Basarwa, die seit über vierzigtausend Jahren existieren und damit eine der ältesten Volksgruppen der Erde sind. Es war einfach, mit den Eingeborenen auszukommen. Doch es stellte sich heraus, dass die Freiwilligen des Friedenskorps die eigentliche Herausforderung waren. Nach zwei Wochen Training bekam ich Malaria und wäre vielleicht gestorben, wenn die Eingeborenen mich nicht versorgt hätten. Ich hatte gefährlich hohes Fieber, doch meine Zimmergenossin tat nichts, um mir zu helfen. Schließlich kam die Großmutter eines der Kinder und legte mir Kompressen auf. Sie holten den Lieferwagen, der dem Neffen des Häuptlings gehörte, und die *ganze Familie* fuhr mit mir ins Krankenhaus und blieb den nächsten Tag bei mir.

Dann kam der Tag, an dem ich in die nördliche Region geschickt wurde, um im dortigen Industriebüro für die Region Trainingsprogramme in Geschäftsmanagement für kleinere Herstellungsfirmen zu entwickeln. Ich sollte das finanzielle Hilfsprogramm für neue Firmen überwachen. Dabei handelte es sich um Schreinereien, Schneidereien, textil-, metall- und Leder verarbeitende Unternehmen. Während der ersten sechs Monate war ich unter sechzig Menschen die einzige Weiße – und die einzige Frau in einer solchen Position.

Im ersten halben Jahr gelang es mir nicht, irgendetwas auf die Beine zu stellen. Die Leute akzeptierten mich nicht und sabotierten alles, was ich tat – sie ließen mich nicht wissen, wenn jemand angerufen hatte etc. Ein nigerianischer Freund sagte zu mir: ›Für diese Menschen ist der Charakter das Wichtigste. Sie werden dich prüfen und dein Verhalten beobachten.‹ Ich war hierher gekommen, um die Situation in die Hand zu nehmen, und das funktionierte überhaupt nicht. Schließlich gab ich auf, ging zu meinem Chef und entschuldigte mich für all das, was er als Aufsässigkeit meinerseits empfunden hatte. Ich sagte zu ihm, dass ich mich falsch verhalten hätte; dass er der Boss wäre und dass ich noch mal von vorn anfangen wollte. Das war der Tag, an dem alles anders wurde. Er war ein sehr liebevoller, sehr spiritueller Mann. Alles war verziehen und er war mir nicht mehr böse.

Meine Aufgabe bestand darin, ein Programm für die Entwicklung kleiner Unternehmen aufzubauen. Du kannst dich natürlich lediglich mit dem beschäftigen, was dir das Friedenskorps zu tun gibt. Doch wenn du wirklich etwas erreichen willst, musst du es allein tun. Ich wollte das Programm unbedingt ohne Subventionen durchführen. Ich wollte, dass es von den hier ansässigen Menschen selbst getragen wurde. Was dabei herauskam, war ein fortlaufender Ausbildungskurs für Kleinunternehmer. Die Herausforderung lag darin, dass die Leute nur die Schulbildung von Siebtklässlern hatten und kaum Englisch sprachen. Die sporadischen Kurse, die sie bereits begonnen hatten, nützten nicht viel. Nur wenige Leute kamen regelmäßig, obwohl man sie für ihre Anwesenheit bezahlte.

Ich entwickelte einen Kurs, der sich aus verschiedenen einfachen Teilen von Planung, Produktkontrolle, Marketing, Buchhaltung und so weiter zusammensetzte. Außerdem stellte ich fest, dass es einen bedenklichen Mangel an Informationsfluss zwischen den Einheimischen und der Verwaltung gab. All das wollte ich ändern. Ich betrachtete es als äußerst lohnenswert für die Menschen, diese Kurse zu besuchen. Die Verwaltung glaubte nicht, dass meine Idee funktionieren würde, doch ich rechnete mir aus, dass ich mindestens zehn bis fünfzehn Personen zur Teilnahme überreden konnte.

Am ersten Kurstag erschienen einundachtzig Personen aus allen Teilen des Landes – einige waren fünf Stunden lang gelaufen, um dabei zu sein. Von da an hatten wir im Durchschnitt jede Woche fünfundfünfzig bis fünfundsechzig Teilnehmer. Sie alle erhielten Zertifikate für Leistungen im Firmenmanagement der Universität von Botswana. Das war für diese Menschen mit ihrer Siebtklässlerbildung eine große Sache. Ich sagte ihnen immer wieder, dass sie Pioniere wären, und versicherte ihnen, dass ihre Entschlossenheit und Hingabe an ihre Arbeit all ihren Landsleuten helfen würde.

Aus diesem Projekt heraus entstanden kommunale Handelsausstellungen und eine internationale Handelsmesse. Außerdem starteten wir eine Botswana-Modenschau und ein Unternehmen ausschließlich für Frauen, das auch heute noch existiert.

Für mich bestand die größte Freude darin, etwas zu erreichen. Es war eine ungeheuer befriedigende Arbeit. Das Lernen kam dabei ganz von selbst.«

Selbstgespräche

Was ist Ihnen an diesen Geschichten besonders aufgefallen?

Wie würden Sie Ihre eigene Geschichte unter dem Aspekt der Risikobereitschaft schreiben?

Welche Synchronizitäten sind Ihnen in letzter Zeit widerfahren? Was war Ihrer Meinung nach deren Botschaft? Auf welche Weise wurden Sie davon berührt *oder* bewegt?

Welche neue Herausforderung wurde in letzter Zeit an Sie herangetragen?

Welche neuen Fähigkeiten würden Sie gern erlernen?

ZWEITER TEIL

Techniken

SIEBTES KAPITEL

Intention und Loslassen

»Wenn wir uns in einem Zustand befinden, wo wir dem Leben und all seinen Möglichkeiten gegenüber offen sind, bereit, den nächsten Schritt zu tun, wie er sich uns präsentiert, dann treffen wir die außergewöhnlichsten Menschen, die wichtige Dinge zu unserem Leben beitragen. Dies geschieht teilweise durch die Begegnung unserer Augen; es ist, als ob unsere Seelen auf den ersten Blick eine Verbindung eingehen, so dass wir in dem Augenblick Teil eines gemeinsamen Lebens werden.«

Joseph Jaworski[1]

Eine Übung der Intention

Eines Tages, als ich dieses Kapitel schrieb, ereignete sich eine erstaunliche und amüsante Synchronizität. Ich erhielt einen Anruf von Giorgio Cerquetti, einem italienischen Autor und selbst ernannten »Freigeist«. »Ich habe mich lange Zeit als Yogi bezeichnet«, sagte er, »doch heute ziehe ich den Ausdruck ›Freigeist‹ vor.« Wir hatten uns im Jahr zuvor kennen gelernt und er rief mich an, um zu hören, wie es mir ergangen war, und um über einige Projekte zu reden. Giorgio reist sehr viel und interviewt auf seinen Reisen Menschen, die auf den verschiedensten spirituellen Pfaden wandeln. Er hatte soeben ein Buch über seine persönlichen Erfahrungen und Forschungen im Bereich der Reinkarnation fertig gestellt. Außerdem ist er der Gründer eines Projekts, das Mittagessen an Obdachlose verteilt und sich Vegetarian International nennt. Er kam gerade von einer Wohltätigkeitsveranstaltung in Atlanta, Georgia, zurück und wollte am nächsten Tag eine längere Reise durch die USA antreten, bei der er Menschen interviewen würde, die im metaphysischen Bereich tätig sind.

Er und seine Freundin Tara DeMarco besuchten mich noch am selben Nachmittag. Wir redeten über verschiedene Dinge, als er fast nebenbei seine Methode erwähnte, mit deren Hilfe Synchronizitäten sich in seinem Leben häuften. Da ich gerade mit dem Schreiben dieses Kapitels begonnen hatte, war das genau die Art von Information, die ich brauchte. Ich schaltete mein Aufnahmegerät ein. Mittlerweile hatte er sich im Yogasitz auf dem Teppich niedergelassen und erzählte:

»Jeden Morgen, wenn ich aufwache, sage ich mir: ›Heute will ich gute Menschen treffen.‹ Damit meine ich«, erklärte er eingehender, »dass ich Menschen begegnen möchte, die zu mir und meinem Weg passen, mit denen ich Informationen austauschen oder von denen ich Botschaften erhalten kann, welche sich auf meine nächsten Schritte beziehen. Ich bitte das Universum, mir diese Personen zu schicken, und ich treffe sie tatsächlich. Wenn ich anderen von dieser Methode erzähle, erwähne ich auch, dass es gut ist, die eigene Stimme auf Tonband aufzunehmen und sich dann des öfteren diese Aufnahmen anzuhören. Bevor ich am Abend ins Bett gehe, sage ich: ›Ich schicke meine gute Energie allen Menschen, denen ich begegnet bin, die an mich denken und die auf irgendeine Weise meinen Weg gekreuzt haben.‹ Oder ich sage: ›Ich wünsche allen Menschen, die ich getroffen habe, Gesundheit, Glück und ein gutes Leben.‹ Auf diese Weise sende ich positive Energie aus. Wenn das Gesicht eines bestimmten Menschen während der Meditation vor meinem inneren Auge erscheint – vielleicht sogar das eines Menschen, den ich nicht besonders mag –, dann sage ich ausdrücklich, indem ich seinen Namen gebrauche: ›Ich liebe dich, John, und ich verzeihe dir.‹ Das hilft mir, ohne Ärger oder Eifersucht schlafen zu gehen. Jeden Abend reinige ich mich auf diese Weise.

Wenn du dies drei Wochen lang jeden Tag tust, wird dein Leben sich unweigerlich ändern, das verspreche ich dir! Du musst es drei Wochen lang tun, denn so lange dauert es, bis das Blut in deinem Körper vollständig ausgewechselt ist. Du willst, dass diese Gedanken jede deiner Zellen durchdringen.« Während er dies sagte, schaute er mir direkt in die Augen.

Fünf Minuten später klingelte mein Telefon – wie sich herausstellen sollte, ein perfektes Timing. Am Vormittag hatte ich zwei dringende Nachrichten von Mateo Madoni erhalten, den ich letztes Jahr in Montreal kennen gelernt hatte. Mateo, ein erfolgreicher Geschäftsmann, dem in Montreal sechs Restaurants und ein Kampfsportstudio gehören, hat ein großes Interesse an der Metaphysik und Büchern wie *Die Prophezeiungen von Celestine.* Er hatte mich zum Abendessen eingeladen und mir währenddessen von zahlreichen Synchronizitäten erzählt, die sein Leben verändert hatten.

Seltsamerweise und vollkommen uncharakteristisch hatte mein Auftragsdienst mir heute Morgen die Nachricht von seinem Anruf durchgefaxt, ohne dass ich darum gebeten hatte. Ich hatte zwar schon vorher versucht, Mateo zu erreichen, doch man sagte mir, dass er erst in drei Stunden zurückerwartet würde. Wie sich herausstellte, hatte er genau dann zurückgerufen, als Giorgio – dessen Besuch völlig unerwartet kam – in meinem Büro war.

Mateo war offensichtlich sehr aufgeregt, die Worte strömten aus ihm hervor: »Carol, ich bin so froh, dass ich mit dir sprechen kann. Ich muss dir sagen, dass seit unserer letzten Begegnung die erstaunlichsten Dinge passiert sind. Alle möglichen Phänomene. Ich bin gerade aus Hawaii zurückgekommen und habe danach ein paar Freunde von Salle und James Redfield [dem Autoren der *Prophezeiungen von Celestine*] in Sedona besucht. Ich habe ein Manuskript über meine Erfahrungen entworfen und die Leute, die es gelesen haben, finden es sehr gut.«

Ich schaute mit einem fragenden Blick zu Giorgio und Tara hinüber. »Darf ich das Telefon auf ›Mithören‹ schalten?«, fragte ich Mateo, der sofort einverstanden war.

Nach wenigen Minuten beteiligte sich Giorgio an dem Gespräch. Er stellte sich vor und bat Mateo, uns genau zu berichten, um welche Begebenheiten es sich handelte. Einige Minuten lang sprachen wir über diese Dinge – sie schlossen seine Begegnung mit einem Heiler irgendwo außerhalb von Sedona ein, was weitere ungewöhnliche Ereignisse mit sich gebracht hatte. Mateo sagte uns, dass er vorhabe, am nächsten Mittwoch nach Sedona zurückzukehren, und nannte uns das Hotel, in dem er wohnen würde. Giorgio kannte den Mann, der das Hotel leitete, und hatte seinerseits bereits geplant, am Donnerstag nächster Woche von San Francisco nach Sedona zu fahren. Er hatte mir schon früher erzählt, dass er dahin fahren wollte, obwohl er niemanden dort kannte, doch dass er sicher war, dort die Menschen zu treffen, die er treffen sollte! Mateo, der selbst zur Hälfte Italiener ist, lud Giorgio auf der Stelle ein, ihn bei den

Abenteuern zu begleiten, die vermutlich dort auf sie warten würden.

Dies war ein wirklich inspirierter Augenblick, besonders im Hinblick darauf, dass Giorgio mir gerade erst von seiner Meditation berichtet hatte, mit deren Hilfe er seine Absicht darlegte, die passenden Menschen zu treffen. Wir alle tauschten wie die Verrückten unsere Telefonnummern aus und legten lachend auf.

Bewusste und unbewusste Intentionen

Eine Intention ist jene Aktivität des Geistes, die – energetisiert durch die Leidenschaft des Herzens – dafür sorgt, dass etwas geschieht. Es ist der Wunsch oder der Sinn hinter dem Ergreifen einer Initiative. Normalerweise definieren wir Intention als etwas, für das wir uns bewusst entscheiden und dessen Realisierung wir uns wünschen. Meistens liegt unser Problem jedoch darin, dass wir nicht wissen, was wir wollen und worauf wir uns konzentrieren sollen! Wenn wir damit beginnen, uns unserer intrapsychischen Prozesse bewusster zu werden – zum Beispiel die Art, wie wir mit uns selbst reden und wie wir auf unsere Intuition hören –, stellen wir bald fest, worauf wir automatisch unsere Aufmerksamkeit lenken. Und das Wissen darum, wo unsere Aufmerksamkeit hingeht, ist vergleichbar mit dem Wissen darum, wie wir unser Geld ausgeben.

Wie alle anderen Dinge im Leben steht jede Intention oder jeder Wunsch in Beziehung zu anderen Energiezuständen in unserem Inneren. John zum Beispiel, zweiundzwanzig, hat die Absicht, seine Lebensaufgabe zu finden. Er weiß, dass er immer gut im Zeichnen und in künstleri-

> Der Rahmen
> »Das Wichtigste bei der Kunst ist *der Rahmen*. Beim Malen: im wörtlichen Sinn; bei den anderen Künsten: im übertragenen Sinn – weil man ohne diese bescheidene Vorrichtung nicht wissen kann, wo die Kunst aufhört und die *wirkliche Welt* beginnt. Man muss es ›verpacken‹, denn sonst fragen sich die Leute: *Was ist dieser Schwachsinn da an der Wand?*«
>
> *Frank Zappa*[2]

scher Grafik war, dass er gern kocht und Bücher über Psychologie und Philosophie liest. Johns Vater meint jedoch, dass Kunst und Kochen nur etwas für Frauen ist. Und als John seiner Mutter gegenüber erwähnt, dass er Interesse an der Psychotherapie hat, wehrt seine Mutter diese Idee als zu deprimierend ab und sagt zu ihm, dass es sowieso schon genug Therapeuten gibt, die versuchen, damit ihr Geld zu verdienen. Wenn John nun mehr an der Meinung seiner Eltern interessiert und nicht bereit ist, gegen ihren Rat zu verstoßen, wird seine Intention, seine Lebensaufgabe zu finden, geschwächt durch die Angst, anderen zu missfallen. In einem derartigen Zustand psychischer Abhängigkeit wird er vielleicht nur halbherzig seine Träume verfolgen oder sogar versäumen, relevante Informationen in dieser Hinsicht wahrzunehmen. An dem Punkt seiner Entwicklung wird Johns Intention in dem Maße untergraben, wie er es versäumt hat, sich zu individualisieren und vom Einfluss seiner Eltern zu lösen.

Was *wollen* Sie gern haben?

Jeden Tag stellen Sie sich Fragen in Bezug auf dieses oder jenes. Vielleicht fragen Sie sich selbst: »Sollte ich in einem Abendkurs Jura studieren oder nach Hause zurückgehen und das Obstgeschäft meines Vaters übernehmen?« Während Sie sich das Für und Wider überlegen, werden Sie diese Frage wahrscheinlich bei Ihren Freunden zur Sprache bringen und sagen: »Ich weiß nicht, was ich tun soll. Ich bin richtig verwirrt.«

Im Laufe der Jahre habe ich gelernt, die Fragen des Lebens aus einem etwas anderen Blickwinkel zu betrachten. Wenn ich heute Leute fragen höre »Was soll ich tun?«, schlage ich ihnen vor, die Frage neu zu formulieren, und zwar: »Was *will* ich tun?« Anstatt sich auf die Verwirrung zu konzentrieren, die dadurch hervorgerufen wird, dass man zwei (oder mehr) Wahlmöglichkeiten vor sich sieht, richten Sie Ihren Fokus auf das, was Sie *gern haben* oder *erreichen möchten* – in Bezug auf das *höchste Gefühl*, das Sie erfahren wollen –, und geben die Notwendigkeit auf, genau wissen zu müssen, wie Sie diesen Zustand erreichen

Leidenschaft, Glaube, Affirmation

Lassen Sie uns *alle* Komponisten sein!

»Folgen Sie einfach diesen simplen Instruktionen:

1. Erklären Sie Ihre *Absicht*, eine ›Komposition‹ zu kreieren.
2. *Fangen* Sie *irgendwann* damit an.
3. Sorgen Sie dafür, dass *innerhalb einer bestimmten Zeitspanne* etwas passiert (es kommt nicht darauf an, was in Ihrem ›Zeitloch‹ geschieht – wir haben genug Kritiker, die uns sagen, ob es gut ist oder schlecht, also müssen wir uns darüber keine Sorgen machen).
4. *Bringen Sie Ihre Komposition irgendwann zum Abschluss* (oder machen Sie immer weiter und erzählen Ihrem Publikum, dass es sich um ein *Werk im Prozess der Entstehung* handelt).

> 5. Legen Sie sich einen Teilzeitjob zu, damit Sie in der Lage sind, solche Dinge zu tun.«
>
> *Frank Zappa*[3]

können. Anstatt bei den spezifischen Fragen stecken zu bleiben, versuchen Sie, sich die Art von Gefühl vorzustellen, das Sie am liebsten hätten. Schauen Sie sich Ihre Fragen an und versuchen Sie, das Ergebnis zu finden, das Sie in Wirklichkeit anstreben. Was ist beispielsweise bei der oben gestellten Frage, ob John Jura studieren oder das Familiengeschäft übernehmen soll, das Resultat, was er sich am meisten wünscht? Lassen Sie uns einen Moment lang annehmen, dass er unabhängig davon, wie er sich entscheidet, das Gefühl haben möchte, die richtige Wahl getroffen zu haben. Er will seine Arbeit gern tun und seine Talente voll entfalten können. Dann würde er diese Gefühle in einer Erklärung aufschreiben, so als hätte er dieses Ziel bereits erreicht. Zum Beispiel: »Ich habe genau die richtige Arbeit, um all meine Fähigkeiten voll einsetzen zu können, und ich arbeite mit Menschen zusammen, mit denen ich mich wohl fühle. Ich habe einen wundervollen Beruf.«

Hierbei müssen wir drei wichtige Punkte beachten. Erstens *muss* Ihre Erklärung über das angestrebte Ergebnis oder Gefühl Begeisterung und Freude in Ihnen hervorrufen. Sie sollten einen echten Energieschub spüren und wissen, dass Sie diese Ziele erreichen können. Zweitens müssen Sie glauben können, dass *Ihnen* dieses Glück *wirklich zusteht!* Vergessen Sie nicht, dass alles möglich ist, und überlassen Sie es dem Universum, sich um die Details zu kümmern. Und drittens sorgen Sie dafür, dass Sie diese Erklärung sowohl am Morgen als auch im Laufe des Tages öfters wiederholen und sich vergewissern, dass dies genau das ist, was Sie wollen. Bevor Sie schlafen gehen, bitten Sie Ihre Träume, Ihnen Auskunft darüber zu geben, wie Sie das von Ihnen angestrebte Resultat erreichen können. Stellen Sie sehr spezifische Fragen und bitten Sie um ebensolche spezifischen Antworten; wenn Sie am Morgen aufwachen, schreiben Sie alles auf, woran Sie sich erinnern können. Nehmen Sie diese Informationen ernst und fahren Sie fort, um mehr Einzelheiten in Ihren Träumen zu bitten.

Wenn Sie diese Methoden einsetzen, um Ihr Energiefeld zu öffnen, stimuliert dies das Entstehen vieler neuer Ideen und Sie werden feststellen, dass Ihre Klarheit zunimmt. Achten Sie auch darauf, wie Synchronizitäten neue Informationen oder die richtigen Kontakte bringen. Bald wird sich der Weg zu Ihrem angestrebten Resultat auf eine Art entfalten, die Sie sich nie hätten vorstellen können.

Wonach richten Sie sich aus?

Das Leben ist chaotisch. Erwarten Sie nicht, von Ihrem gegenwärtigen Gefühl der Verwirrung in direkter Linie zu einem Gefühl der Erfüllung und Klarheit über Ihre Lebensaufgabe zu gelangen. Durch Experimentieren und Fehlschläge sammeln und sortieren wir ständig neue Informationen. Es ist wichtig, die Intention nicht als derart konkretisierende Kraft zu sehen, dass Ihre Lebensaufgabe nur in einer bestimmten Form realisiert werden kann. Seien Sie bereit, Fehlschläge als genauso

> »Wir mauscheln uns unsere Existenz irgendwie durch unbewusste Interaktionen mit den Mitspielern zurecht, die sich uns präsentieren.«
>
> *Margaret J. Wheatley und Myron Kellner-Rogers*[4]

wichtig zu betrachten wie Erfolge, zumal sie Ihnen weitere Informationen über sich selbst und die Welt geben. Wir können kreativer sein, wenn wir unsere Aufmerksamkeit auf den Moment richten, statt auf einer vorgefassten Form zu bestehen. In vielen Fällen führt uns unser Weg zu einer Entscheidung, von der wir vorher nichts ahnten und die wir nicht bedacht haben. Wenn wir eine Frage polarisieren – das heißt, wenn wir uns selbst nur zwei Optionen geben (»Jurastudium oder Vaters Geschäft«) –, bringen wir irgendwie einen Kurzschluss in die Energiesysteme und verlangsamen unseren Fortschritt. Wenn wir jedoch unsere Intention auf etwas Umfassenderes verlagern, was mit unseren *Gefühlen* verbunden ist, scheint dies das Energiefeld zu öffnen.

Unsere Aufgabe wird in dem sichtbar, dem wir unsere Aufmerksamkeit schenken

Wir brauchen nicht zu kämpfen, um unsere Lebensaufgabe zu kreieren. Ordnung und Aufgabe sind inhärente Komponenten unseres Lebensenergiesystems. Wir richten uns nach dem aus, was unsere Aufmerksamkeit erweckt. Intention ist sowohl eine treibende als auch eine navigierende Kraft, durch die wir ein Ergebnis anziehen.

Wie offen sind Sie?

Wir alle sind miteinander verbunden. Jedes Mal, wenn wir mit einem Menschen interagieren, formen wir die Erlebnisse, das Verhalten und Verständnis des anderen. Ohne viel darüber nachzudenken, *beabsichtigen* wir immer irgendetwas. Vielleicht besteht unsere Absicht darin, einen guten Eindruck zu machen, vertrauenswürdig zu erscheinen, freundlich zu sein, bedrohlich zu wirken, glücklich zu sein oder das Richtige zu tun. Während Sie sich durch Ihr Leben bewegen, organisieren Sie sich ständig in Beziehung zur Welt – und zu anderen.

Normalerweise bekommen wir ein Gefühl für unsere Lebensaufgabe durch unsere verschiedenen Beziehungen. Wenn diese so wichtig sind, mag es sinnvoll sein, sich selbst zu fragen: »Wie offen bin ich für andere?« – »Bin ich offen für das, was andere mir sagen, oder gebe ich sofort meine eigenen Kommentare ab, ohne wirklich hinzuhören?« – »Höre ich wirklich mit meiner Intuition und lasse zu, dass eine Botschaft klar wird?« – »Wie viel Vertrauen habe ich in andere?«

Welche Art von Intention haben Sie bei verschiedenen Menschen?

Beginnen Sie, sich Ihrer inneren Motivation bewusst zu werden, wenn Sie mit verschiedenen Leuten reden, zum Beispiel Ihrem Chef, Ihrem Assistenten, Ihren Kindern, Ihrem Lebenspartner, Ihren Eltern, Ihren Kollegen. Sind Sie in Beziehung zu anderen Menschen misstrauisch oder unnahbar? Sind Sie übertrieben bemüht, es dem anderen recht zu machen? Sind Sie bereit, als Erster den Kontakt herzustellen? Haben Sie ein ausgeprägtes Konkurrenzgefühl im Zusammenhang mit anderen? Verspüren Sie das Bedürfnis, bei jeder Konversation die Kontrolle zu haben?

Formulieren Sie Ihre Intention, um Ihre Lebensaufgabe erfüllen zu können

Eine starke Intention, das tun zu wollen, was Sie lieben – zusammen mit der Bereitschaft, den göttlichen Willen zu erkennen –, ist das Fundament für ein erfülltes Leben. Dem treu zu bleiben, was Sie lieben, erlaubt Ihnen, relevante Botschaften zu erkennen, und hilft Ihnen dabei, sich nicht übermäßig von den *Meinungen* anderer Menschen beeinflussen zu lassen.

Sie werden in der Lage sein, mit den Synchronizitäten zu *fließen,* anstatt verwirrt darüber zu sein, welche Bedeutung sie wohl für Ihren Weg haben mögen. Mit einer Intention und der Fähigkeit zur Hingabe an eine höhere Ordnung zu leben verstärkt Ihre Fähigkeit, lange Perioden durchzustehen, in denen scheinbar nichts passiert.

Was sinnvoll ist

Ihre Intentionen resultieren aus dem, was Sie gesehen, erlebt oder auf was Sie *hingeträumt* haben. Wie können Sie wissen, auf welche Informationen Sie achten sollten? Als ein sich selbst organisierendes System werden Sie nur auf solche Dinge achten, die Ihnen sinnvoll erscheinen und die irgendwie mit Ihrer tieferen Aufgabe in Beziehung stehen. Forschungen zeigen, dass wir meist nur das wahrnehmen, was wir bereits kennen. Vertrauen Sie Ihrem inneren Selektionsprozess, anstatt kontinuierlich Energie in Verwirrung, Angst und ein übermäßiges Kontrollbedürfnis zu investieren.

In der folgenden Geschichte erzählt uns die Reiseschriftstellerin Cori Kenicer ihre Erfahrung, auf welche Art und Weise Synchronizität genau die Information für sie bereithält, die sie für ihre Reportagen braucht. Ihre Geschichte ist ein gutes Beispiel für die anziehende Kraft eines inneren organisierenden Feldes, das auf die *Aufgabe* ausgerichtet ist.

Von der Grundstücksmaklerin zur Reiseschriftstellerin

Cori Kenicer war viele Jahre als Grundstücksmaklerin tätig, bevor sie ernsthaft einen Berufswechsel in Erwägung zog. Ihr Traum war es, Reiseschriftstellerin zu werden.

Während dieser Traum in ihrem Geist als reelle Möglichkeit Form anzunehmen begann, geschahen zwei Dinge. Zunächst wurde sie während eines Geschäftsempfangs überraschend einer Französin vorgestellt, die – nachdem sie von Coris Interesse am Schreiben gehört hatte – sie beauftragte, einen Artikel über ihr Geschäft zu verfassen. Obwohl dieses Projekt offensichtlich in die Richtung von Coris Ambitionen zu schreiben ging, zögerte sie einige Wochen lang, den Auftrag anzunehmen, da sie sich nicht vorstellen konnte, wer einen solchen Artikel drucken würde.

Ungefähr zwei Monate später machte Cori gerade ihren täglichen Spaziergang, als sie bei einem Zeitungsstand ein neues Reisemagazin entdeckte und intuitiv spürte, dass dieses Magazin vielleicht an einem Artikel über das Unternehmen der Französin interessiert sein könnte. Wegen ihrer Unerfahrenheit mit der üblichen Prozedur im Hinblick auf das Anbieten von Ideen bei Redaktionen faxte sie ihren Vorschlag direkt an den Chefredakteur des Magazins, anstatt den gängigen Weg zu wählen, nämlich schriftlich anzufragen. Wie sich herausstellte, war der Chefredakteur von ihrer Idee sehr angetan und gab ihr den Auftrag, diesen Artikel zu schreiben. Von diesem Moment an entfaltete sich Coris neue Karriere dank einer Synchronizität nach der anderen. Ihre Arbeit richtete sich bald auf Reportagen aus der Welt des Golfsports und sie hat mehr Arbeit, als sie erledigen kann. Bisher war sie mehrere Male für das Magazin im Palast eines Scheichs in Marokko, bei wichtigen Golfturnieren und weltweit an den verschiedensten Urlaubsorten.

Während eines Auftrages

»Ich habe begonnen, mir Notizen über all die Ereignisse zu machen, die so mühelos eintreten«, berichtete Cori mir. »Mir sind buchstäblich Dutzende von Synchronizitäten widerfahren, doch vor allem hatte ich kürzlich zwei Erlebnisse, die zeigen, wie die Dinge zu mir fließen, wenn ich an einem Auftrag für ein Magazin arbeite. Es scheint, dass sich – sobald ich den Auftrag bekomme, etwas über einen bestimmten Ort zu schreiben – plötzlich alles herauskristallisiert, was mit diesem Ort zu tun hat. Kontakte, Quellen und präzise Informationen kommen einfach so in mein Leben.

Das erste Ereignis trat ein, als mein Redakteur mich bat, einen Artikel über Golf in Monterey in Kalifornien zu schreiben. Interessanterweise wurde ich zu der Zeit zusammen mit ein paar Golfprofis fürs Fernsehen interviewt – und einer von ihnen war der führende Profi eines berühmten Platzes in Monterey. Dies war ein phantastischer Kontakt für meine Geschichte. Dann beabsichtigte ich, verschiedene Golfplätze anzurufen und mir einen Termin geben zu lassen. Und genau zu dem Zeitpunkt erhielt ich per Post die Einladung, mir einige dieser Plätze anzusehen. Manchmal laden diese Klubs bekannte Autoren ein, damit sie sich von Veränderungen und Verbesserungen überzeugen können, selbst wenn kein Auftrag für einen Artikel vorliegt. Und schließlich veröffentlichte der *San Francisco Chronicle* eine Serie über die derzeit beliebtesten Plätze, Restaurants und Nachtclubs in Carmel und Monterey – ich hatte alles, was ich brauchte, vor mir liegen! Es war phantastisch.«

Eine andere Begebenheit hatte mit einem Auftrag für einen Artikel über kalifornische Golfplätze »von A bis Z« zu tun. Synchronistisch hatte Cori alle Informationen erhalten, die sie brauchte – außer einem. Es fehlte ihr ein Beitrag für den Buchstaben »X«, und sie zerbrach sich den Kopf, wie sie einen Golfplatz finden konnte, der mit dem Buchstaben X in Verbindung zu bringen war.

»Alles, was mir einfiel, war: X zeigt den Ort«, sagte sie. »Doch was sollte das bedeuten? Ich konnte mir keinen Reim darauf machen. Aber warum kam mir dieser Satz immer wieder in den Sinn? Als ich wenig später die Autobahn entlangfuhr, überholte mich ein Wagen mit einem Aufkleber, auf dem Folgendes stand: ›Besuchen Sie den geheimnisvollen Ort in Santa Cruz‹. Ich dachte: ›Der geheimnisvolle Ort – das ist eine Touristenattraktion in Santa Cruz, wo es einen der besten Golfplätze im ganzen Land gibt: Pasa Tiempo, entworfen von Aleister McKinley.‹ Jetzt wusste ich, dass Pasa Tiempo der Golfplatz war, nach dem ich gesucht hatte – der geheimnisvolle Ort, X. So hatte ich all meine sechsundzwanzig Beiträge von A bis Z beisammen.«[5]

Hier sehen wir, wie Coris unterbewusste Botschaft – »X zeigt den Ort« – dafür sorgte, dass sie offen blieb. Und als sie den Autoaufkleber mit dem Begriff geheimnisvoller *Ort* sah, hatte ihr Unterbewusstsein ein Aha-Erlebnis.

Hingabe und Loslassen

Machen Sie Ihre Intention deutlich. Dann lassen Sie sie los. Loslassen ist der wichtigste Aspekt, wenn Sie Ihre Lebensaufgabe finden wollen; es kann freiwillig geschehen oder auch unfreiwillig. Sie werden in der Lage sein, freiwillig loszulassen, sobald Sie ein Ziel oder eine Absicht formuliert haben, jedoch nicht darauf fixiert sind, wann oder wie Ihre Intention sich realisiert. Sie mögen beispielsweise sagen: »Ich möchte Gärten entwerfen und ich würde dies gern zu meinem Beruf machen.« Wenn Sie erst einmal diese Erklärung abgegeben haben, besteht Ihre Aufgabe darin, alle Vorbereitungen zu treffen und den Stein in der Richtung ins Rollen zu bringen, die Ihnen vorschwebt. Während Sie Ihrer Arbeit oder Ausbildung als Gartenarchitekt nachgehen, sollten Sie den Ideen folgen, die Ihnen einfallen (»Ich sollte meinen Cousin anrufen, der Bauunternehmer ist – er kennt eine Menge Leute mit neuen Häusern«). Des weiteren müssen Sie auf jegliche synchronistischen Ereignisse achten, die plötzlich auftreten und Sie mit jemandem bekanntmachen, der vielleicht in der Lage ist, Ihnen beim Erreichen Ihres Ziels zu helfen. Während Sie dieser Arbeit in der äußeren Realität nachkommen, müssen Sie bereit sein, sich *nicht* darauf zu *fixieren*, wie schnell Ihr Ziel erreicht werden soll. Wenn es so aussieht, als würden Sie gegen Wände laufen, können nur Sie in Ihrem Inneren entscheiden, ob solche Wände einen ungeeigneten Zeitpunkt für die Realisierung Ihres Traumes signalisieren oder ob das Hindernis Ihnen sagen will: »Lass die Finger davon!« Sie müssen bereit sein, sich vom Universum Anhaltspunkte geben zu lassen, wo und wie Gärten entworfen werden sollten, selbst wenn es zunächst nicht so aussieht, als hätten diese Hinweise irgendetwas mit Ihrem Ziel zu tun. Sie mögen zunächst nicht die geringste Ahnung haben, wie Sie Ihr höchstes Ziel erreichen können, doch ist es Ihre Aufgabe, *in Ihrer Liebe zum Gärtnern klar und zielgerichtet zu bleiben.* Loslassen ist ein Akt der Geduld und des Vertrauens, dass Gott oder das Universum Ihre Absicht gehört hat und dabei ist, Menschen, Orte und Ereignisse in Ihr Leben zu bringen, die Ihnen helfen werden, diese Absicht in Realität umzusetzen. Ein anderes Wort für diese Hingabe ist »Empfänglichkeit«.

Hingabe geschieht automatisch auch dann, wenn Sie »ausrasten« – so wie es mir geschah, als ich wusste, dass ich nicht meinen eigenen Weg ging, sondern den eines anderen übernommen hatte. Wenn Loslassen unfreiwillig erfolgt – weil Sie mit dem Rücken zur Wand stehen –, bleibt Ihnen nichts anderes übrig, als zu akzeptieren, dass das, was Sie tun, nicht funktioniert.

Hingabe ist die Erkenntnis, dass Sie nicht die Kontrolle über Ihr Leben haben; für Menschen, die sehr kontrollorientiert sind, kann diese Erkenntnis äußerst erschreckend oder schmerzhaft sein. Später stellt man in der Regel jedoch fest, dass man durch die Hingabe an einen höheren Willen einem tieferen Signal gefolgt ist als dem Plan des Egos. Loslassen geschieht, wenn Sie sich weniger darauf konzentrieren, etwas zu tun, und mehr darauf, am Leben *teilzuhaben.* Hingabe ist das Erkennen einer wichtigen Information und die Bereitschaft, sich von einem Vorstellungsbild oder einer Intuition an einen Punkt führen zu lassen, der zunächst nicht Ihren Erwartungen entsprechen mag. Unser kollektiver Glaubenssatz besagt, dass Veränderungen schwierig sind, dass das Leben ein Konkurrenzkampf ist, dass Ressourcen knapp sind und überhaupt alles ein einziger Kampf ist. Wie oft ha-

»Eine andere Vorstellung von Freiheit setzte sich zu diesem Zeitpunkt langsam in meinem Bewusstsein fest, weit unter der Oberfläche – die Freiheit, meine Lebensaufgabe mit aller Hingabe zu verfolgen, deren ich fähig war, während ich gleichzeitig den kreativen Kräften des Lebens gestattete, durch mich hindurchzufließen, ohne dass ich versuchte, Kontrolle auszuüben oder dafür zu sorgen, dass ›etwas geschah‹.«

Joseph Jaworski[6]

ben Sie schon zu jemandem gesagt: »Ohne Fleiß kein Preis«?

Unsere Kultur lehrt uns, dass wir unsere zukünftigen Handlungen kontrollieren, einen Plan erstellen und uns an diesen halten müssen, wenn wir unsere Lebensaufgabe finden wollen. Paradoxerweise trifft jedoch das, was wir uns wünschen, genau dann ein, wenn wir aufhören, uns solche Sorgen zu machen.

Um den natürlichen Fluss der Ereignisse zu unterstützen, versuchen Sie, Ihre Fortschritte nicht ständig kritisch zu beurteilen. Anstatt sich auf die Frage zu versteifen, ob Sie auf dem richtigen Weg sind, sollten Sie mehr darauf achten, was im täglichen Leben Ihre Aufmerksamkeit erweckt. Geben Sie sich Ihrer Fähigkeit zur Selbstorganisation hin und vertrauen Sie ihr.

Gibt es ein Limit für Hingabe?

Sie mögen fragen: »Wie weit gehe ich in meiner Hingabe? Heißt dies, dass ich mich von den Stürmen des Schicksals hin und her werfen lasse?« Wenn Sie völlig konfus sind, unternehmen Sie etwas, um sich zu beruhigen – was immer das sein mag. Stellen Sie sich vor, dass Sie den »Pausenknopf« in Ihrem emotionalen Zustand drücken. Wenn möglich, begeben Sie sich an einen ruhigen Ort oder schließen einfach kurz Ihre Augen, atmen ein paarmal tief durch und lassen die Verwirrung los. Wenn Sie sich ein wenig beruhigt haben, erinnern Sie sich an einen Moment, da Sie jemanden geliebt haben (auch wenn es ein Haustier war). Bringen Sie dieses Erlebnis so stark in Ihren Kopf und in Ihr Herz zurück, wie Sie können. Verbinden Sie sich mit diesem herrlichen Gefühl, das Sie in der Vergangenheit empfunden haben. Das ist etwa so, als würden Sie Salbe auf eine Brandwunde geben. Versuchen Sie, so lange wie möglich in diesem Zustand zu verweilen, mindestens zwei oder drei Minuten. Nehmen Sie wahr, wie sehr Sie sich beruhigt haben. Dann bitten Sie still Ihre innere Führung, sich zu zeigen und Ihnen eine einfache, klare Botschaft darüber zu geben, was Sie jetzt am besten tun sollten. Nehmen Sie Ihre vorherigen Aktivitäten wieder auf und vergessen Sie nicht: Alles ist möglich! Forschungsstudien haben bewiesen, dass ein ruhiges und entspanntes Verhalten die Kreativität erhöht und sogar Ihr Immunsystem stärkt.

Miss America

Sharon Ritchie wurde 1956 zur Miss America gekürt. Das erste Mal traf ich sie 1991 in New York. Ihre Geschichte, wie sie die Wahl gewann, zeigt deutlich die Kraft eines positiven Bewusstseins und beweist, dass eine positive Einstellung zeitlebens ein Schatz ist. Als ich Sharon anrief, um sie zu interviewen, bat ich sie, über ihre Träume als kleines Mädchen zu sprechen, das in Nebraska heranwuchs. Als Erstes sagte sie: »Ich war schon immer von der Vorstellung fasziniert, Filmstar zu werden. Ich liebte es, ins Kino zu gehen und von einem glamourösen Leben zu träumen.«

Wie sie die »Krone« gewann

»Als ich siebzehn war«, fuhr Sharon fort, »gewann ich ein Stipendium für das Woman's College in Colorado. In der Woche vor meiner Abreise nach Colorado schenkte mir mein Vater das Buch *Die Kraft positiven Denkens* von Dr. Norman Vincent Peale. Ich erinnere mich, dass mein Vater es mir am Abend gab und in dieser Nacht machte ich kein Auge zu, sondern las das Buch. Ich war total begeistert von all den Möglichkeiten, die sich uns darbieten können, wenn wir lernen, unsere Gedanken in eine positive Richtung zu lenken, um positive Resultate zu erzielen. Ich glaube, ich habe das Buch in den paar Tagen bis zu meiner Abreise mindestens drei- oder viermal gelesen.

Als die Zeit im College begann, bemerkte ich, dass bereits Veränderungen in mir vorgegangen waren. Ich war kontaktfreudiger als vorher und hatte mehr Selbstvertrauen. Während dieser ersten paar Monate wurde ich Sprecherin meines Studienjahrgangs und Leiterin der Morgenmeditationen in der Kapelle. Ich gewann schnell neue Freunde und mir passierte viel Gutes. Da ich meine Probleme in mir selbst löste, war ich anderen gegenüber offener und liebevoller. Ich begrüßte die Menschen sogar anders als früher.

Im April – während meines ersten Jahres – veranstaltete das College zum ersten Mal einen Schönheitswettbewerb, dessen Gewinnerin an der Wahl zur Miss Colorado teilnehmen würde. Drei Tage vor dem Wettbewerb überredeten mich ein paar Freundinnen mitzumachen. Das war ein solcher Glücksfall, ein absoluter Wendepunkt in meinem Leben. Wenn ich zurückblicke, musste ich auf dieses College gehen, damit mir diese wunderbare Möglichkeit gegeben werden konnte. Ich gewann. Ich war überwältigt und kehrte den Sommer über nach Nebraska zurück, um zu arbeiten, bevor ich mich um die Krone der Miss Colorado bewarb.

Das war eine wichtige Zeit in meinem Leben. Ich hatte bereits die Grundlagen des positiven Denkens bis in die Zehenspitzen übernommen. Während dieser zwei Monate arbeitete ich ununterbrochen daran, Affirmationen zu machen. Ich trainierte sowohl meinen Körper als auch meinen Geist. Als ich nach Denver zurückfuhr, um an dem Wettbewerb teilzunehmen, war ich physisch und geistig in ausgezeichneter Verfassung. Und ein weiteres Mal war mir das Glück hold und ich wurde Miss Colorado.

Ich blieb noch ungefähr sechs Wochen in Denver, bevor ich zur Wahl der Miss America nach Atlantic City fuhr. Inzwischen *wusste* ich ohne den geringsten Zweifel, dass ich auf dem richtigen Weg war. Ich wusste zwar nicht, ob ich den Titel gewinnen würde, aber ich wusste, dass alles, was geschehen würde, richtig war. Außerdem war ich sehr jung und hatte keine Ahnung, was alles falsch laufen konnte! Ich hatte den absoluten Gauben daran, dass das Richtige geschehen würde.

Als ich die Versammlungshalle in Atlantic City betrat, war ich völlig überwältigt. Sie ist riesengroß. Fünfundzwanzigtausend Menschen finden darin Platz und auf der großen Bühne können gleichzeitig zwei Basketballspiele stattfinden. Stellen Sie sich vor: Hier sollte ich also meinen einstudierten Bühnentext abliefern! Zudem war diese Reise meine erste Flugreise gewesen. Soviel Neues! Doch es gelang mir, all diese verwirrenden Dinge mit Gleichmut hinzunehmen, da ich eine große Ruhe in mir hatte. Wie Sie wissen, sind bei solchen Schönheitswettbewerben Dutzende von Journalisten anwesend, die darüber berichten. Irgendwie sprach es sich herum, dass Miss Colorado ungewöhnlich gelassen war, und das interessierte die Reporter. Dutzende von ihnen interviewten mich, um herauszufinden, was mit mir los war. Sie dürfen nicht vergessen, dass die Idee des positiven Denkens damals noch eine sehr neue, unbekannte Philosophie darstellte. Die Journalisten waren fasziniert von der Ruhe, die diese junge Frau ausstrahlte, vor allem in der hektischen Atmosphäre eines Schönheitswettbewerbs.

Am Abend der endgültigen Entscheidung ging ich auf den Balkon am Ende des Flurs in meinem Hotel und blickte auf den Ozean. Ich betete: ›Lieber Gott, wenn es dein Wille ist, dann lass mich bitte gewinnen.‹ Ich weiß, das klingt seltsam, doch nachdem ich diese Worte gesagt hatte, kam es mir so vor, als sei ein Engel in den Wolken über mir erschienen. In meinem Inneren hörte ich die Worte: ›So soll es sein.‹ Ich war außer mir vor Freude! Meine Anstandsdame wartete auf mich und ich drehte mich zu ihr um und sagte: ›Iris, ich glaube tatsächlich, dass ich gewinnen werde. Ich habe so ein göttliches Gefühl in meinem Inneren.‹ Natürlich hatte sie Angst, dass ich enttäuscht werden würde. Ich war um einiges jünger als die anderen Mädchen. Der Aufzug war ein Stück entfernt und auf dem Weg dorthin sagte ich zu Iris: ›So werde ich heute Abend auf dem Laufsteg gehen.‹ Irgendetwas Wunderbares befand sich dort auf dem Flur. Ich spürte eine göttliche Präsenz neben mir. Das war eine gute Woche für mich«, lachte Sharon über das Telefon. »Ich gewann.

Diese Art des Gewahrseins göttlicher Hilfe wird heutzutage weitaus mehr akzeptiert. Uns wird ständig geholfen und es muss sich dabei nicht unbedingt um so etwas Großes handeln wie einen nationalen Schönheitswettbewerb. Selbst Zeitschriften und Magazine veröffentlichen heute Geschichten über Engel, die den Menschen helfen!

Im Laufe der Zeit habe ich gelernt, wie wichtig es ist, im eigenen Inneren einen Ort des Friedens zu finden und sich dorthin zu begeben, wenn man verwirrt oder abgekämpft ist. Ich bin durch viele dunkle Phasen voller Schmerz und Kummer gegangen und ich brauchte diesen inneren Ort des Friedens, um überleben zu können.

Als ich in New York lebte, hatte ich die Gelegenheit, einen Vortrag von Dr. Peale zu hören. Anschließend traf ich ihn unter vier Augen und sagte ihm, wie sehr sein Buch mein Leben verändert hatte. Ich zeigte ihm mein Exemplar mit der Widmung meines Vaters: ›Liebe Shari, gehe deinen Weg immer mit deiner Hand in Gottes Hand, dann wirst du niemals stolpern.‹ Dr. Peale war von diesen Worten so begeistert, dass er sie später sogar in manche seiner Reden einfließen ließ. Kurz nach meiner Begegnung mit ihm zog ich mit meinen Kindern in ein neues Haus und es stellte sich heraus, dass Dr. Peale auch darin wohnte. Der Mann, der mein Leben verändert hatte, lebte ein paar Etagen über mir! Ich konnte mein Glück nicht fassen. Ich hatte das Gefühl, dass Gott auf mich herunterlächelte.

Ich glaube, dass es ungeheur wichtig ist, mit Menschen zusammen zu sein, die unsere Ansichten teilen. Während der Jahre, die ich beim Film und Fernsehen gearbeitet habe, hatte niemand, den ich kannte, mit diesen spirituellen Ideen zu tun. Und so begann auch ich, mich von ihnen zu entfernen. Doch irgendwie erinnerte ich mich wieder daran und kehrte zu ihnen zurück. In den letzten paar Jahren habe ich viele Leute kennen gelernt, die meine Gefühle und Glaubenssätze teilen, und ich fühle mich von außerordentlich freundlichen Menschen umgeben.«

Ich fragte Sharon, wie sie es schaffe, im Gleichgewicht zu bleiben.

»Für mich ist es ganz wichtig, mich jeden Morgen still hinzusetzen und zu meditieren«, sagte sie. »Ich stelle mir vor, wie ich meine Hand in Gottes Hand lege, und ich

Checkliste Ihrer Intention

- Eine Änderung in Ihren Glaubenssätzen erfordert Veränderungen in drei Bereichen:
  Denken
  Sprache
  Handlung
- Machen Sie sich klar, was Sie manifestieren wollen.
- Beobachten Sie Ihre Gedankenabläufe während des Tages.
- Woran denken Sie, wenn jemand mit Ihnen redet?
- Horchen Sie auf eine Idee, die eine neue Denkweise in Ihnen auslösen könnte?
- Vermeiden Sie Bemerkungen, mit denen Sie sich selbst herabsetzen.
- Betrachten Sie sich häufig als Opfer der Umstände?
- Konzentrieren Sie sich auf das, was Sie erreichen wollen, anstatt auf die Hindernisse.

denke an die Liebe. Wenn uns immer wieder Gier, Korruption und Unehrlichkeit begegnen, können wir uns selbst verlieren, wenn wir uns nicht in dem zentrieren, von dem wir wissen, dass es richtig ist. Wir riskieren es sonst, unseren Weg aus den Augen zu verlieren. Hierbei handelt es sich um bewusste Entscheidungen, die wir treffen können, zum Beispiel indem wir bestimmte Bücher lesen, mit Freunden reden oder innerlich mit unserem höheren Selbst kommunizieren, was immer wir uns darunter vorstellen. Dies sind alles Dinge, die uns auf dem richtigen Weg halten. Wenn wir auf diese Weise auf uns selbst achten, ist es uns viel eher möglich, den Weg für andere zu erhellen. Es ist ein Akt des Dienens.

Wenn ich auf mein bisheriges Leben zurückblicke, fühle ich, dass meine größte Leistung darin besteht, meinen Weg, mich selbst gefunden zu haben. Darüber bin ich sehr froh. Ich glaube, dass ich genau da bin, wo ich sein soll.«

Da ich immer neugierig bin, was die tatsächlichen eigenen Erfahrungen der Leute betrifft, fragte ich Sharon, woher sie wusste, dass sie sich selbst gefunden hatte. Sie antwortete bestimmt: »Ich weiß es einfach. Wenn man weiß, wie man dividiert oder multipliziert, dann weiß man eben, wie das gemacht wird. Und so weiß ich es auch.«

Die Frau, die Pferde liebt

Die Bereitschaft, alles von einem spirituellen Gesichtspunkt aus zu betrachten, kann eine scheinbar unerträgliche Situation von Grund auf verändern. Helena (dies ist nicht ihr richtiger Name) arbeitet bei einer großen Gesundheitsorganisation, und als sie 1994 meinen »Pfadfinder«-Kurs besuchte, hatte sie große Schwierigkeiten mit ihrem Chef, den jeder im Büro hasste. Sie fühlte sich damals sehr frustriert und nicht erfüllt. Helena kam zum ersten Mal mit der intuitiven Arbeit in Kontakt, mit der wir uns beschäftigten, unter anderem mit Hilfe von Tarotkarten, geführten Meditationen und dem Einstimmen auf und Interpretieren von Synchronizitäten, die im alltäglichen Leben auftreten. Durch die Arbeit an ihren inneren Erkenntnissen ist es ihr gelungen, eine Arbeit, die sie verabscheute, von Grund auf in eine Aktivität zu verwandeln, die sinnvoll ist. Sie hat ein Gespür für ihre Lebensaufgabe bekommen, weil sie erkennt, wie gut sie ihre Arbeit macht. Sie sieht, dass ihre Abteilung tatsächlich ihre Fähigkeit braucht, die verschiedensten Aufgaben zu organisieren. Außerdem hat sie die Erfahrung gemacht, dass ihre spirituelle Sichtweise von ihren Kollegen anerkannt wird, wenngleich sie es vielleicht auch nicht so ausdrücken.

Nach der Arbeit erholt sie sich bei ihren beiden geliebten Pferden.

Als Helena wegen des Interviews zu mir kam, strahlte sie weit mehr, als ich in Erinnerung hatte. Sie erzählte, dass sie sofort nach dem Reiten zu mir gefahren sei. Ich wollte wissen, wie sich ihr Leben im Vergleich zu damals geändert hatte, als sie vor zwei Jahren in meinen Kurs gekommen war. Hatte sie das Gefühl, jetzt auf dem richtigen Weg zu sein?

Heilung und die Kraft der Pferde

»Ohne Frage«, begann sie, »meine zunehmende spirituelle Perspektive hat mein Leben verändert – es ist sogar so, dass mein Leben einen ganz und gar spirituellen Fokus bekommen hat. Wenn ich Prioritäten aufstellen müsste, wäre meine erste Priorität inneres Wachstum sowie das Erlernen der Fähigkeit, auf meine innere Weisheit zu hören und immer tiefer in sie hineinzutauchen. Dadurch scheinen die äußeren Bedingungen meines Lebens immer mehr an Relevanz zu verlieren. Ich nehme die Dinge einfach nicht mehr so ungeheuer wichtig und ärgere mich auch nicht mehr so leicht über andere. Es fällt mir so viel leichter, Negativität loszulassen.

1994 war ich gefangen in einer typischen Arbeit von 9 bis 17 Uhr. Ich steckte fest, obwohl ich es nicht wollte, und wusste nicht, wie ich da herauskommen sollte. Heute fühle ich mich nicht mehr so, obwohl ich noch dieselbe Arbeit habe. Es war eine echt befreiende Erkenntnis für mich, festzustellen, dass ich mich tatsächlich an meiner Arbeit und den Menschen, mit denen ich zusammenarbeite, freue. Heute sehe ich, dass ich damals die Wahl getroffen hatte, meine Arbeit als Falle zu sehen; heute jedoch erscheint sie mir leichter und wesentlich angenehmer.

Diese Veränderung trat nicht über Nacht ein. Doch anstatt den Job zu kündigen, als die Dinge nicht so liefen, wie ich es wollte, behielt ich ihn und meine innere Arbeit veränderte schließlich die äußeren Umstände. Ich stellte fest, dass es mir Spaß machte, die verschiedensten Aufgaben zu erledigen und Probleme zu lösen, selbst wenn ich dazu zweiunddreißig Telefongespräche am Tag zu führen hatte. Ich musste mir selbst die Frage stellen, warum ich solche Widerstände aufgebaut hatte. Ich nehme an, dass ich meine ganze Sichtweise geändert habe, und heute sehe ich, wie gut ich in meinem Job bin, und lasse es einfach fließen.

Der Moment, in dem alles anders zu werden begann, war der, als ich dieses Gefangensein tatsächlich auch körperlich spürte. Ich habe gelernt, dass ich mit etwas, das eine solch starke Dynamik hat, definitiv arbeiten und mir dabei bewusst werden muss, was wirklich in meinem Inneren vor sich geht. Außerdem ist mir vollkommen klar, dass mir der Gedanke, gefangen zu sein, unweigerlich die Erfahrung des Gefangenseins bescheren wird! Wenn ich jedoch andererseits die Arbeit nicht als Falle, sondern als Gelegenheit betrachte, meine Fähigkeiten auszudrücken, fühlt sich das Ganze völlig anders an.

Ich habe ein besseres Gespür für meine Lebensaufgabe bekommen«, fuhr Helena fort. »Wenn ich mir auch noch nicht völlig im Klaren darüber bin, worin sie besteht, so glaube ich doch, dass sie sich – solange ich im Hier und Jetzt und mit meinem inneren Geist bzw. der universellen Weisheit in Kontakt bin – in meinen Begegnungen und Beziehungen mit anderen Menschen zeigt. Es ist schwer, die richtigen Worte zu finden, doch es kommt mir so vor, als würde ich andere durch mein Beispiel inspirieren und anleiten. Wenn ich völlig im Augenblick lebe, kann ich mich in jeder beliebigen Situation befinden und treffe fast immer die richtigen Entscheidungen und finde die passenden Worte.

Um mich richtig einzustimmen, sage ich manchmal zu mir selbst: ›Irgendwie ist Gott hier. Hilf mir, klar zu sehen. Lass den Gott in mir diese Dinge in die Hand nehmen, denn allein kann ich es nicht.‹ Wenn ich mich daran erinnere, dies zu sagen, funktioniert es immer. Entweder vereinfacht sich die Situation von selbst oder der betreffende Mensch, der sich aus irgendeinem Grund unwohl gefühlt hat, entspannt sich.

Zum Beispiel sah eines Tages eine Freundin, die bei der gleichen Firma arbeitet wie ich, so aus, als wäre sie einem Zusammenbruch nahe. Ich fragte sie, was ihr fehlte, und sie erzählte mir von einem Familienproblem. Während ich ihr zuhörte, dachte ich: ›Was mache ich mit dieser Information?‹ Alles, was ich zu ihr sagte, war: ›Du hörst dich gleichzeitig wütend und traurig an.‹ Sie stimmte mir sofort zu und öffnete sich. Alles, was ich getan hatte, war, ihre Gefühle anzuerkennen, doch am nächsten Tag kam sie in mein Büro und sagte: ›Ich kann dir gar nicht sagen, wie viel mir unser kurzes Gespräch gestern geholfen hat. Ich weiß zwar immer noch nicht, was ich tun soll, aber ich fühle mich schon viel besser.‹ Dies war eine der Situationen, in denen mir einfach die richtigen Worte zum richtigen Zeitpunkt einfielen.

Wenn ich mich heute ärgere, raste ich nicht mehr aus, sondern sage zu mir selbst: ›Lass uns das doch einmal näher betrachten. Woher kommt dieses Gefühl?‹ Ich bin bereit, in den Ärger hineinzugehen und mir anzusehen, wovor ich Angst habe. Dann arbeite ich mit dem Gefühl, anstatt es stundenlang in mir gären zu lassen.«

Da Helena mir gegenüber schon vor diesem Gespräch ihre Pferde erwähnt hatte, spürte ich, dass es sich hierbei um einen Bereich handelte, der uns mehr über ihre Lebensaufgabe und ihr Gefühl einer Verbindung zum Spirituellen offenbaren konnte. Sobald ich sie bat, mir von ihren Pferden zu erzählen, überzog ein strahlendes Lächeln ihr Gesicht und sie richtete ihren Körper auf dem Stuhl noch gerader auf.

»Wenn ich bei meinen Pferden bin, ist es egal, was ich tue, ob ich nun die Ställe sauber mache, Heu in die Tröge fülle, die Pferde streichle, reite oder ihnen beim Spielen zuschaue – in meinem Inneren habe ich ein Gefühl vollkommener und höchster Zufriedenheit. Ich habe mehr magische Momente, wenn ich bei ihnen bin, als sonst in meinem Leben.

Vor einiger Zeit, an einem späten, klaren Novemberabend, ging ich nach der Arbeit in den Stall. Keine Menschenseele war da. Ich holte mein älteres Pferd aus dem Stall, sattelte es und arbeitete mit ihm ungefähr fünfundvierzig Minuten lang in der überdachten Manege. Am einen Ende der Halle war eine riesige, offene Doppeltür. Ich ritt darauf zu, hielt inne und schaute hinaus. Der Mond war voll und strahlte silbern vom Himmel. Ich saß auf meinem Pferd und nahm ein paar tiefe Atemzüge. Auch mein Pferd schaute zum Himmel empor und die ganze Situation gab mir einfach ein unglaubliches Gefühl von Wohlbefinden, Unbeschwertheit und Verbundenheit. Ich brauche nur meine Nase in die Mähne meines Pferdes zu stecken und ich bin von Frieden erfüllt. Ich entspanne mich und spüre fast, wie sich mein Blutdruck senkt. Es handelt sich hierbei zweifellos um eine Verbindung mit der Natur. Pferde sind machtvolle Tiere, deren Instinkte noch immer lebendig und unmittelbar sind. Wenn sie etwas sehen, das sie erschreckt, dann rennen sie weg. Sie haben eine unglaubliche Kraft und sie sind dermaßen bereit, sie abzugeben. In dieser Hinsicht sind sie besonders ungewöhnlich.

Die Kommunikation mit ihnen hat mich Geduld gelehrt. Es ist eine Wonne, mit einer anderen Spezies zu kommunizieren. Manchmal denke ich: ›Wenn ich mit diesem 500 Kilo schweren Tier umgehen kann, kann ich mit allem umgehen.‹ Das Arbeiten und Zusammensein mit Pferden ist eine sehr spirituelle Aktivität – sowohl auf der emotionalen als auch auf der physischen und mentalen Ebene.«

Es sah so aus, als hätte Helena in den letzten zwei Jahren viel darüber gelernt, sich selbst zu vertrauen, sich ihre Gefühle und Ängste anzusehen und die Wichtigkeit ihres Beitrages in ihrer Arbeitsstelle zu erkennen. Ich fragte sie, was mit ihrem alten Chef geschehen war, der ein solches Problem für sie gewesen war – und eine solche Lernerfahrung.

»Wie ich schon sagte – alles in meinem Leben ist irgendwie noch so wie vorher. Dieselben Pferde, dasselbe Haus, aber ich sehe mein Leben heute ganz anders. Es unterscheidet sich völlig von dem früheren und ich kann nicht dahin zurückgehen. Interessanterweise war die Situation mit meinem Chef so unerträglich geworden, dass ich glaubte, kündigen zu müssen, wenn er sich nicht bald änderte. Ungefähr zu der Zeit erzählte mir ein Freund die Geschichte eines Mannes, der sich in einer schwierigen finanziellen Lage befand, da fast all seine Kunden weg waren und er keine Arbeit mehr hatte. Er konnte einfach keine Kundschaft auftreiben und folglich war er sehr angespannt und voller Sorgen. Schließlich sagte der Mann: ›Also gut, Gott, wenn du willst, dass ich auf diese Weise etwas lerne, dann übernimm du. Ich weiß nicht mehr, wie ich die Situation kontrollieren kann.‹

Aus irgendeinem Grund beeindruckte mich diese Geschichte zutiefst und ich dachte: ›Ja genau – auch ich habe keine Kontrolle über meinen Chef. Ich kann nicht bestimmen, ob er gefeuert wird oder seinen Posten kündigt. Ich habe nur Kontrolle über mich selbst und darüber, wie ich im Moment bin.‹ Dann habe ich das Ganze wirklich losgelassen und anschließend so gut geschlafen wie schon seit Wochen nicht mehr. Am nächsten Morgen kam mein Chef in mein Büro und schloss die Tür hinter sich. Er sagte: ›Ich bin völlig gestresst. Ich halte es hier nicht mehr aus. Ich werde mir eine Weile freinehmen.‹ Einen Tag, nachdem ich den Versuch aufgegeben hatte, die Situation zu kontrollieren, veränderte sie sich – und das nach zwei Jahren, in denen sich niemals etwas verändert hatte! Ich hatte das Gefühl, als wäre mir ein riesiges Messer aus meinem Rücken gezogen worden.«

»Ich dachte: ›Ja genau – auch ich habe keine Kontrolle über meinen Chef. Ich kann nicht bestimmen, ob er gefeuert wird oder seinen Posten kündigt. Ich habe nur Kontrolle über mich selbst und darüber, wie ich im Moment bin.‹ Dann habe ich das Ganze wirklich losgelassen und anschließend so gut geschlafen wie schon seit Wochen nicht mehr.«

Wenn Ihre Intention Sie gegen Wände rennen lässt

Was passiert, wenn Sie vorhaben, ein eigenes Geschäft aufzubauen, Sie dabei aber nur auf Hindernisse treffen? War Ihre Intention falsch oder stimmt etwas nicht mit Ihrer

Intuition? Mary ist eine sechsunddreißigjährige Ehefrau, Mutter und erfolgreiche Geschäftsfrau, die sich entschlossen hatte, beruflich einer neuen Leidenschaft zu folgen, um schließlich den von ihr gewünschten Erfolg in der Arbeit zu finden, die sie vorher so gehasst hatte. Vor einigen Jahren hatte sie an einem meiner dreimonatigen Kurse teilgenommen und ich wollte wissen, was mittlerweile aus ihrem Leben geworden war. Mary, eine zauberhafte, lebendige Frau, die man durchaus als couragiert bezeichnen kann, begann zu erzählen:

»Nachdem ich jetzt sechs erfolgreiche Geschäftsjahre hinter mir habe, höre ich auf, um zu Hause bei meiner neunjährigen Tochter und meinem an Prostatakrebs erkrankten Mann zu sein. Als ich 1991 an Ihrem Kursus teilnahm, befand ich mich in einer wichtigen Übergangsphase in meinem Leben. Ich lebte in Scheidung, meine Finanzen waren ein völliges Desaster und ich war die ganze Zeit entweder voller Angst vor der Zukunft – oder konnte es gar nicht erwarten, etwas Neues anzufangen. Außerdem war ich dabei, etliche ungesunde Angewohnheiten aufzugeben – Zigaretten, Alkohol und Drogen. Zudem war ich mit der Missbilligung meiner Familie konfrontiert.

Ich hatte soeben eine Stelle als Marketingassistentin und -forscherin angetreten und hatte das Gefühl, sehr wenig Kontrolle über meine Arbeit zu haben. Ich musste für jemanden arbeiten, dem jegliche Vision fehlte, und das war sehr hart für mich. Ich bin der Typ, der entweder führen muss oder eine klare Vorstellung davon braucht, wohin er geht.

Ich hasste meinen Job aus tiefstem Herzen, und als ich mich zu Ihrem Kursus anmeldete, glaubte ich, keinen einzigen Tag länger in dieser Firma arbeiten zu können. Ich wollte unbedingt ein eigenes Unternehmen im Bereich der Finanzberatung gründen. Und obwohl ich mit Leidenschaft bei der Sache war, sah ich mich ständig neuen Hindernissen gegenüber und kam einfach nicht zum Zuge.

Ich glaube, ich lernte so richtig die Wahrheit des alten Sprichwortes kennen: ›Der Mensch denkt, Gott lenkt.‹ Ich bemühte mich weiterzukommen und dachte: ›Noch ein weiterer Tag in diesem alten Job und mein Gehirn explodiert.‹ Ständig überlegte ich, wie ich eine Möglichkeit finden konnte, mit meinem eigenen Unternehmen Geld zu verdienen.

Schließlich hatte ich so etwas wie eine Erleuchtung. Ich war einfach nicht weiter gekommen. Kurz nach unserem Kursus beschloss ich, die Kontrolle in meiner Arbeitsstelle zu übernehmen. Jemand war entlassen worden und ich überlegte, ob ich vielleicht die Befriedigung finden würde, nach der ich suchte, wenn ich diese Stelle bekommen könnte. Ich dachte: ›Wenn dies mein Weg ist, werde ich das Beste daraus machen.‹ Da es mir nicht möglich zu sein schien, den alten Weg zu verlassen, traf ich die Entscheidung, meine Einstellung meiner Arbeit gegenüber von Grund auf zu ändern. Irgendwie musste ich einsehen, dass ich mit meinem Geschäft einfach nicht vorankam, egal was ich unternahm, und ich hatte nicht das Gefühl, dass es klug wäre, in einer solchen Situation meinen Job aufzugeben – schließlich musste ich den Lebensunterhalt für meine Tochter und mich verdienen.

Doch dann passierte etwas ganz Erstaunliches. Nachdem ich meine ganze Aufmerksamkeit meiner Arbeitsstelle zugewandt hatte, verdoppelte sich mein Einkommen. Ich kaufte mir ein Auto mit einem Autotelefon und hatte bald tatsächlich meinen Spaß. Ich begann damit, eine

»Ich habe gelernt, dass Sie nicht unbedingt im Bereich Ihrer seelenvollen Lebensaufgabe arbeiten müssen, um Seele in Ihrer Arbeit zu finden. Ich dachte, dass ich mein Leben auf keinen Fall mit einer langweiligen Arbeit verbringen und lediglich ein Arbeitstier sein wollte. Mittlerweile habe ich erkannt, dass wir alle für uns selbst sorgen müssen, und man kann eine Menge Seele finden, wenn man einfach mit einer Gruppe von Menschen arbeitet.«

Vision und eine Mission für die Firma zu entwickeln. Und je mehr ich mich in meine Arbeit einbrachte, desto produktiver wurde ich. Ich erinnere mich, wie ich oft an den Mangel von Integrität dachte, den ich früher bei meiner Firma verspürt hatte. Rückblickend glaube ich, dass ich es war, die keine Integrität in ihrem Job hatte, weil ich soviel Zeit damit verbrachte, nicht wirklich mit dem Herzen bei meiner Arbeit zu sein.

Nachdem ich mich auf ein Ziel eingestellt hatte, verdreifachte sich der Umsatz der Firma. Heue habe ich wesentlich mehr Selbstvertrauen, was darauf zurückzuführen ist, dass ich weiß, ich kann meine Familie ernähren – obwohl mir von Anfang an klar war, dass diese Arbeit nicht das war, was ich meine Lebensaufgabe nennen würe. Aber ich wusste, dass ich hier etwas erledigen musste. Warum? Das kann ich nicht sagen. Doch hatte ich eines Nachts einen Traum, in dem viele kleine Dinosaurier aus meinem Schrank herauskamen, und ich erkannte, dass es sich bei ihnen um die Leute handelte, mit denen ich arbeitete, und dass ich schon seit Hunderten von Jahren mit ihnen zu tun hatte. Sie alle sind gute Menschen. Mein Chef hatte sogar meine Stelle extra für mich geschaffen. Es schien eine Art Wiedererkennen, eine Verbindung zwischen ihnen und mir zu bestehen. Doch schließlich kam der Augenblick – vor allem wegen der Bedürfnisse meiner Familie –, da ich spürte, dass ich meine Stelle aufgeben musste.

In dieser Arbeitsstelle habe ich gelernt, dass Sie nicht unbedingt im Bereich Ihrer seelenvollen Lebensaufgabe arbeiten müssen, um die Seele in Ihrer Arbeit zu finden. Früher dachte ich, dass ich mein Leben auf keinen Fall mit einer langweiligen Arbeit verbringen und lediglich ein Arbeitstier sein will. Mittlerweile habe ich erkannt, dass wir alle für uns selbst sorgen müssen, und man kann eine Menge Seele finden, wenn man einfach mit einer Gruppe von Menschen arbeitet. Manche von ihnen betrachte ich beinahe als Familie. Ich war überrascht, dass ich Seele in einer Beschäftigung finden konnte, die nicht meine Wahl war. Heute weiß ich, dass wir seelische Erfüllung finden können in unserer Verantwortung gegenüber anderen und unserer Gemeinde, ob es sich nun dabei um unsere Arbeit, unsere Kirche oder die Schule unserer Kinder handelt. Ich spürte, dass ich durch das Akzeptieren meiner Arbeitssituation, so wie sie war, einen Grund fand, morgens aufzustehen. Ich erkannte, dass meine einfachen täglichen Verrichtungen und Handlungen es mit sich brachten, den Erfolg anderer Menschen in meiner unmittelbaren Umgebung zu beeinflussen. Das gab mir ein Gefühl der Sinnhaftigkeit. Ich spürte, dass ich etwas Sinnvolles tat, indem ich zum reibungslosen Funktionieren und Zusammenhalt der Firma beitrug. Es war mir möglich, meine Kollegen zu motivieren, indem ich über unsere Vision für das Unternehmen sprach. Langzeitpläne für die Zukunft faszinierten und begeisterten mich ebenso wie das, was wir mitzuteilen versuchten. Ich genoss es, in der Lage zu sein, den Energielevel anzuheben.

Wissen Sie, ich war völlig versessen darauf gewesen, mein eigenes Unternehmen zu starten. Doch dann stieß ich ständig gegen Widerstände. Ich kämpfte darum, meine Firma in Gang zu bringen. Wenn aber alles nichts bringt, muss man irgendwann loslassen. Als ich so weit war und meine ganze Aufmerksamkeit meinem ›langweiligen‹ Job zuwandte, besserte sich sehr schnell meine finanzielle Situation. Und zweifellos motivierte mich das Geld, auch wenn ich Ihnen damals gesagt hätte, dass diese Arbeit nicht meine Lebensaufgabe war.«

Marys Geschichte ist ein gutes Beispiel für das Gefühl, genau das Richtige tun zu wollen, dabei jedoch nur gegen Hindernisse anzurennen. Ich fragte sie, was ihrer Meinung nach der Sinn und Zweck ihrer Leidenschaft für ein eigenes Unternehmen im Bereich der finanziellen Analyse und Beratung sei.

»Ich fand es selbst einfach so aufregend, diese Dinge herauszufinden«, antwortete sie, »dass ich sie teilen wollte. Ich hungerte nach dieser Art von Information und damals fühlte es sich einfach so an, als sei das meine Lebensaufgabe. Ich glaubte, diese Beratungstätigkeit bis ans Ende meines Lebens durchführen zu können. Allerdings hatte ich während dieser Zeit nur wenige Erfahrungen von Synchronizität. Ich habe wirklich um alles kämpfen müssen, was ich bekam. Rückblickend nehme ich an, dass ich wahrscheinlich nicht die innere Struktur hatte, so ein Unternehmen aufzubauen, oder vielleicht war dies einfach nicht das, wohin mich mein Leben führte. Heute glaube ich, dass es in meiner Arbeit in der Firma etwas gab, das ich erledigen musste, aber in meinem eigenen Geschäft nicht hätte tun können. Doch hasste ich damals meine Arbeit so sehr, dass ich kaum glauben konnte, dass sie der Ort war, an dem ich sein sollte.

Wenn ich aus dieser Situation irgendetwas gelernt habe, dann die Tatsache, dass man nicht planen, sondern einfach nur den nächsten Schritt machen soll. Ich war so sicher, dass mein eigenes Unternehmen das Richtige war – beinahe sogar auf zellulärer Ebene. Noch heute bin ich völlig verwundert darüber, dass es nicht geklappt hat. Allerdings erkenne ich, dass ich mehr Selbstachtung brauchte, und die bekam ich in meiner alten Arbeitsstelle. Ich nehme an, dass ich außerdem wusste, ich würde nicht für immer dort bleiben. Ich wurde karmisch dorthin gezogen und hatte etwas zu erledigen. Ich hörte auf, meine Situation zu bekämpfen, woraufhin sich etwas vollenden konnte und ich frei war zu gehen. Als ich schließlich meine Stelle aufgab und die Firma verließ, wusste ich, dass es mir gelingen würde, Menschen zu motivieren und eine Gemeinschaft zu schaffen.«

Grundintentionen werden zu Glaubenssätzen

Wenn Ihr Leben nicht so läuft, wie Sie es wünschen, sollten Sie sich unter Umständen die limitierenden Glaubenssätze anschauen, die Ihnen bereits in frühester Kindheit eingepflanzt wurden. Zum Beispiel meinte Paul, ein Musiker: »In unserer Familie nehmen wir niemals milde Gaben von anderen an.« Für Paul mag sich dieser Gedanke in den Glaubenssatz verwandelt haben, dass er nie Hilfe jedweder Art annehmen kann – selbst wenn sie ihm selbstlos angeboten wird! Falsche Unabhängigkeit kann eine Perspektive von Zurückhaltung, Unerreichbarkeit, Konkurrenzdenken, Misstrauen oder sogar Bitterkeit hervorrufen, wodurch die Fähigkeit, Synchroniziäten zu erkennen und ihnen zu folgen, eingeschränkt wird.

In meinem Gespräch mit der Therapeutin Colleen McGovern hatte sie sehr ausdrücklich die Notwendigkeit betont, die eigenen tiefsten Glaubenssätze zu erkennen – diejenigen, die wir nie hinterfragen und von denen wir glauben, dass sie die einzige Realität sind. »Das Wichtigste ist, einen Weg zu finden, der es einem gestattet zu glauben, dass alles möglich ist. Es nur zu sagen ist manchmal nicht genug«, betonte Colleen. »Affirmationen sind in den letzten paar Jahren sehr beliebt geworden. Doch sie reichen nicht aus. Wir müssen tiefer gehen, um herauszufinden, wie wir unsere grundsätzlichen Glaubenssätze entwickeln. Sie können zum Beispiel affirmieren, dass Ihr Leben wunderbar ist, doch wenn Sie wirklich tief in Ihrem Inneren glauben, dass Sie es nicht wert sind, ein wunderschönes Leben zu führen, wird dieser fundamentale Glaubenssatz – ›Ich bin es nicht wert‹ – derjenige sein, der sich in Ihrer äußeren Umgebung manifestieren wird.«

Nehmen wir an, Sie denken: »Ich glaube nicht, dass ich talentiert genug bin, um eine besondere Lebensaufgabe zu haben«, dann sollten Sie sich fragen: »Welche Ereignisse haben mich zu dieser Annahme gebracht?« Vielleicht hat man Ihnen als Kind immer wieder gesagt, dass Sie nichts wert sind. Versuchen Sie, sich an das erste Mal zu erinnern, als Sie ein negatives Urteil von anderen angenommen und verinnerlicht haben. Wenn Sie erst einmal feststellen, woher Sie Ihren Glaubenssatz haben, besteht der nächste Schritt darin zu erkennen, dass Ihre Eltern (bzw. eine andere Autoritätsperson) nur das taten, was ihnen zu jenem Zeitpunkt möglich war. Glaubenssätze werden durch einen Konditionierungsprozess gebildet, bis sie schließlich eine kritische Masse erreichen. Sie beginnen Ihr Leben nicht mit dem Glauben, wertlos zu sein. Es kann sein, dass Ihr Selbstbild schon durch eine einzige Bemerkung, die zu einem kritischen Zeitpunkt gemacht wurde, negativ beeinflusst wurde; oder Sie haben eine Kritik im Laufe der Zeit immer wieder gehört, bis Sie schließlich selbst glauben, dass sie stimmt. Wenn Sie jedoch die Einsicht gewinnen, dass diese Kommentare und Bemerkungen nicht die absolute Realität widerspiegeln, können Sie wählen, ob Sie Ihre Identität überdenken wollen.

Colleen schlägt die folgende Methode zur Änderung von Glaubenssätzen vor, wie zum Beispiel: »Ich habe keine besonderen Talente.« »Fangen Sie damit an, sich den Wunsch einzugestehen, dass Sie Ihre Lebensaufgabe finden wollen. Das heißt, *Sie glauben daran, dass Sie den Wunsch haben, Ihre Aufgabe zu finden.* Da Sie die Realität dieses Wunsches spüren können, wird diese Tatsache allein dazu führen, dass Ihr Energiefeld aktiviert wird. Das Universum wird darauf reagieren, ob es Ihnen nun einen Mentor schickt, eine neue Arbeit oder Sie zu einem Kursus oder Seminar führt.«

Transformation von Traumata durch Identifizierung der zugrunde liegenden Glaubenssätze

Colleen erzählte mir die Geschichte ihrer Nichte, die die Nachwirkungen eines alptraumhaften Ereignisses in einen Pfad der Selbstentdeckung und Transformation umwandelte.

»Meine Nichte E. war im Februar 1995 auf einer amerikanischen Militärakademie auf brutale Weise vergewaltigt worden. Ein Jahr lang lebte sie mit dem Schmerz dieser schrecklichen Erfahrung. Sie glaubte, dass sie ihre Familie beschämen würde, wenn sie ihr davon erzählte, und dass es keine Möglichkeit für sie gab, juristische Schritte gegen ihre Vergewaltiger einzuleiten. Darüber hinaus war sie davon überzeugt, dass ihre einzige Möglichkeit zur Weiterbildung darin bestand, auf der Akademie zu bleiben, wo sie ein Stipendium hatte, und dass es keine Chance gab, irgendwo anders hinzugehen.«

Colleen berichtete weiter: »Ich begann, mit E. zu arbeiten. Als Erstes schauten wir uns an, wie wir ihren Glaubenssatz zu ändern vermochten, dass sie sich nur auf der Akademie weiterbilden konnte, wo ihr so etwas Schreckliches zugestoßen war. Im Laufe der Zeit sah sie ein: ›Ja, es wäre wohl besser, wenn ich auf eine andere Schule ginge‹ – ohne Rücksicht auf das Geld, denn ihre Eltern hatten keins. Der erste Schritt bestand also darin anzuerkennen, dass es besser wäre, die Akademie zu wechseln. Wir versuchten jetzt noch nicht herauszufinden, wie das realisiert werden konnte; es ging nur darum zu erkennen, dass eine andere Schule eine gute Idee wäre.

Dann forderte ich sie auf, die Intention zu entwickeln, dass es ihr möglich sein würde, eine andere Schule zu besuchen. Ich bat sie, mittels Visualisierung zu üben, wie sich diese neue Erfahrung, die sie anstrebte, anfühlen würde. Ich forderte sie auf, sich darauf zu konzentrieren, wie sie sich in einer anderen Schule gern fühlen würde. Wir arbeiteten daran, diese Gefühle ins Bewusstsein zu bringen, so als sei sie bereits in dieser neuen Situation. Sie sagte mir, dass sie gern mehr Freiheit und Unbeschwertheit erfahren wollte. Sie wünschte sich, fair behandelt zu werden (eine Erfahrung, die sie als Frau an der Akademie nicht gemacht hatte). Zudem wollte sie sich natürlich sicher fühlen. Sie sagte zu mir: ›Ich möchte mich so fühlen, wie ich mich fühle, wenn ich dich in Kalifornien besuchen komme!‹

Sie fuhr fort, sich selbst Gefühle von Sicherheit, Unbeschwertheit und Freiheit zu gestatten. Ich riet ihr, nicht zu viel über das Thema Geld nachzudenken. All diese Arbeit machten wir im Mai. Als der September kam, war es ihr mit Hilfe von Stipendien, finanzieller Unterstützung durch ihre Familie und Studienarbeit, die sie liebte, möglich, sich an der Salve-Regina-Universität in Rhode Island einzuschreiben. Heute lebt sie in einer Villa, die für die Studentinnen umgebaut wurde, und ist dabei, ihre Studien mit Auszeichnung abzuschließen.

Sie ist aufgeblüht. Interessanterweise hat sie viele Angebote bekommen, über das Thema Vergewaltigung zu sprechen. Heute weiß sie, dass die Militärakademie eine völlig unpassende Umgebung für einen Menschen wie sie war. Sie ist eine Visionärin und dort gab es keinen Raum dafür.

E. ist ein gutes Beispiel, wie unsere frühe Kindheit

»Der Mechanismus zur Verwirklichung Ihres Wunsches ist bereits in ihm enthalten. Der Wunsch ist der sichtbare Teil. Der Mechanismus – das *Wie* – ist noch unsichtbar, weil Sie nicht wissen, wie er sich zeigen wird. Wenn ich je eine Liste von Charaktereigenschaften erstellt hätte, die ich bei einem Mann haben wollte, hätte ich nur ein Viertel dieser Qualitäten ausdrücken können. Indem ich mich allein auf die Gefühle konzentrierte, die ich erfahren wollte, fand ich einen Mann, wie ich ihn mir nicht einmal im Traum hätte vorstellen können. Sie tun sich selbst keinen Gefallen, wenn Sie versuchen, die Arbeit der schöpferischen Kraft zu tun, die Bäume und Ozeane erschaffen hat. Wenn etwas einen Ozean erschaffen kann, so kann es sicherlich auch meiner Intention besser entsprechen, einen Beitrag zur Welt zu leisten, als es mir je durch den Versuch, alles zu kontrollieren, möglich gewesen wäre.«

Colleen McGovern

dafür sorgen kann, dass wir das Leben nur aus einer Sicht zu betrachten vermögen. Ihr Vater ist Alkoholiker und ihre Mutter sehr konservativ. Nur wenige Mitglieder ihrer Familie gingen aufs College und es gab kaum Vorbilder für Selbstverwirklichung.

Heute glaubt E., dass ihre Vergewaltigung letzten Endes so etwas wie ein Geschenk war. Bevor sie passierte, war E. ihre Unabhängigkeit über alle Maßen wichtig und sie hätte nie jemanden um Hilfe gebeten. Das mag sich für manche Leute seltsam anhören, doch die traumatische Erfahrung der Vergewaltigung zeigte ihr, dass sie lernen musste, um Hilfe zu bitten. Heute ist sie eine andere Frau, weil sie ihre Glaubenssätze darüber, was möglich ist, erweitert hat, und weil sie gelernt hat, dass um Hilfe zu bitten nicht bedeutet, schwach zu sein. Damals gab es in Newport in Rhode Island keinen Notdienst für Vergewaltigungsopfer; mittlerweile hat E. einen ins Leben gerufen.«

Selbstgespräche

Welche Erfahrungen möchten Sie gern in Ihrem Leben machen?

Was müsste sich in Ihrem Leben verändern, damit Sie diese Erfahrungen machen können?

Worin besteht gegenwärtig Ihre größte Angst? Schreiben Sie diese Angst sehr detailliert auf ein Blatt Papier. Zum Beispiel: »Ich habe Angst, dass ich nie meine Lebensaufgabe finden werde. Ich habe Angst, dass mir nichts anderes übrig bleibt, als für den Rest meines Lebens Dinge zu tun, die unter meiner Qualifikation liegen. Ich habe Angst, dass ich nicht die Voraussetzungen habe, erfolgreich zu sein.«

Was glauben Sie, woher Ihre Angst kommt?

Schreiben Sie nun Ihre Angst in Form einer positiven Aussage nieder. Zum Beispiel: »Ich habe Angst, für den Rest meines

Lebens Dinge tun zu müssen, die unter meiner Qualifikation liegen.« Formulieren Sie diese Angst in Ihren eigenen Worten um, beispielsweise so: »Das Leben bietet mir wunderbare Gelegenheiten, für das bezahlt zu werden, was ich gern tue – und was ich gut mache.«

ACHTES KAPITEL

Intuition als Wegweiser Ihrer Lebensaufgabe

»Jedes Mal, wenn Sie um Führung bitten, erhalten Sie sie.«
Gary Zukav[1]

Hinhören

Wenn Sie glauben, dass Gott Ihnen einen Spielplan für Ihr Leben aushändigt, haben Sie durchaus Recht. Sie werden Botschaften und Hinweise erhalten, die die Richtung andeuten, die einzuschlagen Sie geboren wurden, doch wird es sich nicht so anfühlen, als würde Gott Ihnen diese Botschaften geben – es sei denn, er tut es tatsächlich, was bedeutet, dass Sie in dem Fall ein transzendentales Erlebnis haben. Vielleicht gibt es für Sie tatsächlich etwas, das wie bei Moses auf Steintafeln geschrieben steht – vielleicht aber auch nicht. In jedem Fall wird Gott zu Ihnen sprechen. Vielleicht erinnern Sie sich an die alte Geschichte von dem Mann, der während einer Flut auf dem Dach seines Hauses festsaß. Er betete zu Gott, dass er ihn erretten möge. Ein Boot kam vorbei, doch er weigerte sich, vom Dach herunterzuklettern und ins Boot zu steigen, weil er darauf wartete, dass Gott ihn retten würde. Dann erschien ein Hubschrauber, der ein Seil zu ihm herunterließ, doch er nahm das Seil nicht, weil er auf das Erscheinen Gottes wartete, der ihn retten würde … Wenn Sie versäumen, die Botschaften und Gelegenheiten zu erkennen, die Ihnen in Ihrem Leben begegnen, werden auch Sie sich verlassen vorkommen. Das Gefühl der Isoliertheit und des Gefangenseins durch augenscheinlich unüberwindliche Hindernisse sorgt dafür, dass Sie sich machtlos vorkommen und glauben, ein Opfer der äußeren Umstände zu sein.

Eine der wichtigsten Tugenden, die Sie bei dem Versuch, Ihre Lebensaufgabe zu finden, entwickeln können, ist der einfache Akt des Zuhörens und Gewahrwerdens dessen, was Ihnen in Ihrem Aktionsradius begegnet. Zum Beispiel sprach ich einmal auf einer Party in New York mit einem Ehepaar über das Schreiben im Allgemeinen und über metaphysische Themen im Besonderen. Neben uns stand ein Mann namens Richard, der mit dem Versuch beschäftigt war, im Mikrowellenherd der Gastgeberin Tapioka-Pudding zu machen. »Ich bin jemand, der lieber auf einer richtigen Herdplatte kocht«, sagte er bedauernd und öffnete die Mikroherdklappe zum dritten Mal, um nachzuschauen, ob die Tapioka endlich dick geworden war. »Ich weiß, was Sie meinen«, stimmte ich ihm freundlich zu. Woraufhin er sagte: »Ich hörte, wie Sie über das Schreiben sprachen. Oh, oh, Schreiben. Das ist das Letzte, was ich tun könnte. Schreiben ist so schwierig.« Er schwieg einen Moment und fügte dann wie nebenbei hinzu: »Verschiedene Leute haben mir gesagt, ich solle ein Rundschreiben verfassen, aber ich kann einfach nicht schreiben.«

»Und was tun Sie, Richard?«, fragte ich leichthin. »Ich bin Berater für Umweltfragen. Wissen Sie, für Leute, die allergisch auf Dinge reagieren, die in ihren Häusern sind.

»Intution muss von einer Frage ›in Bewegung gesetzt werden‹. Die Frage fokussiert Ihre Intention und sagt Ihnen, auf was Sie in Ihrer Umgebung achten müssen.«
Laura Day[2]

Ich rede mit ihnen über die Alternativen und manchmal muss ich ihnen klarmachen, dass sie umziehen müssen, um ihr Problem zu lösen.« Da ich an diesem ziemlich neuen Beruf interessiert war und dachte, dass er vielleicht ein gutes Thema für mein Buch abgeben könnte, fragte ich Richard, ob ihn seine Arbeit befriedigte. Glaubte er, dass es sich dabei zum jetzigen Zeitpunkt um ein gutes Betätigungsfeld für seine Fähigkeiten handelte? Hatte er das Gefühl, auf dem richtigen Weg zu sein? Offensichtlich überrascht, auf einer Silvesterparty in New York solche Fragen über sein Schicksal und seinen Lebensweg gestellt zu bekommen, antwortete er: »Nun, wer weiß. Ich bin mir nicht sicher. Aber ich glaube, dass es okay ist. Ich muss sagen, mir gefällt die Beratertätigkeit. Mir scheint, dass ich immer irgendwelchen Leuten irgendwas beibringe, und ich mag diesen Aspekt meiner Arbeit. Doch mit dem Geld ist das so eine Sache. Ich verdiene einfach nicht genug.« Richard fragte mich nach meinem Beruf und wir sprachen eine Zeit lang über Bücher. Ich weiß nicht, warum, aber ich hatte das Gefühl, dass es etwas gab, das ich aus diesem Gespräch mit Richard lernen sollte, vor allem, als er sagte: »Ich verdiene einfach nicht genug.« Aus irgendeinem Grund begann ich, ihm die Geschichte zu erzählen, wie die Gelegenheit, das erste Handbuch zu den *Prophezeiungen von Celestine* zu schreiben, in mein Leben kam. Zwei Personen hatten mir gesagt, ich solle das Buch lesen – was ich auch tat. Im Anschluss daran hatte ich begonnen, die Erkenntnisse aus dem Buch in die Arbeit mit meinen Klienten zu integrieren, was schließlich dazu führte, dass meine Agentin sagte: »Warum schreibst du nicht ein Konzept für ein Handbuch zu dem Roman?« – »Seitdem höre ich immer genau hin, wenn mir jemand etwas erzählt«, sagte ich lachend zu Richard.

> »Eine sensible Ausdrucksweise mit vorsichtig gewählten Worten, die aus dem Herzen kommen, hat die Macht, die Menschen zum Weinen oder zum Lachen zu bringen und Handlungen zu inspirieren, die die Welt verändern können, ob im Großen oder im Kleinen.«
>
> *Dan Millman*[3]

»Richard«, fuhr ich fort, »Sie haben soeben erwähnt, dass Sie bei Ihrer Beratungstätigkeit mehr Geld verdienen müssten. Und Sie begannen dieses Gespräch, indem Sie mir – einer völlig Fremden – erzählten, dass die Leute Sie gebeten haben, ein Rundschreiben zu verfassen. Ich würde sagen, dass Sie dieses Rundschreiben tatsächlich schreiben sollten, und vielleicht müssen Sie es nicht einmal selbst tun. Wahrscheinlich wird bald jemand in Ihr Leben kommen, der gern Rundschreiben verfasst!« Er nickte bereits mit dem Kopf, während ich noch sprach, und schenkte mir ein scheues Lächeln. »Ich glaube, Sie haben Recht.« Sein Tapioka-Pudding schien fertig zu sein und unsere Wege trennten sich für den Augenblick.

»Die Leute haben mir gesagt ...«

Wenn Menschen Ihnen Ihr ganzes Leben lang gesagt haben, dass Sie von Haus aus ein guter Lehrer wären – haben Sie da hingehört? Wenn Freunde zu Ihnen kommen, damit Sie ihre Fahrräder flicken oder ihre Waschmaschinen reparieren – könnte es sein, dass eine Reparaturwerkstatt das Richtige für Sie wäre? Wenn Sie leidenschaftlich gern in den Fitnessclub gehen und Ihnen Vitamine und gesunde Ernährung am Herzen liegen – handelt es sich dabei womöglich um ein natürliches Interesse, das sich zu einem Beruf entfalten könnte? Schreiben Sie während der nächsten zwei Wochen jede Idee oder jeden Vorschlag auf, der Ihnen begegnet und wichtig erscheint. Notieren Sie, was Ihnen bei Gesprächen anderer auffällt. Stellen Sie fest, welche Artikel in Zeitschriften und Magazinen Ihr wirkliches Interesse finden. Hat sich Ihnen während dieser vierzehn Tage ein neues Thema zweimal oder öfter präsentiert? Be- oder verurteilen Sie keine dieser Ideen in Bezug darauf, wie schwer oder leicht sie zu verwirklichen wären! Schreiben Sie einfach alles auf, das Ihnen wie eine direkte persönliche Botschaft erscheint, und achten Sie darauf, ob sich im Laufe der Zeit irgendeines dieser Themen weiterentwickelt. Wenn Sie nach zwei Wochen keine besonderen Botschaften oder Hinweise erhalten haben, setzen Sie Ihre Eintragungen zwei weitere Wochen fort.

Wenn Sie glauben, eine Richtung herausgefunden zu haben, fragen Sie Ihre Intuition: »Was könnte ich tun, um einen weiteren Schritt hin auf das zu tun, was mich anzieht?« Jetzt ist der Augenblick gekommen, die Lautstärke bei Ihrem Talent zum Zuhören aufzudrehen! Nehmen Sie sich vor, einen Anruf zu tätigen oder innerhalb der nächsten Woche einen weiteren Schritt vorzunehmen. Zwei ausgezeichnete Bücher, um Sie auf Ihren Weg zu schicken, sind Barbara Shers *Wishcraft: How To Get What You Really Want* und *Live the Life you Love.*

Die Entdeckung der eigenen Bewusstseinsstufe

Im Alter von fünfundzwanzig Jahren schrieb Joseph Campbell, ein Mann von immenser Herzens- und Verstandeskraft, der einer der weltbesten Erzähler zeitloser Mythen werden sollte, in sein Tagebuch: »Ein Tag des Nachdenkens. Die Frage, ob ich eine Arbeit annehmen oder noch ein weiteres Jahr studieren soll, beschäftigt mich.« Wollte er sich noch für den Herbst einschreiben, so musste er sich beeilen, da der letzte Termin unmittelbar bevorstand. Joseph beschloss, es mit dem Strumpfgeschäft seines Vaters zu versuchen. Nachdem er ungefähr einen Monat dort gearbeitet hatte, reflektierte er in einem anderen Tagebucheintrag:

> »Nach der Mittagspause schleppte sich die Zeit noch langsamer hin als vorher. Ich redete eine Weile mit Miss Torpie [einer der Angestellten seines Vaters]; sie erzählte mir von der Zeit, als Onkel Jack Lynch bei Brown und Durrell [dem Strumpfgeschäft] gearbeitet hatte, und mir kam ein absonderlicher Gedanke. Ich dachte, dass er – falls er geplant hatte, sein ganzes Leben den Strümpfen zu widmen – hatte froh sein können, so früh und jung zu sterben. Das Geschäftsleben, wie ich bisher erfahren habe, reduziert lebendige Menschen zu langweiligen Maschinen, die tagein, tagaus stupide Aufgaben verrichten, ohne die geringste Ahnung, wofür sie eigentlich arbeiten. Tom O'Keefe erwähnte heute Morgen, dass er heute arbeiten würde, damit er morgen leben würde, um zu arbeiten – und er machte nicht den Eindruck, dass er das besonders aufregend fand.«[4]

Da der junge Joseph anfing, seinen Kollegen störende Fragen in Bezug darauf zu stellen, was sie von ihrer Arbeit hielten und welche Gefühle sie dabei hatten, löste er eine tief greifende Unruhe aus. Als er schließlich seine Stelle aufgab, war der Vater regelrecht erleichtert, dass sein Sohn seine Suche nach einem sinnvollen Leben anderswo fortsetzte!

Joseph Campbell arbeitete ununterbrochen an einem Plan zur Selbstvervollkommnung, der sowohl die Entwicklung seiner physischen Kräfte als auch das Erlernen neuer Denkweisen beinhaltete. Zur gleichen Zeit, als er das Geschäft seines Vaters verließ, begann er, die Ideen solch neuartiger und außergewöhnlicher Denker wie Krishnamurti, Aldous Huxley und Ernest Holmes, Gründer der Church of Religious Science und Autor von *The Science of Mind* (dt.: *Vollkommenheitslehre*), zu lesen und sich ernsthaft damit zu beschäftigen.

In einer von Holmes' Vorlesungen erhielt er eine Antwort auf eine seiner Fragen. »[Er sagte], ... um wissenschaftlich die Entwicklungsstufe des eigenen Bewusstseins zu entdecken, sollte man sich vier oder fünf Wochen lang Notizen machen über die Dinge, die einen interessieren. Dann wird man merken, dass alle Interessen in eine bestimmte Richtung gehen.« Es stellte sich heraus, dass dies »genau die Technik war, die es Campbell erlaubte, zu einem späteren Zeitpunkt seiner Entwicklung zu wissen, dass ›Mythologie‹ sein Thema war«.[5]

Als Campbell zu lernen begann, seine Gedanken und seinen Geist zu disziplinieren, verringerte das seine Sorgen um seine Bestimmung. Er schrieb in sein Tagebuch:

> »Die schreckliche Last, die sich auf meinem Kopf niederzulassen schien, als ich feststellen musste, dass meine Studententage der Vergangenheit angehörten und ich keine Ahnung hatte, was ich den Rest meines Lebens tun sollte, schien von mir abzufallen und ich bin heute davon überzeugt, dass ich durch Entspannung statt durch Anstrengung die Beschäftigung finden werde, die mir am meis-

ten liegt. Ich werde mich bequem in der Sicherheit ausruhen, dass mein Unterbewusstsein seinen ihm gemäßen Ausdruck finden wird.«[6]

»Ich erinnere mich lebhaft an eine Lehrerin, die während eines Seminars zu mir kam und mir erzählte: ›Ich bin so froh darüber, bald Kindergärtnerin zu sein.‹ Auch ich war froh für sie, denn sie schien so lebendig und voller Begeisterung zu sein. Doch als ich sie fragte, warum sie so glücklich darüber sei, verflog meine Freude schnell, denn sie erklärte mir, dass es Kindern nur im Kindergarten gestattet ist, ›alles auszuprobieren‹, zu kochen und zu schmecken, zu berühren und zu riechen und sich wirklich mit dem Mysterium ihrer Umgebung zu beschäftigen. In der ersten Klasse beginnt dann die ›Zeit des gesellschaftlichen Lernens‹, wo die Kinder mehr Erfahrungen ›über‹ statt ›mit‹ etwas sammeln.«

Jean Houston[7]

Sind Sie intuitiv?

Ja. Denn es ist ausgeschlossen, dass Sie so lange hätten überleben können, wenn Sie nicht intuitiv wären! Unsere frühen Vorväter waren vollkommen auf ihre intuitiven Fähigkeiten eingestimmt, als sie auf die Jagd gingen, das kommende Wetter einschätzten und das Heilungspotenzial der verschiedensten Pflanzen entdeckten. Intuition ist eine angeborene Fähigkeit, die einer tieferen Ebene der Intelligenz entspringt als unser bewusster Verstand und ohne die wir nicht leben könnten. Vor etwa fünfhundert Jahren jedoch begann unser westliches Denken in einer natürlichen Evolution der geistigen Entwicklung anzunehmen, dass alles durch rationale, deduktive Gedanken verstanden und erklärt werden kann. Wir suchten nach einer logischen Ursache für jede Wirkung, und da wir die Ursache

> »Eine der am häufigsten gestellten Fragen, die Schüler der Intuition im Laufe der Jahre an mich gerichtet haben, lautet: ›Wie kann ich sicher sein, dass ich meine Intuition wahrnehme und nicht einfach meine Ängste und Hoffnungen projiziere?‹ Mit anderen Worten: ›Wie kann ich wissen, dass eine Vermutung intuitiv ist (das heißt gültig) und nicht etwas, das ich mir einbilde oder das eine zufällig zutreffende Mutmaßung ist?‹ Meine Standardantwort darauf ist: ›Sie wissen es nicht. Ich mache keinen Scherz; darin liegt die gesamte Herausforderung bei der Anwendung von Intuition.‹«
>
> *Laura Day* [8]

intuitiver Information nicht erkennen konnten, hielten wir die uns innewohnenden intuitiven Möglichkeiten für unwichtig und schoben sie beiseite.

Intuition ist unsere energetische Diagnose eines Energiefeldes von Information. Intuition ist die Ahnung einer Bewegung hin zu einem zukünftigen Ereignis. Es handelt sich dabei um unmittelbares Wissen, das nicht Resultat eines Trainings bzw. eines Versuches ist, eine Antwort zu finden. Intuition sieht das Ganze und präsentiert eine Lösung *en tout* bzw. auf einmal und für das Ganze. Mathematiker sind berühmt dafür, die Antwort auf ein wissenschaftliches Rätsel zu kennen, bevor sie es Schritt für Schritt rational erfasst haben.

Intuition ist wahrscheinlich der selbst-organisierende Faktor, der unsere Aufmerksamkeit auf den Pfad bringt, welche Früchte tragen wird. Körperlich betrachtet wird Intuition oft als ein »Gefühl aus dem Bauch heraus« beschrieben, als ein aufgeregtes Prickeln oder ein Klicken – oder auch so, als »ob einem ein Licht aufgeht«. Die mentale Herangehensweise bezeichnet Intuition als die Kapazität, Informationen aufzunehmen, deren man sich nicht bewusst war, die jedoch – wenn der richtige Zeitpunkt gekommen ist – auf einmal präsent sind. Plötzlich ist Ihnen etwas klar, von dem Sie nie gewusst haben, dass Sie es jemals gelernt hatten. »Wie konnte ich das wissen?« Die Fähigkeit, Trends vorauszusehen und – basierend auf relativ ungenauen Daten – Entscheidungen zu treffen, stellt sich oft als wirkungsvoller heraus als der Versuch, Entscheidungen aufgrund von konventionellen Daten und Faktenanalysen vorzunehmen, die sich aus älteren Unterlagen ergeben.

Ein hochentwickelter Nutzen der Intuition zeigt sich in der Fähigkeit, in Symbolen und Synchronizitäten Sinn und Bedeutung zu finden. Je mehr wir uns darauf konzentrieren, für uns selbst den Sinn in »zufälligen Begebenheiten« zu finden, desto größer wird unsere Kraft der Intuition. Die Intensivierung unserer Beziehung zu unserer gegenwärtigen Umgebung vermehrt unsere Fähigkeit, der Führung der uns innewohnenden Lebensaufgabe zu folgen. Alles ist miteinander verbunden!

Aufmerksam sein

Wir alle besitzen diese Gabe und es gibt Wege, wie wir sie entwickeln und effektiver nutzen können. Um Ihre Fähigkeit zu vertiefen, die Führung Ihrer inneren Intuition zu nutzen, beachten Sie bitte die folgenden Punkte:

- Ihre Psyche ordnet und organisiert ununterbrochen hereinkommende Informationen.
- Jedes Ereignis und jedes Stück Information hat eine Bedeutung und geschieht mit Absicht.

- Ihre Reaktionen auf Informationen oder Ereignisse zeigen Ihnen etwas, das Sie wissen müssen. (Gewöhnen Sie sich an, Ihre inneren Reaktionen und Gefühle wahrzunehmen. Fragen Sie sich im Laufe des Tages immer wieder: »Was fühle ich jetzt?« oder »Welche Gefühle habe ich in dieser Situation?«)
- Träume präsentieren uns oft Informationen, die für unsere gegenwärtige Situation von Bedeutung sind.

Die Klarheit steigern

Um Ihre intuitiven Fähigkeiten zu stärken, müssen Sie empfindsamer gegenüber den Signalen Ihres Körpers werden, wie zum Beispiel einem steifen Hals (der normalerweise anzeigt, dass Sie in einen Machtkampf verwickelt sind und/oder sich überfordert fühlen von den Dingen, die Sie zu tun haben), Kopfschmerzen, Magenschmerzen oder Schlaflosigkeit. Anstatt diese störenden oder schmerzhaften Symptome einfach hinzunehmen und zu erdulden, sollten Sie davon ausgehen, dass Ihr Körper auf diese Weise versucht, Ihre Aufmerksamkeit auf bestimmte Gegebenheiten zu lenken. Vertrauen Sie darauf, dass diese Symptome eine Bedeutung für Sie haben.

Als Nächstes nehmen Sie sich Zeit, um ruhig zu reflektieren und auf ihre Botschaft zu hören. Anstatt zu versuchen, von einem intellektuellen Standpunkt aus »herauszufinden«, was sie bedeuten, begeben Sie sich in einen Dialog mit ihnen. Sie könnten zum Beispiel Ihre Reaktionen, ohne nachzudenken und zu zensieren, einfach aufschreiben, um auf diese Weise Ihren Gefühlen die Möglichkeit zu geben, Ihnen zu sagen, was sie bedeuten. Fragen Sie sich selbst: »Wenn ich wüsste, dass alles, was ich jetzt tue, erfolgreich wäre, wofür würde ich mich in diesem Moment entscheiden?«

Intuition scheint unabhängig von äußeren Ereignissen aufzutreten und residiert offensichtlich auf einer tieferen Ebene des Bewusstseins. Zum Beispiel mag jemand, der über einen bestimmten Plan nachdenkt, Intuition als Prickeln auf der Haut empfinden, während ein anderer vielleicht eines Morgens aufwacht und mit seinem inneren Ohr eine Botschaft »hört«, beispielsweise: »Ruf zu Hause an.« Wieder ein anderer mag feststellen, dass seine Gedanken immer wieder zu einer bestimmten Idee zurückkehren, wie: »Vielleicht sollte ich an einem Computerkurs teilnehmen.« All dies sind Formen von Intuition.

Wir mögen denken, dass Intuition uns völlige Gewissheit geben sollte und einen genauen Plan. Normalerweise, wenn wir nach KLARHEIT rufen, bitten wir in Wirklichkeit darum, eine Botschaft des Universums zu erhalten, die garantiert, dass wir die richtige Entscheidung getroffen haben,dass sie uns eine Menge Geld einbringen wird, dass wir hoffentlich keine großartigen Veränderungen vornehmen müssen und dass wir für den Rest unseres Lebens in Sicherheit sind. Wir bitten nicht um Klarheit, sondern vielmehr um eine Garantie, dass alles gut werden wird, und zwar genau so, wie unser Ego sich das vorstellt.

Sich einstimmen

Ruhig werden und weniger tun ist eine gute Voraussetzung, um Ihre Intuition zu verstärken. Versuchen Sie, einen Abend pro Woche (oder auch nur ein oder zwei Stunden) zu reservieren, wo Sie weder den Fernseher noch das Radio einschalten (Musik ist in Ordnung, aber die Werbeunterbrechungen sind störend). Wenn Sie können, dann lesen Sie auch nicht. Schmusen Sie mit Ihrer Katze oder gestatten Sie es sich, zu träumen und zu entspannen. Tun Sie nichts.

Notieren Sie in Ihrem Kalender ein oder zwei Stunden an irgendeinem Tag, in denen Sie nichts tun werden – vorzugsweise im Freien. Halten Sie diese Verabredung mit sich selbst ein, so wie Sie es mit anderen Verabredungen auch tun.

Eine weitere intuitive Übung besteht darin, eine halbe Stunde aus dem Fenster zu schauen und die Wolken zu betrachten. Welche Formen sehen Sie? Die Fähigkeit, Inhalte in Formen zu erkennen, bedeutet, dass Sie sich auf eine innere Stimme einstellen, die Ihre Realität ordnet. Diese Stimme antwortet auf jede innere Frage, die für Sie von großer Wichtigkeit ist, beispielsweise: »Was ist meine Lebensaufgabe?« Wenn Sie sich überlegen, ob Sie Ihre Arbeit kündigen sollen, achten Sie darauf, welche Bilder sich plötzlich in den Wolken zeigen! So einfach diese Visualisierungsübung auch scheinen mag, sie erlaubt Ihnen, jedes Mal, wenn Sie sich selbst fragen: »Was bedeutet dies? Was sehe ich hier?«, Ihre intuitiven »Muskeln« zu trainieren.

Das Wissen, dass Sie eine zuverlässige intuitive Fähigkeit besitzen, kann Ihnen große Kraft vermitteln. Hinweise kosten nichts und sie tauchen ganz spontan auf. Intuitionen sind berüchtigt für ihre Intelligenz und sie treten vor allem dann auf, wenn wir unseren rationalen Verstand in einen nichtzielgerichteten Zustand bringen. Intuition ist die Quelle unserer Kreativität, unserer Führung und unserer Fähigkeit, den ungewöhnlicheren Weg zu wählen – der uns oftmals zur Realisierung unseres Herzenswunsches führt.

Penney Peirce, eine erfahrene Intuitive und Autorin des Buches *The Intuitive Way*, empfiehlt die folgende Übung, um verschiedene Möglichkeiten intuitiver Problemlösung und Entscheidungsfähigkeit zu testen. Haben Sie zum Beispiel zwei oder drei Berufswünsche, dann haben Sie vielleicht schon bis zu einem gewissen Grad visualisiert, wie Sie diese Tätigkeiten ausüben. Die folgende Übung gestattet Ihnen, Ihren natürlichen Prozess ein wenig absichtsvoller zu gestalten.

Einminütige Intuitionsprüfung

Bevor Sie schlafen gehen, rufen Sie sich den jeweiligen Tag ins Bewusstsein zurück. Versuchen Sie, sich an alles zu erinnern, was irgendwie ungewöhnlich war. Denken Sie zurück und fragen Sie sich: »Wann und wo habe ich mich unwohl gefühlt? Was ist passiert? Was habe ich getan, das mir irgendwie ›gegen den Strich‹ ging?«

Woran denken Sie, wenn Sie am Morgen aufwachen? Bevor Sie aufstehen, sagen Sie zu sich selbst, dass Sie sich so fühlen werden, als wären Sie gerade dabei, in die Ferien zu fahren. Bewahren Sie diese lockere, erwartungsvolle Stimmung so lange, wie es Ihnen möglich ist.

Vergessen Sie nicht: Gott ist die Quelle für alles, was Sie brauchen.

Prüfen Sie Ihre Handlungswege

Erster Schritt – Wählen Sie drei Optionen. Schreiben Sie drei Ihrer Optionen für all das auf, was Sie prüfen wollen.

Zweiter Schritt – Wählen Sie eine der Optionen. Stellen Sie sich diese Option vor, als befände sie sich direkt vor Ihren Augen. Nun visualisieren Sie, wie Sie tatsächlich die Szene betreten – so, als gingen Sie in einen Film hinein. Stellen Sie sich vor, wie das *jetzt* geschieht.

Dritter Schritt – Spüren Sie Ihre Gefühle. Während Sie sich Ihre erste Option vorstellen, nehmen Sie Ihre unmittelbare physische Reaktion wahr. Sind Sie gespannt oder ängstlich, während Sie sich Ihre Szene vorstellen? Sind Sie aufgeregt und erwartungsvoll? Fühlen Sie sich schwer, furchtsam oder überwältigt von der Idee, die Sie sich vorstellen? Während Sie sich weiterhin gewahr sind, was mit Ihrem Körper geschieht, verstärken Sie Ihre imaginäre Szene, indem Sie sie mit allen Sinnen wahrnehmen – hören Sie sich selbst, riechen Sie die Szene, sehen Sie die Menschen, die anwesend sind. Würden Sie sagen, dass diese Option Ihnen ein Gefühl der Erweiterung und Ausdehnung oder des Zusammenziehens gibt? Ist Ihnen heiß? Schwitzen Sie? Fühlen Sie sich beruhigt und getröstet? Glücklich? Erleichtert?

Vierter Schritt – Stellen Sie sich die Zukunft vor. Als Nächstes versetzen Sie Ihre imaginäre Szene in die Zukunft – in die nächsten vier oder sechs Monate. Welche Reaktionen verspüren Sie jetzt? Gibt es einen Wechsel von Erleichterung zu Angst? Von einem Gefühl böser Vorahnung zu einem Wohlgefühl? Stellen Sie fest, welche Veränderungen Ihr Körper in dieser Zukunft erlebt.

Fünfter Schritt – Verlegen Sie Ihre imaginäre Szene ein Jahr in die Zukunft. Fahren Sie fort, Ihre physischen Reaktionen bewusst wahrzunehmen. Fühlt es sich so an, als sei diese Option zu Beginn (Schritt 3) in Ordnung, würde jedoch nach einem Jahr anstrengend oder schwierig (Schritt 4)? Hat Ihre Option schlecht angefangen, ist allerdings innerhalb eines Jahres besser geworden? Hat sie gut angefangen, ist aber nach einer Weile unerträglich geworden?

Sechster Schritt – Seien Sie neutral. Nachdem Sie Ihre erste Option klar vor sich gesehen und gefühlt haben, lassen Sie all diese Bilder und Empfindungen los und werden Sie neutral. Wiederholen Sie den Prozess für jede Ihrer anderen Optionen.

Siebter Schritt – Und was wäre, wenn Sie nichts tun? Nachdem Sie all Ihre wichtigsten Optionen eingeschätzt haben, wiederholen Sie den imaginären Prozess ein weiteres Mal mit der Entscheidung, »nichts zu tun». Fühlen Sie sich erleichtert, wenn Sie sich vorstellen, »nichts zu tun»? Oder ruft das Nichtstun Spannung und Angst in Ihrem Inneren hervor? Während Sie es in die Zukunft projizieren – wann fühlt es sich richtig an zu handeln?

Penney Peirce schlägt vor: »Bei der Anwendung dieser Technik als Entscheidungshilfe konzentrieren Sie sich auf die Wahl, die Ihnen ein tiefes Wohlgefühl gibt, nicht nur oberflächliche Erleichterung.«

Forcieren Sie eine Antwort, indem Sie eine Münze werfen

Eine andere Technik, die Sie in Kontakt mit Ihrer Intuition bringt, besteht darin, eine Frage zu stellen, dann eine Münze zu werfen und zu beobachten, wie Sie sich bei dem Ergebnis fühlen.

Nehmen Sie eine Münze und entscheiden Sie, ob Kopf ein Ja oder Nein bedeutet. Denken Sie an Ihre Frage und werfen Sie die Münze dann dreimal hoch, um zu sehen, ob die Antwort Ja oder Nein lautet. Achten Sie sogleich darauf, welches Gefühl Sie bei der Antwort verspüren. Sind Sie erleichtert? Enttäuscht? Energetisiert? Geschwächt? Ängstlich? Nicht gut genug? Aufgeregt? *Dies ist die Stimme Ihrer Intuition, die zu Ihnen spricht.* So einfach ist das. Dies ist der Beginn der Klarheit, nach der Sie gesucht haben. Der Empfang dieser Information über Ihren Energiezustand hilft Ihnen zu sehen, ob und wie Sie von Ihrem Weg abgekommen sind oder nicht.

Wie Sie in Kontakt mit sich bleiben, auch wenn Sie verwirrt sind

»Wenn Sie ein Gefühl von Leichtigkeit und Fließen verspüren«, sagt Penney Peirce, »erhalten Sie Botschaften von Ihrem ›überbewussten Geist‹. Sobald Sie Spannungsgefühle, Verwirrung, Unsicherheit oder Mühsal empfinden«, erklärt sie weiter, »sind Sie wahrscheinlich mit Ihrem Unterbewussten in Kontakt und versuchen, Ihr Dilemma durch den alleinigen Einsatz Ihrer Willenskraft zu lösen. Wenn Sie jedoch Ihrem eigenen Willen folgen und ihn stur durchsetzen wollen, wird Ihnen ein lebenswichtiger Anteil an intuitiver Information nicht zur Verfügung stehen, mit dem Sie zu einer angenehmeren Lebensweise zurückkehren könnten.«

Kampf und Mühe weisen normalerweise auf einen Konflikt zwischen verschiedenen Motivationen innerhalb Ihrer Seele hin, mit der Sie nicht in Kontakt sind. Vielleicht wollen Sie ein Haus kaufen, das preiswert und gut in

Schuss ist, dem es dafür aber an Schönheit mangelt. Wenn Sie nun hin- und hergerissen sind und nicht wissen, ob Sie es erwerben sollen, kämpft Ihr Gefühl für Schönheit darum, anerkannt zu werden, bevor Sie sich langfristig auf etwas einlassen.

Wenn Ihnen erst einmal eine Idee zu einem neuen Schritt in Ihrem Leben kommt, dann ist es klug, sofort etwas in dieser Hinsicht zu unternehmen. Je schneller Sie auf innere Energieveränderungen reagieren, desto schneller geraten Sie in den Fluss der Ereignisse. Wenn Sie jedoch zögern und den neuen Schritt aufschieben, wird diese nicht ausgedrückte Energie wahrscheinlich stagnieren, bis Sie sich schließlich müde, frustriert oder deprimiert fühlen.

Penney Peirce schlägt daher vor, dass Sie versuchen sollten, »mental einige Minuten ›loszulassen‹, wann immer Sie das Gefühl haben, nicht im Kontakt mit der Leichtigkeit und dem Fließen Ihres überbewussten Geistes (Ihres seelischen Selbst) zu sein. Denken Sie einfach an nichts Bestimmtes und entspannen oder lockern Sie sich wie einen Muskel. Schauen Sie aus dem Fenster oder atmen Sie bewusst. Um sich wieder mit dem Fließen zu verbinden, füllen Sie Ihren Körper mit einem Gefühl der Liebe und Freundlichkeit. Holen Sie eine besondere Erinnerung an einen Moment voller Liebe in Ihr Bewusstsein zurück (zum Beispiel, als Sie einen Berg bestiegen, als Ihnen bei einer Präsentation applaudiert wurde, Sie Ihren Geliebten küssten oder mit Ihrer Katze schmusten). Genießen Sie diese gefühlsmäßige Erinnerung ein paar Minuten lang. Stellen Sie fest, welche Gedanken als Nächstes in Ihrem Kopf auftauchen, denn sie kommen aus einer Quelle, die Ihrer Seele viel näher ist. Hören Sie auf Ihren inneren Rat; dann entspannen Sie sich und vertrauen Sie darauf, dass sich bald noch Anleitung und Führung zeigen wird. Kämpfen Sie nicht darum, von Ihrer Seele eine komplette Botschaft zu Ihrer ›Lebensrichtung‹ auf einmal übermittelt zu bekommen. Die richtige Intuition wird sich nach und nach bemerkbar machen.«

Geschenke Ihrer Intuition und Ihrer Träume

Dr. Marcia Emery, Autorin des Buches *Dr. Emery's Intuition Workbook* und Beraterin, die im Bereich des intuitiven Trainings vor allem mit leitenden Geschäftsleuten und Managern arbeitet, verabredete sich mit mir zum Mittagessen, um darüber zu diskutieren, wie wir Intuition einsetzen können, um unseren nächsten Schritt zu bestimmen. Ihre eigene Geschichte zeigt, auf welche Art Hinweise auftauchen können, um uns über Hindernisse hinweg und durch Schwierigkeiten hindurch zu führen, die auf unserem Weg liegen. Sie hatte mir schon vorher erzählt, dass sie bei ihrem ersten Buch *The Intuitive Workbook* mindestens fünfzig Absagen bekommen hatte. Ich fragte sie, wie sie der Versuchung widerstanden hatte, aufzugeben. Sie lächelte und sagte:

»Zwei Dinge haben mir geholfen. In meinem Inneren war ich davon überzeugt, dass dieses Buch wichtige Informationen für die Menschen enthielt und dass es irgendwann erscheinen würde. Ich kann Ihnen nicht sagen, wieso ich das wusste – aber ich wusste es. Es war beinahe so, als wenn ich es hätte sagen hören: ›Ich lebe. Ich lebe.‹ Zweitens höre ich generell nicht auf die Zweifler und Neinsager.« Sie lachte und fuhr fort. »Außerdem glaube ich an die Weisheit meiner Träume. Ich hatte zum Beispiel immer wiederkehrende Träume, in denen ich meine

Katze aus dem Käfig ließ. Das machte sie so glücklich. Nun ist es so, dass ich meine Katze nicht wirklich in einem Käfig halte, doch hatte ich das Gefühl, dass die weibliche Katze ein Symbol für Intuition war – das Thema meines Buches –, und sie war glücklich darüber herauszukommen. In einem anderen Traum war ich in einem Krankenhaus und ein Arzt sagte zu mir: ›Das Baby hat nicht überlebt.‹ Etwas später rief er mich an und meinte: ›Ihr Baby ist wiederbelebt worden.‹ Kurz danach wurde mein Buch von einem Verlag angenommen, doch musste ich gewisse Änderungen vornehmen.

Ich halte Ausschau nach Zeichen, die mich ermutigen oder mir eine neue Richtung weisen. Allen Hinweisen, die mir auffallen, werde ich nachgehen. Ich bin sehr geduldig!«

Ich fragte Marcia, was vor sich geht, wenn wir uns unserer Intuition bewusst werden und einen »logischen« Schritt unternehmen, um ihr zu folgen, dann jedoch nichts passiert – wie wir in Marys Geschichte im letzten Kapitel gesehen haben. War die ursprüngliche Intuition falsch – oder irrelevant?

Einfache Möglichkeiten, Ihre Intuition zu vertiefen

- Verbringen Sie jede Woche mindestens zwei oder drei Stunden allein. In der Wohnung herumzutrödeln, irgendetwas zu basteln oder Musik zu hören hilft Ihnen, sich zu entspannen und den rationalen Verstand auszuschalten.

- Nehmen Sie Menschen in Cafés und Restaurants wahr. Erfinden Sie die Geschichte ihres Lebens.

- Schauen Sie sich die Wolken an und stellen Sie sich vor, dass unterschiedliche Formen oder Figuren in ihnen verborgen sind.

- Jedes Mal, wenn das Telefon klingelt, fragen Sie sich: »Wer ruft mich wohl an? Ein Mann? Eine Frau?«

- Bevor Sie Ihren Anrufbeantworter abhören, raten Sie, wie viele Personen angerufen haben. Entscheiden Sie sich spontan für eine Zahl, ohne lange nachzudenken.

- Kaufen Sie sich ein Deck metaphysischer Karten, wie zum Beispiel das Tarot oder indianische Karten mit Totemtieren. Ziehen Sie jeden Morgen eine Karte und lesen Sie nach, was sie an kommenden Ereignissen an diesem Tag oder in dieser Woche aussagt. Achten Sie auf Entsprechungen der Karte im täglichen Leben.

- Bevor Sie schlafen gehen, bitten Sie Ihre Träume, eine bestimmte Frage zu beantworten. Schreiben Sie alles auf, woran Sie sich erinnern können. Vergessen Sie nicht:

  Der Anfang des Traumes sagt Ihnen, um welches Thema es sich handelt.
  Die Mitte des Traumes sagt Ihnen, was Sie tun müssen, um das Thema zu lösen.
  Das Ende des Traumes zeigt das Ergebnis, wenn Sie den gezeigten Weg einschlagen.

- Wann immer Sie mit einem Menschen in Kontakt treten, schauen Sie ihn an und erkennen Sie in seinem Gesicht und seinen Augen, wie schön er ist. Betrachten Sie den anderen als Seele. Senden Sie ihm bewusst Segenswünsche und liebevolle

Energie und stellen Sie fest, wie Ihre Interaktion wertvoller wird und welche Information auftaucht, die für Sie oder Ihre Lebensfrage von Bedeutung ist.

- Bitten Sie am Morgen darum, dass Sie im Lauf des Tages hilfreiche Menschen treffen oder dass Ihnen wichtige Informationen gegeben werden,die Sie auf ein bestimmtes Ziel hinweisen.

- Beginnen Sie Ihren Tag mit der hoffnungsfrohen Erwartung, dass gute Dinge auf Sie warten.

»Ich bin früher viel gereist«, antwortete sie. »Und dabei las ich oft das Board-Magazin *Hemispheres.* Es gefiel mir und ich beschloss, einen Artikel über Intuition für dieses Magazin zu schreiben. Während der nächsten Monate dachte ich jedes Mal, wenn ich die Zeitschrift sah: ›Ich möchte, dass ein Artikel von mir in diesem Magazin erscheint.‹

Schließlich war der Artikel fertig und ich schickte ihn ein. Die Redakteurin sagte mir, das Thema Intuition sei ein wenig gewagt, doch letztendlich nahm sie die Geschichte an. Ihr gefiel vor allem die Aussage, dass Unternehmer und Manager ihre logischen, entscheidungstreffenden Fähigkeiten und ihre intuitiven Möglichkeiten integrieren können, um ihre Erfolgsquote zu verbessern. Der Artikel erschien unter dem Titel ›Machtvolle Ahnungen‹. Mir gefiel der Titel so gut, dass ich ihn für meine Seminare verwendete. Wenn ich klar, wirklich klar sehe, wird mir der Weg gezeigt und alles, was ich brauche, wird mir zur Verfügung gestellt.

Diese Art von Vorsehung geschah noch einmal, als ich zu entscheiden versuchte, ob mein Mann und ich von

Michigan, wo er achtundfünfzig Jahre lang gelebt hatte, nach Kalifornien übersiedeln sollten. Ich war auf einer Konferenz in San Diego und hatte am Freitagabend eine Verabredung zum Essen mit Jeffrey Mishlove, dem Direktor des Intuition Network, und Inge Lillie, einer intuitiven Finanzberaterin. Während des Essens erwähnte ich, dass ich nicht wusste, was ich tun sollte, da mein Mann gegenwärtig unter einer schweren klinischen Depression litt und nicht unbedingt umziehen wollte. Jeffrey wandte sich Inge zu und fragte sie, was ihrer Meinung nach das Problem sei. Nach einem Moment des Nachdenkens begann Inge damit, die intuitive Information niederzuschreiben, die sie erhielt, und sagte dann zu mir: ›Sie sind sich nicht klar darüber, was *Sie* wollen. Gewinnen Sie Klarheit.‹ In jener Nacht beschloss ich, dass ich in jedem Fall an die Westküste ziehen wollte.

Am darauf folgenden Sonntag beim Mittagessen saß ich ›zufällig‹ neben einer Frau, der gegenüber ich beiläufig erwähnte, dass ich nach einer Gelegenheit zum Haus- oder Tierehüten in der Bay Area (bei San Francisco) suchte, damit ich mir diese Gegend und auch San Diego und Phoenix in Arizona als potenzielle Heimat näher anschauen könnte. Sie erwiderte: ›In ein paar Wochen gehe ich für einen Monat nach China und ich brauche jemanden, der meine Katzen versorgt.‹ Ich war überrascht, wie leicht und schnell die Dinge sich ergaben! Mein Mann und ich fuhren bald darauf in die Bay Area, und als er die Möglichkeit hatte, die Gegend näher zu erkunden, war er begeistert. Wir waren in Berkeley, wo wir die Katzen hüteten, und genau da kauften wir uns auch ein Haus.

Interessanterweise hat unser neues Haus ein Oberlicht, und als ich es sah, erinnerte ich mich an einen Traum, in dem ich genau so ein Oberlicht in einem Haus gesehen hatte, das sich in der Nähe des Meeres befand. Ich weiß noch, dass ich äußerst glücklich aus diesem Traum aufgewacht war, doch hatte ich ihn bis zu dem Moment vergessen, als ich ebendieses Oberlicht im ›wirklichen Leben‹ sah. Das bestätigte mir zweifelsfrei, dass unser neues Haus genau das Richtige war. Kalifornien ist zweifellos der beste Platz für mich gewesen, um mein intuitives Trainingsprogramm zu entwickeln.«

»Wenn ich klar, wirklich klar sehe, wird mir der Weg gezeigt und alles, was ich brauche, wird mir zur Verfügung gestellt.«

Ich war neugierig zu erfahren, wie sich ihr Übergang von einer erfolgreichen Karriere als Universitätsprofessorin und klinische Psychologin zu einer unabhängigen, intuitiven Beraterin für Unternehmer und Geschäftsleute gestaltet hatte.

»Das war schon recht ungewöhnlich. Ich hatte mich nie wirklich für diese Dinge interessiert, bis ich zwei Träume hatte, die präkognitiv waren und sich um zwei Autounfälle drehten, die genau so eintrafen, wie ich sie geträumt hatte. Das schockierte mich zutiefst. Auch hatte ich mehr und mehr Déjà-vu-Erlebnisse mit anderen Menschen. Manchmal behauptete ich ihnen gegenüber, dass wir ein bestimmtes Gespräch bereits geführt hatten! Außerdem begann ich während der gleichen Zeit, Einsichten in meine Arbeit als Psychologin zu gewinnen, die ich heimlich als ›brillant‹ bezeichnete; ich war ganz aufgeregt und stolz wegen dieser neuen Einsichten, bis ich feststellte, dass sie nicht von mir kamen, sondern durch mich. Ich sprach mit niemandem über diese Dinge, doch die Synchronizitäten geschahen immer häufiger.

> »Alles, was ich im Laufe der Zeit gelernt habe, hat mir geholfen, ein genaueres Bild davon zu bekommen, auf welche Weise Menschen arbeiten und schöpferisch tätig sind.«

Eines Tages sagte mir eine meiner Studentinnen auf eine seltsam liebevolle Art: ›Sie sollten sich Ihre Karten legen lassen.‹ Ich dachte, sie spräche von Spielkarten, und hatte nicht die geringste Ahnung, dass sie Tarotkarten meinte. Als ich schließlich die Tarotkarten gelesen bekam, wurden mir einige Informationen mitgeteilt, die sich später als wahr herausstellten.

Ich glaube, was passierte, war, dass mir jenseits allen Zweifels gezeigt wurde, dass Bewusstsein weit umfangreicher und komplexer ist, als ich es als ›normale‹ Psychologin gelernt hatte. Ich bin froh, dass ich den wissenschaftlichen Hintergrund meines Psychologiestudiums habe; heute fühle ich, dass meine Arbeit darin besteht, mich darauf zu fokussieren, diese Einsichten der Gesellschaft erneut nahe zu bringen – sowohl anderen Psychologen als auch Geschäftsleuten und Unternehmern. Wenn ich zurückblicke, kann ich sogar sehen, wie mein frühes Training als Tänzerin meine Kreativität angeregt und mir geholfen hat, meine intuitive Seite mit meiner logischen in Einklang zu bringen. Alles, was ich im Laufe der Zeit gelernt habe, hat mir geholfen, ein genaueres Bild davon zu bekommen, auf welche Weise Menschen arbeiten und schöpferisch tätig sind.«

»MAGIK« – Einfach hinhören

In unserer nächsten Geschichte begegnen wir Laura Adkin, der geschäftsführenden Direktorin von MAGIK – »Movement and Acquisition of Gifts in Kind«. MAGIK ist eine gemeinnützige Firma, die Wiederverwertung auf eine neue Ebene gebracht hat. Durch Lauras Organisation fließen aus einem unglaublichen Füllhorn ausgemusterte Sachen und Spenden von Firmen in die Hände von Wohlfahrtsorganisationen, die diese Dinge gebrauchen können. Im Laufe dieses Vorganges wandelt sich das Leben vieler Menschen. In Lauras Arbeit können wir deutlich sehen, wie wichtig und lebensverändernd der Einfluss einer Person für eine große Anzahl anderer Menschen sein kann.

Lauras eigene Suche nach ihrer Lebensaufgabe enthüllt zwei grundsätzliche Einsichten. Erstens erkennen wir, dass Notsituationen in der Kindheit und späteres Glück sie psychologisch darauf vorbereitet hatten, sich eine besondere berufliche Laufbahn zu schaffen. Zweitens ist sie davon überzeugt, dass sie ihre Lebensaufgabe in erster Linie durch das Hören auf ihre innere Stimme gefunden hat.

Laura Adkin und ihr Computer arbeiten von einem zweitausend Quadratmeter großen Büro in der Gegend von Hunters Point in San Francisco aus. Oft sieht sie die Dinge, die gespendet werden, nicht einmal, da die meisten Organisationen die Sachen direkt bei den Spendern abholen, sobald der Computer Spender und Bedürftige aufeinander abgestimmt hat. Ich sprach mit Laura, weil ich wissen wollte, wie sie die Idee gehabt hatte, ein solch einfaches, originelles und segensreiches Konzept in eine erfolgreiche Laufbahn zu verwandeln. Ich war neugierig zu erfahren, wie sie dahin gekommen war, wo sie heute steht, und welche Erfahrungen in ihrem Leben ihren Weg geformt und sie darauf vorbereitet hatten, dieses neue Konzept zu entwickeln und Früchte tragen zu lassen. Viele von uns denken hin und wieder: »Es muss doch noch einen besseren Weg geben« oder »Jemand sollte ... machen (irgendeinen Service oder ein Produkt, das wir für notwendig halten).« Doch allzu oft hören wir einfach nicht auf unsere Intuitionen und brillanten Ideen. Wie hat Laura Adkin es fertig gebracht?

»Ich würde dieses Geschäft ›segensreiche Abfallverwertung‹ nennen«, begann sie. »Es ist einfach eine Art ›Robin-Hood-Abenteuer‹. Früher hatte ich einen ›richtigen‹ Beruf. Ich war im Medienbereich tätig und traf dort eine Menge Berühmtheiten. Ich arbeitete im Bereich der Welthungerhilfe und hatte mit vielen Architekten und Designern zu tun. Alles, was ich tat, brachte mich immer wieder an denselben Punkt: Ich arbeitete immer gleichzeitig mit denen, die etwas haben, und denen, die nichts haben. Ich habe zwei Diplome – eines in Kunstgeschichte und eines in Psychologie. Also wurde ich eine Psychotherapeutin, die mit Kunst arbeitete, doch bei meiner Arbeit in Wohlfahrtsorganisationen hatte ich mit Familien zu tun und da fehlte immer irgendetwas. Die Leute wurden therapiert oder bekamen Medikamente, damit sie besser ›funktionieren‹ konnten, und anschließend gingen sie in ihr ursprüngliches Umfeld zurück. Doch oft kam es vor, dass jemand irgendwo anders ein neues Leben beginnen wollte und weder Möbel noch ein Bett zum Schlafen hatte.

Im Anschluss an meine Arbeit im Medien- und Sozialbereich wurde mir vom American Institute of Architects eine Stelle angeboten. Sie wollten, dass ich als soziale Beraterin beim Entwurf sinnvoller Wohnanlagen für Obdachlose fungierte. Ich stellte bald fest, dass keine der Wohlfahrtseinrichtungen irgendwelche Möbel oder sonstige Dinge besaß, die sie den Menschen hätten geben können, während die Designer oft viel zu viel von allem hatten. Mir wurde klar, dass diese Gruppen sich in der Mitte treffen mussten und dass es hier eine Nische gab, die gefüllt werden konnte.

> »Die Erfahrungen meiner frühen Jugend halfen mir, mich in Menschen einzufühlen, die sehr wenig besitzen.«

Die Erfahrungen meiner frühen Jugend halfen mir, mich in Menschen einzufühlen, die sehr wenig besitzen. Meine Eltern ließen sich scheiden, als ich sehr jung war. Ich lebte bei meiner Großmutter mütterlicherseits, bis ich vier war. Sie war sehr religiös und ein wunderbarer Mensch; sie gab mir das Gefühl, dass ich ein Geschenk der Götter an die Menschen war. Zudem war sie sehr arm. Im Gegensatz zu ihr schienen weder mein Vater noch meine Mutter zu fühlen, dass ich überhaupt irgendeine Bedeutung hatte. Vor allem mein Vater ließ mich wissen, dass ich nicht die Kraft hätte, jemals irgendetwas zu verändern. Seltsamerweise gab mir meine Mutter, die mich mehr als einmal verlassen hatte, die Botschaft, dass ich alles tun könnte, was ich mir in den Kopf setzte. Aufgrund dieser schmerzhaften Erfahrung mit meiner Familie bekam ich während der Zeit in der High School eine klinische Depression und sprach mehr als ein Jahr lang kein Wort.

1974 wandelte sich mein gesamtes Leben ins Gegenteil, als ich eine sehr reiche Familie kennen lernte, die mich adoptierte. Zu diesem Zeitpunkt war ich bereits allein erziehende Mutter einer vierjährigen Tochter. Meine neue Familie stellte mir ein Haus in Washington zur Verfügung. Heute versuche ich, die Großzügigkeit dieser Familie – die ohne jegliche Erwartung einer Gegenleistung gewährt wurde – in meiner eigenen Arbeit zu imitieren.

Es war ein solches Wunder, wie ich diese Leute traf. Ein Mann, mit dem ich ab und zu ausging, stellte mich ihnen vor. Sie waren alt genug, um meine Eltern zu sein, und hatten bereits eine Familie. Sie bekundeten mehr Interesse an mir, als irgendjemand in meiner eigenen Familie es jemals getan hatte, und sie unterstützten mich in jeder Hinsicht. Bildung war ihnen äußerst wichtig. Die Frau war Erbin eines großen Vermögens und hatte in Yale Jura studiert. Wir hatten die gleichen Wertvorstellungen, während es in meiner eigenen Familie nie eine Übereinstimmung in Bezug auf Bildung oder Erziehung gegeben hatte. Ich habe eine wesentlich stärkere Beziehung zu meiner Adoptivfamilie als zu meinen wirklichen Eltern. Ich hatte das Universum um eine Familie gebeten und ich bekam eine!

Bald beschloss ich, aufs College zu gehen, und sobald ich diese Entscheidung gtroffen hatte, fügte sich alles wie in einem Puzzle zusammen. Ich interessierte mich bald für all das, was anders war als meine frühere Familie.«

Nachdem sie eine Zeit lang als Therapeutin in Virginia gearbeitet hatte, beschloss Laura, sich ein Jahr freizunehmen und unentgeltlich als Medienspezialistin für eine Wohltätigkeitsorganisation in Los Angeles zu arbeiten, die Leuten in Chile beibrachte, wie man Schweine züchtete. Später stellte die A.I.A. Laura ein, weil sie bereits Erfahrung in den Bereichen Sozial- und Medienarbeit hatte.

»Ich wurde immer vertrauter mit den Bedürfnissen von Wohltätigkeitsorganisationen. Ich begann, die Unternehmen und Geschäfte, die Dinge hatten, die sie nicht brauchten, den gemeinnützigen Organisationen vorzustellen, die diese Dinge brauchen konnten. Was ich an dieser Arbeit besonders mochte, war die Tatsache, dass sie kleine, konkrete Dinge bereitstellte, die die Leute brauchten, um die Arbeit zu tun, die sie tun mussten. Wenn Sie jemandem eine Schreibmaschine geben oder einen Computer oder einen Schreibtisch und einen Stuhl, dann kann er an dem Tag zehn Menschen weiterhelfen, mit denen ich nie die Gelegenheit hätte zu reden.

Eine Menge wunderbarer Dinge wandern hier über meinen Schreibtisch. Aber ich habe kein Problem damit, sie weiterzugeben. Ich selbst habe in meinem Leben sowohl nichts als auch alles gehabt.« Während ich noch über Lauras Weg nachsann, erwähnte ich scherzhaft, dass sie ein paar vergangene Leben gehabt haben musste, in denen sie große Reichtümer besessen, aber nicht gelernt hatte, diese zu teilen. Sie nickte lachend.

»Ich denke, dass ich entweder Marie Antoinette oder die Königin von Saba war«, scherzte sie. »Offensichtlich sollte ich nie wieder etwas besitzen, doch gleichzeitig habe ich die Kontrolle über mehr Tonnen an Sachen als jede andere Frau auf diesem Planeten!«

Aus dem kurzen Rückblick auf ihre Vergangenheit können wir erkennen, dass das Leben Laura geformt hat – zuerst, indem es sie Verluste erleiden ließ, woraus der Wunsch nach Selbstgenügsamkeit erwuchs. Nachdem sie erst einmal aus dem Gedankenkonzept ausgebrochen war, dass andere die Kontrolle über ihr Leben hatten, konnte sie damit beginnen, sich eine Zukunft vorzustellen, die nicht von den Erfahrungen der Vergangenheit geprägt war. Sie konnte ihre Identität neu definieren. Als Nächstes schenkte ihr das Leben Erfahrungen in zwei verschiedenen Welten – der Welt des großen Reichtums, den sie persönlich durch ihre Adoptivfamilie erleben konnte, und später beruflich bei ihrer Arbeit bei großen Firmen. Die zweite Welt war die der gemeinnützigen Organisationen, die anderen Menschen helfen, damit diese dann tun können, was ihre Lebensaufgabe erfordert. Während all dieser Erfahrungen zeigte ihr immer wieder ihre Intuition, auf welchem Gebiet ihr einzigartiges Wahrnehmungsvermögen gebraucht wurde. Da sie schon in jungen Jahren Selbstgenügsamkeit entwickelt und den Wert von Verantwortlichkeit erkannt hatte, war sie in der Lage, für sich selbst eine Karriere zu erschaffen, die völlig neu war. Interessanterweise gab ihr das Leben genau die Erfahrung, nichts zu besitzen und dann alles zu bekommen, was sie sich je hätte wünschen können, und zwar von ihrer adoptierten Familie – die gleiche Erfahrung, die sie später anderen gewähren würde. Ich fragte sie, welche Gefühle sie zum gegenwärtigen Zeitpunkt im Hinblick auf ihre Lebensaufgabe habe.

»Das kann ich nicht genau sagen. Manchmal wache ich mitten in der Nacht auf und der innere Dialog über meine Lebensaufgabe setzt sich fort. Ich musste lernen, ständig hinzuhören – selbst auf Dinge, auf die man normalerweise nicht achtet. Wann immer ich jemanden anschaue, sehe ich diesen Menschen einfach als eine andere Verkörperung von dem, was Gott sein mag. Es macht nichts, wenn der Betreffende zum Beispiel ein Alkoholiker ist. Das ist Gott, der als Alkoholiker auf der Straße lebt. Oder wenn es sich bei demjenigen um Jeff Bridges handelt, einen der klügsten und gebildetsten Männer, die ich in meinem ganzen Leben getroffen habe. Auch er ist nur ein anderes Gesicht Gottes. Meine Lebensaufgabe besteht in erster Linie darin, alles zu erleben und einfach hinzuhören.«

Sie fuhr fort: »Als ich klein war, wollte ich Präsident sein. Ich weiß noch, wie sich Dwight Eisenhower 1956 um die Präsidentschaft bewarb. Ich wollte Präsident sein und war bis zur siebten Klasse tatsächlich davon überzeugt, es auch werden zu können, bis ich herausfand, dass dies aufgrund der Tatsache, dass ich ein Mädchen war, unmöglich sein würde. In der siebten Klasse gab es fünf oder sechs Mädchen, die von einem Beauftragten der Vassar-Universität befragt wurden. Ich glaube, dass ich mich erfolgreich um einen Studienplatz an dieser renommierten Universität hätte bewerben können, wenn ich nur die entsprechende Hilfe und Unterstützung gehabt hätte.«

Verstehen, was uns gegeben wird

Unsere letzte Geschichte in diesem Kapitel handelt von Donna Stoneham, einer Beraterin für organisatorische Entwicklung. Neben ihrer Vollzeittätigkeit schreibt sie an ihrer Doktorarbeit über transformative Lernprozesse. Donna ist einer der am meisten fokussierten, witzigsten und originellsten Menschen, die ich kenne. Die meisten ihrer Klienten kommen aus großen Wirtschaftsunternehmen und Donnas Ziel besteht darin, das Bewusstsein in Bezug auf spirituelle Werte in der Geschäftswelt zu schärfen. Ihre Geschichte zeigt uns, wie Intuitionen und Träume helfen können, uns zu führen und uns deutlich zu machen, wohin wir gehören und wo wir gebraucht werden.

»Ungefähr eine Woche, nachdem ich 1994 mit meinen Abschlussprüfungen begann, hatte ich einen Traum«, erzählte sie. »Ich orientiere mein Leben oft an der Information, die ich aus Träumen erhalte. Liz, die Frau an der Fakultät, mit deren Hilfe ich an diesem Prüfungszyklus teilnahm, kam in dem Traum vor. Wir waren zweiundzwanzig Studenten in diesem Programm und alle zweiundzwanzig waren in meinem Traum anwesend. Wir saßen in einem Kreis. Wir alle hatten eine geistige Gestalt und tanzten – als Seelen – um Liz herum. Sie sagte zu uns: ›Ihr seid diesmal zurückgekommen, um eine sehr wichtige Arbeit in dieser Welt zu tun.‹

Ich habe diesen Traum ungefähr zweieinhalb Jahre lang in meinem Bewusstsein bewahrt. Kürzlich haben wir damit angefangen, uns auf unsere praktische Prüfung – eine Demonstration unserer Fähigkeiten – vorzubereiten. Unsere Gruppe hält einen Workshop mit dem Titel ›Die Erforschung unserer kulturellen Trancen‹. Während unserer Demonstration teilen wir uns in drei Gruppen auf. Eine Gruppe arbeitet an der Seele unserer ganzen Gruppe. Eine andere arbeitet an einem Video, das unsere achtzehn Lebensgeschichten zeigt und was wir über die Gründe gelernt haben, warum unsere Gruppe sich überhaupt gebildet hat, was wir hier auf der Erde tun wollen und wie wir auf solche Themen wie Rassismus aufmerksam geworden sind. Als ich mir das Video ansah, begann ich zu weinen. Ich erkannte, dass es die Manifestation meines Traums war und dass dies die Arbeit ist, die wir zusammen tun und die der Grund für unsere Inkarnation ist. Der Film hinterlässt einen wirklich starken Eindruck. Dieses Wochenende habe ich viel über Seelengruppen nachgedacht und warum Menschen zurückkommen, um miteinander zu arbeiten.«

Während Donna sprach, hatte ich das seltsame Gefühl, dass jeder von uns Vereinbarungen mit anderen Menschen hat, gemeinsam gewisse Aufgaben zu erfüllen, und dass wir zu bestimmten Zeiten unsere Verabredungen einhalten müssen, um einander auf unserem Weg weiterzuhelfen.

»Vor sechs Jahren hätte ich so tun müssen, als ob ich wüsste, was ich tat – auch wenn ich es nicht wusste.«

»Ich würde sagen«, fuhr Donna fort, »dass der größte Unterschied zwischen der Person, die ich heute bin, und derjenigen, die ich vor sechs Jahren war, als ich meine Arbeit in den Großunternehmen aufgab, darin liegt, dass ich endlich erkannt habe, dass nicht das zählt, was man *tut*, sondern das, was man *ist*. Mittlerweile habe ich verstanden, dass meine Bereitschaft, die Wahrheit über mich selbst zu erkennen und so authentisch wie möglich zu leben, es mir erst möglich macht, ein sinnvolles Leben zu führen. Ich versuche, aus meinem Innersten und meinem Geist heraus zu leben, anstatt etwas zu tun, nur damit es jemand anders gut findet.

Zum Beispiel habe ich letzte Woche in Napa in Kalifornien für eine Gruppe von Unternehmerinnen und Managerinnen ein Seminar über die Führungsfähigkeiten der Frauen gehalten. Wir setzten uns in einen Kreis und jede erzählte den anderen, warum sie gekommen war. Ich sagte, ich sei hier, weil ich die letzten sechs Jahre versucht hatte, meine weibliche Seite erneut in Besitz zu nehmen. Ich hatte immer auf eine sehr männliche Art funktioniert, weil ich dachte, dies sei der einzige Weg, erfolgreich zu sein. In den letzten sechs Jahren habe ich mich jedoch bemüht, meine Kreativität, Intuition und meine weichere Seite zu entwickeln. Es war ein wichtiger

Augenblick für mich, darüber zu reden, wie viel mir meine Spiritualität bedeutet. Ich stellte fest, dass ich verletzbar und dennoch verantwortlich sein konnte. Das scheint der innere Zustand zu sein, aus dem Macht oder Kraft erwachsen.

Vor sechs Jahren hätte ich so tun müssen, als ob ich wüsste, was ich tat – auch wenn ich es nicht wusste. Wir sitzen alle im gleichen Boot und wir alle bemühen uns, unseren Weg zu finden, und wir alle können einander vieles lehren.

Viele Veränderungen sind seitdem eingetreten. Zum Beispiel bin ich nicht mehr bereit, meine Energien völlig zu verausgaben und aus dem Gleichgewicht zu geraten. Ich bin nicht bereit, ein solches Leben zu führen. Vor sechs oder sieben Jahren war ich nicht bewusst genug, um zu erkennen, was vor sich ging. Ich hatte eine Kolitis. Ich wurde oft krank, war schlecht gelaunt und fühlte mich elend. Zu diesen Dingen bin ich heute nicht mehr bereit. Meine große Erkenntnis bestand darin, dass ich wählen kann, in welche Richtung ich gehen möchte oder nicht, und zu erkennen, wo meine Grenzen liegen. Auch heute noch kann es vorkommen, dass ich mitten ins Feuer springe, bevor ich merke, was ich da tue, aber jetzt komme ich viel schneller wieder heraus. Mir ist weitaus bewusster, auf welche Weise ich mir selbst erlaube, Opfer zu sein. Wenn mir heute Dinge passieren, überlege ich, welche Lektionen für mich dabei zu lernen sind. Es geht nicht mehr darum, ob oder was Leute mir antun – sondern darum, was ich lernen soll und was mir auf meinem Weg als Lehrer und Lernender helfen wird.«

Ich wollte wissen, wie sie den Übergang von der Angestellten zur selbstständigen Beraterin geschafft hatte.

»Innerhalb von drei Jahren war ich dreimal von Firmen entlassen worden, weil sie sich verkleinerten oder es andere Gründe ihrerseits gab«, antwortete sie. »Letzten Endes hatte ich das Gefühl, von einem Vorschlaghammer getroffen zu werden. Irgendetwas schien vor sich zu gehen, das ich nicht kontrollieren konnte. Ich beschloss, dass ich – egal, wie lange es dauern und was es mich kosten würde – herausfinden wollte, was es wohl sein konnte, das zu tun ich hierher gekommen war. Ich war bereit, mich selbst genau anzuschauen und mich von den vielen Dingen zu befreien, von denen ich fühlte, dass sie mich versklavt hatten.

»Ich habe erkannt, dass alles gut geht, wenn ich meinen Träumen und meiner Intuition folge und dem, was Herz und Bedeutung hat. Vielleicht geht es nicht so aus, wie ich es mir vorgestellt habe, doch es ist immer das Beste für alle Beteiligten. Wenn ich jedoch versuche, die Situation zu kontrollieren oder etwas zu forcieren, funktioniert selten etwas.«

Ich begab mich eineinhalb Jahre lang auf eine tiefe spirituelle Reise. Das war die härteste Zeit meines Lebens, weil ich keine der üblichen, wohl bekannten Ablenkungen hatte. Einige meiner schwierigsten Themen, bei denen ich das Gefühl hatte, dass sie mich blockierten, erfuhren eine tief gehende Heilung. Diese Probleme hatten dazu geführt, dass ich mich als Opfer fühlte. Ich versuchte nicht, meinen Zustand zu spiritualisieren oder zu transzendieren. Ich ging voll hinein und blieb so lange drin, wie es erforderlich war. Dann ging ich weiter. Doch es war das erste Mal, dass ich nicht versucht hatte, dem Schmerz zu entkommen. Meine Priorität und mein Fundament ist die Verpflichtung, die ich mir selbst gegenüber eingegangen bin: mein Schicksal zu finden und zu erfüllen.

Der Prozess ist noch lange nicht abgeschlossen. In meinem Geschäftsleben tue ich zuweilen sehr traditionelle Dinge, doch sie sind eine Tür zu anderen Erfahrungen. Was meine individuelle Tätigkeit betrifft, so ist sie zukunftsweisender. In der Vergangenheit versuchte ich, die Leute auf einen Weg zu bringen, von dem ich dachte, er sei angebrachter. Doch heute frage ich eher: ›Möchten Sie, dass jemand mit Ihnen geht?‹ Ich helfe ihnen einfach zu erkennen, dass es einen Weg gibt.

Ein Großteil meiner Arbeit in der äußeren Welt entsteht aus meiner Arbeit in der inneren Welt. Meine Arbeit mit den Führungsfähigkeiten der Frauen – Wisdom Weavers (Weberinnen der Weisheit) – ist das Resultat eines Traumes. Auch meine Dissertation geht auf einen Traum zurück. Ich habe erkannt, dass alles gut geht, wenn ich meinen Träumen und meiner Intuition folge und dem, was Herz und Bedeutung hat. Vielleicht geht es nicht so aus, wie ich es mir vorgestellt habe, aber es ist immer das Beste für alle Beteiligten. Wenn ich jedoch versuche, die Situation zu kontrollieren oder zu forcieren, funktioniert selten etwas.«

Ich fragte sie, was passiert, wenn sie ein Angebot von einer Firma erhält, die sie nicht mag. Hat sie das Gefühl, dass ihre Aufgabe darin besteht, nur mit Menschen zusammenzuarbeiten, die »kompatibel« sind? Bedeutet eine schwierige Firma, dass sie nicht mit ihr arbeiten soll?

»Ich glaube nicht, dass ich nur dazu bestimmt bin, im Chor mitzusingen. Letztes Jahr habe ich mit einem Unternehmen gearbeitet, dessen Geschäftsführer dermaßen verschlossen und desinteressiert war, dass ich nach ein paar Monaten wusste, dass ihm das Wohlergehen seiner Mitarbeiter überhaupt nicht am Herzen lag. Er sah seine Leute als mechanische Wesen, die jederzeit ersetzt werden konnten, und er betrachtete sie nur unter dem Gesichtspunkt, was sie für ihn tun konnten. Ich konzentrierte mich darauf, den Leuten zu der Erkenntnis zu verhelfen, dass sie andere Möglichkeiten hatten und nicht in dieser Firma bleiben mussten, wenn sie es nicht wollten. Ich bin glücklich, sagen zu können, dass nach drei Monaten, in denen ich mit den Angestellten arbeitete, drei die Firma verließen. Das war ein Sieg – nicht für den Geschäftsführer, doch für die Menschen. Ich versuche zu erkennen, wo Bedarf besteht, wo Heilung notwendig ist. Manchmal funktioniert es, manchmal nicht, doch harre ich nie in einer Situation aus, in der ich nicht das Gefühl habe, willkommen zu sein. Damit wäre niemandem gedient.

Um uns selbst zu befreien, müssen wir ehrlich und genau hinschauen, wo wir gefangen sind. Ich frage die Menschen: ›Was macht Sie bereit dazu, Verantwortung zu übernehmen und sich selbst zu befreien?‹ Ich glaube, dass wir erkennen müssen, wie die Erfahrungen unseres Lebens uns dahin gebracht haben, wo wir heute sind. Wenn ich auf mein eigenes Leben zurückblicke, ist alles so klar für mich. Und wenn ich mich heutzutage in einer Situation befinde, deren Bedeutung ich nicht sehen kann, vertraue ich darauf, dass sie irgendwie sinnvoll ist. Das ist für mich Befreiung.«

Selbstgespräche

Welche Aspekte der vorangegangenen Geschichten haben Sie berührt? Schreiben Sie einige Ihrer Gedanken nieder und lesen Sie sie in sechs Monaten noch einmal.

Welche der Übungen in diesem Kapitel gefallen Ihnen?
Wären Sie bereit, eine davon diese Woche auszuprobieren?

Nehmen Sie sich die Zeit und schreiben Sie wenigstens einen Traum auf.
Dann fragen Sie sich selbst: »Sagt mir dieser Traum etwas, das ich genau jetzt wissen muss? Was ist es?«

NEUNTES KAPITEL

Wachsende Kreativität und die Entwicklung Ihrer Fähigkeiten

»Sowohl bei kreativen Prozessen als auch beim Geschichtenerzählen ist Bedeutung und Sinnhaftigkeit das Wichtigste … Wenn wir nun jemandem unsere Lebensgeschichte erzählen oder nur eine Episode aus unserem Leben, wird uns bewusst, dass wir nicht das Opfer zufälliger und chaotischer Umstände sind, sondern dass wir – trotz unserer Trauer oder unseres Gefühls der Bedeutungslosigkeit – ein sinnvolles Leben in einem sinnvollen Universum führen.«

Deena Metzger[1]

Kreativität ist unser angeborenes Talent, der potenziellen Energie Form zu verleihen. Wir wurden geboren, um unser Leben im Rahmen des Mediums, das das Leben für uns bereithält, zu kreieren. Einige von uns formen ihr Leben aus Schlamm und Meerwasser. Manche basteln sich ein ruhmreiches Leben zusammen, das komplex, spannend und voller Überraschungen ist, wie einer der sonderbaren Apparate von Rube Goldberg. Nicht wenige von uns malen sich selbst in eine Ecke hinein, während es bei anderen so aussieht, als müssten sie nur einen Knopf drücken und schon werden sie in die Gefilde von Ruhm und Reichtum katapultiert.

Kreativität ist der Schlüssel zu dem Dasein, das Sie führen wollen. Wenn wir darüber sprechen, mit einem Gefühl von Sinnhaftigkeit und Erfüllung leben zu wollen, so sprechen wir davon, das Leben zu kreieren. Innerhalb der Grenzen Ihrer Glaubenssätze und Überzeugungen können Sie Ihre Träume und Wünsche realisieren. Sie haben bereits alles in Ihrem Leben durch Ihre bisherigen Entscheidungen kreiert. Selbst wenn Ihnen die Resultate nicht gefallen, so sind sie trotzdem die Folge der Entscheidungen, die Sie getroffen haben und die Ihnen zu dem jeweiligen Zeitpunkt entweder notwendig oder wünschenswert erschienen! Um einzuschätzen, wie kreativ Sie sind, sehen Sie sich um, wo Sie gerade sind. Wenn Sie bei sich zu Hause sind: Welchem Aspekt Ihres Heims haben Sie die meiste Aufmerksamkeit geschenkt? Was immer es sein mag – ein Kaffeetisch, den Sie selbst gezimmert haben, Ihre Musiksammlung, die Sie alphabetisch geordnet haben, oder das Büro, das Sie sich zu Hause eingerichtet haben –, das sind die Dinge, die zu kreieren Ihnen Freude bereitet hat. Sind Sie mit dem zufrieden, was Sie sehen? Was würden Sie gern verändern?

Kreativität beginnt zu Hause

Um Ihre Kreativität zu steigern, müssen Sie Raum für sie schaffen. Obwohl unser Geist danach strebt zu wissen: »Warum bin ich hier? Was ist meine Aufgabe?«, glaube ich, dass es wichtig ist, in der persönlichen, unmittelbaren Umgebung und im eigenen Energiefeld nach Antworten auf diese Frage zu suchen. Was haben Sie bisher kreiert?

Welcher Bereich Ihres Lebens verlangt danach, geklärt, vergrößert oder transformiert zu werden? Gibt es einen Bereich in Ihrem Lebensraum, der nach Ordnung, Erledigung oder Gleichgewicht dürstet? Steht die Couch in Ihrem Wohnzimmer mit einer Ecke auf einem Ziegelstein? Sind Ihre Pflanzen vertrocknet? Funktioniert das Licht auf Ihrer Terrasse? Ist der Boden Ihres Badezimmers mit Kleidungsstücken übersät, die Sie achtlos liegen gelassen haben? Ist Ihr Schrank ein Alptraum von nicht mehr benutzten Sachen, die schon fünf Jahre leblos dort hängen?

Sie könnten Ihre eigene Kreativität in Gang bringen, indem Sie zum Beispiel unbenutzte oder kaputte Gegenstände aus Ihrem Haus entfernen. Das Erledigen solch einfacher Aufgaben hat die Macht, den Kopf klar zu machen und Ihnen ein Gefühl von Kontrolle zu geben. Oftmals wollen wir an den großen und wichtigen Themen unseres Lebens arbeiten, wie zum Beispiel unserer Lebensaufgabe, doch sind es die »kleinen« Dinge, die unsere Energie blockieren, und daher tun wir gar nichts.

Einen Kanal für Ihren Strom der Fülle kreieren

Wir existieren innerhalb eines Energiefeldes. Obwohl dieses Feld für unsere physischen Sinne unsichtbar ist (es sei denn, Sie können Auren lesen), werden Sie einige Überraschungen erleben, wenn Sie anfangen, bewusster mit diesem Feld zu arbeiten. Beginnen Sie damit sich vorzustellen, wie Energie durch Ihr Haus oder Ihre Wohnung fließt. Stellen Sie sich weiterhin vor, dass ein Strom der Fülle und des Überflusses vor Ihrer Haustür darauf wartet, in Ihr Haus fließen zu dürfen. Sie öffnen die Eingangstür, um den Energiefluss hereinzulassen. Was passiert mit ihm? Was glauben Sie intuitiv, wo die Energie langsamer wird oder zum Stillstand kommt? Befindet sich vor Ihrer Tür eine Wand? Geben Ihre Möbel irgendwelche physischen Hindernisse ab und verhindern damit, dass Energie unbeschwert durch Ihre Räume fließen kann? Eilt die Energie von Ihrer Haustür direkt zur Hintertür wieder hinaus?

Um den Fluss zu verändern, sollten Sie im Bedarfsfall vielleicht Ihre Möbel anders arrangieren. Experimentieren Sie. Manchmal sagt Ihnen Ihr gesunder Menschenverstand, dass Ihr Lebensraum nicht harmonisch ist. Wenn Sie mehr darüber wissen wollen, wie räumliche Aufteilung verschiedene Bereiche Ihres Lebens beeinflussen kann, so gibt es heute viele gute Bücher über die alte chinesische Kunst des *Feng Shui*. Viele Menschen in der westlichen Hemisphäre wenden mittlerweile Feng Shui an, um ihre neuen Wohnungen und Häuser so zu gestalten, dass sie in harmonischer Beziehung zu der natürlichen Umgebung stehen, oder auch, um einen besseren Energiefluss in ihren Heimen und Büros zu schaffen. Ob Sie es glauben oder nicht – dieses System hat sich bei der Beseitigung von Hindernissen und dem Erreichen von Karriere, Ruhm, Reichtum, Kreativität und Fülle als äußerst sinnvoll erwiesen.

Während Sie an Ihrem Haus, Ihrem Kleiderschrank oder Garten arbeiten, denken Sie bei sich: »Ich kreiere einen Kanal, damit Energie in mein Leben fließen und mich dahin bringen kann, wo ich hingehöre.«

Die Macht von Mandala-Arbeit, um zielbewusste Kreativität zu steigern

> »Erfahrung ist nicht das, was Ihnen geschieht; sie ist das, was Sie mit dem tun, was Ihnen geschieht.«
> *Aldous Huxley*

Eine weitere nichtlineare, intuitive und ungewöhnliche Herangehensweise, um kreative Energie für Antworten auf Fragen nach Ihrer Lebensaufgabe zu wecken, besteht darin, ein Mandala zu zeichnen. Das Erste, was wir normalerweise tun, wenn wir nach einer neuen Arbeitsstelle suchen, ist, dass wir uns hinsetzen und unseren Lebenslauf neu schreiben. Ein Lebenslauf bzw. eine Bewerbung erfordert, dass wir uns überlegen, was wir bisher gemacht haben und welche Elemente unserer Erfahrung wir hervorheben sollten, um eine neue Stelle zu finden. Bei der Erstellung eines Lebenslaufes arbeiten wir in erster Linie mit der ordnenden, logischen Kreativität unserer linken Gehirnhälfte. Ein Mandala zu zeichnen aktiviert jedoch die Kreativität unserer rechten Gehirnhälfte und eröffnet uns eine andere Dimension des Einflusses auf unser Energiefeld.

Selbst wenn Sie nie »gut im Zeichnen« waren, können Sie kreative Energie wachrufen, indem Sie sich Ihr eigenes Kraft-Mandala schaffen. Die kreisrunde Form des Mandalas ist eine symbolische Verkörperung der kosmischen Ordnung. Betrachten Sie Ihr Mandala als eine aktivierende Kraft, die durch das Anziehungsfeld Ihrer Lebensaufgabe arbeitet. In das Mandala sollten Sie Symbole für Menschen, Orte, Qualitäten und Gelegenheiten zeichnen, die Sie in Ihr Leben bringen wollen. Aktivierende Bestandteile Ihres Mandalas sind Ihre Intention und Ihr

Wunsch. Seien Sie bei der Bestimmung dessen, was Sie anziehen wollen, so klar wie möglich; darüber hinaus ist es wichtig, dass Sie gleichzeitig bereit sind, sich einem größeren göttlichen Plan unterzuordnen. Dies ist Ihr spirituelles »Exposé für die Zukunft«. Wenn es fertig ist, danken Sie Gott oder dem Universum dafür, dass das, worum Sie gebeten haben, bereits zur Verfügung steht. Seien Sie sich ohne den geringsten Zweifel bewusst, dass Ihre Bedürfnisse bereits erfüllt sind.

Schon vor vielen Jahren lernte ich, wie man Mandalas macht, und wenn ich sie anfertigte, zeichnete ich die genaue Summe Geld ein, die ich jeden Monat verdienen wollte, und so weiter. Dann legte ich sie beiseite, damit sie nicht gestört wurden (normalerweise legte ich sie in die Schublade mit meiner Unterwäsche!). Monate später, wenn ich meine Schubladen aussortierte, fand ich dann diese veralteten Mandalas. Meistens stellte ich dabei fest, dass alles, was ich in die Mandalas gezeichnet hatte, zwischenzeitlich eingetreten war und dass ich vielleicht sogar mehr Geld verdiente, als ich es mir gewünscht hatte! Eine Freundin sagte mir, sie hätte Sozialarbeitern in der Verwaltung eines Krankenhauses diese Technik beigebracht. Sie versuchten gerade, einen Zuschuss zu erhalten, und mit Hilfe ihrer Mandala-Arbeit waren ihre Bemühungen von Erfolg in allen Bereichen ihres Ersuchens gekrönt.

Versuchen Sie es selbst.

Um Ihr Mandala anzufertigen, brauchen Sie ein großes Stück Papier (ungefähr 20 mal 30 Zentimeter oder größer) und eine Anzahl verschiedenfarbiger Stifte. Sobald Sie eine oder zwei Stunden Zeit haben, setzen Sie sich hin und legen eine ruhige Musik auf. Dann konzentrieren Sie sich darauf, was Sie in Ihr Leben bringen wollen. Eine neue Karrieremöglichkeit? Mehr Geld? Ein Büro mit Ausblick?

Einen neuen Geschäftspartner? Einen Liebhaber? Ein schönes Auto, das Sie sich leisten können? Eine Auszeichnung für hervorragende Leistungen in Ihrem Beruf? Versuchen Sie, ein oder zwei Dinge zu visualisieren, die Sie liebend gern in Ihr Leben bringen würden.

> »Ihr Leben entfaltet sich aus Ihren Intentionen heraus.«
>
> *Neale Donald Walsch*[2]

Nachdem Sie ein wenig über Ihre Ziele meditiert haben, zeichnen Sie einen Kreis. Verbringen Sie ein paar Minuten damit, diesen leeren Kreis einfach nur anzuschauen. Dann zeichnen Sie in die Mitte Ihres großen Kreises einen kleineren Kreis – das Herzstück Ihres Mandalas. In dieses Herzstück zeichnen Sie ein Symbol für Ihre geistige Quelle.

Als Nächstes meditieren Sie über das, was Sie manifestieren wollen, oder über Ihren Wunsch, dass hilfreiche Menschen in Ihr Leben kommen mögen. Bald werden Sie sich inspiriert fühlen, einige Zeichen, Symbole und Bilder in Ihr Mandala zu malen. Lassen Sie Ihre Intuition entscheiden, welche Farben sich richtig anfühlen. Während Sie an Ihrer Zeichnung arbeiten, schauen Sie sich immer wieder den ganzen Kreis an, um zu sehen, wo ein Gleichgewicht hergestellt werden muss. Während Sie zeichnen, legen Sie Ihre spirituelle Sehnsucht danach, Ihr wahres Selbst, Ihren wahren Weg gezeigt zu bekommen, in Ihre Tätigkeit hinein.

Hören Sie auf, sobald Sie spüren, dass Ihre Energie sich verringert. Wenn Sie zu diesem Zeitpunkt das Gefühl haben, Ihr Mandala sei noch nicht fertig, legen Sie es an einen Ort, wo es niemand finden kann. Doch wenn Sie es einmal beendet haben, geben Sie ihm einen besonderen Ehrenplatz. Lassen Sie seine Energie strahlen und das anziehen, was Ihr Herz braucht. Sie können so viele Mandalas anfertigen, wie Sie wollen, doch zwingen Sie sich nicht dazu, an ihnen zu arbeiten, wenn Sie zu müde sind.

Wenn Sie den Wunsch haben, Mandalas eingehender zu studieren, empfehle ich Ihnen die Bücher *Mandala and Mandala: Luminous Symbols of Healing* und *Drawing the Light from Within: Keys to Awaken Your Creative Power* von Judith Cornell.

Kreieren mit Musik

Wann immer Sie Ihre Intuition anzapfen wollen, stellen Sie das Telefon ab, machen Sie es sich in Ihrem Lieblingssessel bequem und legen Sie eine Musik auf, die Sie inspiriert. Bevor Sie mit dem Zuhören beginnen, schreiben Sie eine Frage in Ihr Notizbuch, die Ihnen am Herzen liegt. Dann schließen Sie Ihre Augen, lauschen der Musik und lassen Ihre Imagination irgendeine Szene erschaffen. Sie können auch visualisieren, wie Ihr höheres Selbst Ihnen erscheint, während die Musik Sie in diese Szene hineinträgt. Falls Ihnen das schwer fällt, dann »tun Sie so«, als ob Sie Ihr höheres Selbst sehen. »So zu tun, als ob« ist eine gute Methode, das Empfangen intuitiver Bilder zu üben.

Welche Antworten, Botschaften oder Symbole erscheinen vor Ihrem inneren Auge, während Sie in der Musik und der Szene versunken sind? Lassen Sie eine Geschichte entstehen. Schreiben Sie in Ihr Notizbuch, welche Geschichte, Einzelheiten oder Botschaften Sie kreieren. Wenn nichts davon irgendeinen Sinn zu machen scheint, schreiben Sie in die Mitte der Seite jede Einzelheit oder Idee, die Sie am meisten beeindruckt hat. Lassen Sie diese zentrale Idee nun alle möglichen Assoziationen oder weitere Fragen stimulieren. Zeichnen Sie eine Linie zu diesen Assoziationen und umgeben Sie Ihre zentrale Idee mit Ihren assoziativen Gedanken. Jetzt haben Sie eine Konstellation von Gedanken um Ihre zentrale Frage. Was ist das verbindende Thema? Worin besteht die Beziehung zu Ihrer ursprünglichen Frage?

Im Laufe der Zeit werden die Bilder, die Sie empfangen haben, vielleicht mehr Sinn ergeben oder neue Richtungen anzeigen, die Sie in Bezug auf Ihre Lebensaufgabe oder Frage erkunden sollten.

> »Dieses Vertrauen in den Prozess ist das einzige Ziel und der einzige Sinn, den ich brauche. Was als Resultat daraus hervorgeht, kreiert und erzeugt seinen eigenen Sinn. Daher stelle ich den Sinn nicht vorher in Frage; ich habe bereits den Prozess selbst als den Sinn akzeptiert … lassen Sie ihn einfach sein, lassen Sie ihn wachsen und es wird etwas geschehen. Und was immer geschieht, wird wiederum seinen eigenen Sinn erzeugen.«
>
> *Anna Halprin, Tänzerin*[3]

Das Leben aus der Nähe betrachten

Wir können unsere Kreativität auch steigern, indem wir mehr auf Einzelheiten achten. Die folgende einfache Übung kann Ihnen überraschende Einsichten bescheren!

Wenn Sie das nächste Mal in der Natur unterwegs sind, suchen Sie nach einem besonderen Stein, Blatt oder anderen Naturobjekten. Wenn Sie wieder zu Hause sind, setzen Sie sich mit Ihrem Gegenstand hin und schauen ihn sich fünf Minuten lang genau an. Dann beschreiben Sie alle Eigenschaften, die Ihnen daran auffallen, in Ihrem

»Diese plötzliche Verlagerung aller Kräfte in uns, diese Begegnungen mit der Seele geschehen nur nach vielen Krisen; die meisten Künstler vermeiden diese, indem sie sich ablenken, und das ist der Grund, warum sie es nie fertig bringen, zum Zentrum ihrer Schaffenskraft zurückzukehren, von dem sie zum Zeitpunkt ihrer reinsten Anregung ausgegangen sind.«

Rainer Maria Rilke[4]

Notizheft. Stellen Sie sich selbst Fragen wie: »Welche Botschaft hat dieser Stein?« – »Woran erinnert mich dieser Stein?« – »Wenn dieser Stein meine Zukunft wäre, wie sähe sie aus?« – »Warum hat Gott diesen Stein geschaffen?«

Legen Sie Ihre Aufzeichnungen für eine Woche beiseite. Nach dieser Zeitspanne lesen Sie noch einmal, was Sie notiert haben. Dann schreiben Sie jeden Eintrag um – so, als handele es sich dabei um die Geschichte Ihres eigenen Lebens. Wenn es angebracht erscheint, ersetzen Sie *ich* oder *mich* oder *mir* bei dem, was Sie über den Stein geschrieben haben, und lesen Sie dann die Geschichte Ihres Lebens! Ein Beispiel: »Dieser Stein ist scharf, klein, dunkel, doch er hat viele bunte Stellen, die wie einzellige Tierchen aussehen.« – »Wenn dieser Stein meine Zukunft wäre, dann sieht sie hart aus, mit vielen Facetten und oben rund.« Auf diese Weise erhalten Sie die Elemente einer intuitiven, imaginativen Geschichte über sich selbst.

Sie können diese Elemente auch folgendermaßen umschreiben: »Ich bin wie ein kleiner Berg, der gebadet ist im Licht der untergehenden Sonne. Ich bin scharfkantig und klein. Ein Teil meines Bewusstseins liegt im Dunkeln und ich kann nicht viel sehen, weil das Licht weniger wird. Die untergehende Sonne deutet auf eine Zeit des Abschlusses hin oder darauf, etwas zu Ende zu bringen und schlafen zu gehen. Ich bewundere die bunten Facetten oder Teile meines Selbst, die ich in der Vergangenheit bereits entwickelt habe – wie vereinzelte Zellen von Aktivität. Meine Zukunft sieht schwierig und hart aus, doch gibt es viele Facetten und Möglichkeiten, die ich mir näher anschauen sollte. Die abgerundete Spitze meiner Zukunft veranlasst mich zu denken, dass ich auf etwas hinarbeite, das abgerundet (weich und tröstend) und erreichbar ist.«

Wenn Sie diese theoretische Geschichte lesen, mag sie Ihnen vielleicht interessant erscheinen oder aber dumm und weit hergeholt. Doch wenn Sie tatsächlich Ihre eigene Geschichte aufschreiben, wird sie wesentlich kraft- und bedeutungsvoller sein. Vielleicht sind Sie dann von der Information, die Sie aus Ihren eigenen kreativen Tiefen schöpfen, fasziniert, amüsiert oder werden inspiriert.

Esoterische Konversationen

Mit der folgenden Übung können Sie eine andere ungewöhnliche Herangehensweise an einen Dialog mit Ihrer Intuition üben, der hier von den *Tarot Constellations* von Mary Greer übernommen wurde.

Verwenden Sie nur die zweiundzwanzig Hauptkarten Ihres bevorzugten Tarotdecks und bitten Sie darum, dass Ihnen Informationen gezeigt werden, mit deren Hilfe Sie Ihre Lebensaufgabe deutlicher sehen können. Wählen Sie eine Karte aus. Studieren Sie sie aufmerksam. Stellen Sie sich die folgenden Fragen und schreiben Sie die Antwort auf jede dieser Fragen in Ihr Notizheft:

1. Was geschieht auf der Karte? Beschreiben Sie alles, was Sie sehen.
2. Wie fühlen sich die Figuren auf der Karte an? Beschreiben Sie Ihre Gefühle im Detail.
3. Nun schreiben Sie die grundsätzlichen Elemente der Handlungen und Gefühle, die Sie notiert haben, noch einmal neu – so als ob Sie sich selbst in einer Geschichte beschreiben. Welche bedeutenden Details erkennen Sie? Datieren Sie Ihre Geschichte und machen Sie eine Notiz in Ihrem Terminkalender, dass Sie Ihre Geschichte in sechs Monaten noch einmal lesen wollen.

Sie können die gleiche Technik auch mit Postkarten oder Lieblingsbildern oder jeder Art von Kunstbuch durchführen, das Ihnen zur Verfügung steht. Entscheiden Sie sich für die Gemälde, die eine starke Anziehung auf Sie ausüben.

Kreieren Sie einen Szenenwechsel

Ein Wechsel der Szenerie ist eines der ersten Dinge, die uns meist dann einfallen, wenn wir unruhig sind und nach neuen Möglichkeiten suchen. Welches Land hat Sie schon immer fasziniert? Frankreich? Die Südsee? Die Seychellen? Wenn Sie die Freiheit haben, einfach wegzufliegen – wunderbar. Doch was ist, wenn Ihre diversen Verantwortlichkeiten und Ihr Geldmangel Sie daran hindern? Tatsächlich ist es so, dass eine Einschränkung, ein Hindernis Ihnen eine besondere Gelegenheit bietet, Ihre Kreativität zu steigern. Einschränkungen zwingen uns oft dazu, Dinge zu tun, die uns sonst nie in den Sinn gekommen wären. Vergessen Sie nicht: *Alles ist möglich.* Sie sind durchaus in der Lage, Ihre Reisewünsche genau dort, wo Sie sich zur Zeit befinden, zu äußern, zu visualisieren und sich auf ihre Realisierung zu freuen. Wenn Sie beginnen, einen Tagtraum ernst zu nehmen und auszuschmücken oder einer Intuition zu folgen, kreieren Sie einen neuen Pfad von Möglichkeiten für die Entfaltung Ihrer Lebensaufgabe.

»Wir leben im Moment … Beobachten Sie sich selbst. Wir verändern uns mit jeder Minute. Und darin liegt unsere große Chance.«

Natalie Goldberg[5]

Wenn Sie glauben, dass Ihre Lebensaufgabe etwas mit dem Sammeln französischer Antiquitäten, dem Erlernen französischer Kochkünste oder mit dem Anlegen eines französischen Gartens zu tun hat, befinden Sie sich ganz offensichtlich auf einem französischen Trip! Selbst wenn Sie meinen, Sie möchten nur einmal in den Süden Frankreichs fahren und über die weiten Felder voll wild wachsender Blumen blicken, um Ihre Energie anzukurbeln – auch das ist ein intuitives, kreatives Bedürfnis. Was ist in solch einem Fall zu tun?

Zum Zwecke visueller Intensivierung suchen Sie nach Bildern und Fotos, mit denen Sie eine Reisecollage anfertigen können. Nehmen Sie ein Foto von sich und legen Sie es genau auf die Spitze des Eiffelturms. Stellen Sie fest, bei wem Sie in Ihrem Wohnort Französisch lernen können, und verabreden Sie sich zu einem kurzen Treffen mit demjenigen, um herauszufinden, woher er kommt. Vielleicht hat er Verwandte in Frankreich, die gern ihre Wohnung für ein paar Wochen mit Ihnen tauschen. Sehen Sie zu, dass Sie jede Woche etwas Französisches in Ihr Leben holen. Selbst wenn Sie nur winzige Begegnungen mit Menschen haben, die irgendwie zu Ihrem Thema in Beziehung stehen, wird Ihnen das ein positives Gefühl in Bezug auf Ihre Träume oder doch zumindest Momente echten Vergnügens bescheren. In diesem Gemütszustand werden Sie offen sein für eine Vielzahl von Wegen, Möglichkeiten und Einflüssen, die einen Kanal für unerwartete Begegnungen schaffen können. Sie werden damit nicht nur Ihr Feld von Gelegenheiten erweitern, sondern auch noch Spaß haben – eine gute Art, die Energie am Fließen zu halten.

Viele Fäden miteinander verweben

Selbst wenn wir einen kraftvollen und deutlich sichtbaren Weg in unserem Leben gehen und Anerkennung für unsere Arbeit bekommen, mag es uns selbst dennoch nicht immer möglich sein zu erkennen, was es denn nun eigentlich ist, was wir tun. Mir fiel meine Freundin Eleanor Coppola ein, als ich dieses Kapitel schrieb. Sie ist ein gutes Beispiel für jemanden, der eine Vielzahl kreativer Wege erkundet und kennen gelernt hat. Sie meistert alles, was sie tut; dennoch fragt sie sich, worin ihre eigentliche Lebensaufgabe besteht. Ihre Geschichte handelt von kreativer Bandbreite und Mannigfaltigkeit.

Ich kenne Eleanor und ihre Familie seit den späten Siebzigern, als wir eine Frauengruppe gründeten. Sie ist seit dreiunddreißig Jahren mit dem Regisseur Francis Ford Coppola verheiratet. Sie haben zwei erwachsene Kinder, ein Enkelkind und eine riesige Verwandtschaft in allen Teilen der Welt. Als sie fünfzig Jahre alt war, verlor Eleanor ihren ältesten Sohn, Gio, bei einem Schiffsunglück. Ellie ist schon immer einer der ungewöhnlichsten Menschen gewesen, die ich kenne. Sie handelt niemals unüberlegt oder gedankenlos und ist somit der ruhende Pol in ihrer Familie; ihre Kraft sorgt für Stabilität, Hilfe, Schönheit, philosophisches Verständnis und gesunden Menschenverstand. Unsere stärkste Verbindung liegt in unserer gemeinsamen Liebe für Kunst, Muster, Stoffe, Farben und psychologische Analyse. Ich wollte wissen, wie Eleanor die Aufgabe(n) des komplexen Weges beschreibt, dem sie mit ihrem ausgebildeten Familiensinn und ihren kreativen Interessen folgt. In ihrer typischen, direkten Art erzählte Eleanor mir:

»Es ist mir immer so vorgekommen, als hätten andere Leute einen einzigen Lebenszweck, den sie weiterentwickeln und mit dem sie zu einem Experten werden – zum Beispiel Schreiner oder Kameramann oder Maler. Mein Leben lang habe ich die Tendenz gehabt, mich mit Leuten zu vergleichen, die Experten in ihrem Beruf sind«, sagte sie. »Als Kind wollte ich Volksschullehrerin werden; gleichzeitig wollte ich wie mein Vater sein, der Aquarelle malte. Ich erinnere mich, wie frustriert ich war, weil ich nicht so gut malen konnte wie er. Dies ließe sich fast als Überschrift über mein ganzes Leben setzen. Ich glaube, ich habe schon seit jeher mit dem Gefühl gekämpft, im Vergleich zu einigen der großartigen und von mir in den Himmel gehobenen Menschen, die ich in meinem Leben getroffen habe, ziemlich klein und unbedeutend zu sein.

Im College studierte ich angewandtes Design, was Textilien, Keramik, Schmuck, grafisches Design und Ähnliches beinhaltete. Ich begann, Wandbilder aus Stoff für Architekten und Innenarchitekten zu entwerfen. Dann bekam ich eine Gelegenheit, dem Art Director eines Low-Budget-Films, der in Irland gedreht wurde, zu assistieren. Francis war der Drehbuchautor und Regisseur dieses Films.

14. November 1976, Pagsanjan

»Es regnet noch immer. Heute Morgen habe ich mit Francis darüber gesprochen. Er sagte, dass es während jeder Phase dieses Films [*Apocalypse Now*] einige wirklich schwierige Hindernisse gegeben hatte. In Baler waren es die Hubschrauber, in Iba der Taifun, in der französischen Siedlung die Schauspieler. Zunächst Marlon Brando, dann Dennis Hopper. Und das Drehbuch hatte noch kein Ende. Heute sind es physische Schwierigkeiten, mit denen wir zu kämpfen haben. Es hat nicht einen einzigen Tag gegeben, an dem wir einfach nur gearbeitet haben, richtig hart gearbeitet und das erreicht haben, was wir erreichen wollten, und dann zurück ins Hotel gehen konnten. Heute Nacht werden eintausend Komparsen für die große Szene vor dem Tempel benötigt. Es regnet unaufhörlich.

Sechs Monate später waren wir verheiratet. Ich hatte nicht realisiert, dass Francis sehr traditionelle italienische Ansichten in Bezug auf die Ehe hatte – die Frau bleibt zu Hause. Wir bekamen schnell hintereinander zwei Kinder, doch habe ich es immer fertig gebracht, einen eigenen Raum in unserem Haus als mein Studio zur Verfügung zu haben. Mehrere Jahre lang führte ich weiterhin Auftragsarbeiten für Architekten durch, doch als mein Mann Karriere machte, waren wir so oft bei Dreharbeiten, dass ich meine Projekte aufgeben musste.

Als wir in den späten sechziger und frühen siebziger Jahren in San Francisco lebten, habe ich mich sehr eingehend mit Fotografie beschäftigt und hatte eine Ausstellung meiner Arbeiten. Kurz danach überkam mich – wie ein Fieber – das starke Bedürfnis, minimalistische Zeichnungen zu machen. Ich stellte diese Zeichnungen aus und verkaufte eine an ein Museum und einige andere an Kunstsammler. Dann legte sich das Fieber und ich begann, mit meiner Freundin Lynn Herschman konzeptionelle Kunstobjekte anzufertigen. So war mein Muster. Ich wurde ein Experte in jedem Bereich, mit dem ich mich beschäftigte, doch dann verlagerte sich mein Interesse.«

> Das heißt, es wird noch mehr Schlamm geben, als wir bisher sowieso schon hatten.«
>
> *Eleanor Coppola*[6]

Ich erinnerte mich sehr gut an Eleanors künstlerische Ausbrüche. Ihre Arbeit vermittelte immer den gewissen Eindruck, eine Art Destillat von irgendetwas zu sein – eine verlassene Häuserfront mit schwarzweißen Kacheln vor dem Eingang; eine Frau, die sich vor einem Spiegel umzieht; ein leeres Wohnzimmer, in dem ein Fernsehapparat mit flimmerndem Bildschirm sich selbst Gesellschaft leistet; ein abstraktes Netzwerk immer blasserer Linien.

Während der Schuljahre ihrer Kinder tat sich Eleanor mit einer Freundin zusammen, um Designer-Freizeitkleidung zu entwerfen und herzustellen, die von japanischen Kimonos inspiriert war und zum Teil aus handbemalten Stoffen angefertigt wurde. In späteren Jahren hat sie Kostüme für ODC entworfen, eine sehr bekannte Modern-Dance-Company. Außer ihren Zeichnungen, ihrer konzeptionellen Kunst, der Fotografie und dem Mode- und Kostüm-Design wurde Eleanor einem größeren Publikum durch zwei weitere Leistungen bekannt. *Notes,* ihr dokumentarischer Bericht von den Dreharbeiten zu dem Film *Apocalypse Now*, erhielt gute Kritiken und öffnete ihr die Tür zum Schreiben und zu öffentlichen Vorträgen. Einige Jahre später gewann ihr Dokumentarfilm zum gleichen Thema, *Hearts of Darkness*, mehrere Auszeichnungen, unter anderem den begehrten Emmy.

»Eines meiner Ziele bestand darin, meine Projekte mit dem Aufziehen meiner drei Kinder zu verbinden, Francis in seiner Arbeit zu unterstützen sowie für unsere verschiedenen Wohnungen zu sorgen – mit allem, was dazugehört. Wir besitzen Land in Belize und haben erst kürzlich unser Weingut inklusive Weinhandel vergrößert. Was auch passiert – ich bin immer diejenige, die sich um diese Dinge kümmert.

Auch heute mache ich etwas, das ich ursprünglich nicht geplant hatte. Ich drehe eine Dokumentation darüber, wie Francis mit Schauspielern arbeitet. Wir waren kürzlich für Dreharbeiten in Memphis in Tennessee. Ich habe Francis von Anfang an begleitet, um die Familie zusammenzuhalten. Diesmal beschloss ich, die ganze Sache als ein künstlerisches Retreat zu betrachten, eine Chance, mich auf meine eigene Arbeit zu konzentrieren. Ich bekam ein kleines Büro im Produktionsgebäude mit einem wunderbaren Blick über den Mississippi, von dem aus ich Wolkenformationen und die Schiffe auf dem Fluss sehen konnte. Ich begann, ein Drehbuch für ein Videoprojekt zu schreiben. Jeden morgen um halb acht ging ich für ungefähr eine Stunde mit Francis an den Drehort. Gegen neun Uhr kehrte ich in mein Büro zurück, wo ich bis zum Abend blieb und schrieb. Es war wunderbar.

Eines Morgens, als ich auf dem Set ankam, waren die Schauspieler gerade dabei, eine sehr interessante Improvisation durchzuführen. Der Regie-Assistent sagte: ›Ellie, das solltest du filmen‹ und bevor ich wusste, wie mir geschah, entwickelte sich in meinem Kopf das komplette Schema einer Dokumentation, die ich über die Regiemethode meines Mannes machen wollte. Zun wiederholten

Male stellte ich fest, dass ich mich einer völlig neuen Sache zuwandte. Dieses Video zu machen war gleichzeitig erhebend und frustrierend für mich. Ich habe einen Fehler nach dem anderen gemacht, dabei jedoch neue Einsichten in die Schauspielerei und Regieführung gewonnen und es gab Momente, die nur von mir auf Film festgehalten werden konnten.«

»Meine eigene Kunst ist beinahe immer so etwas wie ein Forschen nach etwas anderem gewesen. Die Kunst, die ich eigentlich nicht machen wollte, ist manifester als die Kunst, die mir ursprünglich vorschwebte. Der rote Faden in meiner Arbeit ist die Tatsache, dass sie sich ständig *weiterentwickelt.*«

»Was ist deiner Ansicht nach der rote Faden gewesen, der sich durch deine gesamte künstlerische Laufbahn gezogen hat?«, fragte ich. »Was war für dich bei der Kunst von Bedeutung?«

»Die Kunst ist schon immer ein wichtiger Teil von mir gewesen. Ich sehe Dinge vor meinem inneren Auge und ich will ihnen immer irgendwie Ausdruck verleihen. Mein praktischer Verstand fragt dann stets: ›Warum?‹ Mein Ziel für die nächsten zehn Jahre ist es, mir zu gestatten, die Dinge zu machen, die ich sehe.

Kürzlich habe ich einige Puppenkleider für Gia genäht (die Tochter ihres Sohnes Gio, der vor ihrer Geburt starb). Sie war auf Besuch bei uns, und als ihre Freunde und der Rest der Familie wieder abreisten, wurde es ihr bald langweilig. Also ging ich mit ihr in ein Stoffgeschäft, damit sie sich Material für einen Rock aussuchen konnte. Stattdessen ging sie schnurstracks auf die kleinen Stoffpüppchen zu. Wir verbrachten die nächsten beiden Tage damit, Kleider für diese Puppen zu nähen. Nachdem Gia wieder abgereist war, kaufte ich ihr noch eine dieser Puppen und nähte ein paar Kleider für sie. Es machte mir Spaß, aber irgendwie fühlte ich mich nicht recht wohl bei der Sache. Ich sehne mich danach, die kleinen Dinge des Alltags zu tun, doch bin ich ständig von großen Dingen umgeben, die meiner Aufmerksamkeit bedürfen. Unsere amerikanische Kultur sagt, dass größer besser ist, und ich befinde mich oft am ›falschen‹ Ende dieses Spektrums, indem ich meine Aufmerksamkeit den kleinen Dingen des Lebens schenke.

Eine meiner Aufgaben ist es gewesen, das stabile Element in meiner Familie zu sein und zur selben Zeit im Rahmen der Einschränkungen und Möglichkeiten des Familienlebens meinen Talenten Ausdruck zu verleihen. Meine eigene Kunst ist beinahe immer so etwas wie ein Forschen nach etwas anderem gewesen. Die Kunst, die ich eigentlich nicht machen wollte, ist manifester als die Kunst, die mir ursprünglich vorschwebte. Der rote Faden in meiner Arbeit ist die Tatsache, dass sie sich ständig weiterentwickelt. Vielleicht hat mein Leben mit dem Weben zu tun – dem Verweben des Öffentlichen und des Privaten, des Großen und des Kleinen, des Außergewöhnlichen und des Gewöhnlichen, Alltäglichen. Das Gewöhnliche im Zusammenhang mit dem Außergewöhnlichen zu beobachten hat mich schon immer fasziniert.«

Facetten des inneren Juwels

In unserer nächsten Geschichte lernen wir einen künstlerischen und spirituellen Suchenden kennen, der zeit seines Lebens seinen Leidenschaften gefolgt ist. Glenn Lehrer ist ein anerkannter Goldschmied und Edelsteinkünstler, der einzigartige Gravuren und Skulpturen entwirft. Er ist führend in seinem Bereich; seine Arbeiten sind in Museen ausgestellt worden und er hat nationale und internationale Goldschmiedepreise gewonnen. Seine Entwürfe sind Dutzende von Malen auf den Titelseiten verschiedener Fachzeitschriften abgebildet worden. Es gibt nur eine Hand voll Künstler seines Formats in den USA und in Deutschland, die diese Arbeit machen. Im Gegensatz zu Eleanor Coppolas Geschichte scheint sein Weg eine kontinuierliche Suche nach Tiefe, Erfahrung und kreativem Ausdruck zu sein.

»In all den Jahren habe ich einfach das getan, was ich tun wollte, weil ich es liebte«, erzählte Glenn mir. »Heute wird meine Arbeit von der Goldschmiedeindustrie anerkannt und sie sieht in ihr einen wichtigen Trend für den gesamten Berufszweig. Ich glaube, man kann sagen, dies ist der Moment, wo du wirklich weißt, dass du deine Lebensaufgabe gefunden hast und sie erfüllst. Ich habe immer schon gedacht: ›Wenn man nicht das Licht (oder die Aufgabe) sehen kann, dann sollte man einfach hingehen und das tun, was einem Spaß macht. Sie werden niemandem etwas Gutes tun können, wenn Sie sich nicht selbst glücklich machen.‹

Als ich von der Schule abging, zog ich eine Weile durchs Land, bevor ich das College besuchte, um Geisteswissenschaften zu studieren. 1971 begann ich spirituell aufzuwachen. Es war mir möglich, im Geiste die Fragen der Professoren zu hören und zu beantworten, bevor diese sie überhaupt gestellt hatten. Ich hatte eine außerkörperliche Erfahrung, bei der ich durch eine Wand in den Hof ging und mich und meinen Körper sah. Auch machte ich Samadhi-Erfahrungen, während derer ich unsere physische Ebene transzendierte und in andere Bereiche und Dimensionen eintauchte. Ich wurde von einem Lichtwesen begrüßt und man offenbarte mir die Physik der atomaren Welt. Das war vor dem Erscheinen des Buches *Das Tao der Physik* [von Fritjof Capra] und ich war kein Wissenschaftler, sondern ein Künstler. Es war absolut unheimlich: Zu viel Synchronizität war im Spiel, um die Situation allein als Phantasie abzutun. Ich begann östliche Philosophie zu studieren und arbeitete mit einigen Lehrern hier in den USA.

Ungefähr ein Jahr nach dem College und den Erlebnissen, die ich gerade beschrieben habe, beschloss ich, eine Weltreise zu machen. Ich reiste hauptsächlich durch Frankreich, Italien und Griechenland, wo ich die klassische Kunst des jeweiligen Landes studierte. Als ich schließlich nach Griechenland kam, fühlte ich mich immer noch nicht wirklich ausgefüllt. Ich hatte einen Geschmack dieser anderen Dimensionen genossen und mir war pures Wissen zuteil geworden; ich war neugierig herauszufinden, wie dies alles zusammenpasste.

Ich erinnere mich, wie ich in einem großen Bus über einen Bergpass in Afghanistan fuhr und dabei neben einem alten Mann saß, der eine Winchester auf den Knien und einen Patronengürtel über seiner Brust hatte. Er strahlte eine starke Männlichkeit aus, wirkte ruhig, stolz und selbstsicher. In diesem Moment wusste ich, dass ich ein Verständnis dafür erlangt hatte, wie ich in dieser Welt sein wollte.

Da war ich also, zwanzig Jahre alt, beinahe am anderen Ende der Welt, umgeben von einer mir fremden Kultur. Das öffnete mein Herz. Die Menschen dort sprachen mehr aus ihrem Herzen als aus ihrem Verstand. Es war ein wirkliches Erwachen für mich. Diese Menschen hatten gerade genug, um ihr tägliches Überleben zu gewährleisten – doch sie waren so voller Freude; als ich in Kalifornien aufwuchs, hatte ich nie solche Freude gesehen. Ich fühlte mich beinahe überwältigt. Sie betrachteten die Welt auf eine völlig andere Art.

> »Bei Menschen, die sich mehr ›im Fluss‹ befanden, war es besonders wahrscheinlich, dass sie sich ›stark‹, ›aktiv‹, ›kreativ‹, ›fokussiert‹ und ›motiviert‹ fühlten. Es war jedoch überraschend zu sehen, wie oft die Leute von einer ›fließenden‹ Situation in ihrem Beruf sprachen und wie selten von einem ›Fließen‹ in ihrer Freizeit.«
>
> *Mihaly Csikszentmihalyi*[7]

Ich lebte einige Zeit in einem winzigen Ashram in Südindien und meditierte dort monatelang. Ich hatte noch immer keine klare Vorstellung, was mein Berufsziel betraf. Ich suchte nicht einmal danach. Ich ließ jeden Tag seine Synchronizitäten mit sich bringen und folgte ihnen. Was ich heute als Künstler tue, ist eine Verlängerung dieser Periode – insofern, als ich meiner Intuition und dem natürlichen Fluss der Dinge folge.

Ich verließ Indien und kam nach Kalifornien zurück, was ein größerer Kulturschock war, als in Asien zu leben. Ich sah mich plötzlich mit all diesen Konzepten konfrontiert, von denen ich dachte, dass ich sie hinter mir gelassen hatte. Einfach nur dem Flugzeug zu entsteigen und mit der Kommerzialisierung konfrontiert zu werden war beinahe überwältigend. Was das Verdienen meines Lebensunterhalts betraf, brauchte ich eineinhalb Jahre, um wieder in diese Kultur zurückzufinden.

Eines Tages gab mir mein älterer Bruder einen polierten Quarzkristall. Irgendwas in mir geriet in Bewegung und ich wusste, dass dies etwas war, mit dem ich mich wirklich gern beschäftigen würde. Ich hatte keinerlei Erfahrung mit Edelsteinen oder Schmuck, obwohl ich mich ein wenig mit Goldschmiedekunst, Ölmalerei, Grafik und Fotografie beschäftigt hatte. Doch plötzlich geschah etwas in meinem Inneren. Hier war ein künstlerisches Medium, das zudem meinen Geist auf eine Weise herausforderte, wie ich es bei keiner anderen Kunstrichtung empfunden hatte. Nachdem ich vor Jahren diese Samadhi-Erfahrungen gemacht hatte, konnte ich die lebendige Kraft in dem Stein fühlen.

Ich ging wieder zur Universität und studierte Geologie, Chemie, Mineralkunde und Mathematik. Während ich studierte, stellte ich fest, dass ich bereits intuitiv einige der Prinzipien kannte. Hier war also eine Form, bei der ich zwei Elemente meiner selbst verbinden konnte – den Künstler und den Wissenschaftler. Das gab mir ein Gefühl großer Kraft. Während ich herumexperimentierte und forschte, sah ich, dass dies das erste Medium war, bei dem das Endresultat theoretisch größer war als meine ursprüngliche kreative Version. Dies war der Moment, in dem ich wusste, ich hatte etwas gefunden, das mich packen und meine Aufmerksamkeit fesseln würde – etwas, bei dem ich nie alles wissen und das mein Interesse aufrechterhalten würde. Seit jenem Moment sind zwanzig Jahre vergangen und mir kommen ständig neue Ideen. Ich habe gefunden, wonach ich gesucht habe. Mit dem Schneiden und Schleifen von Edelsteinen haben alle Elemente meines Lebens zusammengefunden, wie bei einem Puzzle, und mich auf eine andere Ebene gehoben.

Das Verfolgen meiner Lebensaufgabe ist nicht immer leicht gewesen. Es gab Zeiten, da war die Situation so miserabel, dass ich Enzyklopädien verkaufte und mich als Kellner über Wasser hielt. Manchmal kann man nicht sehen, wohin man geht. Wenn man nicht das Gefühl hat, dass die Welt die eigenen Anstrengungen unterstützt, muss man auf seine Lebensaufgabe zurückgreifen und sich daran erinnern, dass man immerhin gelernt hat, bis zu diesem Moment zu überleben.

Ich sage zu den Menschen: ›Wenn Sie nicht wissen, was Ihr Schicksal ist, dann tun Sie einfach das, was Sie interessiert. Haben Sie Spaß. Machen Sie sich keine Sorgen, was Sie damit anfangen können oder ob es Geld bringen wird. Folgen Sie Ihrer Leidenschaft und sehen Sie, wohin sie Sie führt. Zum Beispiel gehe ich jeden Morgen zum Surfen. Das tue ich seit meiner Kindheit. Delphine sind schon über mich hinweggesprungen und Seehunde an meiner Seite geschwommen. Ich halte immer nach Dingen Ausschau, die meine Leidenschaft entfachen und mir Freude bringen.

> »Sie sollten zu dem Treffen kommen und darauf vorbereitet sein zuzuhören, anstatt zu präsentieren; zu kreieren und sich zu verbinden, anstatt zu verteidigen und zu schützen … Die Freisetzung kreativer Energie war unglaublich. Langeweile wurde durch Begeisterung ersetzt. Die Leute öffneten sich in erstaunlichem Maße den Einflüssen anderer und entwickelten neue Einsichten und Möglichkeiten. Zum Ende der Konferenz hatte sich ein völlig neues Verständnis der Art der Herausforderung, der sich die Firma gegenübersah, gebildet … Eine neue gemeinsame Vision begann, Form anzunehmen.«
>
> *Stephen R. Covey*[8]

Und etwas anderes sollte man nicht vergessen. Sie werden nie alles wissen. Und das bedeutet nicht, dass Sie versagt haben. Neugier und die Suche nach neuen Ideen hält Sie lebendig. Wenn Sie zu lernen aufhören, hören Sie auch auf zu wachsen. Ihr Leben hat seine eigene Energie, mit der es einen Zustand der Vollkommenheit anstrebt. Den können Sie zwar nie erreichen, doch irgendetwas in Ihrer

»Und so ist auch unsere Lebensaufgabe – sinnvolle Neugier und imaginative Sehnsucht nach Gleichgewicht und Schönheit. Im Prozess des Suchens nach dieser Symmetrie erreichen Sie und Ihre Seele einen Zustand der Erhabenheit.«

DNS sucht nach dem Zustand der höchstmöglichen Verwirklichung. Das ist ein Naturgesetz. Und das ist der Grund, warum Kristalle wie die Frucht der Erde sind.

Kristalle sind wie in kristalliner Form komprimiertes, konzentriertes Wissen. Sie sind die Kulmination der Lebenskraft, die in Zeit und Raum zusammengekommen ist. Der Kristall zeigt das Bedürfnis der Natur nach Symmetrie und Perfektion. Und so ist auch unsere Lebensaufgabe – sinnvolle Neugier und imaginative Sehnsucht nach Gleichgewicht und Schönheit. Im Prozess des Suchens nach dieser Symmetrie erreichen Sie und Ihre Seele einen Zustand der Erhabenheit. Dann wird das Leben kultiviert, Sie müssen nicht kämpfen, um etwas zu vollbringen. Sie stellen es sich kreativ vor und schon wird es lebendig. Nach zwanzig Jahren kann ich sagen, dass ich weiß, dass dies die Wahrheit ist.

Ich bin nicht nur ein Künstler um meiner selbst willen. Wenn ich meine Arbeit tue und andere die ihre tun, steht mehr Kreativität für alle anderen Menschen zur Verfügung. Auf meine eigene bescheidene Art und Weise bringe ich damit mehr Schönheit in die Welt. Schönheit ist eines der spirituellen Prinzipien des Lebens.

Ich hatte keinerlei traditionelle Ausbildung in meiner Arbeit. Ich habe mir alles selbst beigebracht und bin mit dem Erlernten an die äußersten Grenzen gegangen. Aus diesem Grund habe ich oft versagt. Sie müssen bereit sein, immer wieder zu versagen und Fehler zu begehen, um zu entdecken, was nicht funktioniert. Sie erholen sich wieder davon und machen einfach weiter. Sie haben es mit einer Kraft zu tun, die größer ist als Ihre eigene; doch befindet sie sich nicht außerhalb, sondern in Ihrem Inneren.

Unser Planet ist bereits in Veränderung begriffen und ich spüre, wie ich selbst ein Teil dieses Makrokosmos bin. Freude bei dem zu empfinden, was Sie kreieren, nährt Sie und hilft Ihnen, Ihren Teil zu unserer Welt beizutragen.«

YO!

Unsere letzte Geschichte handelt von David Inocencio. David ist dreiunddreißig und lebt seinen Traumjob als Direktor des Bereichs Erziehung von Pacific News Service, einer gemeinnützigen Medienservice-Gesellschaft, die es sich zum Ziel gemacht hat, der Öffentlichkeit eine Vielzahl von Stimmen und Ideen zugänglich zu machen. PNS gibt *YO!* heraus, *Youth Outlook*, ein Magazin, das von jungen Menschen geschrieben wird. David war 1995 angeheuert worden, um der Direktor für Erziehung zu werden – eine Gelegenheit, die genau zum richtigen Zeitpunkt für ihn zu kommen schien. Schon bald veranstalteten David und der *YO!*-Herausgeber Nell Bernstein Schreibseminare, die im Youth Guidance Center durchgeführt wurden – einer Strafanstalt für Jugendliche, die so unterschiedliche Straftaten wie Autodiebstahl, Drogengeschäfte bis hin zu Vergewaltigung und Mord begangen haben. Mit Hilfe dieser Schreibseminare verwandeln David und sein Team einige der gefährdetsten und gefährlichsten jungen Menschen in begeisterte Autoren. Für die meisten dieser Jugendlichen ist dies das erste Mal, dass sie überhaupt jemand nach ihrer Meinung in Bezug auf die schwierigen

Kräfte und Umstände gefragt hat, die ihr Leben bestimmt haben. Obgleich die meisten von ihnen nur wenig Schulbildung genossen oder keine Erfahrung mit dem Schreiben haben, gibt ihnen die Gelegenheit, ihre Gedanken zu veröffentlichen und gehört zu werden, ein Gefühl für das, was möglich ist – ein neues Gefühl für Identität und eine leidenschaftliche Begeisterung für Kommunikation. Davids Geschichte demonstriert die immense Kraft seiner Absicht, anderen zu helfen – und wie diese Kraft ihn geradewegs zu seiner Lebensaufgabe geführt hat. Außerdem macht sie deutlich, wie die Macht der Kreativität die Herzen und Seelen junger Menschen öffnen kann.

David machte es sich auf dem Schreibtisch seines Büros in San Francisco bequem und begann zu erzählen:

»Ich hatte als Fotograf gearbeitet, bis ich sechsundzwanzig war, und obwohl ich meinen Job liebte, wusste ich, dass er nicht meine Berufung war. Mein größter Wunsch war es, mit gefährdeten Jugendlichen zu arbeiten, und es ermüdete mich, über die Schwächen unserer Gesellschaft immer nur zu diskutieren. Ich wollte aktiv etwas dazu beitragen, sie zu verändern. Also ging ich mit Mitte zwanzig noch einmal zur Universität und studierte Sozialpädagogik. Ich war total konzentriert bei der Sache, denn ich wusste genau, wohin ich wollte.

Nach Abschluss meines Studiums sah es so aus, als ob mir alles einfach in den Schoß fiel. Wie sich bald herausstellte, musste ich nicht einmal eine Diplomarbeit schreiben. Bis auf den heutigen Tag wachse ich an und mit meiner Aufgabe und berühre die Leben der Menschen, die ich berühren wollte.

Meine erste große Chance kam, als ich Marynella Woods traf, die meine Mentorin und Freundin wurde. Eines Tages gab sie mir die Schlüssel zu einer Gefängniszelle, damit ich einen Häftling interviewen und damit ein Gefühl für diese Arbeit bekommen konnte. Es gefiel mir auf Anhieb. Ich gab meinen Fotografenjob auf und verbrachte von da an den größten Teil meiner Zeit im Jugendgefängnis, wo ich einfach nur den jungen Menschen zuhörte. Ich wurde Sozialarbeiter und lernte, mit Anwälten wie auch mit Richtern umzugehen. Obwohl es den Wärtern nicht gefiel, wenn Leute aus der Gemeinde ins ›Zentrum für jugendliche Kriminelle‹ kamen, begannen wir mit einem bahnbrechenden Programm, bei dem die Jugendlichen die Wahl hatten, sich in neuen Verhaltensformen zu üben – wie zum Beispiel Drogentherapie, Besuch des ›Omega-Jungen-Zentrums‹, das Ausgehverbot einzuhalten, einen Job anzunehmen oder wieder zur Schule zu gehen. Wir arbeiteten eng mit den Jugendlichen zusammen und da jeder von uns nur wenige Fälle hatte, war dieses Programm sehr erfolgreich.

»Es bleibt jedoch die einfache Tatsache bestehen, dass wir der Welt um so besser als positiver Einfluss dienen können, je stärker und strahlender wir sind. Je mehr Glück wir in die Welt bringen, desto besser ist es für jeden Einzelnen.«

Dan Millman[9]

Ich war jedoch immer in Bereitschaft, und als ich dreißig wurde, hatte ich bereits zwei Magengeschwüre gehabt. Als mich dann die Redakteurin Sandy Close anrief und mir eine Stelle bei der PNS anbot, war ich begeistert – in erster Linie deshalb, weil diese Agentur es fertig bringt, auf ungewöhnlich harmonische Weise eine sehr unterschiedliche Gruppe von Jugendlichen zusammenzubringen.

Ich wollte meine Kontakte zu der Jugendstrafanstalt beibehalten, weil ich fühlte, dass diese Stimmen gehört werden müssen – es gibt unter ihnen noch so viele ungeformte Talente! Unser erster Versuch war ein Schreibseminar für Mädchen und mittlerweile halten wir diese Seminare für alle Gruppen ab.

Wir entwickelten eine Kolumne in *YO!*, die wir »Briefe aus dem Knast« nannten, doch war die Nachfrage so groß und das Geschriebene so unglaublich gut, dass wir eines Tages beschlossen, *The Beat Within* herauszubringen – eine Zeitung, die ausschließlich von inhaftierten Jugendlichen zusammengestellt wurde. Der Name kam ganz von selbst. Diese Zeitung zirkuliert nur in Jugendvollzugsanstalten. Sie ist eine raue, wunde Stimme und wir wollen die Auflage klein halten. Jugendliche, die normalerweise nie miteinander sprechen würden, lernen die Lebensumstände und Gewohnheiten der anderen kennen.

Es ist für die meisten von ihnen schwer, sich auszudrücken. Vieles von dem, was sie schreiben, dreht sich um so dunkle Themen wie Einsamkeit, Selbstmord, Rache, Angst und Gewalt. Wir wollen den Jugendlichen nicht ihre Stimme nehmen, doch gleichzeitig ist es unser Bestreben, in der Arbeit mit ihnen Frieden und Einheit zu fördern, anstatt ihren Rassismus, Hass und ihre potenzielle Gewalttätigkeit zu verstärken. Wir achten darauf, dass sie sich nicht selbst belasten.«

Beispielsweise baten die Herausgeber in einem Heft von *The Beat Within* die jungen Autoren, über »das Spiel« zu schreiben. Sie fragten: »Was ist das Spiel? Wie seht ihr das Spiel und seht ihr euch als Gewinner oder Verlierer? Spielt das Spiel mit euch oder umgekehrt?«

Ein Jugendlicher namens J. B. schrieb dazu:

»Das Spiel deines Lebens besteht darin, in einer Gang zu sein! Gewinnen und Verlieren ist wirklich einfach. Wenn du verlierst, verlierst du dein Leben. Und du gewinnst durch dein Überleben. Wenn du anfängst, das Spiel zu spielen, unterstehst du den besten Spielern. Um ein Gewinner zu werden, musst du das Spiel respektieren und deine Loyalität beweisen. Sei nicht zu scharf darauf zu spielen, sondern denke daran, wie viele Leben du auslöschen musst, um ein erstklassiger Spieler in diesem Spiel zu werden. Es könnte auf dich zurückfallen!«

Angelo alias Lil Play-Boy schreibt:

»Wenn ich an das Spiel denke, denke ich an den ständigen Versuch zu überleben. Es gibt immer ein paar Hass-Spieler, die versuchen, mich zu töten. Doch das lassse ich nicht zu, denn ich bin ziemlich gerissen.«

Philly Phil schreibt:

»Das Spiel beginnt, wenn du geboren wirst. Für mich hat das Spiel mit dem Leben schlechthin zu tun, doch ich weiß, dass andere glauben, das Spiel sei das Drogen-Spiel. Das Drogen-Spiel ist eine Einbahnstraße – entweder endest du im Knast oder du stirbst. Das andere Spiel ist das Spiel der Straße, was im Grunde das Gleiche ist wie das Drogen-Spiel.

In jedem dieser Spiele gibt es Gewinner und Verlierer. Der Gewinner ist derjenige, der im Leben Erfolg hat und seine Ziele erreicht. Die Verlierer sind die, die zurückbleiben und nicht die Fähigkeit haben, ihren Verstand zu gebrauchen. Bei jedem dieser Spiele, die wir spielen, geht es nur um Geld. Wir brauchen es, wir müssen es haben. Das ist meine Philosophie des Spiels.«

Während viel von dem, was geschrieben wird, traurig, wütend oder deprimierend wirkt, ist einiges – wie zum Beispiel der Beitrag von Michael – auch reflektierend:

»Ich fühle mich wie ein Vogel, der in einen Käfig gesperrt wurde, der sich wünscht und hofft, ein wenig *Nade* [Marihuana] zu kriegen. Doch im Moment bin ich in diesem Käfig gefangen. Andererseits jedoch gefällt mir dieses Gefangensein, weil es mir die Zeit gibt nachzudenken. Ich gehe tief in mich hinein und finde heraus, wer ich wirklich bin, nämlich ein junger Mann.«

Ein früherer Insasse des Youth Guidance Center, der achtzehn Jahre alte Carter alias Mr. Blackbird (und heute Mitglied des *YO!*-Teams), sagt:

»Zweimal wurde auf mich geschossen, ich bin ein paarmal beinahe erstochen worden, fast zu Tode getreten und zweimal von einem Auto überrollt worden. Ich will, dass sie [die Insassen des Jugendgefängnisses] wissen, dass es da draußen noch eine andere Welt gibt. Das Leben hat mehr zu bieten als Jugendgefängnisse und Bandenkämpfe.«

David Inocencio sagt, dass er versucht, den jungen Leuten etwas beizubringen, was er von seiner Freundin gelernt hat, nämlich dass wir durch Herausforderungen stark werden. »Ich sage zu ihnen: ›Eure Fehler sind eure Stärken.‹ Sie können nutzen, was sie wissen, was sie erlebt haben, um es andere zu lehren. Während ich ihnen das sage, kann ich beinahe sehen, wie sie innerlich einen Schritt zurücktreten, wenn sie begreifen, dass ihre Fehler ihre Stärken sind.«

Unser Gespräch neigte sich dem Ende zu und David lächelte. »Ich kann nicht glauben, dass ich tatsächlich etwas tue, wovon ich immer geträumt habe, und dass ich meine Ziele erreicht habe. Jemand hat mich mal gefragt, was ich denn in fünf Jahren machen will, und darauf habe ich keine Antwort. So weit ich es absehen kann, liegt viel Arbeit vor uns und ich habe nicht das Gefühl zu stagnieren. Ich weiß, dass ich kein Bürokrat werden möchte. Ich will das Leben dieser jungen Menschen berühren. Ich bin sehr dankbar dafür, dass sich alles so ergeben hat.«

Selbstgespräche

Schreiben Sie alle Eindrücke nieder, die Sie während der Lektüre dieses Kapitels gehabt haben.

Stellen Sie fest, welche Einzelheiten Ihnen in den verschiedenen Geschichten besonders aufgefallen sind.

Nehmen Sie sich die Zeit, um die Geschichte noch einmal zu lesen, die Ihnen am besten gefallen hat, und geben Sie ihr eine andere Überschrift, basierend darauf, was diese Geschichte für Sie bedeutet.

Zeichnen Sie ein Mandala.

Was könnten Sie tun, um Situationen, die Ihre Energie rauben, zu klären? Schreiben Sie fünf Minuten lang auf, was Sie tun würden. Beginnen Sie, indem Sie sagen: ›Ich würde gern meine Kreativität in Fluss bringen …‹ und lassen Sie Ihren Bewusstseinsstrom Kreativität hervorbringen. Folgen Sie Ihren schriftlichen Ausführungen mit Taten.

DRITTER TEIL

Tiefes Wasser

ZEHNTES KAPITEL

In der Leere

»Mir war nie in den Sinn gekommen, dass ein Gefühl der Leere vielleicht den Weg zu einem tieferen und reicheren Inneren bedeutete.«

Tony Schwartz[1]

Was ist die »Leere«?

Jeder von uns hat zu irgendeinem Zeitpunkt einmal ein Erlebnis gehabt, das unsere normalen Gefühle um das Wissen, wer wir sind, oder unser gewohntes Verhältnis zu der Welt um uns herum ausgelöscht hat. Wie jedes Kontinuum von Gefühlen kann die Leere unser Leben in verschiedenen Schweregraden heimsuchen. Sie mögen sich zum Beispiel ganz allgemein in Ihrer Haut nicht wohl fühlen und sagen zu Ihren Freunden: »Ich bin deprimiert« oder »Nichts passiert in meinem Leben; ich fühle mich so leer«. Oder auch: »Mein Gott, ich wünschte, dieses Warten wäre vorüber.« Vielleicht sogar: »Nichts funktioniert mehr. Ich weiß nicht, wohin ich mich wenden soll. Ich habe das Gefühl, verrückt zu werden.«

Obwohl auch die klinische Depression ein Ausdruck der Leere sein kann, haben in diesem Fall die Symptome meist physische Ursachen, wie zum Beispiel ein hormonelles Ungleichgewicht oder andere Krankheitsprozesse,

»Aus diesem Grund muss das innere Chaos als Indikator geschätzt werden, dass eine ihm zugrunde liegende Annahme, eine Weltsicht oder Selbstsicht in Frage gestellt werden soll. Ist die einschränkende Struktur erst einmal erkannt und aufgelöst, wird mehr Raum verfügbar. Auf diese Weise kann das Chaos als Treibstoff oder Energie betrachtet werden, die uns zurück zum ›Quantenbewusstsein‹ bringen kann.«

Stephen Wolinsky[2]

und befinden sich somit jenseits der Bandbreite dieses Buches. Ähnlich verhält es sich mit ungelösten Traumata oder Gefühlen, die aus vergangenen Erlebnissen resultieren; in solchen Fällen sollten Sie professionelle Hilfe suchen, um die spezifischen Themen zu erarbeiten.

Was die Suche nach einem sinnvollen Leben betrifft, so hat die Leere jedoch ihren Platz als ein notwendiger, natürlicher – wenn auch störender – spiritueller Übergang.

Paradoxerweise ist das typische Anzeichen der Gegenwart der Leere das Gefühl, es fehle einem etwas. Wir sind aus dem Gleichgewicht geraten, fühlen uns abgeschnitten und fremd. Wir finden einfach nichts, auf das wir uns freuen. Vielleicht haben wir sogar das Gefühl, das Leben sei nicht mehr lebenswert, wenn es so weitergehen sollte!

Die Leere kann durch eine unerwartete und unwillkommene Veränderung der Lebensumstände hervorgerufen werden, wie zum Beispiel eine Scheidung oder Kündigung. Sie kann auch eintreten, bevor diese tief greifenden Ereignisse stattfinden. Ihre Botschaft scheint mit dem Gefühl gekoppelt zu sein, die Beziehung zum Leben verloren zu haben, sich nutzlos oder nicht anerkannt zu fühlen und zu glauben, dass nichts Sinn macht. Selbst wenn Sie eine phantastische Karriere gemacht und jede Menge Geld, Freunde und Familie haben, so können Sie dennoch die Leere fühlen. Mystiker haben diese tiefe Entfremdung als »die dunkle Nacht der Seele« bezeichnet. Dunkel, weil wir keinen Ausweg daraus sehen und nicht verstehen können, was von uns verlangt wird. Die Metapher der Nacht deutet jedoch darauf hin, dass es einen neuen Morgen geben wird, entsprechend der physischen Realität, dass auf die Nacht ein Tag folgt. Die Verknüpfung dieser dunklen Wolke mit der Seele zeigt, dass uns unsere tiefste Essenz zu diesem Zeitpunkt verborgen ist. Nicht weniger als die Seele oder unser Seelenheil steht in diesem Vakuum auf dem Spiel. Unsere Frage dringt in die Nacht: »Hat Gott mich verlassen?« Oder wir mögen denken: »Ich bin verloren. Ich habe keine Beziehung mehr zu dieser Welt.«

Manchmal macht sich unsere Leere bemerkbar, indem wir das Haus nicht mehr verlassen und mehr als sonst aus dem Fenster starren, uns im Garten zu schaffen machen und Arbeitslosengeld kassieren. Manchmal machen wir es ein wenig formeller und verlassen das Land, gehen in einen Ashram oder eine Woche allein auf Wandertour.

Während wir unsere Lebensaufgabe suchen, sind wir unter Umständen noch anfälliger für das Gefühl der Leere. Warum? Wir haben wiederholt erwähnt, dass die Entdeckung unserer Einzigartigkeit und der Einsatz unserer Talente es häufig erfordern, dass wir einen anderen Weg einschlagen. Selbst wenn wir die Welt synchronistisch erforschen und erleben, indem wir unsere Intuition und unsere nichtalltägliche Weisheit gebrauchen, kann es geschehen, dass wir unser Ziel aus den Augen verlieren, wann immer es sich so anfühlt, als seien wir nicht im Fluss. Es ist wichtig, die Leere nicht persönlich zu nehmen. Was natürlich meist genau das ist, was wir tun.

»Oftmals fürchten Sie, buchstäblich sterben zu müssen, wenn Sie in dieser Leere bleiben, und in gewisser Hinsicht ist das die Wahrheit. Ein bestimmter Teil der Persönlichkeit wird sterben, wenn Sie nicht versuchen, ihn zu erfüllen. Doch es gibt noch etwas Tieferes … [diese Leere] ist sehr weit und sie ist in Wirklichkeit alles andere als leer oder sinnlos. Sie ist vielmehr die Öffnung hin zu unserem wahren Selbst – zu dem leeren Raum, aus dem alles erwächst, dem Kern unserer eigentlichen Natur.«

Sandra Maitri[3]

Erfüllt die Leere einen Zweck?

Das Gefühl der Leere bedeutet weder, dass Sie ein schlechter Mensch sind, noch dass Sie einen Charakterfehler haben, nicht einmal, dass Sie etwas falsch gemacht haben. Die Leere ist größer als Sie. Anstatt sich für ein vermeintliches Versagen Vorwürfe zu machen, ist es auf lange Sicht wesentlich produktiver, den Zustand der Leere als eine Art Einweihung zu betrachten, eine Initiation in die nächste Stufe Ihres Lebens. Sie ist eine Zeit, in der der Samen Ihres neuen Selbst keimt, und eine Art Ruhepause, während der Ihr Inneres das Erlebte sortiert, klärt und es Ihnen schließlich mit neuen Einsichten präsentiert. In den Kulturen eingeborener Völker wird diese Zeit traditionell genutzt, um mit den eigenen inneren Führern zu arbeiten oder sich auf eine Visionssuche zu begeben, um transformiert daraus hervorzugehen und eine neue, tiefere Perspektive des eigenen Lebens und der Aufgabe zu bekommen, die zu erfüllen man geboren wurde.

Die Leere gibt uns die Möglichkeit, einen Teil unserer Entwicklung abzuschließen und den Boden für neues Wachstum zu bereiten. Ob wir uns dessen bewusst sind oder nicht – wir erfahren eine seelische Umorganisierung des Feldes unserer Lebensaufgabe, das die richtigen Menschen und Erlebnisse anzieht. Wir integrieren die Lektionen der Vergangenheit und stutzen unsere alten Sichtweisen unseres Selbst und der Welt im Allgemeinen zurecht. Sie können es sich so vorstellen, dass die Leere eine Periode des Sterbens und der Regeneration ist.

Leslie Lupinsky, eine Berufs- und Lebensberaterin mit einer Praxis in Albany in Kalifornien, vergleicht einen Aspekt der Leere mit einem jungen Baum. »Sie müssen einen jungen Baum gießen und dafür sorgen, dass er genug Sonne und gute Erde bekommt. Nach einer Weile sehen Sie, wie kostbare kleine Schößlinge sprießen. Die Leere ist wie dieser kleine Baum.«

Wie können wir mit der Leere fertig werden?

Die Leere ist ein natürlicher Bestandteil des Lebens. Es ist normal und angebracht, immer wieder einmal sein Tempo zu verlangsamen, damit neue Dinge an die Oberfläche kommen können. Doch wir gewöhnen uns so sehr an einen bestimmten Grad der Produktivität, dass wir uns erst mal irritiert, wie vom Weg abgekommen fühlen, wenn wir uns von unseren normalen Tätigkeiten zurückziehen, ohne einen neuen Rhythmus etabliert zu haben. Oft sind wir während einer solchen Zeit dazu gezwungen, unsere bisherigen Leistungen zu überdenken. Dies ist ein natürlicher Prozess der Kritik, während wir geradezu danach jagen herauszufinden, »was falsch gelaufen ist« oder »warum uns das passiert ist«.

Wenn wir nicht mehr weiter wissen, haben wir in der Regel die Tendenz, in einem Schwarzweißmuster zu denken. Wir meinen dann zum Beispiel, dass wir entweder schlecht oder gut sind. Wir beschließen, dass andere entweder Heilige oder Teufel sind. Wir glauben, unser eigenes Leben ist ein einziges Desaster, während alle anderen glücklich sind.

Die beste Art, mit einem solchen Lebensabschnitt umzugehen – was nicht heißt, dass uns das so ohne weiteres gelingt –, besteht darin, ihn zu akzeptieren und uns wirklich zu erlauben, alle Gefühle wahrzunehmen, die in uns geweckt werden – Wut, Einsamkeit, Traurigkeit, Hoffnungslosigkeit, Frustration und so weiter –, ohne dass wir uns an diesen Zustand ketten, als würde nur er unser Sein ausmachen. Es ist wichtig, sich zu erinnern, dass unsere traurigen, depressiven Gefühle nicht ewig andauern.

Obwohl die Leere ihren eigenen Zweck erfüllt, wenn sie in unser Leben kommt, können wir trotzdem versuchen, ihre Auswirkungen erträglicher zu gestalten. Bruce Biltekoff, ein Lehrer aus Buffalo, New York, sagt über seine Begegnung mit der Leere: »Ich habe festgestellt, dass es drei Dinge gibt, die mir helfen, aus der Leere herauszukommen. Das Erste ist Meditation, denn sie bringt die Präsenz von etwas anderem zurück. Das Zweite ist ehrliche, offene Kommunikation. Wenn wir mit anderen Menschen reden und Botschaften austauschen können, ist das ein Geschenk. Wenn Sie mit jemandem über Dinge sprechen können, die wichtig sind, überwinden Sie für den Moment Ihre Verzweiflung. Das steht schon in der Bibel, wo es in etwa heißt: ›Wenn zwei oder drei in meinem Namen versammelt sind, da bin ich mitten unter ihnen.‹ Einsichten oder eine Geschichte mit jemandem zu teilen, der mich versteht, hilft mir, wieder ich selbst zu werden.

Das dritte Mittel, das mir hilft, mit der Leere zurechtzukommen, ist das Ausführen irgendwelcher Tätigkeiten, die ich als ›rechtes Handeln‹ oder ›Dienen‹ bezeichnen möchte. Ich glaube, dass es Sie weiterbringt, wenn Sie eines dieser drei Dinge tun. Wenn ich mich in der Leere befinde, muss ich mich selbst ermahnen, meinen Glauben zu bewahren. Außerdem weiß ich, dass der Wechsel von Leere zu Präsenz nur einen Lidschlag entfernt ist. Sie müssen nur einen Moment innehalten. Wenn Sie in einem dunklen Raum sind und ein Streichholz anzünden, ist das Dunkle augenblicklich transformiert. Ob Sie nun meditieren, ehrlich mit jemandem kommunizieren oder einer Tätigkeit nachgehen, in jedem Fall werden Sie die Dunkelheit dadurch transformieren. Das ist vergleichbar mit dem Umschalten auf einen anderen Kanal. Worin auch immer Ihre Leere besteht, äußere Dinge können sie nicht wirklich verändern.«

Auch Glenn Lehrer, der Edelsteinspezialist, dessen Geschichte wir im neunten Kapitel kennen gelernt haben, hat viel Erfahrung mit diesen tieferen inneren Räumen.

»Im Laufe der Zeit habe ich daraus gelernt, dass die ruhigen Zeiten, in denen nichts zu passieren scheint, die stärksten Zeiten sind. Heute begrüße ich sie, denn sie stören mich nicht mehr. Doch ich habe Jahre gebraucht, um das zu erkennen. Wenn Sie etwas tun, das Sie lieben, rate ich Ihnen, diese ruhige Zeit zu nutzen, um noch umfassender zu träumen, selbst wenn die Welt noch nicht an Ihre Tür klopft. Spinnen Sie Ihre Träume noch weiter. Ich weiß, das klingt verrückt, doch habe ich nie aufgehört, mir vorzustellen, was ich erreichen will, und ich habe meinen Traum stets lebendig gehalten. Diese ruhigen Zeiten sind für mich die beste Gelegenheit, Träume am Leben zu erhalten, weil die Welt dann still ist und ich mit meinen Gedanken um so tiefer und weiter gehen kann.

> »Dinge auf eine schöne Weise zu tun, hässliche Probleme liebevoll zu behandeln, mit tiefem Respekt für die Heiligkeit des menschlichen Seins – das ist die uns allen innewohnende Göttlichkeit.«
>
> *Pir Vilayat Khan*[4]

Einer meiner liebsten Lehrer, Lazarus (ein nichtinkarnierter Geistführer, der von dem Medium Jack Purcell gechannelt wird), nennt die ruhigen Zeiten die ›Enge‹. Sie ist wie der Winter, wenn unser kollektives Bewusstsein sich immer tiefer nach innen verlagert. Es ist in diesen ruhigsten Zeiten, wenn es so aussieht, als ob nichts geschieht, dass sich Wachstum entfaltet. Wenn Sie immer tiefer in Ihr Vertrauen hineingehen, in das Zentrum Ihrer Kreativität, oder in Ihre Leidenschaft, dann wird sie auf zehnfache Weise zu Ihnen zurückkommen. Es ist schwer, dies in den Momenten der Leere zu sehen, doch wenn Sie Ihrem Geist erlauben, sich mit der Ihnen eigenen Kreativität in höchste Höhen aufzuschwingen, dann wird sie reicher und stärker zu Ihnen zurückkehren.

Es ist wichtig zu lernen, es sich angenehm zu machen, wenn Sie sich in der Leere befinden. Wenn Sie Ihre Lebensaufgabe verfolgen, müssen Sie in der Lage sein, sich gut genug zu fühlen, Ihren Schatten anzunehmen – den Teil Ihres Selbst, den Sie verdrängt haben oder sich nicht eingestehen wollen. Es kostet eine Menge Kreativität, gegen etwas anzukämpfen, das größer ist als Sie selbst. Wenn Sie sich alte Kulturen wie zum Beispiel die der Tibeter anschauen, erfahren Sie, dass der Grund, warum sie die bösen Geister herausfordern, nicht darin besteht, dass sie von ihnen gefangen sind, sondern vielmehr, dass sie durch sie befreit werden. Wir haben keine solchen Rituale, um mit unserer dunklen Seite in Berührung zu kommen. Wir schauen sie uns nicht an; wir verneinen sie.«

Ihre Beziehung zur Macht

Während Sie sich in der »dunklen Nacht der Seele«, der Leere, befinden, fühlen Sie sich machtlos und von jeglicher Hoffnung, jeglichem Licht und jeglicher Sicherheit abgeschnitten. Wenn Sie momentan in einem solchen Zustand sind, sollten Sie noch einmal im fünften Kapitel unter der Überschrift »Kraftverlust-Analyse« nachlesen. Sollte es in Ihrem Leben Beziehungen geben, mit denen Sie noch etwas anfangen können, beginnen Sie, um Hilfe zu bitten, damit Sie die notwendigen Veränderungen vornehmen können. Vielleicht ist es erforderlich, dass Sie einen Therapeuten aufsuchen oder sich einem Freund anvertrauen, der gut zuhören kann.

Ein Mann, dem kürzlich seine Stelle gekündigt worden war, sagte dazu:

»Als ich meinen Job verlor, bekam ich es mit der Angst zu tun und war gleichzeitig wütend. Ich hatte Angst, dass ich nun nie mehr ein sinnvolles Leben führen könnte und von den Kräften ausgesaugt werden würde, von denen ich mein Leben kontrollieren ließ. Ich war wütend vor lauter Frustration, dass ich es anderen Leuten gestattete, Kontrolle über mein Leben auszuüben. Meine Angst hielt mich davon ab, irgendwelche Schritte zu unternehmen. Ich fühlte mich, als sei ich in ein schwarzes Loch gefallen. Ich verfiel in Panik und dachte, dass diese Veränderungen gefährlich seien und dass alles, was ich täte, nichts bringen würde.

Das Lustige dabei war, dass es mir zwar so vorkam, als ob meine Arbeitgeber mein Leben bestimmten – dabei hatte ich es ihnen in Wirklichkeit einfach übergeben. Ich versuchte stets, ihren Erwartungen zu entsprechen und diese sogar noch zu übertreffen, doch letzten Endes lief es

> »Es ist manchmal sinnvoll, sich selbst gegenüber zuzugeben, dass Sie nicht wissen, wie es weitergeht, und offen zu sein für Hilfe, die aus gänzlich unerwarteter Richtung kommen kann. Wenn Sie dazu fähig sind, stehen Ihnen innere und äußere Energien und Verbündete zur Verfügung, die Ihrer eigenen Seelenfülle und Selbstlosigkeit entspringen.«
>
> *Jon Kabat-Zinn*[5]

darauf hinaus, dass ich nur lebte, um meinen Vorgesetzten zu gefallen.

Ich konnte nicht glauben, dass sie mich nicht mehr wollten. Doch schließlich erkannte ich, dass der Rausschmiss mich befreit hatte. Ich musste offensichtlich diese Zeit der Angst, der Wut und Demütigung durchleben. Heute beginne ich zu begreifen, dass meine Frage lauten muss: ›Wie wende ich meine wahren Fähigkeiten und Interessen an? Wie gebe ich meinem eigenen Leben Ausdruck? Wie fange ich es an, die Dinge zu tun, von denen mir die Leute schon immer gesagt haben, dass ich ein Talent dafür habe, wie zum Beispiel Schreiben und Witze machen?‹

Ich rechnete mir aus, dass ich vier Monate Zeit habe, bis ich einen neuen Job annehmen muss. Ich habe aufgehört, mir darüber Sorgen zu machen, ob ich eine neue Stelle finde und in meinem alten Beruf als Softwareprogrammierer weiterkomme. Ich werde diese vier Monate so nehmen, wie sie kommen. Den ersten Monat habe ich damit verbracht, mich zu entspannen und die Tatsache zu akzeptieren, dass ich keine Arbeit mehr habe, sowie die Panik zu überwinden, die mich zunächst überfallen hatte. Heute lese ich, meditiere, gehe spazieren und fahre mit dem Fahrrad. Außerdem habe ich wieder mit dem Schreiben begonnen.«

Das Ruhen in der eigenen Mitte in Zeiten der Verwirrung, des Chaos und der Angst

> »Authentische Bedürfnisse sind solche, die immer vom Universum erfüllt werden.«
> *Gary Zukav*[6]

Wir können demnach beobachten, dass unser Leben manchmal zusammenbricht, bevor es sich neu strukturiert. Dies ist die Periode, in der wir uns zurückziehen, unser Dasein einfacher gestalten und loslassen müssen – so, wie man bei einem Pferd die Zügel loslässt, wenn es in seinen Stall zurücklaufen will, oder wie man ein Flugzeug sich selbst ins Gleichgewicht bringen lässt, sobald man nicht mehr angestrengt versucht, es zu kontrollieren. Auch Sie werden die Neigung haben, an etwas »festzuhalten«. Hier sind einige praktische Vorschläge, wie Sie am besten mit den Kräften der Leere zusammenarbeiten können, anstatt sich in die abwärts gerichtete Spirale der Selbstverachtung, Apathie oder Panik reißen zu lassen.

1. *Sehen Sie sich Ihre grundsätzliche Einstellung zur Leere an.* Erkennen Sie, dass Sie hauptsächlich zwei Wahlmöglichkeiten in Bezug auf Ihre *Glaubenssätze* über die Leere haben. Die erste besteht darin, der Annahme zu verfallen, dass Sie etwas falsch gemacht haben, dass Ihre Freunde mehr Glück haben als Sie und dass Sie zu einer nichts sagenden und sinnlosen Existenz verdammt sind. Die zweite Sichtweise besagt, dass dieser Zeitraum ein natürlicher Bestandteil des Lebens ist und dass bestimmte Veränderungen von Ihnen vorgenommen werden müssen. Wenn Sie sich *entscheiden,* die Leere als einen natürlichen und *notwendigen* Zustand anzunehmen, hat das zur Folge, dass Ihr

Energiefeld sich den neu auftauchenden Informationen öffnet. Wie das Wasser sollten auch Sie *im Fluss* bleiben.

2. Gehen Sie davon aus, dass diese Periode einen Sinn hat, selbst wenn Sie ihn noch nicht erkennen können. Verschaffen Sie sich einen Überblick. Stellen Sie sich eine dieser Informationstafeln mit den Namen der Geschäfte vor, wie sie in Einkaufszentren zu finden sind – und wo ein »X« anzeigt, wo Sie sich befinden, während Sie davorstehen und die Tafel studieren. Sie befinden sich in einer Phase Ihres Lebens zwischen der Vergangenheit und der Zukunft. Wie das alte chinesische Buch der Wandlung, das *I Ging*, sagen würde: »Kein Makel.«

Wann immer wir die Position eines Menschen einnehmen, der das Leben studiert, sind wir automatisch offen und empfänglich für neue Richtungen. Wenn wir uns andererseits jedoch sagen, dass das Leben ungerecht ist, und gegen unser Schicksal ankämpfen, arbeiten wir mit einer Opfermentalität, die uns wiederum automatisch nach unten zieht und einen Kraftverlust zur Folge hat. *Vergessen Sie nicht, dass alles einen Sinn hat.* Wenn Sie Ihre Handlungen von Angst bestimmen lassen, tendieren Sie dazu, die Vorteile und Lektionen der Leere zu blockieren. Einer der Vorteile der Leere besteht darin, dass *alles unbekannt und neu für Sie ist und Sie auf diese Weise keine einschränkenden Vorurteile in Bezug auf das haben, was passieren oder nicht passieren kann.* Ein anderer Vorteil ist der, dass ein großer Teil Ihrer normalen Aktivitäten unterbrochen wird und sich dadurch ein Freiraum bildet, der neue Wahlmöglichkeiten und Entscheidungen verlangt. Sie werden dazu gezwungen, Ihre Bequemlichkeit aufzugeben.

3. Fragen Sie sich: »Was habe ich bisher einfach hingenommen?« Betrachten Sie eingehend, was unmittelbar vor Ihrem Eintritt in die Leere geschehen ist. Etwas in Ihrem

Leben verlangte nach einer Veränderung. Was war das? Die Zeit ist gekommen, diese Veränderung vorzunehmen. Die Lebensberaterin Leslie Lupinsky fordert ihre Klienten auf, sich diese Frage zu stellen, während sie in der Leere heranreifen. »Wenn Sie bereit sind zu erkennen, was Sie alles hingenommen haben, und entscheiden, das nicht weiter zu tun«, sagt sie, »werden Sie feststellen, dass Sie einen erstaunlichen Energiezuwachs verspüren.« Wenn Sie sich diese Frage stellen, hilft Ihnen das zumindest wahrzunehmen, wo Ihre Energie stagniert. So, als ob Sie im Dunkeln ein Streichholz anzündeten, kann das Erkennen dessen, was Sie bei sich selbst und anderen hingenommen haben, Ihre ganze Welt rapide verändern. Fragen Sie sich: »Wo trete ich auf der Stelle?«

Wenn Sie *wissen,* dass Sie Ihre Arbeit oder jede beliebige andere Situation in Ihrem Leben aufgeben sollten, jedoch bisher keine Entscheidung treffen konnten, *werden* Ihre verdrängten Energien irgendwann unvermeidlich an die Oberfläche treten, um Ihre Aufmerksamkeit zu wecken. *Ihre unterdrückten oder verdrängten Gefühle werden Ihnen jedoch so vorkommen, als würden sie von anderen Menschen und der äußeren Welt verursacht.*

4. *Lassen Sie die Gefühle zu.* Wenn Sie in Panik geraten, nehmen Sie dieses Gefühl an. Geben Sie sich selbst die Zeit, Ihre Emotionen auch wirklich zu spüren. Das Aufschreiben dessen, was Ihnen widerfahren ist, hilft Ihnen, dem Prozess nicht auszuweichen, sondern sich von ihm das zeigen zu lassen, was Sie wissen müssen.

5. *Nehmen Sie sich Zeit zum Alleinsein.* Eine der wichtigsten Aufgaben der Leere ist es, Ihnen ausreichend Zeit zur Selbstbetrachtung zu geben. Stürzen Sie sich nicht Hals über Kopf in Beziehungen und vermeiden Sie es, ununterbrochen am Telefon zu hängen, um die Meinung Ihrer

> »Folglich erfordert die Reifung der Seele, dass wir die Erfahrung von Mangel, Verlorensein, Sehnsucht, Melancholie, Trennung, Chaos und wahrem Abenteuer zulassen ... Bei der seelischen Zeit braucht es zehn symbolische Jahre, um ein solides Bild vom *Vater* aufzubauen – daraus lässt sich schließen, dass die Odyssee ewig währt.«
>
> *Thomas Moore*[7]

Freunde einzuholen. Wenn Sie mit anderen Menschen leben, müssen Sie unter Umständen recht kreativ werden in dem Versuch, Zeit für sich selbst zu finden. Sollten Sie eben erst Ihre Arbeit verloren haben, zwingen Sie sich nicht dazu, gleich wieder zu Vorstellungsgesprächen zu gehen, wenn Sie erschöpft sind oder Panikgefühle haben. Geben Sie sich selbst ein wenig Zeit, um zu heilen und auf die sanfte Weisheit Ihrer inneren Stimme zu hören. Wenn Sie mit sich selbst allein sind, bringt Sie das zu Ihrem inneren Ort der Kraft – dorthin, wo Ihre innere Veränderung stattfinden wird. Die Versuchung besteht darin, die Dinge in der äußeren Welt bewegen und somit versuchen zu wollen, die Kontrolle beizubehalten.

6. Betrachten Sie die Leere als eine ideale Gelegenheit zur Selbsterneuerung. Dies mag nach einiger Übung verlangen, besonders dann, wenn Sie die Angewohnheit haben, selbstkritisch oder pessimistisch zu sein. Es bedarf eines gut ausgeprägten Selbstgefühls, der emotionalen Achterbahn der Leere standzuhalten. An Ihren »guten Tagen« in der Leere werden Ihnen jedoch nach und nach die kleinen Dinge einfallen, die Sie tun können, um den gegenwärtigen Moment zu genießen. Versuchen Sie, soviel wie möglich im Hier und Jetzt zu bleiben – vermeiden Sie Reue bezüglich der Vergangenheit und Ängste bezüglich der

Zukunft. Die Leere ist die Zeit, in der Vertrauen das Wichtigste ist. Suchen Sie nach dem Nutzen, den diese Periode bietet. Mit das Beste, das Sie für sich selbst tun können, ist Alleinsein in der Natur, sooft es Ihnen möglich ist.

> »Ich erinnerte mich daran, was der Handleser in der Nähe von Albuquerque vor langer Zeit gesagt hatte: ›Sie werden an einen Ort gehen, wo Sie noch nie gewesen sind und wo Sie niemanden kennen. In den tiefsten Norden. Sie tun dies aus Liebe zu einem Mann.‹ Minnesota war mit Sicherheit das Nördlichste, wo ich je gewesen bin.«
>
> *Natalie Goldberg*[8]

7. *Tun Sie weniger als sonst.* Wenn Ihr Leben völlig zusammenbricht und Sie sich mitten in einer Scheidung befinden, ohne Arbeit sind oder dem Leben ohne die üblichen Puffer und Sicherheiten gegenüberstehen, sollten Sie um so intensiver auf die kleinen Signale in Ihrem Inneren achten, die Ihnen sagen, was getan und wie vorgegangen werden muss. Dies erfordert, dass Sie *weniger tun,* mehr stille Zeit in Meditation verbringen und nur das erledigen, was nötig ist. Erwarten Sie nicht von sich, während dieser Zeit ein Übermensch zu sein.

8. *Vertiefen Sie Ihre spirituelle Verbindung.* Indem Sie sich auf die universale Wahrheit konzentrieren, werden Sie Ihr eigenes Energiefeld mit dem der universalen Weisheit verbinden. In diesem Zustand der Offenheit werden Sie direkt von der universalen Quelle Kraft beziehen, anstatt von Ihren üblichen illusorischen Quellen, wie zum Beispiel Ihrer Arbeit, romantischer Liebe, Verdrängung und einer Opferrolle. Das »Dranbleiben« in der Leere erfordert sowohl die Konzentration auf das, was Sie wollen, als auch einen ausgeprägten Gegenwartssinn. Lassen Sie für

den Moment die Zukunft Zukunft sein. Achten Sie darauf, wann Sie anfangen, Energie in Bedauern und Reue zu investieren. Metaphorisch ausgedrückt ist das »Dranbleiben« in der Leere mehr mit Surfen oder Gartenarbeit zu vergleichen als mit Aufbauen.

9. Sehen Sie sich Ihre »Lüge« an. Ein anderer machtvoller Prozess der Selbstbeurteilung, um dem Gefühl des Abgeschnittenseins von einem sinnvollen Leben entgegenzuwirken, besteht darin, sich der Art und Weise bewusst zu werden, mit der wir unsere Einschränkungen aufrechterhalten. Leslie Lupinsky fordert die Klienten in ihrer Lebensberatungspraxis auf, sich einmal genau die Geschichten anzusehen, die sie über sich selbst erzählen. »Zum Beispiel«, sagt sie, »scheinen wir alle eine grundsätzliche *Lüge* zu haben, die wir uns selbst bereits seit unserem zweiten oder dritten Lebensjahr er-

Was in der Leere zu tun ist

Jede der nachfolgenden Verhaltensregeln wird Ihre Energie ins Fließen bringen.

- Sehen Sie sich Ihre grundsätzliche Einstellung zur Leere an. Gehen Sie davon aus, dass diese Periode einen Sinn hat, selbst wenn Sie ihn noch nicht erkennen können.
- Fragen Sie sich: »Was habe ich bisher einfach hingenommen?«
- Lassen Sie die Gefühle zu.
- Nehmen Sie sich Zeit zum Alleinsein.
- Betrachten Sie die Leere als eine ideale Gelegenheit zur Selbsterneuerung.
- Tun Sie weniger als sonst.
- Vertiefen Sie Ihre spirituelle Verbindung.
- Sehen Sie sich Ihre »Lüge« an.

So bekommen Sie die Überlastung und die begleitenden Gefühle von Wertlosigkeit in den Griff

Sein

Atmen Sie tief und bewusst.

Spüren Sie Ihre Gefühle so deutlich wie möglich. Schreien Sie, stampfen Sie mit dem Fuß auf, schimpfen Sie.

Bringen Sie Ihre Aufmerksamkeit in den Moment zurück.

Machen Sie sich keine Gedanken über die Zukunft und die Vergangenheit.

Vertrauen Sie darauf, dass das, was geschieht, einen tieferen Sinn hat.

Seien Sie dankbar für die einfachen Dinge in Ihrem Leben.

Tun

Entscheiden Sie, wie Sie die nächsten vierundzwanzig Stunden Ihres Lebens einfacher gestalten können.

Streichen Sie unnötige Dinge aus Ihrem Leben.

Setzen Sie sich eine halbe Stunde auf eine Parkbank oder in ein Café.

Nehmen Sie ein leeres Blatt Papier mit.

Bewahren Sie einen klaren Kopf. Schreiben Sie auf kleine Zettel *all* das auf, von dem Sie meinen, dass Sie es in der kommenden Woche tun müssten.

Ordnen Sie diese Zettel nach ihrer Priorität.

Entscheiden Sie, welche dieser Dinge Sie an eine Person, der Sie vertrauen, delegieren können.

Stellen Sie kurzfristig jemanden ein, der einige der alltäglichen Aufgaben erledigen kann.

Fragen Sie und Sie werden empfangen

Fragen Sie: »Was brauche ich im Moment am meisten?« Beten Sie darum.

Übergeben Sie Ihre Konfusion und Ängste der göttlichen Intelligenz.

Vertrauen Sie Ihrem Prozess.

Achten Sie darauf, wann Sie Ihre Energie wiedergewinnen.

zählen und die wir immer dann wiederholen, wenn wir uns hilflos fühlen. Sie könnte lauten: ›Ich bin zu klein, um dies oder jenes zu tun‹, oder: ›Dafür bin ich schon zu alt‹, oder: ›Ich kann nicht gut mit Geld umgehen und das war schon immer so‹, oder: ›Ich bin nicht intelligent genug‹. Die Lüge ist immer eine Version unserer selbst, die das unterstreicht, was wir als innere Einschränkung empfinden. Sie ist unsere Ausrede oder die Behauptung, die wir aufstellen, wenn die Dinge schwierig werden.«

Eine ganz normale Überlastung oder die Leere?

Manchmal empfinden wir das Leben als erdrückend und viele von uns haben die Tendenz, alles entweder zu »globalisieren« oder zu »verewigen«. Wir glauben, dass unser Leben völlig außer Kontrolle ist (indem wir das Problem globalisieren) und dass es *immer* so sein wird (indem wir die Situation verewigen). In Wahrheit haben wir in solchen Momenten einfach mehr am Hals, als wir bewältigen können. Wenn die Ansprüche an unsere Zeit und Energie sich häufen, beginnen wir, uns schlecht zu fühlen. Eines Tages rief zum Beispiel Richard, einer der Männer in meinem Kurs, in einem Zustand äußerster Frustration an. Er hatte sich sehr leer gefühlt, nicht fähig zu entscheiden, ob er sein Geschäft verkaufen und malen oder sich nach einer gut bezahlten Arbeit umsehen sollte. Plötzlich erschien ihm das Leben als erdrückend. Das Finanzamt verlangte rückständige Steuern von ihm. Seine Kundenbestellungen sammelten sich an. Seine Vernissage stand unmittelbar bevor und er hatte noch nicht einmal die Bilder ausgesucht, die er ausstellen wollte ... Während der paar Minuten unseres Telefonats sprachen wir über verschiedene Möglichkeiten, wie er seine Situation in den Griff bekommen konnte. Nachstehend finden Sie eine Liste von Dingen, die Sie selbst ausprobieren können, wenn Sie sich in einer ähnlichen Situation befinden.

Zwei Geschichten über die Leere

In den folgenden Geschichten werden Sie Stephen kennen lernen, dessen Gefühl der Leere sich über Jahre als existenzielle Frage hingezogen hat, und Sandra, deren innere Leere auf einen Höhenflug folgte.

Stephen, Mitte vierzig, fährt alte und gebrechliche Menschen mit einem ausgebauten Transporter von ihrem Pflegeheim zu Arztterminen und zurück; außerdem arbeitet er freiberuflich bei einem privaten Fernsehsender an einer Sendung über spirituelle Themen. Stephen ist intelligent, kann sich gut artikulieren und befindet sich offensichtlich auf einem spirituellen Weg; er sprach mit mir über seine tiefen Gefühle des Aufruhrs und der inneren Unzufriedenheit mit seinem gegenwärtigen Lebensstil – eine treffende Beschreibung im Hinblick darauf, was es heißt, »in der Leere« zu sein.

Offenbarung oder Resignation?

Steve begann zu erzählen: »Ich fühle mich verloren, was ich als enormen Selbstzweifel ansehe. Es hat Zeiten gegeben, vor etlichen Jahren, in denen ich spürte, wie mich eine außerordentliche Kraft erfüllte. Ich erlebte erstaunliche Synchronizitäten, die mich irgendwohin zu bringen schienen. Ich hatte wichtige Durchbrüche, bei denen ich die Christus-Energie spürte, und fühlte die Verbindung zwischen allen Menschen. Damals war ich sogar in der Lage, mit meinen Händen zu heilen. Es schien, als ob ich mich voll und ganz öffnete.

In den letzten zehn oder fünfzehn Jahren habe ich jedoch das Gefühl, als hätte sich etwas in mir zusammengezogen und als würde ich nur noch in der normalen, alltäglichen Welt leben. Ich habe meinen Zugang zu der höheren Energie und den damit einhergehenden Ereignissen verloren. Nach all diesen transzendentalen Erlebnissen, die mich *aus* der Welt hinaustrugen, stelle ich fest, dass ich heute keine sonderlichen Ambitionen mehr habe. Gleichzeitig bin ich unzufrieden mit meiner finanziellen Situation und mit meinen Beziehungen. Ich wünschte, ich hätte mehr Komfort und mehr Geld, und außerdem würde ich gern reisen. Doch meine finanziellen Umstände schränken mich ein.

Ich habe das Gefühl, als ob der spirituelle Pfad einen entweder erwecken oder aber verrückt machen kann. Früher hatte ich ein geregeltes, normales Leben. Ich ging aufs College, danach in die Armee; ich hatte einen guten Job, heiratete und hielt mich an die allgemeinen Regeln. Eines Tages, mit Mitte zwanzig, hatte ich ein außerkörperliches Erlebnis und in der kurzen Zeitspanne, die ich in diesem Zustand verbrachte, war es so, als ob ein Blitzlicht aufleuchtete. Ich dachte: »Wenn ich außerhalb meines Körpers sein kann, dann bin ich nicht mein Körper«, und diese Erkenntnis veränderte von Grund auf meine Sichtweise der Welt. Ich las viel über geistige Themen wie vergangene Leben und Reinkarnation. Über meine Verbindung mit der universalen Kraft begann ich, das Universum um Hilfe zu bitten und Botschaften zu empfangen. Einmal hatte ich in meinem Zimmer eine transzendentale Erfahrung, wobei ich eine liebende, weite Energie fühlte. In diesem Augenblick kamen all meine Haustiere zu mir und meinen Freunden, die anwesend waren, und setzten sich auf unseren Schoß. Das machte diese Erfahrung besonders real für mich – offensichtlich war ich nicht in meiner Subjektivität gefangen, da auch die Tiere diese Energie spürten.

»Entweder bin ich verloren, verrückt und völlig neurotisch oder aber ich habe meinen Weg gefunden und befinde mich lediglich auf einem schwierigen Abschnitt.«

Aufgrund dieser geistigen Phänomene verlagerte sich mein Fokus. Ich hatte das Gefühl, mich in eine völlig neue Richtung zu bewegen, und ich konnte mich selbst auf einem Pfad sehen, der sich immer weiter ausdehnte. Ich erkannte die Einheit allen Seins. Ich sah, dass Gott in allem war. Das ist der Grund, warum die Synchronizitäten funktionierten. Sie schienen auf die Bedürfnisse in jedem von uns zu reagieren. Ich spürte, dass es eine wundervolle Intelligenz gibt, die sich jeder Einzelheit in jedem Moment bewusst ist. Durch mein eigenes Fließen mit den Ereignissen dachte ich, die ganze Welt würde es genauso machen. Einige Jahre später begann ich zu erkennen, dass sich nicht jeder so verhielt. Das empfand ich als Enttäuschung.

Ich habe zwei Grundgefühle in Bezug auf mein Leben. Entweder bin ich verloren, verrückt und völlig neurotisch oder aber ich habe meinen Weg gefunden und befinde mich lediglich auf einem schwierigen Abschnitt. Als ich diese höheren Erlebnisse hatte, veränderte sich mein Verständnis des Lebens; dabei hatte ich jedoch irgendwie das Gefühl, all das nicht verdient zu haben. Ich hatte weder einen Lehrer noch einen Guru, dem ich folgen konnte. Mittlerweile wusste ich, dass ich für mein eigenes Leben verantwortlich war, also wusste ich auch, dass ich die Fehler bei mir suchen musste. So begann eine Periode des Selbstzweifels und der Schuldgefühle. Meine Energie verringerte sich unaufhaltsam, und ich konnte deutlich all meine Fehler und Schwächen erkennen. Warum waren mir diese wunderbaren Erlebnisse geschenkt worden? Das verstehe ich auch heute noch nicht wirklich. Warum ich? Warum auf diese Art? Ich hatte keinen Guru, der mir diese Dinge erklären konnte, als sie sich ereigneten.

Im Moment ist es schwer für mich zu akzeptieren, wo ich gerade stehe. Meine Arbeit langweilt mich. Sie ist nicht kreativ. Die Leute sagen, dass wir immer genau da sind, wo wir sein sollen. Das kann ich nicht akzeptieren.«

»Die Mitglieder einer Gilde, wird uns gesagt, begannen ihren Tag gemeinsam mit dem Meister mit einem Gebet zu dem Schutzheiligen der Gilde, bevor sie sich an ihre Arbeit begaben, und Gebete der verschiedensten Art unterbrachen den Tagesablauf. Während des ganzen Tages war die Nähe von Mensch zu Mensch spürbar, das Gefühl für die Existenz des anderen und der Austausch zwischen den erfahrenen Arbeitern und den Neulingen: die Begegnung zweier Augenpaare, das Zeigen und Beobachten, das Sprechen und Zuhören. Wie verschieden von den heute üblichen Fabriken und Arbeitsplätzen, wo nur wenig von einem Menschen zum anderen ›weitergereicht‹ wird, wo sich die Augen selten treffen und wo die menschliche Stimme sich oft nicht mehr über den Lärm der Maschinen hinwegsetzen kann; wo die Menschen in ihrer Isolation voneinander beginnen, allein

> mit ihrer jeweiligen Maschine so etwas wie eine Beziehung zu fühlen.«
>
> *Jean Martine*[9]

Stephen äußert sich sehr deutlich und direkt über seine Gefühle der Entmutigung. Und obwohl er ein recht klares Bewusstsein für seine Situation erlangt hat, sieht es so aus, als ob zwei bestimmte Verhaltensmuster ihn in einem ständigen Kampf gefangen hielten. Erstens investiert er eine Menge Energie in seine Konzentration auf die Vergangenheit. Ständig beschäftigt er sich mit der Situation, die ihn für die höheren Dimensionen öffnete, so als müsse er alles darüber herausfinden und vollständig verstehen, warum diese Dinge mit ihm geschehen sind. Während seiner Erzählung sagte er mehrmals: »Ich habe nicht darum gebeten [damit meint er seine transzendentale Erfahrung]. Ich hatte niemanden, der mir zur Seite stand. Zudem bin ich bis jetzt keinem Menschen begegnet, der mir erklären konnte, warum mir diese Dinge widerfahren sind.«

Zweitens misst er *den Fragen an sich* mehr Größe und Bedeutung zu als sich selbst. Sie halten ihn in einem Zustand unaufhörlicher Verwirrung gefangen, welche wiederum eine Rechtfertigung dafür ist, nichts zu tun und hinter den eigenen Erwartungen zurückzubleiben. Indem er auf die Antworten auf seine nicht zu beantwortende Frage wartet, hält er sich selbst in einem Schwebezustand. Die Frage saugt all die Energien ab, die er in den Augenblick investieren könnte. Anstatt die Erkenntnis der Einheit allen Seins in sein Leben zu integrieren, lässt er es zu, dass ihn diese Erfahrung von anderen trennt. In der Leere kreiert er die gleichen Selbstzweifel, die er fühlte, als er noch bei seiner Mutter lebte, die unaufhörlich sein Selbstvertrauen untergrub. Psychologisch betrachtet hat er die Kritik seiner Eltern verinnerlicht. Seine einfache Arbeit erlaubt es ihm, die Erwartungen seines Vaters nicht zu erfüllen. Andererseits ermutigt ihn seine Fixierung auf die transzendentale Erfahrung, sich als etwas »Besonderes« wahrzunehmen, jedoch ohne das Gefühl, diesen Zustand auch »verdient« zu haben.

Im psychologischen und persönlichkeitsbezogenen Bereich schwankt Stephens Erfahrung der Leere zwischen Größenwahn und schmerzhafter Selbstkritik. Im größeren Rahmen der Dinge – im geistigen Bereich – wurde ihm eine Öffnung in eine andere Dimension angeboten, die Teil der Aufgabe für diese Lebenszeit ist. Aus welchem Grund auch immer – und dieser mag sehr komplex sein – scheint Stephen in der *Phänomenalität* seiner Erfahrung stecken geblieben zu sein und offensichtlich gestattet er es der Verwirrung, dem Selbstzweifel und der Unzufriedenheit, ihn zu beherrschen. Anstatt hinzuhören und darauf zu vertrauen, dass ihm der Weg gezeigt werden wird, lässt er sein Leben von seinem inneren Kritiker kontrollieren und erlaubt es ihm, seine Reaktionen auf die Welt zu bestimmen.

Vom Fließen zum Fall

Eine andere Beschreibung des Gefühls der Leere stammt von einer Frau, die ich Sandra nennen möchte, eine beliebte Besitzerin eines Cafés und Buchladens, die zum Ziel übler Gerüchte in ihrem Wohnort wurde. Zunächst genoss sie es, dass ihr der Buchladen gehörte und dass sie jeden Tag da sein konnte, um ihre Kunden zu begrüßen und ihnen dabei zu helfen, Bücher zu den verschiedensten Themen auszusuchen – vor allem Esoterik und Lebenshilfe. Viele Leute kamen an den Wochenenden und Abenden, um einfach in ihrem Café zu sitzen, sich Bücher anzusehen und zu plaudern. Sandra war in ihrem Element und gewann viele Freunde – zumindest dachte sie das.

»Es geschahen eine Menge guter Dinge, doch gestand sich mein egozentrischer Anteil nicht die Möglichkeit ein, dass die Schattenseite bewundert werden könnte.«

»Am Anfang«, berichtete Sandra, »liebte ich es, anderen Menschen beim Wachsen und Lernen helfen zu können – es war so, als wäre ich ein Bote oder ein Führer. In den ersten Jahren war die Energie so stark, dass man sie beinahe greifen konnte. Ich verfiel dem Lockruf der Sirenen, der mir bestätigte, dass ich bewundert wurde. Ich nehme an, ich wusste, dass meine Kunden nicht mein wirkliches Selbst sahen, doch genoss ich es, im Mittelpunkt zu stehen. Im Zentrum dieser Energie zu sein erlaubte mir, schnell mit anderen Menschen in Kontakt zu kommen, und ich hatte viele intuitive Erkenntnisse über sie. Es gab kein Getrenntsein. Es geschahen damals eine Menge guter Dinge, doch gestand sich mein egozentrischer Anteil nicht die Möglichkeit ein, dass die Schattenseite bewundert werden könnte. Ich begann mit der dunklen Seite zu spielen, indem ich ausgefallene Kleidung trug oder kontroverse Behauptungen aufstellte. Die Energie war dionysischer Natur – berauschend und leidenschaftlich. Sie war lebensbejahend und ansteckend und sie war stärker als die Energie der Menschen in meiner Umgebung. Viele Themen unserer Gespräche grenzten an das Unkonventionelle, beinahe schon Unangebrachte, an schwarze Magie. Damals fühlte sich das positiv an. Der Laden war eine Orgie der Liebe zum Lernen und ein Füllhorn von Informationen, die sonst nirgendwo zu bekommen waren. Er war außerdem – ganz pragmatisch – ein Geschäft und dies schien sehr gut zu laufen. Ich liebte die Leute und sie liebten mich.

Zu Beginn des Jahres 1995 begann der Energielevel zu sinken. Irgendetwas veränderte sich. Es wurde zum Kampf. Ich war müde. Der Adrenalinrausch war vorüber. So meinte plötzlich eine Stammkundin, dass ich ihr nicht genug Aufmerksamkeit zukommen ließ. Ein anderer Kunde sagte: »Sie sind anscheinend zu beschäftigt, um mit mir zu reden.« Ich war erschöpft, leer. Die Party war zu Ende. Ich fing an, mich über einige der Leute zu ärgern, die in meinen Laden kamen und stundenlang redeten, aber nichts kaufen wollten. Infolgedessen begannen sie, sich von mir nicht mehr geliebt zu fühlen.

Genau an diesem Tiefpunkt bot mir jemand an, das Geschäft zu verkaufen. Zunächst sah es so aus, als wäre der Verkauf genau das Richtige und ein synchronistischer Vorgang. Ich verabschiedete mich von meinen Kunden und besuchte hin und wieder den Laden, um die neue Besitzerin – wie erbeten – zu beraten. Einige Wochen nach dem Verkauf begann sich die Situation zu verschlechtern und ich merkte, wie die Leute sich von mir abwandten. Die neue Besitzerin schien meine Persona anzunehmen, während sie gleichzeitig Gerüchte über mich in Umlauf brachte. Sie wurde wie mein Schatten. Sie fing an, sich so zu kleiden wie ich. Sie ließ sich ihre Haare von meinem Friseur machen und aß in denselben Restaurants wie ich.

Das Geschäft ging nicht gut. Ich spürte ihren Hass. Ich nehme an, dass es sich dabei um meine eigene verinnerlichte Wut handelte. Heute schlägt mir eine solche Ablehnung entgegen, dass es mein inneres Gleichgewicht durcheinander bringt. Ich fühle mich zerschlagen, betrogen von den Menschen, die mir so nahe waren und sich nun mit ihr verbünden. Ich kann ihre Kälte ebenso sehr spüren, wie ich früher ihre Wärme gespürt habe.

Ich habe kaum noch Energie. Meine Kraft ist versiegt. Ich bete um Stärke und Mut. Es ist lächerlich und melodramatisch. Liebe ich das Drama? Ich fühle mich ausgepumpt, besiegt, beschämt und gedemütigt.

Ich muss nach innen gehen, aber da ist nichts, woran ich mich orientieren und festhalten kann. Ich habe keinen Anker in meinem Inneren. Der Laden war meine Konstante; ohne ihn weiß ich nicht, wo ich stehe und wo ich hingehöre. Die Situation ruft all meine verdrängten Erinnerungen hervor, wie ich in meiner Kindheit belogen und betrogen worden bin, als ich nicht darauf vertrauen konnte, dass jemand für mich da war, wenn ich nicht ›perfekt‹ war. Wenn du nicht perfekt und voller Licht bist, wirst du ans Kreuz genagelt.

Ich komme mir vor, als würde ich auf den Knien liegen und nur noch so dahinkriechen. Es fühlt sich alles durch und durch verrottet und hoffnungslos an. Es ist einfach furchtbar. Wenn ich mit meiner Situation nicht so sehr in der Offentlichkeit stünde – ich glaube, ich würde versuchen, sie zu verdrängen. Es ist so hart, in den Lebensmittelladen zu gehen und dabei meinen Rücken gerade und meinen Kopf aufrecht zu halten. Es ist schwer, nicht zu einem Freund zu laufen, der einfach sagen wird: ›Alles wird wieder gut.‹ Zwei meiner besten Freunde glauben nicht an die dunkle Seite. Sie sagen mir, ich solle sie einfach ignorieren.

Wenn man sich in diesem Vakuum befindet, verliert man alles, was einem am wertvollsten ist. Man fühlt sich allein und verlassen. Es zerschlägt das Gespür für den, der man zu sein glaubt. Heute habe ich keine Identität mehr. Dafür habe ich etwas Neues bekommen und das ist der

Schmerz in meinem Herzen. Ich bin immer in der Lage gewesen, mit diesen Dingen zurechtzukommen, indem ich Bücher las und die Situation intellektuell betrachtete. Ich konnte mich verstecken hinter meiner Rationalisierung – ›Aha, das leuchtet mir ein‹. Aber heute tun mir sogar die Augen weh, wenn ich zu viel lese. Jetzt muss ich mit diesem Schmerz umgehen. Irgendetwas hat mich dazu gebracht, ihn zu fühlen, statt ihn einfach abzuschütteln. Ich bin in einem fürchterlichen Zustand.

Was ist der Sinn dieser Erfahrungen? Ich glaube, meine Seele wollte einen anderen Weg einschlagen, doch ich achtete nicht auf die kleinen Zeichen. Irgendetwas zwingt mich, nicht weiter dorthin zu gehen, wohin ich zu gehen glaubte, sondern eine neue Richtung einzuschlagen. Unglücklicherweise sehe ich keine andere Richtung. Ich weiß, dass ich in eine neue Richtung gerufen werde, aber ich kann sie nicht erkennen. Ich tue beinahe gar nichts mehr.

Diese schlimme Situation ist eine harte Prüfung für meinen Glauben an die geistige Welt – ein Glaube, den ich früher jedem anderen nahe gebracht habe. Heute frage ich mich, ob es überhaupt eine geistige Dimension gibt. Vielleicht ist dies hier alles, was es gibt. Es ist furchtbar, wenn der Glaube so erschüttert wird. Außerdem habe ich das Gefühl, als ob meine Jugend schwindet und mit ihr mein gutes Aussehen.

Ich habe immer gedacht, dass man noch ein wenig länger durchhalten kann, wenn man nur daran glaubt, dass das Elend, das einem widerfährt, einen Sinn hat. Doch *gibt* es überhaupt einen Sinn oder eine Wahrheit? Oder ist das nur eine Überlebenstechnik, die wir Menschen uns geschaffen haben? Von dieser Art sind die Fragen, auf die ich eine Antwort suche.«

Die Leere zwingt uns, loszulassen und weiterzugehen

> »Das Anheben Ihrer Schwingung verändert Ihre Beziehung zu allem, was ist. Da Ihre persönlichen Gegenstände von Ihrer Schwingung angezogen werden, kann es sein, dass Sie im Zuge der Veränderung Ihrer Schwingung durch eine Periode gehen, in der Sie Dinge verkaufen, verlieren oder sich neue Sachen zulegen.«
>
> *Sanaya Roman*[10]

Sandras Geschichte hilft uns zu erkennen, dass wir selbst dann, wenn wir ein »sinnvolles« Dasein führen, uns weiterentwickeln und auf das reagieren müssen, was wir in unser Leben gebracht haben. Sandra begann, sich müde und ausgelaugt zu fühlen, woraufhin sie ihre geistige Energie von ihrem Geschäft zurücknahm. Bald danach bot sich ihr die Gelegenheit, den Laden zu verkaufen und einen anderen Weg einzuschlagen. Sie machte diesen nächsten Schritt und das war richtig. Da sie jedoch der neuen Besitzerin als Ratgeberin zur Seite stand, behielt sie eine Bindung an ihr altes Leben bei, was sie weiterhin in ihrer alten Situation beließ. Ihre Behauptung »Es fühlt sich alles durch und durch verrottet an« ist eine passende Metapher für etwas, das schlecht geworden ist, zu alt und keinen Wert mehr hat. Als sie die dunkle Energie spürte, war dies für sie das Zeichen, sich zurückzuziehen, ruhig zu werden und auf ihre innere Führung zu hören. Doch dadurch, dass sie – wenn auch nur geringfügig – an ihrem alten Glamour fest hielt, begann ihr Schatten (ihre unerkannten Aspekte) ihr Leben zu kontrollieren. Die dunkle Seite ihrer früheren Position – sie war ja beinahe so etwas wie ein Guru oder eine Berühmtheit gewesen – war so nach außen gerichtet, dass sie den Blick für sich selbst verlor.

Die Leere, in der sie sich heute befindet, schenkt ihr die Gelegenheit, ihre Energie von ihrem früheren »Ruhm« abzuziehen und darauf zu vertrauen, dass etwas anderes an seine Stelle tritt. Ihre Bemerkung »Ich sehe keine andere Richtung« ist eine Aufforderung, innerlich still zu werden – doch dies ist schwierig, wenn wir noch in der Vergangenheit leben. Selbstzweifel stellen sich normalerweise dann ein, wenn wir an etwas festhalten, von dem wir einmal glaubten, dass es unser wahres Selbst sei. Das Leben verändert sich ständig, doch wir versuchen, an unseren einmal erzielten Vorteilen und Gewinnen festzuhalten. Sandra gefiel es, sich als Führerin zu sehen, als diejenige, zu der sich alle hingezogen fühlten. In der Folge verlor sie die Fähigkeit, aus ihrer Situation zu lernen, und lebte an ihrer wahren Aufgabe innerhalb dieser Rolle vorbei.

Selbstgespräche

Was hat Sie an diesen Geschichten berührt?

Wie oft visualisieren Sie ein negatives *Resultat von etwas, von dem Sie hoffen, dass es passiert (zum Beispiel, wenn Sie auf eine Zusage für eine neue Arbeitsstelle warten oder sich fragen, ob jemand Bestimmtes Sie anrufen wird)?*

Wenn Sie sich momentan leer oder »in der Leere« fühlen, beschreiben Sie all Ihre besonderen Gefühle und Gedanken.

Nachdem Sie Ihre Gedanken und Gefühle niedergeschrieben haben, achten Sie auf alle Einsichten oder physischen Veränderungen, die Sie bemerken.

Wenn dieser Zeitraum einen Zweck erfüllen sollte, worin besteht er Ihrer Meinung nach?

Was wünschen Sie sich, das jetzt in diesem Moment passieren soll? Schreiben Sie Ihren Wunsch auf einen kleinen Zettel, so als hätte er sich bereits erfüllt (zum Beispiel: »Ich fühle mich voller Energie und in Harmonie mit der Aufgabe für diesen Abschnitt meines Lebens«). *Datieren Sie den Zettel, legen Sie ihn in eine Schublade und denken Sie nicht mehr darüber nach.*

ELFTES KAPITEL

Der Schatten und die Lebensaufgabe

»Wenn wir uns selbst als genau so immens, tief, geheimnisvoll und Ehrfurcht gebietend vorstellen wie den Nachthimmel, sind wir vielleicht in der Lage zu würdigen, wie kompliziert wir als Individuen sind und wie viel von dem, was wir sind, nicht nur anderen, sondern auch uns selbst unbekannt ist.«

Thomas Moore[1]

Was ist unser Schatten?

Der Schatten, eine Bezeichnung, die der Schweizer Psychiater C. G. Jung geprägt hat, ist ein psychologisches Konzept, mit dem all die Dinge beschrieben werden, die wir an und in uns nicht akzeptieren können, die wir an uns nicht mögen oder die wir uns nicht ansehen wollen.

Während wir die Neigung haben, unsere »dunkle Seite« als eine unberechenbare und eher negative Kraft anzusehen, die uns dazu führt, schreckliche Taten zu begehen, kann der Schatten zutreffender als das Lagerhaus *all* unseres unerkannten persönlichen Materials bezeichnet werden – inklusive unserer nichtentwickelten Fähigkeiten. Vielleicht haben wir einige unserer Talente bereits in frühen Jahren beiseite geschoben, weil wir die negativen

Urteile anderer geglaubt und akzeptiert haben. Oder wir haben den Wert dieser Talente verdrängt, weil sie im Angesicht einer werktätigen Welt unpraktisch erschienen. Diese verdrängten, jedoch guten Qualitäten werden der »helle Schatten« genannt.

Der Schatten entsteht, weil unser Ego – das ständig versucht, unser Leben zu kontrollieren – die Dinge aussortiert, die nicht in jenes Bild passen, das wir mit dem Ziel konstruiert haben, zu überleben und akzeptiert zu werden. Die Anfänge des Schattens reichen bis in die frühe Kindheit zurück, als wir Teile unseres Wesens versteckten, für die unsere Eltern uns kritisiert oder die sie ins Lächerliche gezogen haben. Während der Pubertät schaffen wir bei dem Bemühen, von Gleichaltrigen akzeptiert zu werden, noch weitere unserer unannehmbaren Aspekte beiseite. Doch kämpfen wir nicht nur mit unserem eigenen Schatten, sondern sind wahrscheinlich auch noch in die unverwirklichten Träume und schattenhaften Eigenschaften unserer Familie eingebunden oder in das kollektive Bewusstsein irgendeiner anderen engen Gemeinschaft verwickelt, wie zum Beispiel einer religiösen Sekte. Jung ging davon aus, dass es das Schicksal der Kinder ist, die Schatten ihrer Eltern auszuleben! Die letzte Geschichte dieses Kapitels beschreibt die Versuche des Komikers Jim Burns, sich vom Schatten seiner Familie zu lösen.

Wenn wir über zwanzig sind, haben wir bereits eine Persona – oder einen äußeren Aspekt – kreiert, die wir der Welt in der Hoffnung zeigen, geliebt und akzeptiert zu werden sowie Erfolg zu haben. Wenn wir noch nicht viel über unsere Lebensaufgabe nachgedacht haben – oder über unsere gesellschaftliche und familiäre Konditionierung –, sind wir dann in erster Linie damit beschäftigt, die

Erwartungen anderer Menschen (unserer Ehepartner, Familie, Vorgesetzten oder der Gesellschaft) zu erfüllen.

Das größte Risiko, unserem Schatten zu begegnen, besteht oftmals dann, wenn wir Erfolg gehabt haben. Wenn zum Beispiel jemand große finanzielle Erfolge erzielt, sich wichtig fühlt und denkt, er hat etwas Besonderes erreicht, mag er jegliche Selbstzweifel verdrängen. Solche nagenden Gefühle des Zweifels werden im Hinterkopf gespeichert – bzw. im Schatten unseres voll bewussten Verständnisses. Wir alle haben Menschen erlebt, die im Rausch ihres Erfolges zu glauben beginnen, dass sie jenseits der normalen Konventionen oder Gesetze stehen. In ihrem Elan schieben sie jegliche Gefühle der Leere beiseite und ignorieren die Notwendigkeit, mit der geistigen Dimension in Kontakt zu bleiben. Das Ego liebt es, Erfolg als seine eigene Leistung geltend zu machen und *Kontrolle* als seinen Handlanger einzusetzen.

Diese abgelehnten Aspekte sind, ähnlich ungehorsamen Kindern, im Dunkeln sehr lebendig und werden ihre Gegenwart dann deutlich zeigen, wenn man am wenigsten damit rechnet.

Der Schatten offenbart sich in den Gewohnheiten, die wir offensichtlich nicht aufgeben können. Er ist die Lüge, die wir uns über uns selbst erzählen, wie es im zehnten Kapitel beschrieben wurde. Der Schatten kann wie ein Feuersturm unkontrollierbarer Triebe und Bedürfnisse über unser Leben hereinbrechen oder sich in Zusammenbrüchen und widersprüchlichen Wünschen äußern. Oder er lastet auf uns wie ein nasser Lappen, der unsere Begeisterung für das Leben dämpft und unsere kreative Energie nahezu erdrückt.

Wie beeinflusst unsere dunkle Seite unsere Aufgabe in diesem Leben?

> »Jung glaubte, dass das Unbewusste – während es sicherlich Elemente der Persönlichkeit enthielt, die das Individuum zurückweisen mochte – außerdem den Keim neuer Möglichkeiten in sich barg, den Samen der zukünftigen – und hoffentlich besseren – Adaption.«
>
> *Anthony Storr*[2]

Wenn Sie Ihre Arbeit lustlos verrichten, nur um die Miete bezahlen zu können, haben Sie vielleicht alle Träume, die Sie einst hatten, in der Abstellkammer Ihres Schattens verstaut – und sie damit in den Bereich kindlicher Phantasien verbannt, die nicht in die »reale« Welt passen. Anstatt Ihre Lebensaufgabe zu nähren und ihr Aufmerksamkeit zu schenken, haben Sie diese unter Umständen in die Dunkelheit geschoben und die Vorstellung aufgegeben, dass Sie jemals Erfüllung erlangen können.

Wenn wir zugelassen haben, dass wir immer kleiner und kleiner werden, leben wir schließlich ohne die Fülle unseres Seins. Doch ohne das volle Spektrum des Geistes, mit dem wir geboren wurden, wird die Entfaltung unserer Lebensaufgabe meist verhindert oder gehemmt werden. Obwohl man, um fair zu sein, erwähnen muss, dass sich viele Genies trotz – oder gerade wegen – ernsthafter Unzulänglichkeiten und Charakterdefizite behaupten! Doch wenn es unser Ziel ist, einen außergewöhnlichen Standpunkt einzunehmen, um unseren Platz in der Welt zu finden, dann ist der Schatten eine Domäne, die in der Regel nicht von unserem egoistischen Wunsch nach Erfolg berücksichtigt wird.

Sie sind nicht nur schlecht – wollen wir wetten?

Unser erster Schritt wird sein, uns bewusst zu machen, dass unsere dunkle Seite nicht unbedingt schlecht ist, obwohl wir das normalerweise annehmen. Vielleicht hat Ihnen Ihre Mutter, immer wenn sie wütend auf Sie war, immer wieder gesagt, dass Sie faul sind. Wenn sie das oft genug getan hat, hat eine kritische Masse Ihrer geistigen Energie diesen Gedanken in einen Glaubenssatz in Ihrem Inneren verwandelt. »Faulheit« wurde Teil Ihres Selbstverständnisses. Betrachten Sie nun Ihre jetzige Situation. Wenn Sie sich mit der Suche nach Ihrer Lebensaufgabe beschäftigen, denken Sie vielleicht, ohne sich dessen bewusst zu sein: »Ich werde meine Aufgabe nie finden. Ich bin nicht motiviert genug. Es hört sich nach viel Arbeit an. Ich war nie ein guter Schüler. Was ist schon dabei, wenn ich mich einfach nicht weiter damit beschäftige? Schließlich bin ich kein Genie. Was soll also das Ganze?« Oder es werden Ihnen tausend andere Ausreden und Entschuldigungen in den Sinn kommen, die sich alle um die Schattenkonstellation drehen: *»Ich bin fauler als andere Menschen.«*

Bin ich nicht großartig?

Auch Erfolg kann unsere Schattenseite ans Tageslicht bringen. Wenn der Moment unseres größten Erfolges auf Kosten anderer erzielt worden ist oder Reichtum und Ruhm ohne das Gegengewicht der Selbstreflexion erlangt wurden, mag der Betreffende dem ausgeliefert sein, was die alten Griechen so treffend in ihren Tragödien beschrieben haben: *hybris.* Hybris ist die dunkle Seite der Lebensaufgabe oder des Erfolges, wenn er mit einem Mangel an Bescheidenheit einhergeht oder ohne die Verbindung zum Heiligen gelebt wird. Hybris ist jener überhebliche Stolz, das exzessive Selbstvertrauen oder die Arroganz, die sich genau in dem Augenblick bemerkbar macht, wenn wir meinen, es geschafft zu haben.

John R. O'Neill, Präsident der California School of Professional Psychology in San Francisco und Autor von *The Dark Side of Success* (dt.: *Die Schattenseite der Seele*)[3], beschreibt die verräterischen Zeichen des Auftretens der Hybris:

»Man schreibt sich selbst außergewöhnliche Fähigkeiten zu.« Wenn wir beginnen, gewisse Aspekte der Überheblichkeit zu entwickeln, zum Beispiel indem wir glauben, dass unser Urteil unfehlbar oder unsere Stellung unantastbar ist, blicken wir direkt in das Angesicht des Schattens.

»Der Bote wird getötet.« Dies bezieht sich auf jene Momente, in denen wir Informationen von uns weisen, die das Gegenteil von dem sind, was wir hören wollen. Stattdessen umgeben wir uns mit lauter Jasagern. Die Zeichen an der Wand sehen wir nicht.

»Das Bedürfnis, das Geschehen zu bestimmen.« Wenn wir alle geschäftlichen Termine starr strukturieren müssen, um unsere Stellung zu behaupten, oder gesellschaftliche Begegnungen manipulieren und uns auf territoriale Machtkämpfe einlassen, werden wir von unserer verdrängten Unsicherheit angetrieben.

»Über der Moral stehen.« Wann immer wir selbstgerecht sind und denken, dass nur wir die Wahrheit kennen, sind wir reif für einen tiefen Fall. Es gibt viele Beispiele von Politikern, religiösen Führern oder sonstigen gesellschaftlich Aktiven, die – im Namen des rechten Tuns – offensichtlich mit ihrem persönlichen Schatten zu tun haben.

Unsere ungelösten Schattenaspekte können unsere Intuition unterdrücken

> »Jung war davon überzeugt, dass ... die Menschen neurotisch werden, wenn sie sich selbst gegenüber irgendwie untreu werden; wenn sie sich von dem Weg entfernen, den die Natur (oder Gott) für sie vorgesehen hat. Durch das Hören auf die innere Stimme, die sich in Träumen, Phantasien und anderen spontanen Äußerungen des Unbewussten bemerkbar macht, kann die verlorene Seele den ihr angemessenen Pfad wieder entdecken.«
>
> *Anthony Storr*[4]

Während ich dieses Kapitel schrieb, rief mich Joan an, eine freiberufliche Versicherungsagentin, die sich zur Hypnotherapeutin hatte ausbilden lassen. Sie bat mich um die Telefonnummer eines Bekannten, der eine Reihe von Hypnosekassetten produzieren konnte, die sie schon seit längerer Zeit aufnehmen wollte, wozu sie aber bis jetzt noch nicht gekommen war. Joan hatte noch nicht lange gesprochen, als ich bemerkte, dass sie exakt einige der Konzepte beschrieb, die ich in dieses Kapitel aufnehmen wollte.

Sie erzählte mir, dass sie dabei war, eine schriftliche Hausarbeit für ein Therapieseminar zu machen, an dem sie teilnahm. Die Hausarbeit bestand darin, eine Liste sich wiederholender Muster und negativer Verhaltensweisen anzufertigen, um sich dieser gewahr zu werden. Als Nächstes, fuhr sie fort, sollte sie versuchen zu entdecken, was sie aus jedem dieser Muster lernen konnte.

Joan ist Ende vierzig und eine sehr schöne Frau. Mit ihrer zierlichen Erscheinung und ihrer Lebensfreude war sie im Versicherungsgeschäft sehr erfolgreich. Ungefähr vor sieben Jahren, als ich sie kennen lernte, hatte sie gerade ihre Lizenz als Hypnotherapeutin erhalten. So weit mir bekannt war, hatte sie diese zweite Karriere jedoch nie wirklich ausgebaut. Ihr Versicherungsgeschäft schien genug Geld einzubringen und es bestand für sie nicht die finanzielle Notwendigkeit, ihre Beratungspraxis profitabel zu machen.

Die treibende Kraft des Bedürfnisses, »auserwählt zu sein«, kreiert eine nichtauthentische Wahl

Joan begann mir zu erzählen, wie schwierig ihr die Veränderung ihres – wie sie es nannte – »menschengefälligen« Verhaltens fiel.

»Es scheint mir viel leichter zu fallen, eine Liste meiner negativen Eigenschaften und Schwächen aufzustellen und mich auf diese zu konzentrieren, als mein Verhalten den Menschen gegenüber zu verändern. Anstatt mich mit der Frage zu beschäftigen, warum ich so auf die Anerkennung durch andere Leute fixiert bin, versuche ich auch weiterhin, diese Anerkennung zu bekommen. Ich sehe sehr deutlich, dass ich ständig von der Angst motiviert bin, ich könnte für immer allein sein, weil man mich zurückweisen und nicht ›auserwählen‹ wird. Also verstricke ich mich in ein ›Nimm mich, sieh mich, verlass mich nicht, entscheide dich für mich‹. Mein Verhalten in der Gegenwart anderer ist von dem Gedanken beherrscht: ›Wer soll ich sein, damit Sie sich für mich entscheiden?‹ Doch die Ironie ist die, dass ich selbst dann, wenn man mich auswählt, nicht daran glaube, dass man *mich* gewählt hat, denn ich war ja von Anfang an nicht authentisch! Ich habe mich nur

»Und wenn wir so viel von unserer Wut, unseren Spontaneitäten, unserem mannigfachen Hunger, Enthusiasmus, unseren ungebärdigen und unattraktiven Anteilen verbannt haben, wie können wir dann leben? Was hält uns zusammen?«

Robert Bly[5]

in einer bestimmten Art und Weise verhalten, um Aufmerksamkeit auf mich zu ziehen. Daher kann ich den anderen nicht vertrauen, denn ich habe ihnen schließlich nur eine bestimmte Persona ›verkauft‹. Um akzeptiert zu werden, probiere ich so viele verschiedene und trügerisch gefällige Verhaltensweisen aus, dass jeglicher authentische Teil meines Selbst voll und ganz verloren geht. Wenn die Menschen also auf mich reagieren, weiß ich nicht, auf welchen Teil sie reagieren – das echte oder das falsche Ich! Daher kann ich der Beziehung nicht vertrauen oder mich wirklich auf sie einlassen. Ich versuche einfach weiterhin herauszufinden, auf welches Verhalten die anderen reagiert haben. Was mochten sie an mir? Damit mache ich dann weiter.«

Joans Selbstenthüllung war bemerkenswert und sehr mutig. Ihr einfach nur zuzuhören, als sie von ihren sich immer mehr verstrickenden Netzen der Illusionen erzählte, machte mich beinahe schwindlig und ich konnte ihre tiefe Frustration spüren – verbunden mit der Bereitschaft, diese unbefriedigende Angewohnheit zu verändern. Sie beschrieb zweifellos die Auswirkung ihres Schattens.

»Ich fange an zu glauben, dass meine Lebensaufgabe vielleicht einfach darin besteht zu lernen, mir selbst zu vertrauen«, fuhr Joan fort. »Zum Beispiel wusste ich in all meinen gescheiterten Beziehungen intuitiv von Anfang an, was los war. Doch in meinem Bedürfnis, auserwählt zu sein, ignorierte oder negierte ich meine eigene Intuition und meine Gedanken, indem ich mir einredete: ›Das ist mir egal. Das brauche ich nicht‹ oder: ›Das wird sich ändern.‹ Die wichtigste Sache war immer nur eins – ausgewählt zu werden.«

Das Erkennen von Mustern

Damit uns unsere gesamte kreative Macht zur Verfügung steht, um voll über unsere Kraft zu verfügen und unsere Aufgabe leben zu können, müssen wir uns in der Gegenwart befinden. Wenn unsere Energie umgelenkt und abgesaugt wird, indem wir versuchen, unsere unakzeptablen Muster zu kontrollieren, fühlen wir uns verunsichert, ängstlich, voller Zweifel und sind davon überzeugt, dass wir es nicht wert sind, einen tieferen Sinn in unserem Leben zu erfüllen.

Nehmen Sie sich einen Moment Zeit und lesen Sie die nachfolgende Liste der negativen Verhaltensmuster. Es ist manchmal leichter, problematische Muster in

»Je größer die Tasche [der Schatten], desto geringer die Energie. Einige Menschen haben von Natur aus mehr Energie als andere, doch wir alle haben mehr, als wir je nutzen können. Wo ist sie nur geblieben? ... Wenn eine Frau ihre Männlichkeit in die Tasche steckt oder sie zusammenrollt und in eine Dose stopft, verliert sie damit Energie. Wir können also davon ausgehen, dass unsere persönliche Tasche Energie enthält, die uns derzeitig nicht zur Verfügung steht. Wenn wir uns selbst als nicht kreativ ausweisen, heißt das, dass wir unsere Kreativität genommen und in die Tasche gesteckt haben.«

Robert Bly[6]

unseren *persönlichen* Beziehungen zu erkennen. Fragen Sie sich selbst: »Werde ich in meinen persönlichen Beziehungen von irgendwelchen dieser Muster motiviert?« Wenn Sie feststellen, dass einige dieser Muster Ihre Angewohnheiten in den Beziehungen zu Ihrer Familie und Ihren Freunden widerspiegeln – und das ist bei uns allen hin und wieder der Fall –, ist es wahrscheinlich, dass Sie diese unbewusst auch in Ihrem Berufsleben anwenden.

Wenn Sie die folgende Liste durchlesen, versuchen Sie, nicht hart mit sich zu sein. Wir alle lernen bereits als Kind, mit dem Leben so gut wie möglich umzugehen. Einige unserer Strategien funktionieren in unserem eigenen besten Interesse, während andere dagegenarbeiten. Entwickeln Sie einen Sinn für Humor in Bezug auf diese Tendenzen.

Negative Verhaltensmuster

- *Mangel an kritischem Urteilsvermögen bzw. guter Urteilskraft.* Stürze ich mich vorschnell in Freundschaften oder Intimität, bekomme es dann mit der Angst zu tun und ziehe mich zurück? Wenn ich mich zu schnell auf etwas einlasse, habe ich dann ein Gefühl des Gefangenseins, das mich veranlasst auszubrechen? Übersehe ich deutliche Zeichen zukünftiger Schwierigkeiten mit einer Firma, weil ich so verzweifelt eine Arbeit suche, dass ich bereit bin, jede anzunehmen? Höre ich darauf, was meine Instinkte über einen möglichen Vorgesetzten oder ein Unternehmen sagen? Versäume ich es, mir selbst klarzumachen, was für mich von Wert ist und was Bestandteil meines Lebens sein soll?
- *Übermäßig gefällig sein und immer die anderen zufrieden stellen wollen.* Versuche ich ständig, jedem zu gefallen, indem ich alle möglichen, unterschiedlichen Masken aufsetze –

schmeichelnd, überaus rational und geschäftsmäßig, kokett, zynisch, zu nett, zu gefällig oder irgendein anderes Verhalten, das von dem Wunsch motiviert wird, »ausgewählt« zu werden? Sage ich erst etwas zu meinen Kollegen und rede dann hinter ihrem Rücken schlecht über sie? Habe ich das Gefühl, dass Zugeständnisse das beste Mittel sind, um die Kontrolle zu behalten? Glaube ich, kein erfülltes Leben führen zu können, weil mein Leben nicht mir gehört?

- *Sehnsucht nach Anerkennung.* Habe ich das Muster, für alles, was ich tue, anerkannt werden zu wollen? Tue ich etwas nur, weil ich dafür eine Menge Geld oder Anerkennung bekomme, anstatt etwas zu tun, das mir Freude bereitet? Versuche ich, mich bei meiner Chefin einzuschmeicheln, weil sie die Machtposition innehat?
- *Zu viel reden.* Muss ich bei einem Gespräch die Kontrolle haben oder im Mittelpunkt stehen, indem ich ununterbrochen rede oder über mich selbst spreche? Wenn ich merke, dass sich die Leute von mir zurückziehen, versuche ich dann, noch schneller und mehr zu reden, um die Verbindung aufrechtzuerhalten? Ist es schwer für mich, zuzuhören? Unterbreche ich des öfteren geschäftliche Konferenzen mit Witzen oder dummen Bemerkungen?
- *Misstrauen und Geheimniskrämerei.* Habe ich das Gefühl, dass ich bestimmte Gedanken für mich behalten muss, damit andere sie mir nicht stehlen oder mir zuvorkommen? Inwiefern hält mich mein Misstrauen davon ab, Unterstützung und Hilfe (zum Beispiel bei einem Projekt) von anderen zu bekommen, wenn ich sie brauche? Auf welche *spezielle* Weise distanziere ich mich von anderen? Welches *spezielle* Verhalten eines anderen Menschen sorgt dafür, dass ich misstrauisch werde?

- *Liebe vorenthalten.* Bediene ich mich meines Schweigens oder schwelender, nicht ausgedrückter Wut, um andere wissen zu lassen, dass ich verstimmt bin, ohne ihnen eine Chance zu geben, die Situation mit mir zu klären? Welche subtile Form des Vorenthaltens von Energie setze ich an meinem Arbeitsplatz ein?
- *Widerstand gegenüber Autorität und Zynismus.* Habe ich die Tendenz, mich nur dann in Hochstimmung zu fühlen, wenn ich es geschafft habe, dass sich jemand anders fehl am Platz oder inadäquat fühlt? Betrachte ich mich selbst als einen einsamen Kämpfer oder den Einzigen, der in einer Gruppensituation »die Wahrheit« sieht, wobei ich nichts Konstruktives tue, um irgendetwas zu verändern? Was *speziell* fühle ich, wenn es mir gelungen ist, jemanden bloßzustellen? Wie hat dieses Verhalten meinen Fortschritt in der Vergangenheit sabotiert, als ich wirklich erfolgreich sein wollte?
- *Selbstgerechtigkeit.* Fühle ich mich am stärksten, nachdem sich in einer Situation herausgestellt hat, dass ich »Recht hatte«? Suche ich nach Wegen, wie ich mein Wissen einsetzen und damit meine Freunde und Kollegen überflügeln kann? Ist es unangemessen wichtig für mich, immer Recht zu haben? Ist es sehr schwer oder unmöglich für mich zuzugeben, etwas übersehen oder falsch beurteilt zu haben?
- *Nicht bereit, sich auf etwas wirklich einzulassen.* Was heißt es für mich, sich wirklich auf etwas einzulassen? Was glaube ich aufgeben zu müssen, um mich auf etwas oder jemanden einzulassen? Gibt es mir ein größeres Gefühl der Sicherheit, mich auf nichts tief einzulassen, *weil dann nämlich immer alle Optionen offen sind?* Was *speziell* fühle ich, wenn ich viele Optionen habe? Bin ich süchtig nach dem *Potenzial* einer Karriere, einer Arbeit

oder eines Projekts? Warte ich ständig auf die große Chance oder den reichen Klienten? Wenn ich meine Arbeit hasse, grenze ich mich dann im Geheimen von meinen Kollegen ab, weil ich glaube, dass dies nicht meine »wirkliche« Arbeit ist?

- *Sich auf etwas einlassen, das niemals funktionieren wird.* Glaube ich, dass ich kämpfen muss, damit etwas funktioniert, selbst wenn alle Zeichen dafür sprechen, dass ich die Sache aufgeben soll? Leiste ich unzählige Überstunden oder akzeptiere weniger Lohn, als ich wert bin?
- *Immer denken, dass es etwas Besseres gibt als das, was man hat.* Sind Sie ständig fixiert auf irgendeine goldene Zukunft, die nie eintritt? Machen Sie kleine Schritte auf Ihre Ziele zu oder geben Sie auf, weil Ihr Ziel zu groß und unmöglich zu sein scheint? Sind Sie chronisch unzufrieden und lassen Sie die anderen dies ständig wissen? Können Sie Ihre Stärken und Leistungen aufrichtig anerkennen?
- *Automatisch annehmen, dass andere für einen sorgen werden.* Bringen Sie Ihre Bedürfnisse und Unzulänglichkeiten aus der Kindheit in Ihre Beziehung ein, statt Ihre Stärke, Freundlichkeit, Offenheit und Bereitschaft, den anderen wirklich kennen zu lernen? Erwarten Sie, dass andere Menschen Ihre Gedanken lesen können und Ihnen umgehend all das, was Sie sich wünschen, geben werden?
- *Wenn die Dinge schwierig werden, werfe ich alles hin.* Wenn ein Umstand Sie nicht zufrieden stellt, machen Sie sich dann aus dem Staub? Beschließen Sie, dass *alles* an Ihrer Arbeit schlecht ist, sobald die Dinge schwierig werden oder wenn Sie einen neuen Vorgesetzten bekommen, den Sie nicht mögen?

- *Angst vor Veränderung.* Wenn Sie eine neue Stufe von Verantwortung oder Anerkennung erreicht haben, fürchten Sie dann, dass Sie nicht in der Lage sein werden, dieser zu genügen?

Das Muster auflösen

Wenn Sie ein oder zwei dieser Muster wieder erkennen, schreiben Sie Ihre Einsichten auf einen kleinen Zettel. Platzieren Sie diesen gut sichtbar und in Reichweite und lassen Sie sich von ihm an die Schritte erinnern, die Sie tun müssen, um Ihre Bindung an dieses unproduktive Verhalten zu lösen. Während wir mit diesen Schattenmustern arbeiten, ist es unser Ziel, sie in das Licht unserer Wahrnehmung zu rücken. Ohne sich selbst zu verurteilen, formulieren Sie die klare Absicht, daran zu arbeiten und zukünftig bessere Entscheidungen zu treffen. Bitten Sie darum, dass Ihnen Gelegenheiten geboten werden, diese Muster zu heilen. Vergessen Sie bitte nicht, dass Veränderungen im Allgemeinen nicht über Nacht eintreten. Sie haben diese Muster gebraucht, um mit dem Leben besser umgehen zu können. Sie sind ein wichtiger Teil Ihrer komplexen Natur gewesen und sie haben außerdem zu Ihrer Einzigartigkeit beigetragen. Versuchen Sie, den Standpunkt zu vermeiden, dass diese Muster nur negativ sind oder dass Sie durch sie zu einem schlechten Menschen geworden sind. Wenn Sie sich selbst verurteilen, vergrößert das nur Ihren Schatten. Nehmen Sie diese Muster, um sich selbst zu beobachten, und lernen Sie, wie Sie dadurch vielleicht zu neuen Entscheidungen geführt werden. Interessanterweise ist von einem spirituellen Gesichtspunkt aus die Arbeit an diesen Mustern ein wichtiger Teil Ihrer Lebensaufgabe! In jedem Fall wird, indem Sie sich dieser Muster bewusst werden, Ihre Seele aufgefordert, spirituell zu erwachen.

Lassen Sie uns beispielsweise annehmen, dass Ihr Muster Selbstgerechtigkeit ist. Stellen Sie sich die Frage: »Was – befürchte ich – wird passieren, wenn man mir beweist, dass ich mich in einer Sache geirrt habe?« Erinnern Sie sich an ein Kindheitserlebnis, bei dem Sie einen Fehler gemacht haben. Wie war die Einstellung Ihrer Eltern, Lehrer und Gleichaltrigen in Bezug auf Fehler? Geben Sie anderen die Schuld für Ihre Probleme? Falls dem so ist, werden Sie Ihr Leben lang Machtkämpfe erzeugen. Nachdem Sie in der Kindheit gelernt haben, dass Fehlermachen den Verlust von Liebe oder Sicherheit zur Folge hatte, drängten Sie Ihre Angst davor, nicht Recht zu haben, in den Schatten. Daher ist das Bedürfnis, anderen die Schuld zu geben, für das Ego lebenswichtig, damit es die Illusion der Kontrolle aufrechterhalten kann. Um diese Angst zu überwinden, müssen Sie früher oder später erkennen,

»Zu dem ursprünglichen Samen der eigenen Seele zu erwachen und ihre Stimme zu hören mag nicht einfach sein. Wie erkennen wir diese Stimme; welche Signale sendet sie aus? Bevor wir uns mit diesen Fragen beschäftigen können, müssen wir unsere eigene Taubheit erkennen, die Hindernisse, die uns das Hören erschweren: der Reduktionismus, die Pedanterie, die Wissenschaftlichkeit unseres so genannten gesunden Menschenverstandes. Denn es ist schwer, es in unsere harten Schädel hineinzubekommen, dass Botschaften, die wichtiger für unsere Lebensführung sind als das, was uns über *Centel* oder das Internet erreicht, von anderswoher kommen können; Botschaften, die nicht schnell, frei und leicht hereinkommen, sondern die sich vor allem in den schmerzhaften, pathologisierten Ereignissen verbergen, die vielleicht der einzige Weg sind, wie die Götter uns aufwecken können.«

James Hillman[7]

dass Sie einen Fehler machen können und »nicht daran sterben« – wie Sie als Kind befürchtet hatten.

Falls Ihr Muster darin besteht, dass Sie zu viel reden, fragen Sie sich: »Wie würde ich mich fühlen, wenn zehn Minuten lang niemand im Raum sprechen würde? Was macht mir an der Stille Angst?« Wenn Sie das nächste Mal an einer Konferenz teilnehmen oder jemanden treffen, üben Sie sich im Schweigen und fühlen Sie, wo in Ihrem Körper Spannungen entstehen. Später, wenn Sie Zeit dafür haben, erinnern Sie sich an diese physischen Empfindungen und schreiben sie auf, so als ob es sich bei ihnen um »Stimmen« handeln würde, die zu Ihnen sprechen.

In der folgenden Woche beginnen Sie darauf zu achten, wie Sie wegen bestimmter Dinge wütend auf sich selbst werden. Stellen Sie fest, wie Sie auf negative Art mit sich selbst reden. Versuchen Sie zu erkennen, wie viel Ihrer kostbaren Lebenskraft Sie auf eine Weise verschwenden, die Ihnen buchstäblich das Leben aus den Zellen saugt. Sich einfach nur über diese Selbstbombardements klar zu werden wird Ihnen den Weg eröffnen, Ihre Kraft zurückzufordern. Es mag jedoch empfehlenswert sein, gemeinsam mit einem Therapeuten an diesen Mustern zu arbeiten, um den Prozess zu vertiefen.

Mit den eigenen Fehlern Frieden schließen

Das Leben ist ein immer währendes Fließen zwischen Ebbe und Flut. Wir sind wach und wir schlafen. Der Tag bricht an und die Nacht umfängt uns. Wir haben unsere helle Seite und unsere Schattenseite. Probleme entstehen in der äußeren Welt, wenn wir *unsere unannehmbaren Aspekte auf andere Menschen projizieren.* Dann kämpfen wir, um andere zu kontrollieren oder zu verändern, und fühlen uns ständig als Opfer der äußeren Umstände. Infolge unserer mangelnden Bewusstheit bezüglich unserer eigenen Verantwortung für die Situationen, in denen wir uns befinden, leiden wir unter inneren Konflikten und Selbstzweifeln.

> »Wenn wir ungeduldig werden, entwerten wir buchstäblich uns selbst und unsere Verbindung zu dem göttlichen Heiligen Geist. Ungeduld ist das Versagen, in die universale Intelligenz zu vertrauen, und sie impliziert, dass wir getrennt sind vom alles gebenden Geist.«
>
> *Wayne Dyer*[8]

Im Idealfall – wenn wir unserem authentischen Geist in sinnvollen Handlungen Ausdruck verleihen – beginnen wir, in einem Zustand von Gleichgewicht und Harmonie zu leben, in dem wir das akzeptieren und mit dem arbeiten, was uns gegeben wurde – und wer wir sind. Oftmals sind wir so damit beschäftigt, den Erwartungen unseres Neun-bis-Fünf-Uhr-Jobs gerecht zu werden oder zu versuchen, die ungelebten Träume unserer Eltern zu erfüllen, dass wir kaum wissen, *wer* wir sind. Um den einzigartigen Komplex, den wir unsere Lebensaufgabe nennen, erfüllen zu können, ist es sehr hilfreich, alle Vorurteile loszulassen – sowohl gegenüber anderen als auch gegenüber uns selbst.

Anstatt uns selbst zu verurteilen, ist es wesentlich sinnvoller, unsere »Fehler« als lebenswichtige innere Charakteristika zu sehen, die gehört werden wollen. Könnten Sie zum Beispiel Ihr Bedürfnis, herumzubasteln und zu kritzeln, als Teil Ihres kreativen Prozesses betrachten und nicht nur als nutzlose Untätigkeit? Versuchen Sie zu verstehen, welchen *Zweck* Ihr Fehler erfüllen mag – ob er nun positiv oder negativ ist. Die Dinge, die Sie an sich selbst hassen, können Ihnen eine Unmenge nichtalltäglicher Weisheit vermitteln, wenn Sie sie erst einmal von der Verurteilung befreit haben, die sie im Dunkeln hält.

Ein Zugang

Interessanterweise begann Joan, die Versicherungsagentin, die Möglichkeit in Betracht zu ziehen, dass ihre Muster ein Zugang zu einer viel tieferen Ebene der Selbsterkenntnis sein könnten.

»Als ich in das Versicherungsgeschäft einstieg, fragte mich jemand, was meine Ziele wären, und ich sagte: ›Ruhm, Reichtum und Anerkennung.‹ Für mich bedeutet Geld: ›Ich habe es richtig gemacht.‹ Es bedeutet, akzeptiert zu werden, und es bedeutet Liebe. Ich glaube, das ist der Grund, warum Verkäufer so wütend werden, wenn ihre Kunden sie verlassen. Der Verlust von Einkommen heißt: ›Ich habe etwas falsch gemacht‹ oder er bedeutet, dass ihr Kunde zu jemand anderem geht, den er lieber mag oder der seine Arbeit besser macht.

Auf dem College habe ich zunächst Psychologie studiert. Als ich damit aufhörte, behauptete ich, der Grund für den Abbruch meines Studiums wäre, dass es zu hart ist, doch meine wirkliche Angst bestand darin, dass ich nicht glaubte, es richtig machen zu können. Der geheime Gedanke tief in meinem Inneren war: ›Wer würde schon zu *mir* kommen?‹

Als ich klein war, lebten wir auf einer Farm, und so tendierte ich dazu, all diese prinzessinnenhaften Sachen haben zu wollen. Schon sehr früh hatte ich den Wunsch, etwas Besonderes zu sein – auserwählt zu sein. Ich bewarb mich immer als Vorsängerin, Cheerleader und Garde-Tänzerin. Ich war im Schülerbeirat, doch das war nicht annähernd so wichtig für mich, wie wegen meines Aussehens und meines Charmes ausgewählt zu werden.

»Meine größte Angst ist die, allein zu sein, weil ich etwas nicht richtig gemacht habe.«

Meine größte Angst ist die, allein zu sein, weil ich etwas nicht richtig gemacht habe. Wegen dieser Angst vor dem Alleinsein – und es ist äußerst schwer für mich, mir dies näher anzusehen – rufe ich im Geiste immerzu aus: ›Wähle mich! Sieh mich!‹ Wenn mich aber *tatsächlich* jemand auswählt, habe ich immer noch dieselbe Angst. Ich fürchte, dass man mich kritisieren, verurteilen und dann verlassen wird, was meine Angst nur noch verstärkt. Ich bin immer auf mich selbst fokussiert. Fortwährend vergleiche ich meinen Körper mit dem anderer Frauen im Fitnesscenter oder auf der Straße und versuche einzuschätzen, wie ich dabei abschneide.

Es wird mir langsam klar, dass die größte Lektion in meinem Leben – eine, die absolut alles betrifft, was ich tue, zumindest bis jetzt – darin besteht zu lernen, mich selbst zu akzeptieren und Mitgefühl für mich selbst aufbringen. Wenn ich das Ich schätzen kann, das nicht ständig irgendetwas vorführt, werde ich in der Lage sein zu vertrauen, dass die Menschen auf mein wahres Ich reagieren und nicht auf mein Pappdouble.«

Mehr noch, als den richtigen Beruf zu finden, scheint es momentan Joans Lebensaufgabe zu sein, ihre verzerrte, tief sitzende Selbstwahrnehmung zu heilen, die sogar ein karmisches Muster sein kann, das aus einer früheren Inkarnation stammt.

»Im letzten Jahr habe ich mich sehr um meine Gesundheit gekümmert. In der Vergangenheit konzentrierte ich mich ausschließlich auf die *Schönheit* meines Körpers und auf mein Gewicht. Im vergangenen Jahr wurde ich sehr krank, woraufhin sich mein Fokus auf die *Gesundheit* meines Körpers verlagert hat. Doch jetzt, wo ich meine Gesundheit beinahe vollständig wiedererlangt habe, fange ich an, mir wieder Gedanken über Schönheitsoperationen zu machen. Es ist noch immer dieselbe alte Fixierung auf das Gefühl, dass ich nicht okay bin, so wie ich bin.

Ich arbeite bewusst daran, den Fokus von meinem Verlangen, ausgewählt zu werden, zu verlagern. Außerdem habe ich begonnen, meinen Denkprozess und meine Glaubenssätze zu beobachten, wie zum Beispiel: ›Ich verdiene jetzt weniger, weil ich meine Arbeit nicht richtig gemacht habe.‹ Ich beginne zu denken, dass ich meinen Job so hätte machen sollen, wie sie [die Lebensversicherungsmentoren] es mir gesagt haben, anstatt mir selbst zu vertrauen, dass ich weiß, wie ich ihn auf meine eigene Art machen kann, womit ich in der Vergangenheit sehr erfolgreich gewesen bin«, sagte Joan. »Ich nehme an, das Schwierige daran, mir selbst zu vertrauen, ist zu wissen, *welcher* Stimme ich vertrauen soll. Soll ich auf die kritische Stimme hören, die wie mein alter Trainer und Mentor klingt? Oder soll ich auf die Stimme hören, die sagt, dass ich am besten arbeite, wenn ich ›weich‹ anstatt ›hart‹ verkaufe? Meine ›Versicherungsgeschäftsstimme‹ sagt, ich soll rausgehen und neue Kunden suchen. Das ist der Teil, den ich hasse, und ich will die Dinge, die ich hasse, nicht länger tun.«

Die wahre Stimme finden

Während Joan sprach, schien sie die Antwort auf ihre Frage zu finden, welcher Stimme sie folgen sollte.

»Ich bin am erfolgreichsten, wenn ich meine Arbeit auf meine eigene Art mache. Ich erledige zum Beispiel eine

Menge Arbeit durch Briefe und Telefonate, was ungewöhnlich ist im Versicherungswesen. Seit ich vor Jahren selbst erlebt habe, wie es ist, wenn einem eine Versicherung durch Einschüchterung aufgezwungen wird, habe ich meine Policen immer bewusst ohne das Erzeugen von Schuldgefühlen, Druck oder Scham verkauft. Ich nehme an, dass ich damit gegen eine anerkannte Strategie dieses Geschäftszweiges verstoße, doch ich finde die übliche Vorgehensweise zu erniedrigend.

Ich sehe deutlich, wie gut das Verkaufen von Versicherungen für mich gewesen ist, denn es hat mir geholfen, mich anerkannt zu fühlen. Wenn Leute, die mich noch nie gesehen haben, zu mir kommen und mit mir eine Versicherung abschließen wollen, weil ihre Schwester mich ihnen empfohlen hat, gibt mir das ein sehr gutes Gefühl.«

Aus Joans Geschichte geht hervor, dass ein bestimmter Beruf unter Umständen bewusst gewählt wurde, um den Lebensunterhalt zu gewährleisten, oder aber er wurde unbewusst gewählt, um einen unerkannten Teil der Seele zu heilen. Oder beides. Wenn wir erst einmal unseren Ängsten ins Angesicht schauen, beginnt unser Leben sich zu verändern. Joan erzählte mir, dass sie kürzlich einen großen Schritt nach vorn gemacht habe in Bezug auf ihre Fähigkeit, sowohl positives als auch negatives Feedback anzunehmen.

»Ich befand mich in einer Übungssituation«, sagte sie, »bei der ich eine Klientin hypnotisierte und anschließend bewertet wurde. Die Klientin berichtete mir, dass sie das Gefühl hatte, wirklich von der Arbeit profitiert zu haben. Andererseits kritisierte ein Kollege, der mich beobachtet hatte, mein Tempo und meine Technik, die genau das waren, was der Klientin gefallen hatte. Zwei Dinge eigneten sich daraufhin. Zum ersten Mal war ich wirklich fähig, einen positiven Kommentar zu hören und anzunehmen, ohne dessen Gültigkeit zu bezweifeln. Zweitens war ich außerdem in der Lage, die kritische Information meines Kollegen zu akzeptieren, ohne mich völlig abgelehnt zu fühlen. Ich konnte beide Kommentare als konstruktive Informationen annehmen und sie dazu benutzen, meine Vorgehensweise zu verbessern. Ich sehe jetzt, dass meine beiden Berufe mir Gelegenheiten bieten, an meinem zentralen Thema zu arbeiten, nämlich dem, ›okay‹ zu sein.«

Wo wir Kraft an den Schatten verlieren

In dem Kasten auf Seite 410f. finden Sie kurze Beschreibungen negativer Verhaltensformen, die es uns weder ermöglichen, unser Bestes zur Welt beizutragen, noch uns wirklich glücklich machen. Wir sollten zudem in Erwägung ziehen, dass ein Überwinden dieser schwierigen Tendenzen ein wichtiger Teil der Seelenaufgabe sein könnte, mit der wir geboren wurden.

Da unsere Angewohnheiten als Teil der Strategie, mit der wir im Leben zurechtzukommen versuchen, so tief in uns verankert sind, können wir oft nicht erkennen, dass wir sie überhaupt einsetzen. Wir mögen sie zunächst in den Handlungen anderer Menschen erkennen und auch dann noch nicht bemerken, dass sie auch ein Teil von uns sind.

Es wäre unrealistisch zu denken, dass wir diese Tendenzen auf einmal durch eine großartige Idee, die darauf abzielt, uns »in Ordnung zu bringen«, loswerden können, um dann eine strahlende neue Zukunft vor uns zu haben. Es ist weitaus wirklichkeitsnaher und hilfreicher, diese Verhaltensformen als andauernde Muster zu sehen, die in unserem Denken die *Realität* darstellen. Wenn wir uns erst einmal auch nur einer unserer Verhaltensweisen bewusst werden und uns vornehmen, keine Energie mehr in diese zu investieren, beginnt unsere Selbstorganisation automatisch damit, andere Ergebnisse zu produzieren. Das Erkennen dieser Muster erlaubt uns, unsere Reaktion auf Ereignisse und Situationen zu ändern. Am Anfang wird es uns vielleicht schwer fallen, nicht an den alten Gewohnheiten festzuhalten; doch haben wir einmal ein wenig Erfolg erlebt, fühlen wir uns automatisch stärker. Neue Verhaltensformen werden zu neuen Gewohnheiten. Und eines Tages wird uns klar: »Ja, das Leben läuft jetzt richtig gut. Wie ist das nur passiert?«

»Therapie ist nicht nur darum bemüht, den Schutzpanzer aufzulösen, sondern eine starre, unbewusste, auf Verteidigung angelegte Struktur mit Flexibilität und einer bewussten Wahlmöglichkeit vertraut zu machen Der Schatten ... enthält nicht nur die Schlacke unseres bewussten Seins, sondern auch unsere primitive, undifferenzierte Lebenskraft; ein Versprechen für die Zukunft, dessen Präsenz unser Bewusstsein verstärkt und uns in der Spannung zwischen den Gegensätzen Kraft verleiht.«

John P. Conger[9]

Wenn Sie beginnen, Ihre Muster zu erkennen, vergessen Sie nicht das Folgende:

- Geben Sie sich selbst die Erlaubnis, mal das Richtige zu tun und mal nicht – in dem Wissen, dass jeder Prozess in Zyklen verläuft.
- Wenn Sie sich bei einer alten Gewohnheit ertappen, gehen Sie einfach in Ihre Mitte zurück und wenden Sie sich an Ihre intuitive Führung in diesem Augenblick.
- Würdigen Sie Ihren Weg, Ihre Neigungen und Ihren Werdegang mit einem Sinn für Humor und Mitgefühl sich selbst gegenüber.

Wie wir Kraft verlieren

Das Opfer/ der überaus Gefällige	**Der Reaktionär**	**Angst vor Versagen**
Tägliche Situationen	Tägliche Situationen	Tägliche Situationen
Wiederholtes Berichten schmerzhafter Ereignisse, (z. B. »Als mein Mann sich von mir scheiden ließ ...« oder »Meine Kindheit war so furchtbar, dass ich nie ...«	Man glaubt, dass Leute in Autoritätspositionen nichts taugen	Denkt *oft* darüber nach, dass nicht genug Geld, Bildung, Kontakte, Charisma, Fähigkeiten etc. vorhanden sind
Das Herunterspielen der Stärken in Gesprächen (z. B. »Ich bin nicht sehr gut auf diesem Gebiet ...« oder »Ich war nie fähig, zu ...« oder »Es scheint mir nicht möglich zu sein, zu ...«	Man greift in Gesprächen oft zu Sarkasmus und Zynismus	Macht immer mehr von dem, was sowieso nicht funktioniert
Das Gefühl haben, dass andere denken, man ist schwach, dumm oder nicht erfolgreich	Man streitet sich schnell; sucht nach kleinen Verstößen, um den anderen zurechtzuweisen	Schiebt die Dinge auf
Sich wundern, warum jemand »wirklich« auf einen zugeht	Misstraut den Motiven anderer	Hat Angst davor, einmal auf der Straße zu landen; befürchtet, andere zu enttäuschen
Zu viel arbeiten und darüber verbittert sein	Man denkt, andere seien unrealistisch oder dumm	Ist immer auf der Hut vor verhängnisvollen Ereignissen; glaubt, Pessimismus ist die beste Verteidigung
Ständiges Sichbeschweren		
Besessen in Bezug auf vergangene Gespräche oder Begegnungen		

Der Kontrolleur	**Angst vor Veränderung**
Tägliche Situationen	Tägliche Situationen
Dauernde Machtkämpfe Ständiges Gefühl von Dringlichkeit Arbeitet hart, um anerkannt zu werden Steht unter dem Druck, etwas erreichenzu müssen Gibt ständig Ratschläge Ist geheimnistuerisch und misstrauisch Redet unaufhörlich	Sagt offen zu anderen: »Ich weiß nicht, was ich tun soll« oder »Ich bin so durcheinander« Macht Kompromisse, fügt sich – und ärgert sich dann darüber Fühlt sich hoffnungslos, rechtfertigt jedoch die momentane Situation als unabdingbar (z. B. »Ich brauche das Geld« oder »Ich muss die Familie zusammenhalten« oder »Niemand anders wird mich einstellen«)

Den Schatten erhellen

Während Sie lernen, die *spezielle* Art zu erkennen, in der Sie sich selbst verurteilen oder Ihre Fähigkeiten abtun, können Sie diesen Wachstumsvorgang unterstützen, indem Sie sich nach uralten spirituellen Prinzipien ausrichten. Auf Seite 413 sind verschiedene Einstellungen als Übung beschrieben, die Ihnen helfen werden, das anzuziehen, was Sie brauchen, um Ihre Lebensaufgabe zu finden. Seien Sie versichert, dass Sie bei einer bewussten Steuerung Ihres Lebens mit Hilfe auch nur einer dieser Übungen in Übereinstimmung mit Ihrem geistigen Pfad leben.

Donna Stoneham, deren Geschichte im achten Kapitel nachzulesen ist, besprach eines Tages diese Ideen mit mir. Ihr Kommentar dazu:

»Ich möchte Ihnen eine Geschichte erzählen über das Prinzip, dass wir *meist in der Gegenwart* leben, wenn wir unsere Aufgabe gefunden haben. Vor ungefähr drei Monaten fuhr ich von einem Training nach Hause. Während der Fahrt hatte ich im Auto einen Moment der Erleuchtung, der mich zum Weinen brachte. Zum ersten Mal seit sechs Jahren dachte ich mir: ›Donna, du bist im richtigen Moment genau am richtigen Platz.‹ Dies war eine ungeheure Erkenntnis. Ich bin immer ein übereifriger, übermäßig bemühter Mensch gewesen, lebte immer schon sechs Monate in der Zukunft, anstatt darauf zu achten, wo ich im Moment war, und die Gegenwart zu genießen. Plötzlich sah ich, dass alles, was ich in diesem Abschnitt meines Lebens tat, wichtig und sinnvoll war, selbst wenn es nicht meinen Erwartungen, wo ich zu sein hatte, entsprach. Diese Erkenntnis war äußerst befreiend.

Infolge meines Prinzips, das *alltägliche Leben wertzuschätzen,* kann ich Ihnen gar nicht sagen, wie oft ich in letzter Zeit über die Schönheit in meiner Umgebung dankbar war. Dabei laufen mir die Tränen über die Wangen. In der Lage zu sein, dieses Gefühl für das Alltägliche in meine nächste Handlung einzubringen, hat die Art und Weise, wie ich etwas tue, völlig verändert.

Ich habe immer gewusst, dass ich mein Leben nur durch innere Arbeit verändern kann. In meiner frühen Existenz in den großen Firmen glaubte ich, dass das, was man in der äußeren Welt tat, entscheidend war. Ich lebte ständig wie eine Ratte im Labor, huschte hin und her bei dem Versuch, die beste Arbeit zu leisten, die meisten Überstunden zu machen, die richtigen Dinge für die richtigen Leute zu erledigen. Nachdem ich angefangen hatte zu meditieren, mir meine Vision klar wurde und ich mich so akzeptierte, wie ich bin, kehrte sich mein Leben um. Am Anfang hatte ich ein paar magere Jahre, doch habe ich immer darauf vertraut, dass alles gut werden wird, solange ich meine und Gottes Arbeit tue.«

Wie wir den Schatten erhellen

Tägliche Übungen

Zu Ihrer Information:
Wenn Sie irgendeine dieser Übungen ausführen, dann führen Sie alle aus.

Ich vertraue mir selbst, die richtigen Entscheidungen zu treffen.

Ich vertraue darauf, dass alles einen Sinn hat.

Ich lebe hauptsächlich in der Gegenwart.

Ich würdige das alltägliche Leben, obwohl ich vielleicht ein nichtalltägliches Dasein führe.

Ich bin bereit, Schmerz zu ertragen, ohne anderen die Schuld zu geben.

Ich erkenne, dass die Wirklichkeit durch Gedanken, Sprache und Taten kreiert wird.

Ich akzeptiere, was ist: das Gute, das Schlechte und das Neutrale.

Ich kehre immer wieder zu der Intention zurück, zu lieben.

Ich füge mich einer höheren Ordnung.

Ich bin bemüht, mich voll auf das Leben einzulassen und mich an allem zu beteiligen.

Ich bin zu mir selbst und anderen freundlich und liebevoll.

Ich bewahre einen Sinn für Humor und bleibe offen.

Eine Woche lang die eigenen Muster verfolgen

Fotokopieren Sie den Kasten »Wie wir Kraft verlieren« (Seite 410 f.). Stecken Sie die Kopie in Ihre Tasche als Gedächtnisstütze für das, was Sie verändern wollen. Kreuzen

Sie alle Verhaltensweisen an, von denen Sie merken, dass Sie sie einsetzen. Nach einer Woche müssten Sie eigentlich recht klar sehen können, wie viel Energie Sie auf diese Art verlieren. Sobald Sie Ihre Wachsamkeit in Bezug auf diese Verhaltensweisen erhöhen, senden Sie neue Botschaften an Ihr Energiefeld und ziehen damit neue Situationen an. Ein weiterer Vorteil dieser Übung besteht darin, dass Sie automatisch Ihre Fähigkeit vergrößern, in der Gegenwart zu bleiben. Denken Sie außerdem daran, dass das Leben neue Herausforderungen an Sie stellen wird, während Sie neue Formen des Verhaltens in Ihren Beziehungen lernen!

Wie wir uns von gewohnheitsmäßiger Kritik befreien können

Die folgende Geschichte gibt uns ein gutes Beispiel, wie wir unsere Kreativität wiedergewinnen können, indem wir uns der Voreingenommenheit enthalten. Mein Freund Gilberto Munguia, ein hochgeschätzter Cellist des Chamber Music Festivals in San Miguel de Allende, Mexiko, rief mich an, als ich dieses Kapitel schrieb. Während er mir erzählte, wie sich einige seiner beruflichen Schwierigkeiten selbst gelöst hatten und wie glücklich er sich heute fühlte, merkte ich, dass seine Geschichte mit dem Schatten zu tun hatte. Ich fragte ihn, was seiner Meinung nach für die positiven Veränderungen in seinem Leben verantwortlich gewesen war.

»Ich bin die Hindernisse in mir selbst losgeworden«, antwortete er sogleich. »Irgendwie habe ich in den letzten Monaten erkannt, dass ich immer mit dem Gefühl gelebt habe, dass irgendetwas Schlimmes passieren würde.

Weißt du – so, wie wenn man darauf wartet, dass noch etwas schiefgeht. Irgendwie hatte ich immer dieses unruhige Gefühl in meinem Inneren, dass etwas kommen und mich umhauen würde. Nachdem ich mir dieses Gefühl endlich näher ansah, erkannte ich es als das, was es war – ein Gedankenmuster, das ich jeden Tag neu kreierte. Es gibt keinerlei äußere Gründe für diese Furcht. Irgendwann in meinem Leben hatte ich mir diese Angst zu Eigen gemacht und war mir kaum bewusst, dass sie jeden Tag da war. Ich kann dir gar nicht sagen, wie anders ich mich heute fühle. Ich bin einfach glücklich. Kleinigkeiten belasten mich nicht mehr wie früher. Ich freue mich über meine Arbeit. Ich weiß, warum ich Cello spiele. Ich habe das Gefühl, dass ich von Liebe und Gott und Leben umgeben bin.

Mir ist bewusst geworden, dass mich die letzten zwei Jahre in diese Richtung gedrängt haben. Wir versuchen so angestrengt herauszufinden, wer wir sind, und wir versuchen zu entdecken, welchen Sinn unser Leben hat. Wir lesen Bücher und wollen darin die Antwort finden und plötzlich öffnet sich eine Tür und vor uns liegt ein herrliches Feld. Als ich erst einmal die Schönheit des Lebens sah, hatte ich das Gefühl, als hätte ich schon immer gewusst, dass sie da war, hätte es jedoch vergessen. Das Einzige, was wir tun müssen, ist, uns zu erinnern, woher wir kommen und dass das Leben eine fortwährende Schöpfung ist.

Ich hatte Neale Donald Walschs Buch *Conversations with God* (dt.: *Gespräche mit Gott*) gelesen. Ich liebte es und fragte mich: ›Ist das wirklich so? Geht es im Leben darum, zu kreieren?‹ Ich ging nach draußen und stand auf einem Feld unter den Sternen und stellte mir selbst die Frage: ›Könnte es wahr sein?‹ Genau in dem Moment flog eine Sternschnuppe wie eine riesige Rakete vorbei. Das verblüffte mich und mir wurde klar, dass Gott alles weiß, was wir denken. Mit einem Schlag erkannte ich: Das Leben ist keine Entdeckung, sondern eine Kreation. Wir kreieren und wir müssen die Verantwortung dafür übernehmen, wo immer wir uns befinden – und dann gehen wir weiter. Das Faszinierende dabei ist die Erkenntnis: ›Ich mag diesen Teil meines Lebens nicht.‹ Und dann, indem man seine Gedanken genau beobachtet, erkennt man, wie das Leben auf die eigenen Gedanken reagiert. Das ist wie bei *Star Trek.* Man denkt: ›Ich möchte Hühnchen zum Dinner‹ und schon steht es vor einem!

Ich glaube, dass wir alle eine zarte innere Stimme haben, die wir *ein- und ausschalten.* Wir können sehr hemmungslos sein, uns in Wutanfälle hineinsteigern und uns dabei vormachen, dass andere Menschen uns schlimme Dinge antun, damit wir eine Rechtfertigung haben für Rauchen, Trinken, maßloses Geldausgeben oder irgendeine andere Reaktion. Das ist viel leichter, als zu sagen: ›Warte einen Moment. Vielleicht ist mein Leben gerade nicht so, wie ich es haben will, aber wer ist dafür verantwortlich?‹

Vor einiger Zeit hatte ich große finanzielle Probleme und umfangreiche Verantwortlichkeiten mit dem Festival, die mich wirklich niederdrückten. Ich konnte in nichts mehr einen Sinn erkennen. Doch die Situation zwang mich, zu meinen musikalischen Wurzeln zurückzukehren, um wieder herauszufinden, wer ich war und wie ich angefangen hatte. Ich stellte fest, dass das Gefühl der Niedergeschlagenheit in Wahrheit darauf zurückzuführen war, dass ich mich musikalisch nicht genügend ausgedrückt hatte. Die Quelle meiner Kreativität war verstopft worden. Ich hatte meine Wahlmöglichkeiten in eine Entweder-oder-Situation polarisiert: entweder ein Cellist zu sein oder der Direktor des Festivals. Doch ich musste mir klarmachen: ›Okay, Munguia, was ist dein einzigartiges Geschenk an die Welt und was nährt darüber hinaus dich und deine Seele?‹ Ich begann, immer intensiver zu üben. Bald kamen einige Angebote für Konzerte und heute spiele ich besser denn je. Ich bin in Kontakt mit einer höheren Kraft in meinem Inneren, die immer gewusst hat, wie man Cello spielt. Heute erledige ich in einer Stunde, wofür ich früher vier gebraucht habe.

Der Unterschied ist, dass ich mit mir selbst eine Verpflichtung eingegangen bin. Ich habe seit dem fünften Lebensjahr eine Leidenschaft für das Cellospiel gehabt. Ich glaube, dass wir mit solchen frühen Wünschen in Kontakt kommen und realisieren müssen, dass wir immer noch derselbe Mensch sind.

Wie Neale D. Walsch in seinem Buch schreibt: ›Bitte nicht um irgendetwas, wenn du betest, sondern bedanke dich für das, was du hast.‹ Wie viel Glück ich gehabt habe! Es ist wirklich außergewöhnlich. Trotz all unserer Negativität können wir uns von einem Moment auf den anderen erneuern, sobald wir eine Veränderung unseres Bewusstseins vornehmen. Wenn ein Prozent der Bevölkerung so denken würde, hätte das eine Auswirkung auf alle anderen. So wie ich den Gedanken hatte und in dem Moment die Sternschnuppe sah. Wenn wir über diese Dinge meditieren, berühren wir ein übergeordnetes Energiefeld und selbst die Menschen, die schlafen – buchstäblich und metaphorisch –, spüren den Effekt.

Ein Wendepunkt ereignete sich eines Tages, als ich durch San Miguel fuhr. Plötzlich stellte ich fest, dass ich je-

»Ein Wendepunkt ereignete sich eines Tages, als ich durch San Miguel fuhr. Plötzlich stellte ich fest, dass ich jeden kritisiert hatte, dem ich begegnet war.«

den kritisiert hatte, dem ich begegnet war. ›Schau dir diesen Hut an! Und diese Hosen!‹ Ich sandte nichts als negative Energie aus. Ich beschloss, damit aufzuhören. Ich wollte einfach nur hinsehen und nicht kritisieren. Als ich zu Hause ankam, war ich randvoll mit Freude und Kraft. Ich habe festgestellt, dass wir mit einhundert Prozent Liebe aufwachen, und in den ersten beiden Stunden des Tages verschwenden wir eine Menge dieser verfügbaren Energie mit Kritik und Beschwerden. Oder wir investieren unsere Energie in unsere Vergangenheit und lassen uns von ihr niederdrücken.

Heutzutage beginne ich den Tag mit dem Gedanken: ›Mit Gottes Hilfe kann ich ein Wunder vollbringen. Dies ist mein Tag. Es ist meine Schöpfung!‹ Sie müssen sich nur selbst genau erforschen und Sie werden alles entdecken.«

Dem Familienmythos entwachsen

Unsere nächste Geschichte zeigt, wie wir unter dem Einfluss des Schattens *unserer Familie und selbst unseres ganzen Volkes* stehen können und diese dunkle Wolke als einen Fehler *unserer selbst* deuten. Jim Burns ist ein gutes Beispiel für jemanden, der mit dem unerlösten Schatten seiner Eltern und den ungeschriebenen Gesetzen, wie man als Mitglied seiner Familie zu sein hat, fertig werden musste. Jim ließ eine frühe, lieblose Ehe und eine »gute« Karriere als Lehrer hinter sich, um nach etwas Tieferem zu suchen, das ihn zu rufen schien. Heute lebt er in Kalifornien, ist mit der Liebe seines Lebens verheiratet, verfolgt seinen Traum vom Schreiben und ist ein Komödiant, der auf der Bühne mit seinem köstlichen Humor die Menschen erfreut.

»Als ich zwanzig war«, erzählte mir Jim, »hatte ich mit meinem Vater ein Gespräch, kurz bevor er starb. Er öffnete mir sein Herz und ließ mich an all seinen Geheimnissen teilhaben. Er war von Beruf Elektriker und er sagte mir, dass er die Arbeit mit der Elektrizität geliebt, aber niemals Gefallen an der geschäftlichen Seite gefunden hatte. Dann sagte er mir, dass er nie den Eindruck gehabt hatte, dass Mutter mit ihm zufrieden gewesen war. Er fühlte, dass sie mehr wollte, als er ihr geben konnte. Er meinte, dass er sie in vielerlei Hinsicht enttäuscht hatte – sogar in der Art, wie er sich kleidete. Seit er Diabetiker war und dadurch ein paar Zehen verloren hatte, trug er Tennisschuhe und weiße Socken, um sich wohl zu fühlen. Er dachte, dass sie einen Mann wollte, der sich besser anzuziehen verstand und mit ihr schön ausgehen würde.

Das Lustige dabei ist, dass ich – genau wie mein Vater – sehr jung, mit Mitte zwanzig heiratete. Ich begann an der Hauptschule zu unterrichten, obwohl es mir keinen wirklichen Spaß machte. Schon in den Flitterwochen wusste ich, dass ich einen Fehler gemacht hatte. Trotzdem versuchte ich, meiner Frau zu gefallen, und fing an, mich aufzuopfern und meine eigenen Bedürfnisse herunterzuspielen. Wir kauften uns das richtige Haus und dann sparten wir für die richtigen Möbel. Als ich ungefähr dreißig war, befand ich mich an einem Punkt, den ich meine Halbzeit nenne. Ich schaute mir mein Leben an und nichts funktionierte.

Zum Beispiel konnte sich meine Frau die Gehaltserhöhungen anschauen, die ich als Lehrer in den nächsten dreißig Jahren erwarten durfte, und sie fühlte sich damit zufrieden und sicher. Ich betrachtete die Zahlen und dachte: ›Das ist alles, was ich erreichen kann? Besser wird es nicht? Ich mache einfach so weiter, bis ich alt bin?‹ Ich fühlte mich, als wäre das Leben schon vorbei. Plötzlich erkannte ich, dass ich die gleichen Gefühle hatte wie damals mein Vater. Genau wie Dad war ich sicher, dass ich nicht die Art von Mann war, den meine Frau wollte. Ob Sie es glauben oder nicht, ich trage Tennisschuhe und weite Hosen – wie mein Vater! Von außen betrachtet, schienen meine Frau und ich die perfekte Ehe zu führen. In der Öffentlichkeit gaben wir ein harmonisches Paar ab. Wir hatten ein hübsches Haus. Doch war alles hohl und leer. Ich realisierte: ›Oje, noch einmal werden dreißig Jahre verstreichen und – wer weiß – dann sage ich meinem Sohn vielleicht dieselben Dinge.‹

Wir waren katholisch und in unserer Familie hatte es noch nie eine Scheidung gegeben. Unsere Trennung war eine ungeheure, dramatische Erfahrung. Ich wusste, dass ich meiner Mutter und meinen Brüdern wie ein Übeltäter vorkommen würde.«

In jenen Tagen dachte ich tatsächlich, dass es einfacher für mich wäre, mich umzubringen, als mich scheiden zu lassen. Es ging das Gerücht um, dass mein Großvater Selbstmord begangen hatte. Ich dachte: ›O Gott, ich bin bereit, mich umzubringen. Aber wenn das in unserer Familie schon vorgekommen ist, dann will ich diesen Kreislauf stoppen.‹ Es ist offensichtlich, dass man sich in unserer Familie nicht mit emotionalen Dingen abgibt. Niemand war offen in Bezug auf seine Gefühle. Wenn man irgendetwas fühlte, das nicht akzeptabel war, durfte man nicht darüber sprechen. Dieses Verhalten war nicht gesund. Ich glaube, das ist auch der Grund, warum ich nach Kalifornien gegangen bin.

»In jenen Tagen dachte ich tatsächlich, dass es einfacher für mich wäre, mich umzubringen, als mich scheiden zu lassen.«

Ich sagte zu allen, dass ich wegzog, um eine Karriere als Komiker zu machen, doch ich glaube, dass ich in Wahrheit mein eigenes Leben und meine Freiheit suchte. Ironischerweise sammelte ich damals Clowns. Es war mein Bruder, der mich auf den darin enthaltenen Symbolismus aufmerksam machte. Er sagte: ›Es ist interessant, dass du Clowns magst, denn sie sind traurig. *Außen* lächeln sie, doch *innen* haben sie Schmerzen.‹

Die nächsten fünf oder sechs Jahre verbrachte ich in Therapie. Ich fand es erstaunlich, dass wir Menschen anziehen, die unsere blinden Flecken berühren, damit wir an unserer Heilung arbeiten können. Ich nehme an, das Geschenk, das all meine Schwierigkeiten mir brachten, war, dass ich lernte, wer ich bin, mich akzeptiere und diese Eigenschaften liebe.

Während meines Heilungsprozesses hörte ich auf, Alkohol zu trinken, und wurde Vegetarier. Ich begann zu meditieren und ich empfand Meditation als eine Quelle der Weisheit. Ich liebte es. So wie jetzt möchte ich bleiben. Ich weiß, dass ich trank, um meine Gefühle abzutöten. Das war die Zeit, als ich fühlte, dass ich mir selbst oder anderen wehtun wollte. Plötzlich machte es klick! Ich erkannte: ›Trinken ist nicht gut für dich.‹

Ich arbeitete in verschiedenen Clubs, aber selbst das machte mir bald keinen Spaß mehr. Mir wurde klar, dass ich nicht nur einfach ein billiges Lachen ernten wollte, während die Leute tranken. Ich fühlte mich, als lebte ich auf zwei verschiedenen Ebenen. Aus meiner eigenen Erfahrung wusste ich, dass die Leute verschlossen und nicht mit ihren Gefühlen in Kontakt waren, wenn sie tranken. Ich glaube, dass Lachen dem Geist helfen kann, doch viele Komiker halten einfach nur die Ignoranz aufrecht. Ihre Witze sind hässlich und tun weh. Ich will Komik präsentieren, die den Geist erbaut und die Menschen froh macht.

Wenn ich auf mein Leben zurückblicke, sieht es so aus, als gäbe es einen Grund dafür, dass mein Weg sich so entwickelt hat. Ich kann deutlich sehen, dass ich durch meine Arbeit als Lehrer mit all den Kindern wichtige Lektionen gelernt habe. Ich habe mein eigenes Einpersonenstück geschrieben – *Both Sides of the Desk* (»Beide Seiten des Pultes«). Es handelt von meinen Erlebnissen als Kind in der Schule und als Lehrer. Ich möchte über Toleranz sprechen und darüber, dass Verschiedenartigkeit etwas Positives ist. Ich will über Akzeptanz reden. Und vielleicht werden die Leute über dem Lachen auch zu denken anfangen.

In der Vergangenheit hatte ich das Gefühl, etwas tun zu *müssen*, die Menschen zum Lachen bringen zu *müssen.* Heute spüre ich, dass es ausreicht, wenn ich einfach so gut bin, wie ich sein kann, und an der Entwicklung meines Geistes arbeite. Das Wichtigste ist, in jedem Moment offen zu sein und zu vertrauen, dass ich Botschaften erhalten werde, die auf einer höheren Ebene lustig sind. Die meisten Sketche basieren auf Rassismus und Stereotypen, die sich auf verletzende Art und Weise über Menschen lustig machen. Ich möchte die Gemeinsamkeiten der Menschen hervorheben und die Verletzbarkeit, die uns allen eigen ist. Es gibt niemanden, der davon ausgenommen ist. Mit dieser Einstellung fühle ich mich wohl.

Außerdem bin ich mit der wunderbarsten, talentiertesten und schönsten Frau verheiratet. Vor meinem ersten Rendezvous mit ihr dachte ich: ›Soll ich die Tennisschuhe anziehen oder etwas Eleganteres?‹ Meine Tennisschuhe sind schwarzweiß und gehen über den Knöchel. Ich beschloss, sie anzuziehen, weil sie meine Lieblingsschuhe sind. Karens erste Bemerkung war: ›Ich liebe diese Schuhe!‹ Bei unserer Hochzeit trug ich auch welche, allerdings ein brandneues Paar, das ich mir extra gekauft hatte.

Es ist mir gelungen, in meinem Job als Komiker nicht mehr soviel unterwegs zu sein. Heute arbeite ich mehr in der Stadt, in der wir leben. Im Moment bin ich der Conférencier im Icehouse in Pasadena bei Los Angeles. Dadurch habe ich die Gelegenheit, ein hauptberuflicher Darsteller zu werden. Eine Sache, die mir hilft, das Durcheinander meines Lebensweges zu entwirren, ist das Schreiben. Ich führe seit vierzehn Jahren ein Tagebuch. Wenn ich irritiert bin oder ein Problem habe, visualisiere ich meine Verwirrtheit oder mein Problem und übergebe sie dann Gott. Karen und ich haben das mal gemeinsam am Strand gemacht. Wir stellten uns vor, dass wir unser Problem in die Hände nahmen und es über das Meer bliesen. Es funktionierte.

Obwohl ich noch immer Schulden habe, bin ich in der Lage, die laufenden Kosten zu bezahlen. Ich fühle einen wunderbaren Frieden in mir – und gleichzeitig ein aufregendes Gefühl, weil alles sich ständig weiter entfaltet. Ich bin davon überzeugt, dass wir uns selbst beschränken, wenn wir Pläne machen, denn mir sind herrliche Sachen passiert, die ich nie geplant hatte. Vielleicht erscheint, von außen betrachtet, anderen Menschen mein Leben nicht als so wunderbar, doch für mich fühlt es sich so an, als sei ich genau da, wo ich sein soll – obwohl ich nicht allzu lange hier sein werde, denn alles ist in ständiger Bewegung. Ich denke, man muss Veränderung akzeptieren und sich von ihr zeigen lassen, wohin man gehen soll.«

Selbstgespräche

Mit Ihrem Schatten sprechen

Was wäre, wenn unsere verdrängten oder unterdrückten Seiten eine ungewöhnliche Weisheit enthielten, die wir übersehen? Was wäre, wenn diese inneren Aspekte genau die Information bereithielten, die wir sonst nirgends finden können? Nancy Rosanoff, eine intuitive Beraterin, Trainerin und Autorin des Buches *Intuition Workout* (dt.: *Intuitionstraining*), empfiehlt die folgende Übung zur Entdeckung der Weisheiten, die vielleicht in den tiefsten Ecken Ihres Schattenschrankes verborgen sind.

Erster Schritt. Suchen Sie einen Beruf oder Job aus, den Sie *nie* wählen würden. Schreiben Sie ihn auf.

Zweiter Schritt. Nun stellen Sie sich eine Person vor, die diesen Beruf oder Job *liebt* und die idealen Voraussetzungen dafür hat. Stellen Sie sich vor, dass der- oder diejenige diese Arbeit sein Leben lang gemacht hat.

Dritter Schritt. Als Nächstes stellen Sie sich vor, dass Sie mit diesem Menschen zusammensitzen. Fragen Sie ihn, warum er so gut in dieser Arbeit ist. Bitten Sie ihn, mehrere Qualitäten, Charakteristika oder Fähigkeiten zu beschreiben, die er hat und die ihn auf einzigartige Weise für diese Arbeit prädestinieren – eine Arbeit, für die Sie sich nie entscheiden würden.

Schreiben Sie auf, was er Ihnen sagt. Wie könnte die Botschaft dieser imaginären Person bei irgendeinem Problem, das Sie gegenwärtig haben, angewandt werden?

Ein Mann sagte: »Ich würde niemals ein bezahlter Killer sein wollen. Doch habe ich mir einen solchen Killer vorgestellt und er sagte mir, dass er bei seiner Arbeit sehr präzise und distanziert sein müsste. Präzise und distanziert zu sein war tatsächlich sehr relevant für mich und half mir, einige meiner damaligen Probleme im Beruf zu lösen.«

Eine Frau war sicher, dass sie nie ein Sumo-Ringer sein könnte. Als sie mit ihrer imaginären Unterhaltung begann, erzählte ihr der Ringer, dass man – um gut im Ringen zu sein – bereit sein müsse, auf die Matte zu gehen. »Sie müssen willens sein, sich mit Ihrem ganzen Körper und nicht nur mit dem Kopf einzusetzen«, sagte er zu ihr. »Sie müssen bereit sein, alles zu geben.« Diese Information erwies sich als äußerst zutreffend für ihre gegenwärtigen Lebensthemen.

Eine andere Frau wandelte diese Übung für sich ab. Sie schrieb fünf Berufe nieder, über die sie sich bei ihrem Eintritt ins College Gedanken gemacht hatte, sich jedoch aus Angst vor dem Versagen ausgeredet hatte. Sie sagte, dass die Übung all diese Träume aus der Vergangenheit zurückgeholt und ihr gleichzeitig die Chance gegeben hatte, sich ihre Ängste genauer anzusehen – eine sehr emotionale Erfahrung. Sie erkannte, wie sie sich selbst in der Vergangenheit von allem abgeschnitten hatte.

Diese Art von Imaginationsübungen gibt uns Informationen, die direkt von der Schattenseite unseres Selbst kommen und oft erstaunlich relevant in Bezug auf die Bewältigung der Hindernisse sind, denen wir uns im Moment gegenübersehen. Spielen Sie mit einer Vielzahl von »unannehmbaren« Beschäftigungen und zapfen Sie so die ungewöhnliche Weisheit in Ihrem Inneren an.

ZWÖLFTES KAPITEL

Die Transformation von Hindernissen

»Es ist nicht so wichtig, ob eine Störung einen Sinn hat oder nicht. Wichtig ist vielmehr, mit einem aufmerksamen Auge hinzuschauen und den Wert im Unerwarteten zu entdecken.«

James Hillman[1]

Wie wir Hindernisse schaffen

Manchmal erscheint uns das Leben mehr wie ein Hindernisrennen denn als eine Folge von Wundern. Was wäre, wenn diese Hindernisse einen Zweck erfüllten? In diesem Kapitel werden wir uns näher anschauen, wie wir aus der potenziellen Energie Hindernisse auf die Art und Weise schaffen, wie wir die »Realität« sehen. Außerdem wollen wir untersuchen, wie wir eine Beziehung zu unserem so genannten Hindernis und seiner Weisheit herstellen können.

Hindernisse sind ein Teil des Lebens. Unser magnetisches Kraftfeld ist ständig dabei, hier Kanäle zu öffnen und dort welche zu verschließen. Hin und wieder entscheiden wir uns, in eine bestimmte Richtung gehen zu wollen, werden jedoch von etwas blockiert, das wir »Hindernis« nennen. In der Regel nähern wir uns einem solchen Hindernis auf eine von vier möglichen Arten.

Mit der üblichen Herangehensweise	**Mit Hilfe der nichtalltäglichen Weisheit**
Sie:	Sie:
1. Sehen das Hindernis negativ oder	sind bereit, das Hindernis als *bedeutungsvolle Information* und nicht als etwas Negatives zu sehen, oder
2. glauben, dass der Erfolg so lange auf sich warten lässt, bis Sie das Hindernis losgeworden sind.	suchen nach dem *Sinn* für das Hindernis, was schließlich zu Ihrem Erfolg beitragen wird, zum Beispiel: Auf was muss ich besonders achten? Welche meiner Einstellungen muss ich ändern? Ist mein Timing richtig? Was habe ich übersehen? Gibt es einen besseren Weg, den ich bislang übersehen habe? Bin ich bereit, das zu bekommen, was ich mir wünsche?
3. glauben, dass das Hindernis von *außen* kommt, was Sie davon abhält, Ihren Wunsch oder Ihre Lebensaufgabe zu erfüllen.	erkennen, dass das Hindernis einen *inneren Glaubenssatz* repräsentiert.
4. glauben, es kann durch äußere Kontrollmaßnahmen »geregelt« werden, wie etwa durch Logik, Objektivität, rationale Problemlösung, Geld oder eine aggressive Handlungsweise.	überwinden das Hindernis, indem Sie: Klarheit darüber erlangen, was Sie wollen intuitiv empfänglich sind bereit und in der Lage sind, den Glaubenssatz zu identifizieren, der die Idee vom Hindernis kreiert hat bereit sind zu handeln bereit sind, Veränderungen vorzunehmen bereit sind, etwas loszulassen.

Die vier Glaubenssätze in der linken Spalte des Kastens auf Seite 428 repräsentieren die traditionelle westliche Herangehensweise unseres »gesunden Menschenverstands« an jegliche Art von Problemlösung. Während es stimmt, dass vieles im Leben durch direktes, bestimmtes Vorgehen gelöst werden kann, ist es gleichzeitig wahr, dass diese direkte Vorgehensweise nicht immer funktioniert. Ohne Logik und Verstand ganz außer Acht lassen zu wollen, mögen wir feststellen, dass wir gründlichere oder tiefere Lösungen unserer Blockaden erreichen können, wenn wir außerdem nach der symbolischen Bedeutung oder der nichtalltäglichen Weisheit in dem Hindernis selbst suchen. Anstatt das Problem zu *attackieren*, können wir uns auch dafür entscheiden, auf das Problem zu *hören* und von ihm Informationen über uns selbst zu erhalten.

Das Problem »füttern«

Vergegenwärtigen Sie sich eines Ihrer augenblicklichen Probleme. Können Sie seine »Dichte« in Ihrem Energiefeld spüren? Ihr Problem mag vielleicht nur eine Unsicherheit sein, wie Sie Ihre Lebensstellung finden können, wie zum Beispiel: »Ich habe keine Ahnung, was ich machen möchte. Es gibt viele Dinge, die ich gern tun würde.«

Sorgen »füttern« unsere Probleme. Indem wir ständig über unsere Probleme reden, geben wir ihnen immer mehr Macht über uns. Je mehr wir reden, desto mehr erscheinen sie uns wie eine feste Mauer, die uns davon abhält, etwas zu finden oder zu kreieren, das uns wirklich befriedigt.

Den meisten von uns fällt es leichter, sich auf die Dinge zu konzentrieren, von denen wir befürchten, sie könnten eintreten, anstatt sich auf das süße Bild unserer erfüllten Hoffnungen zu konzentrieren. Nehmen Sie sich einen Moment Zeit und reflektieren Sie über die finsteren Szenarien, die Ihnen jeden Tag durch den Kopf gehen (»Ich werde nie in der Lage sein, mich zur Ruhe zu setzen.« – »Ich werde niemals meinen Seelenpartner finden.« – »Ich weiß, dass man mich entlassen wird.« – »Was ist, wenn mein Vertrag nicht verlängert wird? Ich glaube nicht, dass es draußen heute noch viele gute Klienten zu finden gibt.« – »Der Konkurrenzkampf ist einfach brutal.« – »Ich kann nicht mehr mithalten.«) Wann immer Sie sich bei der Angewohnheit ertappen, sich auf negative Szenarios zu fokussieren, erinnern Sie sich an das Prinzip: *Worauf Sie sich fokussieren, das weitet sich aus!* Üben Sie sich darin, dieses Endzeitdenken in der Sekunde zu stoppen, in der es Ihnen bewusst wird. Legen Sie Ihre Handfläche auf die Mitte Ihres Bauches, atmen Sie tief ein und fragen Sie sich: »Wovor habe ich im Moment Angst?« – »Was muss ich in diesem Augenblick wissen, um wieder mit meiner inneren Mitte in Kontakt zu kommen?« Üben Sie sich darin, das negative Szenario *einzustellen*, das negative Reden, die negativen *Annahmen.* Stellen Sie sich vor, dass Sie die Energie in Ihrem Geist *neutralisieren* wollen, und holen Sie eine Erinnerung herbei, die Ihnen wohl tut. Negatives Denken einzustellen, ohne an Zweifeln, Schuldgefühlen, Angst und Selbstkritik festzuhalten, bedarf ständiger Übung, ähnlich dem Stärken Ihrer Muskeln durch regelmäßiges Training.

Wenn wir unseren Weg im Leben erfolgreich gehen wollen, müssen wir in der Lage sein, mit Problemen, Rückschritten und »Straßensperren« umzugehen. Wenn wir geistig wachsen, begreifen wir, dass unsere Gedanken und Intentionen den Fluss unserer Energie bestimmen.

> »Meistens versuchen wir, Störungen zu ignorieren – bis das Herz uns auf sie aufmerksam macht – als möglicherweise wichtig und notwendig.«
>
> *James Hillman*[2]

Wir erkennen, dass Synchronizitäten und Intuitionen eintreten, um uns zu leiten, wenn wir Führung brauchen. Da wir außerdem wissen, dass unsere Effektivität in der äußeren Welt damit zusammenhängt, *innen* zu arbeiten – an unseren Einstellungen und Wahrnehmungen –, werden unsere Probleme weniger unveränderlich und entmutigend, wenn wir uns auf unsere inneren Vorgänge konzentrieren. Diese Perspektive versetzt uns erneut in eine Lage, in der wir Entscheidungen zu treffen und unser Selbst zu stärken vermögen. Wir können diese Prozesse als Möglichkeit für Wachstum und Entwicklung nutzen. Ein Umtrainieren unseres Denkens wird aber wahrscheinlich nicht über Nacht bewerkstelligt werden, doch beharrliches Üben wird uns schließlich zu einem neuen Verhalten führen.

»Wirkliche« Probleme

Und wie ist es mit »wirklichen« Problemen, wie zum Beispiel dem Verlust des Arbeitsplatzes oder wenn man nicht genug Geld hat, um die eigene Familie zu ernähren? Manchmal fragen die Leute: »Habe ich die Verkleinerung meiner Firma herbeigeführt?« – »Habe ich dafür gesorgt, dass das Getriebe meines Autos kaputtgeht?« Wenn wir Unfälle oder Traumata erleiden, werden wir gezwungen, mit diesen Begebenheiten fertig zu werden. *Wie* wir damit fertig werden und *welche* Entscheidungen wir im Zusammenhang mit diesen Ereignissen treffen, wird von unserer subjektiven – oder inneren – Realität bestimmt. Wir haben eine Krankheit vielleicht nicht bewusst herbeigeführt, aber *wie* wir sie sehen, erfahren und mit ihr umgehen, *ist* unser Werk.

Es ist unsinnig anzunehmen, dass wir jedes Missgeschick in unserem Leben selbst erzeugt haben, so als hätten wir eine *bewusste* Absicht gehegt. Diese Art des Denkens führt leicht zu Schuldgefühlen oder Verzweiflung. Nichtsdestotrotz wird die ernsthafte Bereitschaft, anzuerkennen, dass wir durch bestimmte Glaubenssätze unsere Situation geschaffen haben, unsere Vorgehensweise, wie wir diese Hindernisse verarbeiten und überwinden, bereichern.

Entweder-oder-Denken

Hindernisse treten dort auf, wo wir nur beschränkte Möglichkeiten vor uns sehen. Erinnern Sie sich an das letzte Mal, als Sie sich im Kreis gedreht und vergeblich versucht haben, eine Entscheidung zu treffen, für die Sie zwei Wahlmöglichkeiten hatten? Wie wurde das Problem schließlich gelöst? Manchmal wird uns *jegliche* Entscheidung fruchtbare Erfahrungen bescheren – oder es könnte sein, dass wir feststecken, weil wir intuitiv wissen, dass *keine* der Antworten die richtige ist. Wenn wir eine solche Situation mit zwei Entscheidungsmöglichkeiten für uns selbst schaffen, dient uns dieses Hin und Her auf sonderbare Weise. Es sorgt dafür, dass wir stecken bleiben, damit wir gezwungen werden, nach einer dritten Option zu suchen, die wir noch nicht bedacht haben. Wenn Sie sich nicht entscheiden können, ist es gut möglich, dass in Wahrheit keine der bestehenden Optionen für Sie die richtige ist. Ich habe oft festgestellt, dass sich nach einiger Zeit dann eine dritte Möglichkeit eröffnet.

Wenn Sie *mit* den Umständen und nicht gegen sie arbeiten, kann Sie das dorthin bringen, wo Sie nie allein hingegangen wären. Stellen Sie sich bitte einen Moment lang vor, Ihr Hindernis sei Ihr Verbündeter. Vergessen Sie nicht, dass dieses Hindernis irgendwie der Auswuchs eines Glaubenssatzes (wenn auch unbewusst) oder sonstigen Aspektes Ihres Lebensweges ist. Sind Sie bereit zu vertrauen, dass es einen Sinn hat?

»Die Zukunft muss keine Wiederholung der Vergangenheit sein. Oft ist man durch eine Armut der Imagination gefangen, die sich die Zukunft nur als Neuauflage vergangener Geschehnisse oder Erlebnisse vorstellen kann, die man bereits kennt. Beharrliche Versuche, das Unbekannte mit den Begriffen zu erklären, die einem bekannt sind, kann zur blinden Wiederholung unbefriedigender Muster führen, die das Wachstum behindern und Möglichkeiten einschränken.«

Frances E. Vaughan[3]

Vergangene Traumata am Leben zu erhalten verringert die innere Kraft

Im elften Kapitel haben wir untersucht, wie wir durch verschiedene Denkprozesse Energie verlieren (siehe Ihre Kraftverlust-Analyse auf Seite 177 f.).

Wenn wir lernen, wie Hindernisse transformiert werden können, müssen wir dafür sorgen, dass wir unsere kreativen Ideen nicht durch vergangene Traumata filtern. Saras Hindernis zum Beispiel bestand darin, dass sie sich nie dazu durchringen konnte, von ihrem dominanten Chef eine Gehaltserhöhung zu verlangen. »Ich bin mit sechs Jahren sexuell

Ein Problem sowie die Gelegenheit, *mit* ihm und *seinetwegen* zu arbeiten, ist – paradoxerweise – der Weg des spirituellen Wachstums.

missbraucht worden«, rationalisiert sie, »daher ist es schwer für mich, ältere Männer zu konfrontieren.« John, der finanziell kurz vor dem Bankrott stand, rechtfertigte seinen Mangel an Kontrolle, indem er sagte: »Mein Vater war so streng, dass wir nie irgendwelchen Spaß hatten. Ich gab mir selbst das Versprechen, dass ich ein wenig leben wollte, jetzt, wo ich es genießen kann.«

Wenn unsere Identität auf vergangenen negativen Erfahrungen basiert, erleben wir die Gegenwart automatisch mit einer eingeschränkten Energie und eingefrorenen Glaubenssätzen, die gesunde neue Entscheidungen schwer machen.

Wenn sich das Hindernis vertraut anfühlt

Wenn Sie eine sehr konfliktreiche Kindheit hatten, sind Sie vielleicht noch immer darauf programmiert, *überall Probleme zu sehen. Unbewusst schaffen Sie die angespannte Atmosphäre Ihres frühen Umfelds erneut in Ihrem jetzigen Zuhause, weil sie sich vertraut anfühlt.* Probleme können zuweilen eine Möglichkeit sein, die vertrauten Gefühle der Kindheitserfahrungen weiterzuleben, *obwohl dies vom Verstand her widersinnig erscheint.* Wenn zum Beispiel Mutter und Vater immer ängstlich waren und sich um alles Sorgen machten, wäre

> »Der Schatten nähert sich uns in Form eines Dorns in unserem Auge, einer Person oder eines Ereignisses, das so aussieht, als blockiere es unsere Vervollkommnung, störe unsere Freude und unsere Pläne. Der Schatten zeigt sich uns in dem Bereich unserer größten Blindheit, einem unterentwickelten Bereich, in dem wir am wenigsten in der Lage sind, uns zu verteidigen, einem Bereich, in dem wir am wenigsten subtil und differenziert sind.«
>
> *John P. Conger*[4]

uns, als Kindern, nicht viel mehr übrig geblieben, als anzunehmen, dass dies ein normales Verhalten ist. Wenn wir in der Kindheit dafür belohnt wurden, *wie wir Probleme lösen konnten oder uns um andere kümmerten,* dann ist es wahrscheinlich, dass dies *noch immer* die Methode ist, mit der wir unbewusst nach Selbstachtung suchen. Oder wenn wir als Kinder vor allem dann Liebe und Aufmerksamkeit bekamen, wenn wir Probleme *hatten*, schaffen und benutzen wir vielleicht auch heute unbewusst Probleme als Mittel, um Aufmerksamkeit zu erlangen. Das ständige Schaffen von Problemen, Mangelzuständen und Mühsal ist eine geeignete Möglichkeit zu vermeiden, dass wir *irgendwelche* Schritte hin zu unserer wirklichen Lebensaufgabe tun.

Ständig Hindernisse errichten

Ich arbeitete einmal mit einer Klientin an ihren Berufsplänen. Sie begann die Sitzung, indem sie sagte, dass sie seit einiger Zeit Krankengeld bekam und es nicht erwarten konnte, ihre frühere Arbeit als Beschäftigungstherapeutin wieder aufzunehmen. Doch dann fügte sie hinzu: »Ich weiß, dass ich erst ein paar Hindernisse überwinden muss, bevor ich das tun kann.« Kaum hatte sie das gesagt, hatte ich das intuitive Bedürfnis, diese Behauptung zu hinterfragen. Ich schlug ihr vor, sie solle ihre grundlegende Annahme, dass sie Hindernisse vor sich *hat*, untersuchen. Ein halbe Minute lang war sie still. Dann lachte sie. Sie hatte sofort erkannt, wie sehr sie an Hindernisse glaubte und meinte, daran arbeiten zu müssen, um sie zu überwinden; dass sie überhaupt alles Gute, das ihr geschah, zuerst verdienen musste. Schließlich war ihre gesamte Lebensaufgabe damit verknüpft, *Beschäftigungstherapeutin* zu sein – und den Menschen zu helfen, durch Arbeit, Arbeit, Arbeit ihren Platz in der Welt wieder zu finden. Später schrieb sie mir, dass die Arbeit an ihren Glaubenssätzen die Sichtweise ihrer Person und ihrer Situation auf eine vorteilhafte Weise beeinflusst hätte. In ihrem Fall war das Timing für eine solch rapide, transformative Wahrnehmung perfekt. Sie war bereit gewesen, den Durchbruch zu machen.

Sich hinter Hindernissen verstecken

Manchmal beschließen wir, ein Hindernis zu sehen, damit wir rechtfertigen können, warum wir einen bestimmten Schritt nicht machen. Wir geben freiwillig unsere Macht auf. Das Hindernis gibt uns eine gute Entschuldigung, unserer Wahrheit nicht ins Gesicht sehen zu müssen. Viele Leute halten an ihrer Verwirrung fest und gestatten es sich selbst niemals, *irgendwelche* vorsichtigen Schritte hin zu einer Veränderung vorzunehmen, weil es nie *der richtige Zeitpunkt* ist. Wenn Sie glauben, dass Sie sich vielleicht hinter Ihren »Limitierungen« (wie zum Beispiel »Ich habe nicht genug Geld, um den Computerkurs zu machen«) verstecken, dann sind Sie damit nicht allein! Die meisten von uns wehren sich gegen Veränderungen.

Kreieren Sie eine Beziehung zu Ihren Hindernissen

Wenn es bei Ihnen nicht funktioniert, dann funktionert es auch nicht bei anderen

Wenn zwischen Ihnen und einem anderen Menschen ein Problem existiert, sollten Sie realisieren, dass einige innere Veränderungen erforderlich sind. Seien Sie bereit zu akzeptieren, dass der tote Punkt, an dem Sie sich in Ihrer Beziehung befinden, aus einem bestimmten Grund eingetreten ist, und seien Sie versichert, dass der andere genau wie Sie fühlt, wenn die Harmonie zwischen Ihnen gestört ist. Wenn etwas für einen Menschen nicht funktioniert, dann funktioniert es auch nicht für den anderen. Wie oft haben Sie gehört, dass jemand sagt: »Bin ich froh, dass du das zur Sprache gebracht hast. Ich habe mich genauso gefühlt.« Meine eigene Erfahrung in dieser Hinsicht, wie im ersten Kapitel nachzulesen ist, trat ein, als ich verstärkt in meinem Finanzberatungsgeschäft arbeitete und immer schlechtere Resultate erzielte. Es funktionierte weder für mich noch für meine Klienten noch für meine Kollegin.

> Wenn etwas nicht funktioniert, haben wir die Tendenz, mehr davon zu tun.

Ein ungewöhnlicher Ansatz

Anstatt unsere so genannten Hindernisse immer gleich als »schlecht« oder als »Blockade« zu bezeichnen und wegzuschieben, lassen Sie uns diese zunächst einmal als Energiemasse betrachten. Ein Hindernis ist ein Energiemuster, das in unserem Kraftfeld entstanden ist. Im Moment können wir nicht »dahinter-« und auch nicht »hindurchsehen«. Wir haben es jedoch in unser Leben hineingesogen. Wenn wir zu unserer Prämisse zurückkehren, dass alles einen Sinn hat, müssen wir davon ausgehen, dass dies auch auf unser Hindernis zutrifft.

Wenn wir uns entscheiden, unser Hindernis intuitiv anzugehen, so als würden wir nach einer darin verborgenen Botschaft suchen, wird es uns vielleicht möglich sein, einen Lösungsansatz zu erkennen. Indem wir das Hindernis von allen Seiten betrachten, können wir sehen, wo wir unser Denken verändern müssen, um sogar ein noch besseres Resultat zu erzielen, als wir zunächst gehofft hatten. *Mit* einem Hindernis zu arbeiten erfordert, dass wir uns ihm *zuwenden.* In diesem Fall besteht unsere Intention darin, eine gemeinsame Beziehung aufzubauen.

Wer weiß, ob es gut oder schlecht ist?

Es ist die Aufgabe des Egos, unser Überleben, die Aufrechterhaltung von Kontrolle und ein Gefühl der Sicherheit zu gewährleisten. Unser Ego ist unser Selbstgefühl im Gegensatz zu unserem Gefühl der Verbundenheit mit »allem, was ist«. Um seine Integrität zu wahren, zu verstehen und im Leben zurechtzukommen, bewertet das Ego ständig, ob etwas gut oder schlecht ist. Weder mögen wir es, wenn unsere Pläne durchkreuzt werden, noch schätzen wir es, wenn wir von Ereignissen überrascht werden, die wir nicht kontrollieren können. Zwar ist das Ego ein notwendiges Energiemuster, doch müssen wir fähig sein, über seine Grenzen hinauszublicken, wenn wir uns auf das universale Kraftfeld einlassen. Sobald wir uns darüber klar werden, dass wir Teil eines viel größeren kosmischen Planes bzw. einer umfassenderen Seelenaufgabe sind, lehrt uns dies alsbald, wie einschränkend es sein kann, unüberlegte Urteile darüber abzugeben, ob eine Verzögerung oder ein Rückschritt gut für uns ist oder nicht. Der Autor und Tiefenpsychologe Frances A. Vaughan erzählt eine bekannte Zen-Geschichte, die uns den Wert einer offenen Einstellung gegenüber Problemen und Rückschlägen lehrt:

> Ein Bauer, der gerade einen Hengst gekauft hatte, lief verzweifelt zu einem Zen-Meister und sagte: »Meister, das Pferd ist weg, das Pferd ist verschwunden!«, denn es war weggelaufen. Der Zen-Meister erwiderte: »Wer weiß, ob es gut oder schlecht ist?« Der Bauer ging traurig an seine

> Arbeit zurück und fühlte sich elend. Zwei Tage später kam der Hengst zurück und brachte zwei Stuten mit. Der Bauer war überglücklich, ging zum Zen-Meister und sagte: »Das Pferd ist zurück und hat zwei andere mitgebracht.« Der Meister antwortete: »Wer weiß, ob es gut oder schlecht ist?« Drei Tage später kam der Bauer erneut zum Meister und er weinte, weil eines der Pferde seinen einzigen Sohn abgeworfen und der sich dabei seinen Rücken verletzt hatte. Sein ganzer Körper lag jetzt in Gips und er konnte nicht arbeiten. Der Zen-Meister sagte wieder: »Wer weiß, ob es gut oder schlecht ist?« Nach ein paar Tagen erschien auf dem Bauernhof ein Trupp von Soldaten, die alle jungen Männer in der Gegend in die Armee einzogen, um sie in einen Krieg zu schicken. Da der Sohn des Bauern in Gips lag, konnten sie ihn nicht einziehen.[5]

Versuchen Sie, den Satz »Wer weiß, ob es gut oder schlecht ist?« eine Woche lang bei allem zu verwenden, was Ihnen widerfährt.

Die Verantwortung beibehalten, aber nicht die Identifizierung mit dem Hindernis

Indem wir mit Hindernissen einfallsreich umgehen, sehen wir uns schon wieder einem Paradoxon gegenüber: *Wir* sind es, die mit dem Problem klarkommen müssen, und doch *ist das Problem nicht alles, was wir sind.* Am besten ist es, wenn wir begreifen, dass das Auftauchen eines Hindernisses in unserem Energiefeld einen Sinn hat; dennoch sollten wir darauf achten, uns nicht so sehr mit dem Hindernis zu identifizieren, dass wir für immer innerhalb seiner Limitierungen verharren. Rufen Sie sich für einen Augenblick ein Problem in den Sinn, das Sie gegenwärtig beschäftigt. Achten Sie darauf, wie Ihr Verstand diese Angelegenheit definiert, um dem Form zu geben, was in seiner

»Hat Ihnen das Exil geholfen? Haben Sie in ihm Kraft gefunden?«

»O ja! Ohne Zweifel. Ich kann versuchen, Ihnen zu erklären, warum. Wenn wir, an irgendeinem Punkt in unserem Leben, eine echte Tragödie erfahren – was jedem von uns passieren kann –, können wir auf zwei Arten reagieren. Offenkundig können wir die Hoffnung aufgeben und uns selbst in Entmutigung, Alkohol, Drogen und nie endende Trauer gleiten lassen. Oder wir können aufwachen, eine Stärke in uns entdecken, die bisher verborgen war, und mit größerer Klarheit und größerer Kraft handeln.«

Seine Heiligkeit der Dalai Lama[6]

Essenz eine Masse von Gefühlsenergie ist. Der Verstand funktioniert, indem er Energie definiert und formt – in der Hoffnung, mehr Kontrolle zu erlangen. Oftmals, wenn wir über unsere Sorge oder Befürchtung nachdenken, identifizieren wir uns völlig mit diesem Problem *als einem Teil von uns selbst.* Dann sagen wir: »Ja. So bin ich. Im Moment habe ich dieses bestimmte Problem.« Oder: »Ich war schon *immer* so. Dieses Problem habe ich schon *immer* gehabt.«

Die Inhalte oder die speziellen Kernpunkte von Problemen können natürlich der vollen Bandbreite des Menschseins entstammen. Das Problem eines Menschen mag vielleicht sein: »Ich will mehr Geld verdienen und mehr Spaß haben, doch weiß ich nicht, wie ich mein Leben verändern kann. Wo soll ich anfangen?« Sie mögen ein Hauptproblem haben oder es gibt mehrere Umstände, die Sie als äußerst einschränkend empfinden.

Im Falle eines persönlichen Fehlers oder einer persönlichen Schwäche fühlen Sie sich unter Umständen gefangen, wie in einem inneren Gefängnis, vielleicht, indem Sie fühlen: »Ich bin ein Zauderer und ich weiß, dass ich mein Potenzial nicht erfülle.« Sie glauben, dass *Sie* das Problem sind. Wie viele von uns glauben: »Ich bin alt.« – »Ich bin nicht begehrenswert.« – »Ich bin zu dick.« – »Gesellschaftliche Anlässe sind nichts für mich.« – »Ich habe das Gefühl, ich bin unsichtbar und niemand erkennt mein wahres Selbst.« Dies alles sind Lügen, die wir uns selbst vormachen, damit wir nicht unsere Bequemlichkeitszone verlassen müssen.

Ihre Gedanken über Ihr Problem konkretisieren es. Da es Ihnen zutiefst real erscheint, *akzeptieren* Sie das Problem als eine Tatsache – was Sie dazu führt, immer wieder zu *reagieren. Versuchen Sie stattdessen, sich bewusst zu machen, wie Sie potenzielle Energie zu »Problemen« oder »Konflikten« umformen.* Stellen Sie sich die Frage: »Warum habe ich diese Situation als Problem definiert?« Wir empfinden unsere Realität auf eine bestimmte Weise, weil wir uns innerlich völlig damit identifiziert haben.

Werden Sie zu Ihrem Beobachter-Selbst

Beobachten Sie, wie Sie diese Zeilen lesen, die darin enthaltenen Gedanken aufnehmen und entscheiden, ob Sie glauben, dass sie wahr sind oder nicht. Ein Teil von Ihnen, der Beobachter, ist ununterbrochen damit beschäftigt, Sie zu beobachten. Er ist unser ewiges, unveränderliches Selbst. Der Beobachter hat keine Probleme. Der Beobachter *ist.* Er ist Ihr innerstes Selbst, das innerhalb des universalen Energieflusses existiert.

Stellen Sie sich vor, dass der Beobachter in dem Raum am Ende dieses Satzes lebt.

Achten Sie darauf, dass der Beobachter schon am Morgen da ist, wenn Sie aufwachen und bevor Sie sich an Ihre Probleme erinnern. Sie werden sehen, dass er frei ist und unbelastet von vorübergehenden Ereignissen, Emotionen oder gar Sorgen darüber, ob Sie Ihre Lebensaufgabe erfüllen.

Wenn Sie Ihre Probleme aus der Sicht des Beobachters untersuchen, wird dadurch oft kreative Energie freigesetzt, so als ob wir eine Reise machen und »alles für eine Weile hinter uns lassen«. Unsere Probleme aus einiger Entfernung zu betrachten – entweder innerlich oder äußerlich, indem wir eine Reise machen – hilft uns, eine neue Perspektive zu finden. *Beobachten* Sie für einen Moment einen Ihrer einschränkenden Glaubenssätze, wie zum Beispiel »Ich habe nie genug Zeit« oder »Ich sollte eigentlich schon weiter sein«. Achten Sie darauf, wie schnell Sie Energie in einen Glaubenssatz oder ein Denkmuster gepresst haben. Machen Sie sich klar, dass Sie mit Ihrer Entscheidung, wie Sie ein bestimmtes Problem betrachten, ein negatives Energiemuster geschaffen haben. Wo war diese Energie, bevor Sie dieses Muster kreierten?

Es bedarf einer größeren Energie, negative Denkmuster zu erschaffen als positive. Wenn Sie bewusster werden, wird es Ihnen immer schwerer fallen, negative Kommentare abzugeben. Ganz automatisch verbrauchen Sie immer weniger Energie für Negatives. Mit jeder neuen Einsicht steht Ihnen eine größere Menge seelischer Kraft zur Verfügung, die wiederum Ihre Intuition und den Fluss der Synchronizitäten verstärkt. Beobachten Sie sich dabei, wie Sie potenzielle Energie umformen – und zwar in *positive* Glaubenssätze oder *negative* Ängste. »Negativ« zu sein bringt Ihr Energiekonto automatisch in die roten Zahlen!

Vergessen Sie nicht: Der Beobachter ist der innerste, ewige Teil Ihrer selbst. Er ist nicht dasselbe wie der Vorgang, *sich von einem Ereignis abzuspalten, um schmerzhafte Gefühle zu vermeiden.* Abspaltung ist ein Verteidigungsmechanismus, um traumatische Erlebnisse leugnen zu können. Der Beobachter andererseits ist das Selbst, das schon existierte, bevor Sie geboren wurden, und das weiter existieren wird, nachdem Sie Ihren Körper verlassen haben.

Nehmen Sie das Hindernis an und lernen Sie, es als idealen Lehrer zu lieben

Natalie Goldberg erzählt uns in ihrem Buch *Long Quiet Highway*, wie sie ihren Zen-Meister überreden wollte, sie an einer Trainingsperiode teilnehmen zu lassen, obwohl sie wegen einer Lehrverpflichtung nicht zu seinen Montagabend-Vorträgen kommen konnte. Stundenlang dachte sie darüber nach, wie sie den Roshi dazu bringen konnte, sie dennoch teilnehmen zu lassen.

> Ich begann mit der Rezitation all meiner vorsichtig geplanten Taktiken. Nachdem ich ein oder zwei Sätze herausgebracht hatte, drehte Roshi sich um und schaute aus dem Fenster. Ich fühlte mich völlig lächerlich…, quasselte aber weiter, bis ich fertig war. Ich wusste nicht, was ich sonst tun sollte.
>
> Als ich geendet hatte, wandte er sich zu mir: »Was möchtest du?«
>
> »Ich möchte an der nächsten Trainingsperiode teilnehmen, aber ich muss montagabends unterrichten und kann nicht zum Vortrag kommen«, erwiderte ich.
>
> »Ich werde den Vortrag dienstags halten«, sagte er.
>
> »Das können Sie nicht machen!« Ich war fassungslos.
>
> »Warum nicht? Du sagtest doch, dass du montags nicht kommen kannst, oder kannst du?«
>
> »Nein.« Ich schüttelte den Kopf.
>
> Er öffnete seinen Terminkalender. »Ja, ich kann es dienstags machen.«
>
> Ich verließ ihn völlig verwirrt… Der Mann war leer; Roshi war leer. Er war auf nichts festgelegt. Nicht besser

oder schlechter als ich, nicht Zen-Meister. Die Vergangenheit bestimmte nicht die Gegenwart. In diesem Moment kam er aus dem Nichts. Es gab keine Identität. Keine Hierarchie. Keinen Plan.[7]

Grundregeln und Techniken, um Hindernisse zu überwinden

Wenn wir kreativ mit einem Hindernis arbeiten, um zu sehen, was es uns lehren kann, erfordert das von uns die Anwendung der gleichen Regeln, die wir bereits während der Suche nach unserer Lebensaufgabe gelernt haben. Schreiben Sie diese Regeln auf kleine Kärtchen, die Sie in Stresssituationen schnell parat haben.

- *Bringen Sie sich selbst und Ihre Aufmerksamkeit in die Gegenwart.* Wenn Sie sich Sorgen machen, befinden Sie sich entweder in der Vergangenheit oder in der Zukunft. Wenn Sie tief in Ihren Problemen stecken, haben Sie den Kontakt zu Ihrer Mitte verloren und Ihr Gewahrsein ist nicht gegenwartsbezogen. *Sie* sind nicht präsent. Um Ihre Mitte wieder zu finden, konzentrieren Sie sich ein paar Minuten auf Ihren Atem.
- *Achten Sie auf Signale Ihres Körpers.* Empfindungen wie Glück, ein steifer Hals oder ein flaues Gefühl im Magen sind intuitive Signale für die Richtung, in der Sie sich bewegen. Achten Sie besonders darauf, wann Sie einen Kraftverlust wahrnehmen und das Gefühl haben, *ausgepumpt* zu sein. Um wieder ins Gleichgewicht zu kommen, legen Sie Ihre Handfläche auf Ihren Solarplexus. Befehlen Sie Ihrer Energie, in Ihr Becken zu sinken.

- *Machen Sie sich klar, was Sie wollen.* Erinnern Sie sich an Ihre Aufgabe und Prioritäten. Schreiben Sie all Ihre Probleme auf ein Blatt Papier und bitten Sie um Hilfe bei der Lösung. Nehmen Sie die Haltung ein, dass die Lösung bereits auftaucht.
- *Achten Sie auf Koinzidenzen.* Geben Ihnen die Ereignisse generell ein Signal für ein »Ja« oder ein »Nein«?
- *Seien Sie bereit, die Wahrheit zu erkennen, anstatt etwas zu tolerieren, das nirgendwohin führt.* Es ist Ihr Leben. Fragen Sie sich: »Wie will ich mich letzten Endes wirklich fühlen?« oder »Was versuche ich hier zu erreichen?« – »Was ist wahr für mich?« (Nicht: »Was muss ich tun, um anderen zu gefallen?«)

Symbolmeditation – Für die Antwort nach innen gehen

Probieren Sie diese einfache Meditation aus, um herauszufinden, was Ihr Hindernis Sie lehren kann. Suchen Sie sich einen ruhigen Ort, wo Sie nicht gestört werden. Wenn Sie wollen, legen Sie Meditationsmusik auf. Lesen Sie die folgenden Instruktionen durch, schließen Sie dann die Augen und lassen Sie Ihre Bilder an die Oberfläche kommen. Sobald Sie fertig sind, notieren Sie die erhaltenen Informationen.

Schließen Sie Ihre Augen, atmen Sie ein paarmal tief durch und erlauben Sie Ihrem Körper, sich einige Minuten lang zu entspannen. Es besteht kein Grund zur Eile.

Sobald Sie entspannt sind, bitten Sie, dass Ihr Hindernis als ein *Symbol* erscheint. Kommt nichts, dann *tun Sie so,* als ob Ihr Hindernis irgendeine Form hat.

Als Nächstes stellen Sie dem Symbol vier Fragen:

»Was ist deine Aufgabe in meinem Leben?«

»Welcher meiner Glaubenssätze hat dafür gesorgt, dass du in mein Leben gekommen bist?«

»Was lehrst du mich?«

»Was muss ich wissen *oder denken*, um weitergehen zu können?«

Halten Sie Ihren inneren Fokus auf das Symbol gerichtet. Während Sie die letzte Frage stellen, sehen Sie vor Ihrem inneren Auge ein anderes Symbol, ein Wort, eine Farbe oder ein Energiemuster innerhalb des ersten Symbols oder aus diesem hervorkommend. Sie bitten darum, dass Ihnen die Lösung gezeigt wird, die in Ihrem Problem *bereits enthalten* ist.

Versuchen Sie, das Bedürfnis loszulassen, dass das Problem bleiben, verschwinden oder auf eine bestimmte Art gelöst werden soll. Beenden Sie Ihre Meditation, indem Sie Ihr Symbol mit strahlendem, weißem Licht überfluten und ihm erlauben, wieder ein Teil der potenziellen, kreativen, universalen Energie zu werden. Schreiben Sie alles auf, was Sie aus dieser Meditation gelernt haben.

Für den Moment ist Ihre Arbeit getan. Denken Sie nicht mehr über dieses Thema nach und tun Sie eine Zeit lang etwas, das Sie entspannt und Ihnen Freude bereitet.

Symbole beantworten Fragen

Janice führte die oben genannte Meditation durch. Ihr Problem war, dass sie kein Auto hatte, um in die Stadt zu fahren, wo sie ihrer Meinung nach einen Job finden könnte. Ihr *Symbol für das Problem* war ein großes schwarzes Loch im Boden. Als sie nach dem *Sinn ihres Hindernisses* fragte, erfuhr sie von ihrer inneren Führung: »Du bist bereits am richtigen Ort.« Das überraschte sie, weil sie nicht sehen konnte, wie sie ihren Lebensunterhalt in dieser relativ armen Gegend außerhalb der Stadt verdienen sollte.

Die Antwort darauf, *welcher Glaubenssatz dieses Hindernis kreiert hatte,* lautete: »Du glaubst, dass du wegen gewisser Dinge, die man dir früh im Leben gesagt hat, auf der falschen Straßenseite aufgewachsen bist. Und später hast du bestimmte Erlebnisse *diesem Gedanken zugeschrieben.*« Nach einigem Nachdenken sagte Janice, dass sie seit jeher angenommen hatte, irgendwie weniger wert zu sein, zumal es ihr so vorkam, als hätte sie nie solche »Glücksfälle« wie andere Leute gehabt. Ihr *zugrunde liegender* Glaubenssatz war, dass sie dazu bestimmt war, ihr Leben lang arm zu sein. Indem sie ihre ursprüngliche Annahme, »auf der falschen Straßenseite« geboren worden zu sein, immer wieder kreierte, ging sie natürlich davon aus, dass sie mehr Glück haben würde, wenn sie woanders wäre – nämlich in der Stadt. Die innere Einstellung, dass sie aus irgendeinem Grund dazu geboren war, weniger als andere zu haben, war zu einer akzeptierten Tatsache in ihrer inneren Realität geworden.

Als Janice fragte, *was dieses Hindernis (kein Auto zu haben) sie lehrte,* hörte sie schließlich den Satz: »Lass sie zu dir kommen.« Sie wusste nicht, wie sie das verstehen sollte, doch schrieb sie die Antwort in ihr Tagebuch – in der Hoffnung, sie zu einem späteren Zeitpunkt vielleicht zu verstehen.

Ihre letzte Frage, *»Was muss ich wissen oder denken, um weitergehen zu können?«,* brachte die folgenden Symbole hervor: ein sich auflösender Ballen Stacheldraht und zwei Fahnen, die aus dem schwarzen Loch ihres ersten Symbols herauskamen. Janice sagte: »Ich hatte absolut keine Ahnung, was diese Symbole bedeuten konnten. Ich nahm an, dass ich einfach keine Information darüber bekommen würde, wie ich ein Auto kriegen könnte. Erst ein paar Monate später, als ich mein Tagebuch wieder einmal durchblätterte, musste ich lachen. Ungefähr vier Monate nach dieser Meditation traf ich eine Frau in der Wäscherei, die jemanden suchte, der für sie arbeiten würde. Zwei Blocks von mir entfernt hatte sie einen Hundezwinger und ich begann, für sie zu arbeiten. Eine meiner ersten Aufgaben bestand darin, bei der Erneuerung des Zaunes um den Hundeauslauf mitzuhelfen. Sie hatte zwei karierte Fahnen vor ihrem Haus, damit die Kunden es leichter finden konnten. Sie und ich sind gerade dabei, Geschäftspartner zu werden. Ich bin so begeistert über meine Arbeit mit den Tieren und viel glücklicher, als wenn ich in der Stadt im Büro oder als Kellnerin arbeiten würde. Ich glaube, ich musste lernen, dass es keinen inneren Grund gibt, aus dem heraus ich im Leben versagen muss, nur weil ich als Kind Armut kennen gelernt habe. Wenn ich mir das bewusst mache, habe ich das Gefühl, dass mir alle Türen offen stehen.«

Janices Geschichte zeigt uns, dass ein Symbol, auch wenn wir seine Bedeutung nicht sofort verstehen, hilfreiche Informationen im Hinblick auf unseren Bewusstseinszustand bereithält. *Nicht nur das – auch die seelische Energie, die wir in unsere Suche nach Information investieren, ist Teil der Intention, die im Laufe der Zeit die Lösung für unser Problem bringt.* Es ist nicht nötig, dass wir völlige, logische Klarheit über das haben, was wir tun müssen; doch sollten wir darauf vertrauen, dass uns die Gelegenheiten gegeben werden, Entscheidungen in Übereinstimmung mit unseren höchsten Wünschen zu treffen. Ständige Wachsamkeit in Bezug auf unsere grundsätzlichen Lebenseinstellungen ist mental das Effektivste, das wir für uns selbst tun können.

Widerstand

Ich könnte mir vorstellen, dass ungefähr zu diesem Zeitpunkt Ihr natürlicher Widerstand gegenüber diesen Überlegungen und Techniken an die Oberfläche kommt!

Seien Sie nicht überrrascht, wenn Gedanken auftauchen wie: »Nun gut, *sie* hat leicht reden über diese Dinge. *Sie* hat nicht meine Probleme. Meine Schwierigkeiten werden bestimmt nicht so einfach verschwinden.« Seien Sie sich bewusst, dass bei der Arbeit an Hindernissen der Widerstand gegenüber Veränderungen selbst eines der größten Hindernisse ist. Der Arzt David Bohm warnt uns, einen psychischen Zustand als »Problem« zu bezeichnen, wenn er sich widersprechende Vorurteile beinhaltet (wie zum Beispiel: »Ich möchte erfolgreich sein, doch das ist nicht möglich, weil ich von meiner Erbmasse her nicht dafür geeignet bin«). Stattdessen sieht er einen solchen widersprüchlichen inneren Zustand als Paradoxon, das zu keinem Zeitpunkt wie ein einfaches Problem behandelt werden sollte, das man lösen kann. Das Paradoxon sorgt *per definitionem* dafür, dass wir uns unsere unerträglichen, fundamentalen Glaubenssätze nicht ansehen müssen. Er schreibt dazu:

> Generell kann man sagen, dass es verwirrend ist – wenn irgendetwas falsch läuft –, die daraus resultierende Situation als ein »Problem« zu bezeichnen. Es wäre besser zu sagen, dass man mit einem Paradoxon konfrontiert war. Im Falle des Mannes, der für Schmeicheleien empfänglich ist, liegt der Widerspruch darin, dass er offensichtlich die absolute Notwendigkeit kennt und versteht, ehrlich mit sich selbst sein zu müssen, er aber trotzdem eine noch stärkere »Notwendigkeit« spürt, sich selbst zu betrügen, wenn dies ihm dabei hilft, sein unerträgliches Gefühl der Unzulänglichkeit loszuwerden, und es ihm stattdessen ein Gefühl der inneren Korrektheit und des Wohlbefindens gibt. In einem solchen Fall geht es nicht darum, irgendeine Prozedur zu finden, die »sein Problem löst«. Vielmehr muss er innehalten und die Tatsache erkennen, dass sein Denken

und Fühlen vollständig von einer Gruppe sich widersprechender Forderungen oder »Notwendigkeiten« dominiert wird und dass, solange diese Gefühle und Gedanken vorherrschen, es unmöglich ist, die Dinge in Ordnung zu bringen. Ein großer Energieaufwand und viel Ernsthaftigkeit sind notwendig, diese Tatsache zu erkennen und anzunehmen, anstatt zu »flüchten«, indem man dem Verstand erlaubt, sich auf ein anderes Thema zu stürzen oder sonst wie die Bewusstheit über die tatsächliche Situation einzubüßen. Solch eine Aufmerksamkeit – die weit über alles Verbale oder Intellektuelle hinausgeht – kann tatsächlich die Wurzel des Widerspruchs sichtbar machen. Dann löst sich das Paradoxon auf, weil seine Nichtigkeit und Absurdität klar erkannt, gefühlt und verstanden wird.[8]

Gemeinhin heißt es: »Das Loslassen tief verankerter Glaubenssätze geschieht nicht über Nacht.« Vielleicht. Vielleicht aber auch nicht. Wir sind darauf konditioniert zu glauben, dass wir hart arbeiten müssen, um Veränderungen herbeizuführen. Vergessen Sie jedoch nicht, dass unser neues kollektives Vokabular heute den Begriff »Quantensprung« beinhaltet! Auch verfügen wir jetzt über eine kollektive Gedankenform, die besagt: »Ich kreiere meine eigene Realität.« Außerdem sagt uns heute sogar die Wissenschaft, dass Raum und Zeit in Wahrheit nicht existieren und eine Intention sofort übermittelt wird. Daher steht es uns an, offen zu bleiben. Wenn wir erst einmal Synchronizitäten selbst erlebt haben, glauben wir vielleicht wirklich, dass alles möglich ist!

Intuitives Schreiben

Wenn es Ihnen angenehmer ist, Ihre Intuition schriftlich statt durch Meditation auszudrücken, dann sollten Sie die Methode des intuitiven Schreibens versuchen, wobei

Ihnen der Bewusstseinsstrom die Antworten eingibt. Stellen Sie sich dieselben vier Fragen von Seite 445 f., die für die Symbolmeditation gelten, und lassen Sie die Antworten einfach herausströmen. Zensieren Sie keinen der Gedanken, der sich meldet. Lassen Sie einfach Ihren Stift die Worte niederschreiben, ohne den Versuch, die Botschaft zu kontrollieren. Wenn Ihr Unterbewusstsein sieht, dass Sie wirklich Informationen haben wollen, werden Sie überrascht sein, wie viele Gedanken Sie innerlich in Form von Intuition erhalten – und wie viele neue Gelegenheiten sich Ihnen in der äußeren Welt bieten. Mit der Zeit werden alle möglichen unerwarteten Koinzidenzen auf Sie zukommen.

Eine geistige Landkarte erstellen

Eine andere machtvolle Möglichkeit, Ihr Hindernis zu erforschen, besteht in einer einfachen Technik, dem *mind mapping*, das in den siebziger Jahren in den USA von Tony Buzan entwickelt wurde.

Versuchen Sie, die verschiedenen Facetten Ihres Hindernisses aufzuzeichnen. Nehmen Sie ein leeres Stück Papier. In die Mitte schreiben Sie so kurz wie möglich die Definition Ihres Problems. Dann zeichnen Sie einen Kasten um diese Worte.

Als Nächstes zeichnen Sie eine vertikale Linie von diesem Kasten nach *oben* und anschließend eine horizontale Linie. Auf die vertikale Linie schreiben Sie »Ziele«. Auf die horizontale Linie schreiben Sie die Ziele, die Sie gern erreichen würden, und zwar so viele Sie wollen auf jeweils einer separaten Linie.

Vom *unteren* Rand des Kastens ziehen Sie eine weitere vertikale Linie, auf die Sie »Die Wurzeln meines Problems« schreiben. Zeichnen Sie so viele vertikale Linien, wie Sie brauchen, um die Wurzeln Ihres Problems aufzulisten.

Von der linken Seite des Kastens zeichnen Sie eine Linie und betiteln sie »Glaubenssätze in Bezug auf mein Hindernis«. Ziehen Sie eine separate horizontale Linie für jede Ihrer Überzeugungen, der Sie sich bewusst werden.

Von der rechten Seite des Kastens ziehen Sie ebenso eine Linie. Betiteln Sie sie »Was ich tun bzw. überprüfen muss«.

Es steht Ihnen frei, Ihr eigenes Muster einer solchen geistigen Landkarte für Ihr Problem zu kreieren. Es gibt hierbei keinen richtigen oder falschen Weg. Vielleicht möchten Sie eine separate Karte erstellen für die Dinge, mit denen Sie experimentieren wollen, um Ihr Problem zu lösen. Oder Sie können jeden Tag eine Karte mit den Aufgaben zeichnen, die Sie angehen wollen, wobei Sie diejenigen farbig markieren, die Sie auf jeden Fall erledigen möchten. Wenn eine Aufgabe erledigt ist, markieren Sie sie mit einer anderen Farbe.

Gedächtnisstützen, wie man Lösungen anzieht

Wenn Sie weitergehen wollen, obwohl ein solcher Schritt mit Angst verbunden ist, überdenken Sie die folgenden Aussagen:

- *Prüfen Sie, was Ihrer Meinung nach Schreckliches passieren würde, sollte das Hindernis nicht existieren.*
  Eine Frau sprach davon, dass sie mit ihrem Geschäft immer am Rand des Abgrundes stünde, war jedoch nicht bereit, auch nur für einen Tag in der Woche jemanden einzustellen, der ihr helfen könnte, die Dinge zu organisieren – was ihr schließlich zu einem besseren Umsatz verholfen hätte. Nach einiger Zeit

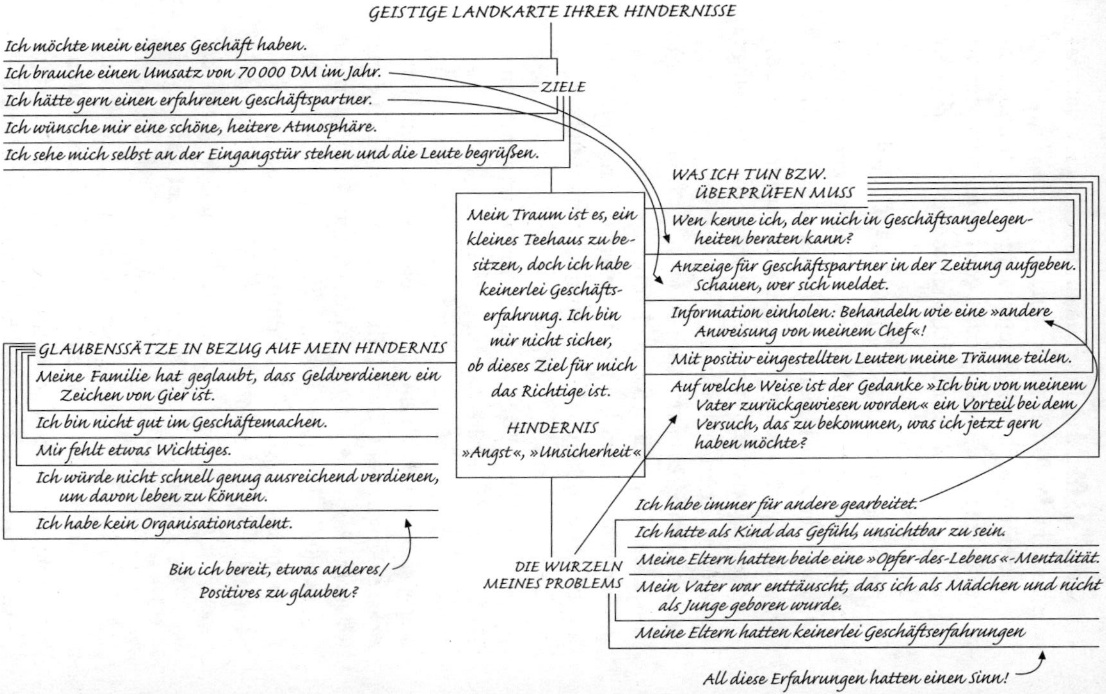
GEISTIGE LANDKARTE IHRER HINDERNISSE
Ich möchte mein eigenes Geschäft haben.
Ich brauche einen Umsatz von 70 000 DM im Jahr.
Ich hätte gern einen erfahrenen Geschäftspartner.
Ich wünsche mir eine schöne, heitere Atmosphäre.
Ich sehe mich selbst an der Eingangstür stehen und die Leute begrüßen.
ZIELE
WAS ICH TUN BZW. ÜBERPRÜFEN MUSS
Wen kenne ich, der mich in Geschäftsangelegenheiten beraten kann?
Anzeige für Geschäftspartner in der Zeitung aufgeben. Schauen, wer sich meldet.
Information einholen: Behandeln wie eine »andere Anweisung von meinem Chef«!
Mit positiv eingestellten Leuten meine Träume teilen.
Auf welche Weise ist der Gedanke »Ich bin von meinem Vater zurückgewiesen worden« ein Vorteil bei dem Versuch, das zu bekommen, was ich jetzt gern haben möchte?
Mein Traum ist es, ein kleines Teehaus zu besitzen, doch ich habe keinerlei Geschäftserfahrung. Ich bin mir nicht sicher, ob dieses Ziel für mich das Richtige ist.
HINDERNIS
»Angst«, »Unsicherheit«
GLAUBENSSÄTZE IN BEZUG AUF MEIN HINDERNIS
Meine Familie hat geglaubt, dass Geldverdienen ein Zeichen von Gier ist.
Ich bin nicht gut im Geschäftemachen.
Mir fehlt etwas Wichtiges.
Ich würde nicht schnell genug ausreichend verdienen, um davon leben zu können.
Ich habe kein Organisationstalent.
Bin ich bereit, etwas anderes/ Positives zu glauben?
DIE WURZELN MEINES PROBLEMS
Ich habe immer für andere gearbeitet.
Ich hatte als Kind das Gefühl, unsichtbar zu sein.
Meine Eltern hatten beide eine »Opfer-des-Lebens«-Mentalität.
Mein Vater war enttäuscht, dass ich als Mädchen und nicht als Junge geboren wurde.
Meine Eltern hatten keinerlei Geschäftserfahrungen
All diese Erfahrungen hatten einen Sinn!

stellte sie fest, dass ihre zugrunde liegende Überzeugung in der Annahme bestand, selbst ein Geschäft zu betreiben sei riskant. Niemand in ihrer Familie hatte bislang ein Geschäft geführt. Sie hatte Angst, jemanden einzustellen, denn das hätte das *angenommene Risiko* noch vergrößert.

- *Sie können jederzeit eine neue Wahl treffen.* Wenn Angst Sie lähmt, dann *tun* Sie etwas. Eins wissen wir, und zwar, dass das Leben in ständiger Veränderung begriffen ist. Manchmal ist es besser, *irgendeine* Entscheidung zu treffen, anstatt zu warten, bis wir völlige Sicherheit erlangt haben.
- *Erwarten Sie ein noch besseres Resultat, als Sie sich vorgestellt haben.* Entspannen Sie sich! Vergessen Sie nicht: Es ist nicht nötig, dass Sie irgendetwas oder irgendjemanden kontrollieren. Welch eine Erleichterung!

> »Ein spielerisches Verhalten beizubehalten mag zunächst bei der Problemlösung als unangemessen erscheinen, doch ist intuitive Problemlösung grundsätzlich ein kreativer Prozess und eher möglich, wenn kritische Vorurteile aufgehoben werden.«
>
> *Frances E. Vaughan*[9]

Je entspannter und spontaner Sie sich in Ihrem alltäglichen Bewusstsein geben können, desto leichter fällt es Ihnen, eingefrorene Energie wieder aufzutauen. Seien Sie sich klar darüber, dass die Arbeit mit Ihren inneren Kräften ein *Prozess* ist, bei dem die Antworten *im Laufe der Zeit* unerwartet auftauchen. Ihre Arbeit läuft definitiv auch außerhalb der Meditation oder des Schreibens weiter. Die Reise hin zur Lösung Ihres Problems ist Ihr Weg der spirituellen Entdeckung und der wahre »Topf mit Gold« am Ende des Regenbogens.

Schließlich ist es wichtig, nicht zu erwarten, dass man schneller vorwärts geht, als man bereit ist. Haben Sie Geduld und seien Sie vergewissert, dass jedes Mal, wenn Sie mit Ihrer inneren Welt arbeiten, sich die Dinge in der äußeren Welt verändern werden.

Geschichten überwundener Hindernisse

Sie werden auf den folgenden Seiten drei Menschen treffen, die wahrhaft nach ihrer Intuition gelebt haben. Jeder von ihnen hat mit schweren Rückschlägen und Hindernissen zurechtkommen müssen. Heute können alle drei auf ihre hart erarbeiteten Triumphe zurückblicken und bestätigen, wie wertvoll Synchronizitäten und Intuitionen sind, wenn man sich von ihnen jeweils zur nächsten Begegnung mit dem Reichtum des Lebens führen lässt. Karen McCalls Geschichte zeigt uns, wie Entbehrungen in der frühen Kindheit und spätere finanzielle Sorgen der Grundstein wurden, sich selbst und anderen zu helfen und das selbstzerstörerische Verhalten aufzugeben. Sie gewann nicht nur für sich selbst finanzielle Sicherheit – das Resultat ihres Kampfes trug auch dazu bei, ein völlig neues Gebiet finanzieller Beratungstätigkeit zu entwickeln. In der zweiten Geschichte erzählt uns Angela (dies ist nicht ihr richtiger Name), wie sie mit schwerem Betrug und tiefer Trauer fertig geworden ist. In der letzten Geschichte sehen wir, wie synchronistisch sich Philippas Leben weiter gestaltete, gerade als es am dunkelsten schien.

Wie aus der Not ein Lebenswerk wurde

»Intuition und Synchronizität sind ständig meine Führer gewesen, während ich meinen Berufsweg fand«, sagte Karen McCall, Gründerin und Direktorin von Financial Recovery, einer Beratungsfirma in San Anselmo in Kalifornien. »1986 arbeitete ich bei einem großen Computerhersteller«, fuhr sie fort. »Ich hatte all die Sicherheiten, die eine solche Arbeitsstelle mit sich bringt, einen Firmenwagen, diverse Extraleistungen, einfach alles. Doch leider hasste ich den Job. Trotzdem konnte ich mir nicht vorstellen, ihn aufzugeben. Ich wusste sehr wenig über Computer und hatte immer das unangenehme Gefühl, dass man das eines Tages ›herausfinden‹ würde.

Es dauerte nicht lange und ich bekam Magenprobleme und wurde immer depressiver. Ich konnte es nicht ertragen, zur Arbeit zu gehen, und begann, einfach nicht mehr zu erscheinen oder mich zu verstecken, was leicht war, weil ich im Außendienst tätig war. Nachdem ich einen Therapeuten aufgesucht hatte, wurde ich wegen gesundheitlicher Probleme krankgeschrieben. Während dieser Zeit nahm ich an einem Berufsberatungskurs teil. Ich fragte mich: ›Was würde ich *gern* tun?‹ anstatt ›Was könnte ich tun?‹«

Diesem Wendepunkt war in Karens Leben etwas vorausgegangen, das entscheidend bei der Beantwortung dieser Frage war.

»Geld ist mein größter Lehrmeister gewesen,« sagte sie. »Und mein größtes Problem. Als ich ein kleines Mädchen war, saß ich oft auf dem Fußboden im Haus meiner Großmutter und schaute mir immer wieder Seite für Seite Versandhaus-Kataloge an. Ich malte mir aus, welche der dort abgebildeten Dinge ich kaufen würde, um das Leben meiner Familie wieder in Ordnung zu bringen. Meine Großeltern zum Beispiel hatten kein fließendes Wasser in ihrer Wohnung, also stellte ich mir Badezimmerapparaturen vor, die ich ihnen kaufen würde. Eines meiner lebenslangen Muster bestand darin, mir vorzustellen, wie ich das Leben anderer Leute in Ordnung bringen könnte. Ich wusste nicht, wie ich mich auf meine eigenen Probleme konzentrieren sollte. Diese Schwäche, mich selbst nicht zu kennen, prädestinierte mich für das zwanghafte Verhalten, Geld für andere auszugeben – teure Geschenke für meine Kinder oder Freunde; Kleidung, um von anderen akzeptiert zu werden und mich attraktiv zu machen. Da ich ständig versuchte, andere Menschen entweder zu beeindrucken oder für sie zu sorgen, war mir nicht klar, wie ich wirklich für mich selbst sorgen konnte. Jahrelang hatte ich nicht die geringste Ahnung, dass ich mich so verhielt.

Das katalysierende Ereignis geschah, als ich eines Tages mit meiner American-Express-Karte in der Fifth Avenue bei ›Saks‹ einkaufen ging. Ich stand am Make-up-Ständer von Chanel und kaufte dort einiges, als die Verkäuferin mich nach meinem Ausweis fragte. Über meine Kreditkarte war sie darüber informiert worden, dass ich innerhalb einer Stunde mehr als eintausenddreihundert Dollar ausgegeben hatte, und man befürchtete, die Karte sei gestohlen.

Meinem Großeinkauf war die Einladung zu einem Rendezvous vorausgegangen. Also kaufte ich ein schwarzes Abendkleid aus Seide mit einem Täschchen aus Halbedelsteinen und ich hatte keine Ahnung, was ich ausgegeben hatte. Dabei verbesserte dieses Einkaufen nicht im Geringsten die sehr reale Entbehrung, mit der ich lebte. Hier war ich und kaufte ein, was das Zeug hielt, dabei hatte ich kaum ein Möbelstück in meiner Wohnung. Ich aß Schnellgerichte oder Müsli zum Abendessen, wobei ich auf einer kleinen Leiter vor der Anrichte in meiner Küche saß. Der Grund, warum ich kein Mobiliar hatte, war der, dass ich ein paar Jahre zuvor – in einem verzweifelten Versuch, Geld für Steuern aufzutreiben – alles verkauft hatte, was ich besaß.

Nach diesem ›Weckruf‹ bei Saks wurde mir langsam bewusst, dass ich ein Problem hatte. Bis dahin glaubte ich einfach, dass es normal war, sich von seinen Gläubigern überwältigt zu fühlen, von der Hand in den Mund zu leben und sich deswegen zu schämen.

Ich hatte Glück. Durch ›Zufall‹ wurde ich zu einer Selbsthilfegruppe geführt, wo ich als Erstes herausfand, dass ich nicht allein war mit meinem Problem. Ich begann zu begreifen, dass mein selbstzerstörerisches Verhalten mit Geld sowohl eine emotionale als auch eine praktische Komponente enthielt und dass ich *mein Leben ändern konnte.*

Ich begann hart daran zu arbeiten, meine Finanzen unter Kontrolle zu bekommen und mir meines Suchtverhaltens bewusster zu werden. Zwei Jahre vergingen und eines Tages nahm ich an einem Seminar für Frauen im Geschäftsleben teil. Die Sprecherin erwähnte ein paar Dinge, mit denen ich absolut nicht einverstanden war, und plötzlich hörte ich mich selbst denken: ›Ich würde diesen ganzen Vortrag anders gestalten.‹ Ich wusste genau, was ich sagen wollte, und wurde ganz aufgeregt. Auf der Busfahrt nach Hause schrieb ich so wild in mein Notizbuch, dass der Busfahrer, als wir an der Endstation angekommen waren, zu mir sagte: ›Liebe Frau, das ist mir noch nie passiert, dass jemand die Endstation verpasst hat!‹ Ich hatte nichts mehr gehört und gesehen, als die Ideen aus mir herausgeströmt waren.

Plötzlich hatte ich also eine neue Idee geboren: Ich wollte eine private Beratungspraxis eröffnen und mit Menschen daran arbeiten, wie sie ihren Umgang mit Geld regeln konnten – nämlich indem sie sich auch die emotionalen Gründe anschauten, die ihr Verhalten unbewusst gesteuert hatten. Nachdem ich selbst mit diesen Themen, wie Zu-wenig-Verdienen, Zu-viel-Ausgeben, chronische Verschuldung und Umgang mit Geld, gerungen hatte, wusste ich, was ich tun wollte. Durch meine Arbeit an mir selbst hatte ich das deutliche Gefühl, dass wir nicht für immer darunter leiden müssen, wenn wir Schulden haben und uns deswegen schlecht fühlen. Es gibt etwas, das wir tun können.

Ich wusste instinktiv, dass dieses System funktionieren würde, doch schämte ich mich, darüber zu reden. Zuerst befürchtete ich, dass meine Vorstellung, Finanzberaterin zu sein, so größenwahnsinnig schien, dass die Leute denken würden, ich sei verrückt. Ich glaube, dass mir meine Intuition half, indem sie mich dazu veranlasste, mit zwei Menschen über meine Idee zu sprechen, von denen ich die größte Unterstützung erhielt. Nachdem er sich meine Gedanken angehört hatte, fiel meinem Freund John sogar ein Name für mein neues Geschäft ein. Er sagte: ›Du willst dich also mit *finanzieller Gesundung* beschäftigen.‹ Und meine Freundin Theo meinte, nachdem ich ihr von meinen Absichten berichtet hatte: ›Fein. Wie kann ich dir dabei helfen?‹ Von da an befand ich mich im Fluss.«

Die Arbeit eines Menschen berührt uns alle

Karen hat heute ein gut gehendes Geschäft, dass ausschließlich durch Mundpropaganda bekannt geworden ist. Diese Art von finanzieller Beratung, die das tägliche praktische Management von Einkommen und Ausgaben mit den zugrunde liegenden Überzeugungen und Emotionen in Zusammenhang bringt, gab es vorher nicht als professionellen Bereich. Die Entstehung von Karens pionierhafter Lebensarbeit scheint von mindestens vier Hauptfaktoren abhängig gewesen zu sein. Erstens hatten ihre *frühen persönlichen Erfahrungen* den Boden für ihre spätere Idee bereitet. Zweitens musste das *Timing* stimmen. Kulturell gesehen waren die achtziger Jahre eine Zeit, in der eine besondere Betonung auf Geld und allem Materiellen lag. Es gab einen Hunger nach *mehr* von allem; es war eine Zeit, in der in das kollektive Bewusstsein der Amerikaner der Gedanke eingepflanzt wurde: »Du kannst *jetzt* alles kaufen, was du willst.« Und zwar mit Kreditkarten. Drittens gab es außerdem eine kollektive Bewegung hin zur Selbsterforschung und zu der Idee von der eigenen Verantwortlichkeit, was sich in verschiedenen Selbsthilfegruppen äußerte, die sich aus dem Modell der Anonymen Alkoholiker entwickelt hatten. Viertens sind die Vereinigten Staaten ein Land, in dem nur circa zehn Prozent der Bevölkerung ein Sparkonto haben und die Kreditkartenschulden längst außer Kontrolle geraten sind. Die Zeit war gekommen, sowohl kollektiv als auch individuell zu lernen, wie man eine gesunde Beziehung zum Geld aufbauen kann. Während wir traditionell schon immer Gesetze und Statuten für das Haushaltsbudget der Regierung, Zinsschwankungen, finanzielle Institutionen und Ausgleichsfonds verabschiedet haben, haben wir bis heute das Geld nicht im Hinblick auf seine psychologischen, emotionalen, mentalen und spirituellen Aspekte betrachtet. Karens eigener Lernprozess dient daher auch einem übergeordneten Zweck.

Keine Erfahrung ist jemals umsonst

Eine Frau, die ich Angela nennen möchte, eine erfolgreiche Innenarchitektin, nahm vor einigen Jahren an einem meiner Kurse teil. Ihre scharfsinnige, direkte Einschätzung von Menschen und Situationen und ihr nimmermüder

Sinn für Humor machten sie sofort beliebt – bei den Kursteilnehmern und auch bei mir. Sie hat mit einigen der härtesten Herausforderungen kämpfen müssen, die das Leben bieten kann, und es fertig gebracht, nicht die Spur einer Opfermentalität zu besitzen. Sie ist Anfang sechzig, sieht aber nicht älter aus als höchstens fünfundvierzig. Vor drei Jahren erlitt ihre achtunddreißigjährige Tochter, Mutter von zwei Teenagern, beim Sturz von einem Pferd schwere Kopfverletzungen. Ich rief Angela an, weil ich sie interviewen wollte, und bat sie, uns von einigen ihrer Erfahrungen zu berichten, die sie zu ihrer gegenwärtigen Erfüllung als Designerin geführt haben.

Sie begann, indem sie mir erzählte, dass sie die größte Befriedigung heute in ihrer Arbeit findet und somit in ihrer Fähigkeit, Menschen dabei zu helfen, eine wohltuende Umgebung für ihre eigene Gesundheit und Entspannung zu kreieren.

Kompostieren

»Es ist schwer, die Befriedigung in Worten auszudrücken, die ich durch die Arbeit mit meinen Klienten bekomme. Wir mögen auf einer intellektuellen Basis anfangen, indem wir vielleicht eine Küche umbauen. Doch unsere Beziehung kann sich über acht oder zehn Jahre erstrecken. Dieser Prozess ist eine völlig intuitive Zusammenarbeit. Wir wissen nicht, wohin er uns führt, und wenn wir am Ziel angekommen sind, sind wir alle aufs Höchste erstaunt über das, was wir gemeinsam erreicht haben. Wir bringen etwas zustande, das jenseits von allem liegt, was wir uns vorgestellt haben.

Als kleines Mädchen hatte ich den Wunsch, Filmstar und Tänzerin zu werden. Ich wollte beliebt und ein Star sein. 1953 wurde ich zur Miss Idaho gekürt und nahm im

»Ich wollte ein schönes Zuhause, ein herrliches Leben und Sicherheit. Ich sah hinreißend aus und ich wollte alles haben, was dazugehörte.«

selben Jahr an der Wahl zur Miss Universum teil. Dann bot man mir einen Filmvertrag an. Doch meine Mutter, die damals dreiundvierzig Jahre alt war, bekam Krebs, wurde bald sehr krank und ich beeilte mich, einen Mann zu heiraten, den sie schon immer gemocht hatte. Es dauerte nicht lange, bis ich feststellte, dass die Ehe nicht gut gehen würde. So begannen meine anstrengenden Jahre als allein erziehende Mutter.

Jahrelang habe ich meine Töchter und mich allein durchgebracht. Ich war von dem Wunsch besessen, einen reichen Mann zu finden und nicht mehr so hart arbeiten zu müssen. Ich wollte ein schönes Zuhause, ein herrliches Leben und Sicherheit. Ich sah hinreißend aus und ich wollte alles haben, was dazugehörte. Doch ich sehe heute, dass ich nie bereit war, mich preiszugeben. In den sechziger Jahren zog ich von Idaho nach San Francisco, fand einen guten Job und verdreifachte auf Anhieb mein Einkommen. Bei meiner Traumhochzeit heiratete ich den Mann, der als der beliebteste Junggeselle der Stadt galt. Wir eröffneten zusammen ein Geschäft. Innerhalb weniger Monate entdeckte ich, dass er ein Spieler war, der sogar unsere Kasse verspielte. Ich kaufte ihm seinen Anteil ab und führte das Geschäft weiter, bis ich den Mann meiner Träume traf. Er war ein Adonis. Er hatte ein eigenes Haus und er liebte meine Kinder. Wir hatten eine Hochzeit wie Aschenputtel im Märchen. Nach ungefähr sechs Monaten jedoch begann er, des Nachts dunkle Kleider anzuziehen und am Morgen mit Sachen nach Hause zu kommen, die er gestohlen hatte. Bevor ich wusste, was geschah, hatte er dafür gesorgt, dass unser Haus ausgeraubt wurde, weil er die Versicherung dafür kassieren wollte. Als ich seine Machenschaften aufdeckte, wurde er gewalttätig und bedrohte uns. Er war ein echter Psychopath, denn er hatte überhaupt kein Gewissen und vor nichts und niemandem Angst. Ich reichte die Scheidung ein. Während dieser Zeit hatte ich außerdem eine Hysterektomie und eine Blasenoperation. Ich war in einem fürchterlichen Zustand!

> »Ich habe gelernt, mit der Erwartung zu leben, nicht ständig glücklich zu sein. Ich versuche nicht länger, so zu tun als ob. Ich habe gelernt, die Dinge so zu nehmen, wie sie sind. Was ich heute wirklich will, ist Ruhe und eine tiefe, tiefe Schönheit. Ich möchte die Kostbarkeit des Lebens spüren.«

Sicher – wenn ich heute zurückblicke, weiß ich, dass all diese Erfahrungen mir große Stärke verliehen haben. Heute erkenne ich, wie ich dadurch gar nicht anders konnte, als mich auf die tiefere Bedeutung des Lebens zu konzentrieren. Ich hatte zu lernen, mir selbst zu vertrauen.

Nachdem ich mich von diesen Schicksalsschlägen erholt hatte, ging ich ab und zu in einen Country Club, wo ich ganz offenkundig nach einem Mann mit Geld Ausschau hielt. Ich traf einen wunderbaren Mann und gemeinsam kauften und renovierten wir unser Haus. Sechs Monate vor unserer Hochzeit ging er wie üblich zum Joggen und erlitt einen tödlichen Herzinfarkt. Eineinhalb Jahre lang war ich dem Selbstmord nahe; ich hatte noch immer nicht genug Vertrauen ins Universum entwickelt. Der Tod meines Verlobten war der Beginn meines spirituellen Weges. Wir hatten eine ehrliche, offene Beziehung und er war wie ein Licht, das mich führte. Davor war ich zwar religiös gewesen, aber nicht spirituell.

Über die Renovierungsarbeiten, die ich in unserem Haus vornahm, erschien ein Artikel in der Zeitschrift *Sunset* und das war der Auslöser für meine weitere Karriere. Ich bin meinem Verlobten für immer dankbar. Heute habe ich sehr viel zu tun und ich vertraue stets auf meine Intuition, um zu wissen, was ich als Nächstes machen soll. Meine Kinder und meine Arbeit sind die befriedigendsten Erfahrungen meines Lebens geworden.

Nach dem Unfall meiner Tochter verspürte ich den enormen Druck, meine Karriere abzubrechen, zu ihr zu ziehen und sie zu versorgen. Ich befand mich deswegen in einem schweren Konflikt und wusste nicht, was ich tun sollte. Also machte ich eine Therapie. Bald erkannte ich, dass ich nicht wirklich so spirituell war, wie ich wollte und zu sein vorgab. Das war hart. Ich fühlte mich regelrecht zweigeteilt. Ein Teil von mir vergötterte meine Kinder, während der andere ein eigenes, unabhängiges Leben führen wollte. Nur Mutter zu sein war mir nicht genug. Ich wollte wegen meiner Kreativität anerkannt werden und das Gefühl haben, das ich heute habe. Mir gefällt es. Ich scheue mich nicht, mich dazu zu bekennen. Viele Jahre lang habe ich diese Wahrheit nicht zugegeben. Vickis Unfall brachte mich dazu, es einzugestehen.

Ihr Zustand wirkte sich verheerend auf mein Leben und das der gesamten Familie aus. Er hat mich dazu gezwungen, mich mit etwas zu beschäftigen, das unsere ganze Gesellschaft betrifft, und ich verspüre das starke Bedürfnis, andere Menschen darüber aufzuklären, wie die Schulmedizin Patienten mit traumatischen Hirnverletzungen behandelt, statt sie in Frieden sterben zu lassen. Diese Menschen verlieren all ihre Lebensqualität und man lässt sie mehr leiden als im Konzentrationslager. In den letzten vier Jahren habe ich nichts unversucht gelassen, Vicki zu helfen oder Hilfe für sie zu finden. Doch es gibt keine Hoffnung.

Wegen der Tragödie, die meiner Tochter widerfahren ist, spüre ich ständig furchtbare Schmerzen in meinem Inneren, doch sehe ich mich nicht als Opfer. Ihr Unfall hat mich regelrecht dazu gezwungen, ein besserer Mensch zu werden. Doch ich habe gelernt, mit der Erwartung zu leben, nicht ständig glücklich zu sein. Ich versuche nicht länger, so zu tun als ob. Ich habe gelernt, die Dinge so zu nehmen, wie sie sind. Was ich heute wirklich will, ist Ruhe und tiefe, tiefe Schönheit. Ich möchte die Kostbarkeit des Lebens spüren. Mein Herz ist gebrochen und ich vermisse meine Tochter zutiefst, doch kann ich ihre Situation nicht ändern.

Ich bin stolz auf meine Entscheidungen. Mit jedem Rückschlag habe ich besser verstanden, was es heißt, nicht aufzugeben.

Und ich muss Ihnen noch von einer Sache erzählen, die ich heute in meinem Leben genieße«, sagte sie mit einem strahlenden Lächeln. »Mein Komposthaufen. Kompostieren hat mich wieder zu meinen Wurzeln in Idaho zurückgebracht. Ich empfinde jene tiefe Befriedigung, die man nur spüren, aber über die man nicht reden kann. Es gefällt mir, den Dünger zu bereiten, der auf den Kompost gehört, und wie mein Bruder mir dabei mit seinem Lastwagen hilft. Alle Reste aus meiner Küche kommen auf den Komposthaufen und ich weiß, dass ich damit der Erde Gutes tue. Ich mag die Würmer und den süßen Geruch, wenn ich den Kompost auf mein Gartengemüse gebe. Ich bin mir sehr bewusst über diesen Zyklus, bei dem kein Abfall übrig bleibt. Ich wünschte, ich könnte mit Worten erklären, wie sehr dies mein Leben verändert.«

Synchronizität ist immer verfügbar

Ich kenne Philippa (dies ist nicht ihr richtiger Name) seit einigen Jahren und weiß, dass sie gesundheitlich und finanziell einige unglaublich harte Zeiten erlebt hat. Zum Beispiel wurde bei ihr am selben Tag, an dem sie für einen Film engagiert werden sollte, der ein großer Kassenerfolg wurde, eine ernste Krankheit diagnostiziert, die es ihr unmöglich machte, die angebotene Arbeit anzunehmen. Als sie sich gerade von dieser Krankheit erholt hatte, erlitt sie ohne eigenes Verschulden einen Autounfall, bei dem sie ernste Hirnverletzungen davontrug. Doch Philippas Geist ist nicht unterzukriegen. Sie hat die Begabung, trotz der Schmerzen jedes Hindernis als eine spirituelle Lektion zu akzeptieren. Sie ist Mitte fünfzig, hat langes, rotbraunes Haar und ist ungeheuer lebhaft. Während unseres Interviews trug sie einen braunen Hausanzug aus Seide und kupferfarbene Schuhe mit metallischem Glanz.

Frieden trotz Schmerzen

»Es ist erst vier Jahre her, dass ich in der Weltgeschichte unterwegs war und neue Produkte erfand«, begann Philippa ihre Erzählung. »Ich war eine der Besten in meinem Beruf als Designerin. Alles veränderte sich, als diese Lektion plötzlich zu Ende war. Heute erfinde ich immer noch, doch bin ich ein anderer Charakter. Ich muss mich nicht mehr wie früher draußen in der Welt bewegen.

Mein Leben ist im Moment sehr friedlich. Ich kann nicht sehr lange Auto fahren, weil ich schnell müde werde, doch liebe ich den Frieden und die Harmonie in meinem Leben. Ich bekomme so viel Liebe – von meinem Mann, meinem spirituellen Lehrer und meiner spirituellen Familie, von all meinen Freunden und meinen beiden Hunden.

Selbst heute, nach allem, was passiert ist und meine ›Pläne‹ durchkreuzt sind, habe ich absolut das Gefühl, auf dem richtigen Weg zu sein. Es ist beinahe so, als ob sich die Tore des Himmels bereits hier auf der Erde für mich geöffnet haben. Alle Antworten auf die Fragen, die ich mir mein Leben lang gestellt habe, scheinen klar und deutlich vor mir zu liegen. Fragen wie: Wer bin ich? Wohin gehe ich? Was soll ich tun, wenn ich erwachsen bin?

Für mich ist dieser Zustand des Verstehens aus Schmerz und Leid entstanden. Seltsamerweise ist dieser Frieden, den ich heute verspüre, durch die letzten beiden ernsten Krankheiten gekommen, als ich tief nach innen gehen musste. Im Laufe der Zeit gaben sie mir einen tieferen Einblick darüber, was mir wirklich wichtig ist. Vorher wollte ich immer mehr materielle Güter haben, obwohl meine spirituelle Entwicklung seit meiner Kindheit sehr ausgeprägt war. Es geht so tief, dass ich es kaum mit Worten ausdrücken kann, doch als ich mich plötzlich in einer Situation zwischen Leben und Tod befand, widerfuhr mir eine Transformation. Und ein bodenständigeres Selbst kam zum Vorschein.

Vor dem Unfall vor zwei Jahren war ich Designerin und entwarf Mode, Inneneinrichtungen und Produkte verschiedenster Art. Außerdem arbeitete ich beim Film. Ich saß im Sprechzimmer des Arztes, als er mir sagte, dass ich ernsthaft erkrankt sei und sofort ins Krankenhaus eingeliefert werden müsste, als meine Sekretärin anrief und mir sagte, dass Steven Spielberg mich für einen Film haben wollte. Ich hatte ewig auf diesen Anruf gewartet und jetzt musste ich für einen Monat ins Krankenhaus und mich operieren lassen! Nachdem ich entlassen worden war, musste ich mich zu Hause weitere eineinhalb Jahre erholen. Damals hatte ich noch immer den Wunsch, wieder in die Welt hinauszugehen und etwas zu erreichen. Ich beschäftigte mich vermehrt mit meinem geistigen Wachstum und nach meiner Genesung fragte ich mich: Wer bin ich? Was soll ich tun? Wo fange ich wieder an?

Gerade, als ich das Gefühl hatte, eine neue Richtung gefunden zu haben, wartete ich eines Tages an einer Ampel, die Rot zeigte, und ein Krankenwagen fuhr auf meinen Wagen auf. Ich erlitt eine geschlossene Hirnverletzung und zweieinhalb Jahre lang kämpfte ich mit dem Verlust meiner Erinnerung, mit motorischen Problemen, Sprachschwierigkeiten und Stottern. Ich musste noch einmal Rechnen und Lesen lernen und wie man Auto fährt. Ich musste lernen, ein ganz neuer Mensch zu werden.

Früher hatte ich zum Beispiel mein Talent eingesetzt, mir vor meinem inneren Auge Designs und Bilder vorzustellen und sie hin- und herzubewegen. Ich wusste nicht, was für ein Geschenk das war, bis ich nach dem Unfall aufwachte und feststellte, dass alles weg war. Ich habe Probleme mit der Reihenfolge von Dingen. Ich kann nicht von A über B nach C gehen. Manchmal vergesse ich, die Butter aufs Brot zu tun, nachdem ich es getoastet habe. Auch meine visuellen Fähigkeiten sind nicht mehr so, wie sie waren. All meine Kreativität im Bereich des Designs, basierend auf der Theorie, wie man etwas zusammenfügt – einen Raum zu entwerfen, einen Stoff etc. –, ist mir genommen worden. Doch das Geschenk, das mir gegeben wurde, bestand darin, Bildhauerin zu werden. Bildhauern ist die Kunst, etwas *wegzunehmen.*

Ich wachte eines Morgens auf und hatte das Gefühl, dass ich unbedingt bildhauern sollte. Mein ganzes Leben lang habe ich solche Botschaften von meiner Intuition erhalten – und bin ihnen immer gefolgt. Das Bildhauern erleichterte mir tatsächlich den Heilungsprozess. Ein jeder

Stein, den ich bearbeitete, war größer und komplizierter. Je mehr ich wegnahm, desto mehr kam seine Schönheit zum Vorschein. Ich hoffe, dass ich eines Tages eine Ausstellung haben werde, um den Leuten zu zeigen, dass sie nie aufgeben sollen. Es gibt immer ein Morgen.

Ich habe gelernt, dass Gott dich nicht mehr liebt, wenn du gesund oder reich oder erfolgreich bist. Das Leben ist so reich, wenn Sie davon ausgehen, dass Sie aus allem lernen können, was Ihnen widerfährt, und dass all diese Dinge Sie dazu bringen, in eine bestimmte Richtung zu wachsen. Sie müssen sehr aufmerksam hinhören und sollten nach Möglichkeit nicht depressiv oder ängstlich sein – die Lektionen kommen, egal ob Sie vor Freude tanzen oder im Bett liegen.«

Philippas Geschichte geht mit einer bemerkenswerten Synchronizität weiter. Obwohl sie zwei Jahre in ihrem Schlafzimmer – vom »Leben« abgetrennt – verbracht und berufsmäßig offensichtlich schwere Rückschläge erlitten hat, sieht es so aus, als habe die universale Intelligenz ihr mühelos genau das zur Verfügung gestellt, was sie brauchte, um mit einer ihrer Erfindungen voranzukommen. Dieses Beispiel hilft uns zu erkennen, dass wir uns selbst dann, wenn unsere Lebensgeister auf Sparflamme geschaltet sind, im universalen Fluss des Geschehens befinden, der uns mit sich trägt.

Im Bus

»Vor zwei Monaten starb meine Mutter«, berichtete Philippa weiter. »Ich musste nach Los Angeles fahren, um mich um ihre Sachen zu kümmern und für meine behinderte Schwester ein neues Arrangement zu treffen. Nachdem ich diese Dinge erledigt hatte, fuhr ich mit dem Zubringerbus zum Flughafen nach Burbank. Ich war furchtbar müde und erschöpft! Außer mir war niemand im Bus und das war mir recht, denn ich hatte keine Lust, mit irgendjemandem zu reden. Einmal hielt der Bus und nahm einen weiteren Passagier auf. Es war eine Frau. Sie wandte sich sofort an mich und fragte: ›Fliegen Sie nach San Francisco?‹ Ich sagte ja, sonst nichts. Dann fragte sie: ›Gehen Sie zu der Schau?‹ – ›Welche Schau?‹, wollte ich wissen. Sie erwiderte: ›Die Fancy-Food-Show.‹ Ich war ein wenig überrascht und sagte: ›Nein, aber ich würde gern hingehen.‹ Ich erklärte ihr, dass ich gerade ein Schokoladenbonbon erfunden hatte und dass die Ausstellung genau der richtige Ort sein könnte, um Schokoladenhersteller zu treffen. Um es kurz zu machen: Im Flugzeug saßen wir nebeneinander und redeten, bis wir in San Francisco landeten. Es stellte sich heraus, dass sie von meinen Boutiquen in Los Angeles gewusst und mich indirekt gekannt hatte. Wir hatten beide viele ähnliche Dinge erlebt und wurden auf Anhieb Freundinnen. Sie ist Lebensmittelvertreterin in der Feinkostindustrie. Sie lud mich für den folgenden Tag nach San Francisco ein und stellte mich all den Schokoladenherstellern vor, die ich treffen musste.«

Selbstgespräche

Autobiographie

Um ein Gefühl dafür zu bekommen, wie Sie in der Vergangenheit schwierige Situationen gemeistert haben, *schreiben Sie bedeutende Ereignisse auf, die mit Geld oder Arbeit zu tun hatten.* Als Erstes notieren Sie die Ereignisse, zum Beispiel: »Mit acht Jahren habe ich das erste Mal Taschengeld bekommen, es aber im Schnee verloren. Habe niemandem davon erzählt.« – »Als ich zehn war, hat Papa seine Arbeit verloren. Ich musste morgens Zeitungen austragen. Ich hasste es, so früh aufstehen zu müssen. Doch ich freute mich, wenn ich meiner Mutter das Geld geben konnte, das ich verdient hatte. Einmal, als ich zehn Dollar für mich behielt, habe ich mich jedoch schuldig gefühlt.« – »Mit einundzwanzig ging ich in die Armee, weil ich nicht genug Geld fürs College hatte.«

Wenn Sie diese Liste fertig haben, *wählen Sie das Ereignis aus, das für Sie am meisten energiegeladen ist.* Schreiben Sie eine Art Kurzgeschichte darüber, die Sie mit »Am Anfang …« beginnen und mit einer Einsicht abschließen, die Sie heute erkennen können. Achten Sie darauf, dass Sie möglichst genau *Ihre Gefühle* von damals zu Papier bringen. *Hat diese Geschichte irgendeinen Zusammenhang mit Ihrer gegenwärtigen Situation?*

Diese Übung kann Ihnen einerseits helfen, die Energie frei zu machen, die an negative Erinnerungen, Reue oder Verbitterung gebunden war, und Sie andererseits an Ihre früheren Triumphe erinnern.

VIERTER TEIL

Hier Sein

DREIZEHNTES KAPITEL

Das tun, was Sie lieben – und Ihnen seit jeher bestimmt war

»Ich fühle, dass etwas Weites und Geheimnisvolles auf dem Spiel steht, etwas, das nur mir bekannt ist, das nur für mich wichtig ist.«

Jean Martine[1]

Wenn Sie Ihren Platz in der Welt finden wollen, dann ist das ein wenig so, als ob Sie mit der U-Bahn fahren. Sie fahren irgendwohin. Sie haben sich entschieden, einen bestimmten Zug zu nehmen. Sie besteigen und verlassen ihn, Sie fahren mit Fremden und Freunden. Jedes Mal, wenn Sie umsteigen, haben Sie eine neue Wahl getroffen. Sie sind auf dem Weg nach Hause. Sie werden vielleicht nie wirklich die Gesamtheit Ihrer Lebensreise begreifen können – bis Sie in der spirituellen Dimension Ihr Ziel erreichen, nachdem Sie dieses Leben hinter sich gelassen haben. In geistiger Form werden Sie und Ihre Seelengruppe jeden Moment Ihres Erdenlebens noch einmal betrachten. Die wahre Bedeutung der Ereignisse und Beziehungen wird Ihnen dann enthüllt. Die Augen Ihrer Seele werden erkennen, was Sie *tatsächlich* hier unten auf der Erde *getan haben* – in dem Leben, das Sie jetzt führen.

Eine positive Vision bewahren

Eines Tages sprachen mein alter Freund, der Bauunternehmer Michael Conroy, und ich über das Leben, als er zu mir sagte: »Irgendwann kommt man an einen Punkt, an dem man daran glauben muss, dass alles gut wird, selbst wenn einen die Langsamkeit des eigenen Fortschritts völlig entmutigt.« Er meint, dass er schon immer Leonardo da Vincis Kommentar über die Geduld geliebt hatte: »Mein Herr, wahrhaft geduldig sein heißt, auch dann noch Geduld zu haben, wenn man sich nicht länger vorstellen kann, dass dies möglich ist.« Michael fuhr fort: »Ich habe den Wunsch aufgegeben, für irgendetwas berühmt zu werden. Heute baue ich einfach Häuser und es sieht so aus, als wollten die Menschen, dass ich das mache. Im Laufe der Jahre habe ich gelernt, dass ich nicht allein bin. Ich habe gelernt, in jeder Situation nach der Lektion zu suchen, und wenn Sie erkennen, dass Sie sich mitten in einer Lektion des Lebens befinden, befreit Sie diese Erkenntnis. Außerdem habe ich gelernt, keine Erwartungen zu haben und mich nicht von meiner Angst davon abhalten zu lassen, neue Dinge auszuprobieren. Eines Tages dachte ich plötzlich: ›Warum kämpfe ich nicht mehr soviel wie früher?‹ Natürlich habe ich auch heute noch Probleme, doch mache ich mir nicht mehr solche Sorgen. Dann frage ich mich: ›Bin ich jetzt verrückt? Oder begreife ich langsam, was Sache ist?‹ Es ist so, als würde man endlich nüchtern und das Leben wirklich zu funktionieren beginnen. Auf einer tiefen Ebene macht es plötzlich klick. Jedenfalls habe ich das Gefühl, dass ich heute auf der richtigen Seite stehe.«

Eines schönen Frühlingstages saß ich an einem verwitterten Holztisch unter einem uralten Eichenbaum im sonnendurchfluteten Garten einer guten Freundin, Dr. Selma Lewis. Selma ist eine Psychotherapeutin, die jede Woche zwischen ihren beiden Praxen in Los Angeles und Fairfax in Kalifornien hin- und herfährt. Ich weiß, warum sie jede Woche nach Fairfax zurückkommt. Ihr rustikales Holzhaus liegt versteckt am Ende einer kleinen Dorfstraße. Hinter ihrem Garten erstreckt sich ein kleiner Wald, von dem man das Gefühl hat, er sei mit geistigen Energien aufgeladen. Am Vormittag waren wir etwa eine Meile den Weg hinauf zu einem Wasserfall gegangen und hatten dabei über das Thema dieses Buches gesprochen. Freunde wie Selma und Bekannte wie die Menschen, die ihre Weisheit und ihre Geschichten zu diesem Buch beigetragen haben, machen einen großen Teil dessen aus, was mein eigenes Leben lebenswert macht. Lange, ruhige Gespräche am Vormittag sind für mich eine der Freuden des Lebens und dieser Tag bildete keine Ausnahme. Während wir Tee tranken und dem Zwitschern der Vögel lauschten, fragte ich Selma, was »nichtalltägliche Weisheit« für sie bedeutete.

»Nichtalltägliche Weisheit ist das, dem wir vertrauen, wenn wir einen Sprung ins Ungewisse wagen«, sagte sie. »Nichtalltägliche Weisheit hat nichts mit dem Offensichtlichen oder Normalen oder zu Erwartenden zu tun. Sie zeigt sich, wenn wir wissen, wer wir sind, und darauf vertrauen, dass uns dieses Wissen dahin bringt, wo wir hingehören. Sie ist das tiefe Wissen darüber, wer wir sind, und das Vertrauen, dass unsere Intuition auf unserer Seite ist.

Sich selbst zu kennen braucht Zeit. Man muss lernen: ›Bin ich ein Mensch, der Schokoladen- oder Vanilleeis liebt?‹ – ›Bin ich jemand, der lieber auf dem Land oder am Meer lebt?‹ – ›Macht es mich glücklicher, grafische Layouts zu zeichnen oder Baumhäuser zu bauen?‹ – ›Bin ich ein guter Geschäftsmann oder bin ich ein Erfinder?‹

Nichtalltägliche Weisheit, so scheint mir, wird von einer tieferen Ebene der Weisheit genährt – einer tieferen Schicht dessen, was *für uns* richtig ist. Nicht auf eine Weise, die sich störend auf die Welt auswirkt, indem unsere eigenen egozentrischen Wünsche erfüllt werden, sondern so, dass wir der Welt unser Bestes geben können. Nichtalltägliche Weisheit bedeutet, auf die Stimme zu hören, die sagt: ›Immer langsam‹, wenn wir spät dran sind und nichts weniger wollen, als langsam zu sein. Manchmal fühlt sich die nichtalltägliche Weisheit seltsam an, vor allen Dingen für Leute, die sich in der Regel nicht auf ihre Intuition verlassen oder die keinerlei Bedeutung in ›Synchronizitäten‹ sehen können.

Unsere [amerikanische] Kultur – egal, welcher Religion wir angehören – ist beherrscht von einer puritanischen Ethik. Wir werden dazu erzogen, unsere Impulse erst einmal zu stoppen. Wir fühlen uns wegen der einfachsten Dinge schuldig, zum Beispiel wenn wir vor dem Mittagessen ein Eis naschen oder während der Arbeit ein kurzes Nickerchen halten müssen. Wir gestatten uns nicht, unserer nichtalltäglichen Weisheit zu vertrauen, weil wir bereits so viele Aspekte unseres Selbst unterdrückt und so viele unserer Träume im Keim erstickt haben.«

Gefährten im Geiste

Sie leben das Leben, das Sie wegen der besonderen Herausforderungen und Möglichkeiten gewählt haben, die es Ihnen bieten würde. Bevor Sie geboren wurden, haben Sie und Ihre geistigen Führer ein Leben ausgesucht, das Sie in die Lage versetzen würde, an Tendenzen zu arbeiten, die Ihnen in anderen Inkarnationen Schwierigkeiten bereitet haben oder die Ihr Bewusstsein weiterentwickeln werden. Ihre Aufgabe in jedem Moment besteht darin, Entscheidungen zu treffen, die der Evolution Ihrer Seele dienlich sind. Diese Entscheidungen tragen darüber hinaus zu der Evolution des gesamten menschlichen Bewusstseins bei. Jeden Tag haben Sie die Möglichkeit, dieser tiefen Aufgabe treu zu bleiben durch das, worauf Sie Ihre Aufmerksamkeit richten – durch Ihre Leidenschaften, durch das, was Ihnen Freude bereitet, und das, was Sie Verzweiflung empfinden lässt. Ihre Lebensaufgabe zeigt sich auch in den Verpflichtungen, die Sie eingehen. Jeder der wichtigen Menschen in Ihrem Leben ist Teil eines Vertrages, an dem zu arbeiten Sie sich alle bereit erklärt haben. Zum Beispiel mag jemand damit einverstanden gewesen sein, zu einem bestimmten Zeitpunkt in Ihr Leben zu treten und Sie Ihrem Seelenpartner vorzustellen, Ihnen eine neue berufliche Richtung zu zeigen oder um Ihre Aufmerksamkeit auf ein gesellschaftliches Problem zu lenken, das gelöst werden muss. Die Angehörigen unserer Seelengruppe erscheinen immer wieder im Laufe unseres Lebens und inspirieren uns, Mitgefühl, Liebe, Verantwortung, Integrität, Zuverlässigkeit, Mut, die Früchte des Versagens, Kämpfe für Gerechtigkeit oder das Gleichgewicht zwischen humanitären und persönlichen Zielen zu lernen. Wir sind nie allein. Wir befinden uns in ständigem Kontakt mit unseren physischen und nichtphysischen Seelengruppen. Unsere Aufgabe ist es, uns der physischen Interaktionen mit anderen bewusster und telepathisch offener zu werden, wenn wir uns verzettelt haben oder Führung brauchen. Obwohl wir intuitive Hilfe bekommen, müssen wir dennoch unsere eigenen Entscheidungen treffen und unser eigenes Leben leben. Geistiges Wachstum ist eine Folge des Einsatzes unseres freien Willens.

Warum erinnern wir uns nicht bewusst an mehr von unseren vorgeburtlichen Entscheidungen im Hinblick auf unsere Lebensaufgabe? Nach den Berichten von Menschen, die eine Rückführung gemacht haben und dabei in Kontakt mit ihrem nichtkörperlichen Zustand als Seele (zwischen den Erdenleben) gekommen sind, ist das Vergessen früherer Lebenszeiten eine Voraussetzung für diese Inkarnation. Wenn wir einen Körper aussuchen und einen Plan für das Leben erstellen, das wir angehen wollen, treffen wir eine Vereinbarung mit unseren geistigen Beratern, uns nicht an die Einzelheiten unserer vorhergehenden Leben zu erinnern. Dr. Michael Newton, Therapeut und Autor des Buches *Journey of Souls: Case Study of Lives Between Lives* (dt.: *Die Reisen der Seele*), hat das Zwischenleben mit Hilfe der tiefenhypnotischen Zustände seiner Klienten studiert. Er zitiert einen Patienten, der sagt:

> »Wir sind bereit … uns an andere Leben … nicht mehr zu erinnern. Von einem nicht vorbelasteten Zustand aus zu lernen ist besser, als bereits zu wissen, was einem passieren kann, weil man es schon mal getan hat … Wenn die Menschen alles über ihre Vergangenheit wüssten, würden viele sich zu sehr damit beschäftigen, anstatt neue Herangehensweisen an das gleiche Problem auszuprobieren. Das neue Leben muss … ernst genommen werden … Unsere Berater sagen, dass wir weniger daran interessiert sind, … uns für die Vergangenheit zu rächen … und für das Leid, das man uns angetan hat, wenn wir über keine alten Erinnerungen verfügen.«[2]

Offensichtlich brechen unsere Berater hin und wieder durch unsere Amnesie, um uns bei unserem spirituellen

Wachstum beizustehen, wenn sie den Eindruck haben, dass wir Hilfe brauchen. Als Dr. Newton einen Klienten fragte, ob ein völliger Blackout unseres ewigen, geistigen Lebens für unseren Fortschritt auf der Erde entscheidend ist, antwortete dieser: »Normalerweise ja, doch es handelt sich dabei nicht um einen völligen Blackout. In Träumen erhalten wir blitzartige Hinweise ... in Krisenzeiten ... haben die Menschen ein inneres Wissen in Bezug auf die Richtung, die sie nehmen müssen, wenn es nötig ist. Und manchmal können ihre Freunde [Wesenheiten aus der geistigen Welt] ein bisschen nachhelfen ... sie geben ihnen Hinweise, Ratschläge, indem sie ihnen Ideen schicken.« Wir beginnen nun zu erkennen, dass unsere intuitiven Ahnungen, unsere nichtalltägliche Weisheit vielleicht aus einer höheren Dimension kommen, die unsere ursprüngliche Geburtsvision bewahrt und uns dabei hilft, das nicht aus den Augen zu verlieren, was wir hier eigentlich tun wollten. Diese intuitiven Blitze können spontan erfolgen. Wir sollten ab und zu einen Schritt von unserer täglichen Routine zurücktreten und mehr Zeit mit Kontemplation verbringen und damit, uns auf tiefere Quellen des Wissens einzustimmen. Oder wir können uns bewusst für eine Therapie oder spirituelle Beratung entscheiden, um uns über unsere Muster klar zu werden. Dr. Newton schreibt dazu:

> Wenn der richtige Zeitpunkt in unserem Leben gekommen ist, müssen wir die materiellen Bedürfnisse des Menschen mit der Seelenaufgabe unseres Daseins in Einklang bringen.
>
> Unsere ewige Identität lässt uns in den Körpern, die wir wählen, niemals allein – trotz unseres gegenwärtigen Zustandes. Während der Reflexion, Meditation oder im Gebet sickert die Erinnerung darüber, wer wir wirklich sind,

> jeden Tag in ausgewählten Gedanken zu uns durch. Auf unauffällige, intuitive Weise – durch die Wolke des Vergessens – werden uns Hinweise für die Rechtfertigung unserer Existenz gegeben.[3]

Nach dem körperlichen Tod, wenn Sie in den nichtphysischen Zustand der Dimension des Zwischenlebens zurückkehren, wird Ihnen klar, wir sehr Sie durch Ihre Entscheidungen und Handlungen in Übereinstimmung mit Ihrer gewählten Aufgabe gelebt haben. In der geistigen Dimension werden Sie sich selbst an die kleinsten Einzelheiten Ihres jetzigen Lebens erinnern. Entsprechend dem Grad der Wahrnehmung, den Ihre Seele entwickelt hat, werden Sie zusammen mit den Mitgliedern Ihrer Seelengruppe und Ihren höher entwickelten Seelenführern im Rückblick Ihr Leben betrachten und analysieren.

Der Grund, warum Sie sich die Zeit genommen haben, dieses Buch zu lesen – um Ihren Platz in der Welt zu finden –, ist der Wunsch, Ihr ursprüngliches, in Ihnen angelegtes Schicksal zu erfüllen. Um Ihr Leben von dieser höheren Perspektive aus beurteilen zu können, sollten Sie sich in den nächsten Tagen Zeit nehmen für eine ruhige Reflexion. Stellen Sie sich vor, dass Sie einen Geistführer in der Nähe haben, der Ihre Vision bewahrt. Können Sie – selbst für einen kurzen Augenblick – die Hauptlektionen fühlen, die Sie in Ihrem Leben bis jetzt erfahren haben? Je tiefer Ihre Absicht, diese Haupt-Lebensaufgabe zu erkennen, desto näher bewegen Sie sich auf die Unterstützung der spirituellen Führung zu.

Beim Empfangen inspirierter Führung und Anleitung gilt es, zwei Prinzipien zu beachten. Das erste besteht darin, dass wir um Führung *bitten müssen,* die uns hilft, unseren höheren Zweck zu erfüllen. Wir wachsen, indem wir unsere auf Angst basierenden negativen Emotionen

> »Niemand von uns kommt allein hierher; das ist nicht erlaubt. Wir werden von erfahrenen Beratern losgeschickt und kommen mit anderen hier an. Der Heilige Geist hat jede Menge Botschafter, die wir oft als ›Schutzengel‹ bezeichnen. Oftmals ist ein so genannter Schutzengel in Wahrheit zeitlebens unser Führer.«
>
> *Leah Maggie Garfield*

(Neid, Maßlosigkeit, Selbstmitleid, Gewalt, Bigotterie, Intoleranz, Verdrängung, Herrschsucht etc.) überwinden. Die uns eigenen Möglichkeiten geben uns einen Anstoß und fordern uns auf, unserem Schicksal ins Auge zu sehen. Unsere Geistführer wissen genau, wo wir sind und was wir in Verbindung mit unserer ursprünglichen Motivation tun. Während die Menschen des westlichen Kulturkreises diese Geistwesen als Schutzengel bezeichnen, glauben viele eingeborene Kulturen, dass Geistführer uns nicht nur dabei helfen, einen bestimmten Lebensweg zu wählen, sondern darüber hinaus diese Vision in der spirituellen Dimension für uns bewahren, während wir auf der Erde leben.

Wir befinden uns an einem Punkt in der Geschichte, wo im Leben Tausender von Menschen die Grenze zwischen den materiellen und geistigen Dimensionen immer durchlässiger wird. In den letzten Jahren sind unzählige Bücher erschienen, in denen die Intervention von Engeln und direkte Kommunikation mit nichtphysischen Wesenheiten beschrieben werden. Nach Aussage schamanischer Lehrer, wie zum Beispiel der Autorin und Schamanin Leah Maggie Garfield, die gemeinsam mit Jack Grant das Buch *Angels and Companions in Spirit* geschrieben hat, sind Führer immer präsent, aber nicht unbedingt allgegenwärtig.

Alles, was Sie über die Interaktion mit anderen Menschen wissen, trifft auch auf die Arbeit mit Geistführern zu … Sie können Ihnen einen Gefallen erweisen und Sie tun das Gleiche … Wir tendieren dazu, Führer so zu behandeln, als seien sie weitaus vollkommener als inkarnierte Wesen, als wären sie allwissende Gottheiten anstatt hilfreicher Freunde in Geistgestalt … Selbst Meisterführer wissen nicht alles über das Universum. Die Gültigkeit ihrer Information hängt von dem Bereich ihrer Erfahrung ab … Einige Geistführer – normalerweise die Lebensführer – sind Ihren Wünschen und Bedürfnissen gegenüber besonders aufmerksam. Sie merken, wenn Sie nach einer Information suchen, und sie geben Ihnen diese Information entweder direkt ein oder sorgen dafür, dass sie sich in irgendeiner Form manifestiert, während Sie mit Ihren täglichen Verrichtungen beschäftigt sind. Sie dürfen jedoch nicht vergessen, dass diese Geistführer zwar die Ihnen zur Verfügung stehenden Informationen erweitern und Ihre Intentionen unterstützen können, dass aber dennoch Sie es sind, der die Entscheidungen in Ihrem Leben trifft. Weder können noch werden Ihre Führer Ihr Leben für Sie leben, noch haben sie alle richtigen Antworten parat.[4]

Ihre Träume zurückfordern

Wie tragen Sie zur Erhaltung der Welt bei? Auf welche Weise haben sich in den letzten Jahren Ihre Prioritäten verändert? Unsere gemeinsame Arbeit im Rahmen dieses Buches war darauf angelegt, Ihnen zu helfen, Ihre innerste Lebensaufgabe, die Sie für diese Inkarnation gewählt haben, zu erkennen. In Ihrem tiefsten Inneren wissen Sie, was Sie zu tun haben. Was wäre notwendig für Sie, um sich auf den Weg hin zur Verwirklichung eines Traumes zu machen, den Sie seit langem hegen? Nur Sie wissen die Antworten auf diese Frage.

Obwohl die direkte globale Kommunikation uns die Gefahren des gegenwärtigen Grades der Ausbeutung sowohl der Erdressourcen als auch unserer Brüder und Schwestern in den so genannten »unterentwickelten« Ländern deutlich vor Augen geführt hat, werden wir vielleicht nichts unternehmen, bis uns eines dieser Probleme direkt betrifft. Wenn wir wirklich unsere Lebensaufgabe kennen und leben wollen, müssen wir uns umschauen und sehen, in welches Umfeld *wir hineingeboren sind.* Was ist die Arbeit, die wir tun können – genau da, wo wir sind? Vision ohne Aktion ist nur eine leere Floskel; Aktion ohne Vision kann auch leicht am Ziel vorbeischießen. Indem wir unsere persönlichen Ziele verfolgen, kreieren wir individuell und kollektiv ein Bewusstseinsfeld – eine von allen geteilte Philosophie, die um unseres Überlebens willen sowohl inhaltlich als auch handlungsbezogen mannigfaltig und unterschiedlich bleiben muss. Dieses Bewusstseinsfeld erschafft unsere irdische Realität. Da jede menschliche Einheit (also Sie und ich und jeder andere Mensch) teilhat an dem vereinten Feld universaler Energie, können wir es zu einem Teil unserer individuellen Aufgabe machen, das Gefühl der Verantwortung für unser irdisches Zuhause und unsere Fürsorglichkeit zu vertiefen. Diese Verpflichtung für einen *spirituellen* Prozess der Transformation unserer irdischen Sorgen und Probleme, das heißt eine Transformation unseres Bewusstseins, ist die größte Aufgabe, auf die sich jeder von uns einlassen könnte. Kollektiv wächst diese Bereitschaft zur Verpflichtung mit jedem Tag, trotz der Katastrophen, die wir weiterhin kreieren. Nur fünfzehn Prozent der Menschheit sind nötig, um das kollektive Bewusstsein zu verändern.

Als ich Roy Doughty nach seiner Beratungsarbeit mit Geschäftsleuten fragte, erwähnte er ein Konzept aus der neuen Physik, das meine Aufmerksamkeit erregte und mit der Bewusstseinsarbeit übereinzustimmen scheint, der wir alle verpflichtet sind.

»Es gibt in der Quantentheorie etwas, das der *seltsame Attraktor* genannt wird«, sagte er, »der manchmal von Analytikern benutzt wird, um zum Beispiel das Wettergeschehen oder die Entwicklung auf dem Aktienmarkt vorauszusagen. Sie geben alle Parameter und Faktoren in den Computer und diese Daten führen zu verschiedenen Formen auf dem Bildschirm. Unabhängig von der Form der Daten gibt es in der Mitte immer ein Loch. Dieses Loch wird ›seltsamer Attraktor‹ genannt. Niemand weiß, warum dieses Loch existiert. Niemand kann es erklären. Das Einzige, was den seltsamen Attraktor definiert, sind die Dinge um ihn herum. Dieses Bild stelle ich mir vor, wenn ich Unternehmer daraufhin berate, was sie erreichen wollen. Wir sprechen über alles um den seltsamen Attraktor herum, aber nicht über die Leute, die die Entscheidungen treffen. Das ist ein Thema, über das wir zu keinem Zeitpunkt reden. Sich selbst und sein Unternehmen auf diese Weise zu betrachten erfordert eine immense Identitätsverlagerung. Anstatt sich selbst nur als eine Person zu sehen, die durchs Leben geht und Entscheidungen trifft, Rechnungen bezahlt und all diese alltäglichen Sachen macht, werden Sie zu einem unendlichen Geist, der seine Aufgabe erfüllt.«

In diesem letzten Kapitel hören wir die Geschichten von vier Menschen, die einen Sprung ins kalte Wasser gemacht haben, indem sie dem Bedürfnis ihrer Seele nach einer ungewöhnlich reichen Lebenserfahrung gefolgt sind. Wir lernen Elizabeth Ferris kennen, die eine bequeme, bürgerliche Existenz und Karriere als Grundstücksmaklerin hinter sich gelassen hat, um in einem Flüchtlingslager mit tibetischen Nonnen zu arbeiten. Wir hören von Stephen Simon, dessen Traum, auf Spiritualität basierende Filme zu machen, langsam in Erfüllung geht. Roy Doughty erzählt uns, wie seine Abwendung von der Geschäftswelt es ihm ermöglicht hat, sein früheres Interesse an Literatur in einer Beratungspraxis erblühen zu lassen, die anderen Unternehmern hilft, sich mit moralischen und ethischen Themen auseinander zu setzen. Und zuletzt beschreibt Cynthia Schmidt den intuitiven Prozess, der es ihr erlaubt hat, während der letzten zwei Jahrzehnte sieben erfolgreiche Unternehmen zu gründen.

Doch vielleicht ist *Ihr* Traum die letzte wahre Geschichte in diesem Kapitel.

Das Abenteuer leben

Elizabeth Ferris hat eine ganz besondere Möglichkeit gefunden, ihren Beitrag zur Verbesserung unserer Welt zu leisten. Dafür hat sie ein komfortables Leben als Grundstücksmaklerin in Marin County in Kalifornien gegen die schwierigen Herausforderungen eines tibetischen Flüchtlingslagers in Indien eingetauscht. Vor neun Jahren war Elizabeth, eine attraktive und lebensfrohe Dreiundfünfzigjährige, eine gute Bekannte von mir gewesen. Kürzlich kam sie von ihrem neuen Zuhause in Dharamsala in Nordindien für einige Wochen nach Kalifornien, um Freunde zu besuchen und von ihrem neuen Leben als unbezahlte Englischlehrerin beim Tibetan Nun's Project im Dolma-Ling-Nonnenkloster zu berichten. Fasziniert von der dramatischen Veränderung ihrer Lebensumstände, bat ich sie, uns von ihrem Abenteuer zu erzählen.[5]

Von zu Hause weggehen – und nach Hause kommen

»Es ist eine Riesenaufgabe, den Tibetern zu helfen, ein neues Leben aufzubauen«, sagte Elizabeth zu mir. »Doch für mich ist das keine Arbeit. Natürlich, es müssen Dinge erledigt werden, doch dies ist ein Vergnügen. Es macht Spaß! Jeden Morgen kann ich es kaum erwarten, anzufangen. Ich bin ständig in Aktion. Die Leute sagen zu mir: ›Du siehst jünger aus‹ und das stimmt. Ich fühle mich belebt, denn was ich jetzt tue, ist genau das, was mir entspricht. Jeder sollte so leben, wie es ihm entspricht.

Zwei meiner Englischschülerinnen haben eine neue Sprachenschule auf die Beine gestellt, die von Tibetern für Tibeter geführt wird, die bereits eine umfassende Ausbildung in der chinesischen oder tibetischen Sprache absolviert haben. Sie haben ein mehrsprachiges Ausbildungszentrum eingerichtet, wo Tibetisch, Chinesisch, Hindu und Englisch unterrichtet werden. Ich leite das Englischprogramm, bemühe mich um Subventionen und helfe bei der Organisation der ganzen Schule. Wir bekommen finanzielle Unterstützung, vergrößern uns ständig und helfen den Leuten auf eine Weise, die wirklich notwendig ist. Es ist aufregend und greifbar. Jeden Tag beobachte ich aufs Neue, wie motiviert diese Menschen sind. Dort [in dem Umsiedlungsdorf] zu wohnen gibt mir mit jedem Atemzug das Gefühl, wirklich zu leben, und so ist es für alle anderen auch. Solange es meine Gesundheit zulässt, werde ich in Dharamsala leben und arbeiten. Das ist der Grund, warum ich lebe.

Das Ganze nahm vor zwei Jahren seinen Anfang, als ich zu einem Vortrag über das Projekt der tibetischen Nonnen ging. Als der Redner sagte, dass jemand gebraucht wird, der im Flüchtlingslager in Dharamsala Englisch unterrichtet, dachte ich mir sofort: ›Das wäre etwas für mich.‹ Natürlich spürte ich gleich darauf alle möglichen Ängste wegen einer solch drastischen Veränderung meiner Lebensumstände. Ich nahm mir ein paar Monate Zeit, um darüber nachzudenken. Schließlich vermietete ich mein Haus, stellte all meine Sachen in einem Lagerraum unter und zog nach Indien – bereit, dort ein Jahr zu arbeiten und danach zu überlegen, ob ich noch länger bleiben wollte.

Die Leute sprechen von ›Opfer‹«, fuhr sie fort. »Doch ich habe überhaupt nichts geopfert. Ich bin so dankbar, dass ich mit den Tibetern leben und mich austauschen kann. Es ist eine wahre Wonne.

Mit Menschen zu leben und zu arbeiten, die solch schreckliche Dinge erlebt haben, kann einen sehr überwältigen. Und zwar so sehr, dass man beinahe aufgibt und nur versucht, das Wenige zu tun, das man tun kann. Das Land ist rau und ungemütlich. Überall herrscht Armut. Das Leben spielt sich direkt vor deinen Augen ab und du kannst es nicht ignorieren. Nichts ist verborgen, so wie bei uns, wo ich in meiner vorstädtischen Nachbarschaft gelebt habe.

Buddha sagt: ›Wer du bist und was du tust, sollte nicht eine Haaresbreite voneinander abweichen.‹« Elizabeth fuhr fort: »Bevor ich nach Indien ging, habe ich Immobilien verkauft und ziemlich gut damit verdient. Doch in Wahrheit lebte ich nicht meiner innersten Natur entsprechend. Nach einer Weile wurde diese Kluft so unangenehm, dass ich mein Leben einfach ändern musste. Selbst wenn Sie mit dem, was Sie tun, erfolgreich sind, sich aber nicht wirklich im Einklang mit Ihrem innersten Wesen befinden und diese Stimme Sie ruft, glaube ich, dass Sie den Mut aufbringen müssen, dieser Stimme zu folgen. Sie wird Sie zu dem zurückbringen, was Sie aus Ihrem Leben machen sollten.«

Als ich mir ein kleines Album mit Fotos ihrer tibetischen Freunde ansah, fiel mir sofort die Freude auf, die in ihren lächelnden Gesichtern stand. Abgesehen davon, dass Elizabeth diese 145 Nonnen unterrichtet, bringt sie (ebenfalls umsonst) einigen privaten Schülern Englisch bei. Die meisten sind Waisen oder Angehörige kleiner Familien, die ihre Lieben in Tibet zurücklassen mussten. Wenn sie Englisch sprechen können, wird ihnen das vielleicht helfen, eine Arbeit zu finden und ein neues Leben zu beginnen.

»Die Flucht aus Tibet über Bergpässe dauert im Durchschnitt zwischen vierzehn und siebenundzwanzig Tagen«, erklärte sie. »Sie müssen durch die verschneiten, steilen und sehr gefährlichen Berge wandern und verbringen etwa zehn bis zwölf Tage in dieser windigen, kalten, harten Umgebung. Ihre einzigen Besitztümer und Lebensmittel sind das, was sie selbst tragen können. Wenn sie schließlich in Kathmandu beim tibetischen Empfangszentrum ankommen, sind sie manchmal in sehr schlechter Verfassung.«

Elizabeth war überglücklich, als sie die Gelegenheit hatte, dem Dalai Lama anlässlich seines Besuches im Nonnenkloster zu begegnen. Sie war tief berührt von seiner Einfachheit und Bescheidenheit, als er die kleine Gruppe von Freiwilligen begrüßte. Er sagte zu ihnen: »Ich bin nur ein Mönch und Sie sind Ärzte und Lehrer; so möchte ich mich einfach ein wenig mit Ihnen unterhalten. Wir sind alle gleich.« Er dankte ihnen dafür, dass sie ihre Zeit und Energie seinen Leuten widmeten. Elizabeth erinnerte sich: »Er fragte, ob wir genug Decken und Pullover hatten, und es war sehr schön zu sehen, wie er um unser Wohlergehen besorgt war.

Das Nonnenkloster in Dolma Ling ist ein neues Modell«, sagte sie. »Traditionell legten die Nonnen ein Keuschheits- und Armutsgelübde ab und verbrachten all ihre Zeit mit religiösen Studien und Gebeten. Doch das Leben im Exil hat die Dinge verändert. Heute werden sie in ihrer Gemeinschaft gebraucht.«

Indem uns das Leben immer wieder vorantreibt, erweitert sich unser Aufgabenfeld, unsere Prioritäten verlagern sich und wir setzen unsere Suche nach dem, was wir tun sollen, fort.

Den Ruf hören – die Macht des Sicheinlassens

Im Jahre 1975 war Stephen Simon Rechtsanwalt und verspürte nicht das geringste Bedürfnis, seinen Beruf auszuüben, sondern wollte – wie seit jeher – lieber im Filmgeschäft tätig sein. Ich hatte seinen Namen zum ersten Mal in Los Angeles gehört, als ein Freund vorschlug, ich sollte ihn wegen eines Interviews anrufen, da er ein Mensch zu sein schien, der seinen Lebenstraum verfolgte. Interessanterweise hatte ich zwei Monate nach meinem Interview mit meiner Freundin Eleanor Coppola (siehe neuntes Kapitel) herausgefunden, dass der Film, über den sie eine Dokumentation machen wollte, derselbe Film war, von dem Stephen in dem folgenden Gespräch berichtet. Als ich

Eleanor interviewte, wusste ich nicht, dass es sich dabei um den Film handelte, an dem sie mitarbeitete! Die Synchronizität setzte sich vor ein paar Wochen fort, als ich dies meiner in Los Angeles lebenden Tochter Sigrid erzählte, die zwar gelernte Schauspielerin ist, ihren Lebensunterhalt jedoch momentan als Personaltrainer verdient. Einer ihrer Klienten, Bernard Williams, ein Filmproduzent, hatte ihr das Drehbuch dieses Films zum Lesen gegeben. Ohne dass ich es wusste, hatte sie es bei sich, als sie mich im Monat zuvor besuchte.

Doch zurück zu Stephens Geschichte. Ich rief ihn wegen eines Interviews an, um herauszufinden, wie er dazu gekommen war, metaphysische Filme zu machen.

»Nun, lassen Sie mich ein wenig in der Zeit zurückgehen«, begann er. »Ungefähr 1976 ging ich eines Tages in einen Buchladen und dort empfahl mir jemand ein Buch mit dem Titel *Bid Time Return.* Ich kann es nicht erklären, aber nachdem ich es gelesen hatte, wusste ich plötzlich, dass es an der Zeit war, einen Film über dieses Buch zu machen, und dass ich derjenige war, der das tun würde. Daraufhin brachte ich es irgendwie fertig, zu dem Produzenten Ray Stark in seinem Büro in Los Angeles vorzustoßen.

Ich rief Richard Matheson an, Autor des Buches und einer der führenden Namen im Bereich der Fantasy (er hat unter anderem den Klassiker *Die unglaubliche Geschichte des Mr. C* geschrieben), und bat ihn um ein Treffen. Wir verabredeten uns zum Mittagessen und ich erzählte ihm Folgendes: ›Ich bin ins Filmgeschäft eingestiegen, damit ich aus dem Buch, das Sie geschrieben haben, einen Film machen kann. Wenn Sie mir vertrauen, werde ich diesen Film drehen.‹ Er reichte mir seine Hand und wir hatten einen Deal, obwohl ich drei Jahre brauchte, um den Film fertig zu stellen – er heißt *Somewhere in Time* (dt.: *Tödlicher Traum*) und Christopher Reeve spielt die Hauptrolle. Der Film erschien 1980; er war kein großer finanzieller Erfolg, obgleich er in der Zwischenzeit ein Kultfilm und Klassiker seines Genres geworden ist.

Nachdem *Somewhere in Time* angelaufen war, folgte eine lange Periode, die sehr schwierig für mich war. Rückblickend glaube ich heute, dass es zwar ein Publikum für diesen Film gegeben hat, doch dass das kollektive Bewusstsein für diese Art von Themen noch nicht ausgereift war. In den achtziger Jahren gab mir Richard Matheson ein neues Manuskript zu lesen – über einen Mann, der im Jenseits nach seiner Frau sucht. Der Versuch, einen Produzenten für diesen Film zu finden, ist zu einer achtzehnjährigen Odyssee geworden und erst jetzt sind wir in der Lage, das Projekt anzugehen. Es heißt *What Dreams May Come* (dt.: *Hinter dem Horizont*) mit Robin Williams in der Hauptrolle. Der Film spielt in verschiedenen voll realisierten Schauplätzen des Jenseits und sein Hauptthema ist das Schaffen der eigenen Realität.

Doch an diesen Punkt zu gelangen war eine ungeheure Odyssee. Nach *Somewhere in Time* war ich sehr entmutigt. Ich hatte hier und da Erfolg, doch spürte ich dabei, dass ich weiter und weiter von meinem Weg abkam. 1990 hatte ich eine schmerzhafte Scheidung und erlitt einen finanziellen Bankrott. Drei Jahre später half ich bei der Herstellung des Films *Body of Evidence* mit Madonna, der so weit entfernt von dem war, was ich eigentlich tun wollte, wie man es sich nur vorstellen kann.

Im Januar 1993 sagte eine Freundin zu mir: ›Stephen, der Mann, der den Film *Somewhere in Time* gemacht hat, sollte nicht Filme wie *Body of Evidence* produzieren.‹ In dem Augenblick hatte ich eine Erkenntnis. Ich wusste, dass es stimmte, was sie sagte. Im August 1993 hatte ich meinen Job gekündigt, meine Beziehung aufgelöst und begonnen, mich in die Metaphysik zu vertiefen. Während dieser Zeit traf ich meinen jetzigen Geschäftspartner, der meine spirituellen Vorstellungen und Interessen teilt. Ich habe heute völlig neue Freunde.

Jetzt sehe ich, dass es für mein derzeitiges Filmprojekt gut war, dass es so lange bis zu seiner Realisierung gebraucht hat. Zum einen haben Filme wie *Ghost, Forrest Gump* und *Phenomenon* dazu beigetragen, einen Markt zu bereiten. Heute haben wir eine viel bessere Chance, ein solches Projekt adäquat durchzuführen. Zum anderen ist jetzt die richtige Technologie verfügbar und nicht mehr so teuer.

Unsere Firma, Metafilmics, ist bis jetzt die einzige Gesellschaft, die an die Öffentlichkeit getreten ist und gesagt hat: ›Wir sind spirituelle Wesen.‹ Wir sind davon überzeugt, dass der Film *Hinter dem Horizont* ein machtvoller Vorbote sein wird für weitere Filme in dieser Richtung, die in der Zukunft in der gleichen Anzahl produziert werden sollen wie Actionfilme – zehn oder fünfzehn pro Jahr. Wir versuchen nicht, Actionfilme zu ersetzen, doch glauben wir, dass auch dieser Art von Filmen ein Platz gebührt.

Die Unterhaltungsindustrie hat die einzigartige Fähigkeit, die Gefühle der Menschen sich selbst gegenüber zu beeinflussen. Sind die Filme gut gemacht, stellen sie eine wunderbare Möglichkeit dar, das Bewusstsein zu verändern. So viele Filme haben dazu geführt, dass die Menschen sich ihrer selbst schämen; sie haben die Idee untermauert, dass wir eine verkommene Spezies sind, dass unsere Grundinstinkte sich im Morden, Demütigen und Beherrschen ausdrücken. Während diese Aspekte zum

Menschsein dazugehören, sind wir *von Natur aus* keine verkommene Spezies. Wir haben die einzigartige Fähigkeit, bewusst zu lieben. Der Film *Forrest Gump* zum Beispiel sorgte dafür, dass die Zuschauer sich in Bezug auf ihr Menschsein besser fühlten. Wenn Sie den Menschen zu einem besseren Gefühl ihrer selbst verhelfen, haben Sie Ihre Kunstform auf die höchste Ebene gebracht.

Unser Hauptanliegen besteht darin zu zeigen, wie wir unsere eigene Realität schaffen, was wir als Kultur bereits getan haben, doch ohne viel über die Folgen unserer Glaubenssätze nachzudenken. Die große Veränderung liegt heute darin zu begreifen, wie wir unsere Realität *bewusst* schaffen können – wie wir eine positive Zukunft erschaffen.

Ich glaube, dass jetzt, kurz vor dem Ende des Millenniums, Filme eine größere Macht haben, neue Ebenen des Verstehens aufzuzeigen – in Bezug darauf, was es heißt, Mensch zu sein. Da wir immer mehr begreifen, dass wir tatsächlich unsere eigene Wirklichkeit erschaffen, ist es einleuchtend, dass eine kollektive Erfahrung wie ein Film, der von Millionen von Menschen gesehen wird, unsere zukünftige Realität beeinflussen kann.

Neben dem Produzieren fühlte ich mich schon lange zu der Arbeit mit anderen Menschen hingezogen, die ihren eigenen Träumen in diesem Bereich nachgehen wollen. Für mich ist das Unterrichten eine Möglichkeit, das, woran ich glaube, in mein Leben zu integrieren. Es hilft mir zu erkennen, wer ich bin. Ich empfinde eine ungeheure Freude, wenn ich von meinen eigenen Kämpfen und Schwierigkeiten berichte und die Reaktionen der anderen höre. Im Herbst 1995 fühlte ich mich aus Gründen, über die ich Ihnen gar nichts sagen kann, inspiriert, der Universität von Kalifornien in Los Angeles den Vorschlag zu machen, einen zwölfwöchigen Kurs abzuhalten. Ich dachte, dass vielleicht zwanzig Leute erscheinen würden, doch es waren siebzig. Es waren Leute dabei, die nie zuvor eine übereinstimmende Bestätigung ihrer metaphysischen Überzeugungen bekommen hatten. Innerhalb von zwölf Wochen schufen wir miteinander eine außerordentliche Resonanz, die erstaunliche Folgen zeitigte. Zum Beispiel führten wir am Ende jeder Unterrichtsstunde eine gemeinsame Meditation durch, in der wir einander visualisierten, wie wir unsere Träume verwirklichten. Mehrere der Teilnehmer suchten und bekamen im Laufe der drei Monate Jobs in der Filmindustrie oder trafen andere Leute, die auf derselben Wellenlänge waren. Einer von uns war ein Elektriker, der seit jeher Schriftsteller werden wollte und nun tatsächlich seinen Lebensunterhalt mit Schreiben verdient. Zwei der Teilnehmer verliebten sich ineinander und sind auch heute noch zusammen. Andere gründeten Firmen-Partnerschaften, die immer noch erfolgreich sind. Auf weniger äußerliche Weise schienen die Kursteilnehmer in sich selbst die Bestätigung zu finden, dass es in Ordnung war, man selbst zu sein. Sie wurden dabei unterstützt, sich nicht von anderen sagen zu lassen, wer sie sind und was sie zu tun haben. Es war ungeheuer kraftspendend.

Was mich betrifft, so bin ich absolut davon überzeugt, dass die Resonanz, die aus dieser Klasse kam, es mir und meinem Partner ermöglichte, die Finanzierung für unser Projekt innerhalb von drei Monaten auf die Beine zu stellen. Wir sind so sehr an die Auswirkungen der Kausalität gewöhnt und hier handelte es sich um *Resonanz-Kausalität.* Sie ist unglaublich synergistisch.«

Vizepräsident der Ethik, Kreativität und Schönheit

Ich interviewte Roy Doughty, nachdem ich gehört hatte, wie er Literatur und Poesie in seiner Arbeit mit Geschäftsführern und leitenden Managern einsetzte, um sinnvolle Diskussionen über Themen wie Ethik und Kreativität anzuregen. Als inspirierte Methode, um das gesamte Panorama des Lebens in die tägliche Routine einzubringen, hebt diese Arbeit das Denken der Menschen auf eine höhere Stufe. Für diejenigen, die nicht daran gewöhnt sind, sich in psychologischen oder spirituellen Termini auszudrücken, dient das Diskutieren literarischer Themen als Ausgangspunkt bei der Erforschung ihrer eigenen Wünsche und der gemeinsamen menschlichen Schwächen und hilft ihnen, ihre höhere Weisheit anzuzapfen.

Doughty erklärte, dass dieses Programm zuerst von der Brandeis-Universität auf Wunsch von Richtern entwickelt worden war, die sensitiver im Umgang mit moralischen und ethischen Themen werden wollten. Doughtys Interesse wurde geweckt, wie er sagt, weil es zwei seiner Leidenschaften beinhaltete: Literatur und Geschäft. Er hatte bei Bill Maier gelernt, dem früheren Direktor des Bay Area Ethics Consortium.

»Wir präsentieren den Leuten eine Reihe von Geschichten, über die sie nachdenken sollen«, sagte Doughty. »Die meisten von uns, vor allem jene, die von den Details des täglichen Geschäftslebens geradezu überflutet wurden, verbringen wenig Zeit – und ich meine: *sehr wenig Zeit* – mit Reflexion. Während dieser Seminare werden die Teilnehmer dazu aufgefordert, kurze Geschichten oder Romane zu lesen, die sie förmlich zwingen, über deren

Bedeutung nachzudenken. Wenn sie in dem Seminar zusammenkommen, werden ihre Ideen diskutiert, weitergesponnen und durch die gemeinsamen Gespräche vertieft.

Eines meiner Lieblingsbücher ist Tolstois *Tod des Iwan Iljitsch.* Es ist die Geschichte eines Richters aus einer Familie der Oberschicht in Russland. Er lebt sein ganzes Leben innerhalb der Grenzen seiner gesellschaftlichen Klasse. Sein Leben ist absolut konventionell. Er hat dieselben Überzeugungen wie seine Freunde. Eines Tages wird er befördert. Darüber ist er ganz aufgeregt und beschließt, sein Büro umzudekorieren. Während er damit beschäftigt ist, fällt er von der Leiter. Sein Leben beginnt aufgrund der Symptome auseinanderzufallen, die der Sturz verursacht hat. Im Verlauf dieses Prozesses muss er zurückgehen und wird mit all seinen Lebensanschauungen konfrontiert, die er stets geschluckt und sich ohne weiteres zu Eigen gemacht hat. Er stellt sich selbst Fragen wie: Warum bin ich hier? Wie sollte ich andere Menschen behandeln?

Wir alle stellen uns die Frage, wie wir in dieser Welt leben wollen. Wir werden schon in jungen Jahren darauf konditoniert, unser Schicksal zu akzeptieren. Was mich betrifft, so habe ich schon früh schwere manuelle Arbeiten verrichtet. Es war die Hölle, so hart zu arbeiten und gleichzeitig zur Schule zu gehen. Ich werde nie vergessen, wie mich mein Vater eines Tages von der Schule abgeholt hat. Er sagte zu mir: ›Mein Sohn, wenn du nicht mit einem goldenen Löffel im Mund geboren wurdest, so wirst du dein Leben lang arbeiten müssen, und zwar für jemand anderen.‹ Ich werde nie die Bestimmtheit seiner Aussage vergessen.

In dem Augenblick wusste ich, dass ich nicht Künstler werden würde. Ich würde weder Poet werden noch Maler noch Schriftsteller. Ohne zu zögern schob ich all diese Dinge beiseite und dachte nur noch darüber nach, wie ich einen Job kriegen konnte, mit dem ich meine Miete bezahlen konnte. Ich glaubte nicht daran, dass es in der Welt einen Platz für die Dinge geben würde, die mir am Herzen lagen. Für mich bekam die Welt in diesem Moment eine ungeheure Schwere und ich schwor mir, es mit jedweder hassenswerten Situation aufzunehmen.

»Vielleicht sollte ich über die Bedeutung von Arbeit im Allgemeinen nachdenken – sowohl in anderen Zeiten als auch in der unsrigen. Und während ich mir Gedanken mache, spüre ich eine Verwandschaft zwischen den Worten *work* und *worship* [Arbeit und Verehrung]. Ich beginne den Verdacht zu entwickeln, dass der Mensch physisch genau deswegen so organisiert ist, wie er ist, damit er arbeiten muss, um leben zu können; und die Möglichkeit liegt nahe, dass die für seine eigene Transformation und für die Erhaltung des Universums erforderliche Substanz als direktes Resultat seiner Arbeit kreiert wurde.«

Jean Martine[6]

Zwanzig Jahre lang arbeitete ich hart und hatte jede Menge Suchtprobleme. Ich begann, ein Doppelleben zu führen. Es gab ein privates Ich, das Dinge tat, die man als sinn- oder bedeutungsvoll beschreiben könnte – Gedichte schreiben und ein wenig Malen. Dann gab es ein öffentliches Ich, das heiratete, die Miete bezahlte und in großen Unternehmen arbeitete. Jeder sah das öffentliche Ich als mein einziges Ich an und ich verachtete dieses Wesen! Ich mochte allerdings mein persönliches, privates Ich auch nicht, weil es zu feige war, seine Träume auszuleben. Das heißt, dass ich mich im Grunde hasste und verabscheute, damit ich in der Lage war, meine Miete zu bezahlen.

Eines Tages, als ich wieder einmal beruflich unterwegs war, hatte ich eine Erkenntnis. Ich übernachtete in Hotels und hielt Termine ein, die mein Vorgänger ausgemacht hatte. Und plötzlich sah ich all diese anderen Geschäftsleute, die genauso waren wie ich. Aber sie sahen fünfundzwanzig Jahre älter aus. Sie aßen Käsekuchen und tranken jeden Abend Brandy, um sich selbst zu belohnen. Diese Männer waren die Gewinner und sie sahen aus, als wären sie alle von Autos überfahren worden. Irgendetwas stimmte nicht mit diesem Bild. Ich dachte, wenn ich wirklich hart arbeiten würde, könnte ich innerhalb eines Jahres eine Herzattacke bekommen!

Ich wurde Vegetarier und hörte auf, Alkohol und Koffein zu mir zu nehmen. Ich begann zu meditieren. Nach der Arbeit setzte ich mich mit Leuten zusammen und sie sprachen über ihre sexuellen Eroberungen und ihre Jagden und schließlich sagte ich: ›Was passiert eigentlich wirklich in eurem Leben?‹ Und sie brachen zusammen und sie heulten und platzten heraus, dass ihre Söhne drogensüchtig waren oder ihre Frauen Affären hatten. Einer der Männer sagte mir, dass er zu einem Therapeuten gegangen sei, weil sein Sohn ein Junkie war, und während der Mann seinen Whisky trank, setzte er ungläubig hinzu: ›Der Therapeut schaute mich an und sagte, *ich* sei das Problem.‹

Ich ging zurück in mein Hotelzimmer, starrte an die Decke und dachte: ›Was soll ich machen?‹ Bald fiel mir auf, dass ich in allen Situationen die Wahrheit zu sagen begann. Selbst als Manager sagte ich den Leuten, wie ich die Umstände wirklich sah. Zu der Zeit war ich der Vizepräsident einer Gesellschaft und müsste eine Motivationsrede vor den Verkäufern des Außendienstes halten. Anstatt darüber zu reden, sich von dem Ziel des reinen Geldmachens motivieren zu lassen, hielt ich einen Vortrag über die Klarheit der Lebensaufgabe und über das Nichtverhaftetsein im Materiellen. Ich wusste, dass das funktionierte, weil ich es selbst praktiziert und damit die Verkäufe in meinem Territorium verdreifacht hatte. Ich schrieb meinen Erfolg meiner neuen Ehrlichkeit und Direktheit mit den Kunden zu sowie der Tatsache, dass ich den Resultaten meiner Verkaufsgespräche nicht verhaftet war.

Ich stellte fest, dass ein Nichtverhaftetsein an irgendein spezifisches Ergebnis ein wichtiger Teil des Erfolges auf diesem Weg ist. Natürlich ist diese Idee in der Verkaufswelt absolut radikal, weil alle Verkäufe darauf basieren herauszufinden, was die Käufer wünschen, gefolgt von dem Versuch, sie dann über diese Wünsche zu motivieren. Meine neue Klarheit und das Gespür für meine persönliche Aufgabe löste eine Kette von Ereignissen aus, die schließlich dazu führten, dass ich der Geschäftswelt den Rücken kehrte.

Ich musste wählen, wie ich in der Welt leben wollte. Als ich begann, nach meinen Prinzipien zu handeln, fand ich unter anderem heraus, dass das unternehmerische Umfeld nicht nur etwas damit zu tun hatte, einfach erfolgreich zu sein sowie Güter und Dienstleistungen zur Verfügung zu stellen. Mir schien es hier in erster Linie um Dominanz und Kontrolle zu gehen. All diese Einsichten verursachten eine große Veränderung in meinem Leben und schließlich begann ich, selbstständig als Berater zu arbeiten. Heute beschäftigt man mich für genau die Dinge, für die ich früher gefeuert wurde. Ich nehme an, dass ich es endlich geschafft habe, den Glaubenssatz, den ich von meinem Vater übernommen hatte, hinter mir zu lassen – dass ein Mensch für andere arbeiten muss, um existieren zu können.

Für mich heißt es, meiner Lebensaufgabe entsprechend zu leben, wenn ich fühlen kann, dass das, was ich an mir selbst schätze, auch von der Welt geschätzt wird. Wenn ich heute meine Seminare für unternehmerische Ethik durchführe, gebrauche ich Sprache und Literatur, um die Menschen wieder mit dem Geist in Verbindung zu bringen. Ich bin dabei so von Herzen bei der Sache, dass ich jegliches Zeitgefühl verliere. Am Ende des Tages fühle ich mich immer so energetisiert, weil ich gesehen habe, wie die Menschen ihr Denken transformiert oder etwas Wichtiges über sich selbst erkannt haben.

Über diese intensiven Geschichten untersuchen wir ein weites Gebiet von Ideen, unter anderem auch Themen wie Rassenkonflikte. Wir forderten die Teilnehmer an unserem Kurs zum Beispiel auf, James Baldwins Buch *Sunny's Blues* zu lesen, dessen Hauptfigur ein schwarzer Algebralehrer ist, der einen Weg aus dem Ghetto findet, doch auf Kosten all dessen, was er *eigentlich hätte tun sollen.* Die Geschichte handelt von seinem Kampf zwischen Konventionalität und einem wirklich sinnvollen Leben.

Diese Art von Material fördert eine lebhafte Konversation. Es zwingt die Menschen, ihr eigenes Leben anzuschauen. In einem der Seminare begann beispielsweise der Geschäftsführer eines Unternehmens über eines der Bücher zu reden und innerhalb von fünf Minuten sagte er auf eine nahezu beiläufige Weise: ›Als meine Tochter bei einem Verkehrsunfall ums Leben kam …‹ und sprach dann übergangslos über seine Gedanken zu dem Roman. Der nächste Sprecher ergriff das Wort, so als hätte der erste überhaupt nichts Ungewöhnliches gesagt. Ich bemerkte eine Frau, die einen schmerzhaften Ausdruck im Gesicht hatte. Sie unterbrach den Sprecher und warf ein:

›Wie kann dieser Mann ein so lebensveränderndes Ereignis [den Unfalltod seiner Tochter] erwähnen und wir sprechen nicht einmal darüber?‹ Ihr Kommentar brachte uns zum Reden. In dieser bestimmten Gruppe gab es eine Menge Ärzte und Anwälte. Es war faszinierend zu sehen, dass unter ihnen Mediziner waren, die nie über den Tod und die damit verbundenen Themen und Gefühle nachgedacht hatten.

Das Diskutieren von Literatur schafft eine ganz andere Voraussetzung für einen Dialog, als wenn Sie einfach mit einem normalen Gespräch anfangen. Wenn Sie mit einer Geschichte von Tolstoi beginnen, dann haben Sie es mit der Arbeit eines Genies zu tun, der sein Leben damit verbracht hat, sich Gedanken über die tiefsten Themen zu machen – darüber, was es heißt, ein Mensch zu sein. Die meisten von uns betrachten Literatur als Unterhaltung und nicht als einen möglichen Weg zu Katharsis und Heilung. Wir geben der Kunst einen Platz an der Peripherie unseres Lebens, während in eingeborenen Kulturen Kreativität und Spiritualität der wahre Kern aller Dinge sind. Das Nachdenken und die Diskussion über diese Themen berühren etwas so Tiefes in den Menschen, dass sie verändert daraus hervorgehen.

Wir sind durch die Umstände dazu erzogen worden, uns zu verstecken. Wir benutzen das Licht einer Geschichte, in die Ecken und Nischen unseres eigenen Lebens zu schauen. Wenn bei einem Menschen seine überholten Ansichten wegfallen, breitet sich sofort eine neue Erkenntnis aus. Moralisches Verhalten wird dann nicht nur einfach ›das Richtige, das, was man tun muss‹, sondern das Einzige, was der Seele sinnvoll erscheint. Dann bekommt Ihr Leben ein Gefühl von Verbundensein und Sinnhaftigkeit.

Warum *sollte* es in einem Unternehmen nicht einen Vizepräsidenten der Ethik, Kreativität und moralischen Entscheidungen geben?«, lachte Doughty. »Ich betrachte die Moral gern so, wie es die alten Griechen taten. Für sie waren Ethik und Ästhetik nicht zwei getrennte Dinge. Moral war das Gute, das Schöne und Wahre. Wir haben der Moral diese Beschreibung genommen und sie stattdessen als etwas bezeichnet, das nützlich ist. Daher führen wir ein verarmtes Leben, arbeiten in viereckigen Räumen, denken uns versicherungsstatistische Aufstellungen über das Leben aus und betrachten Entscheidungen auf Leben und Tod lediglich als ein Spiel mit Zahlen.«

Lassen Sie es dabei bewenden, der zu sein, der Sie sind

Mit der Zeit und der Aufmerksamkeit darauf, wo *Ihr* Weg verläuft, sowie dem Mut, Ihrem Ruf zu folgen, werden Sie einen Zustand erreichen, in dem Sie wirklich Sie selbst geworden sind – einzigartig und interessant. Dann sind Sie dazu bereit, Ihre Energie in weitere Ziele zu investieren. Nach Meinung von Sozialwissenschaftlern und Psychologen existiert ein dauernder Tanz zwischen Differenzierung und Integration. Professor Mihaly Csikszentmihalyi, Autor von *The Evolving Self* (dt.: *Dem Sinn des Lebens eine Zukunft geben*), sagt über diesen schwankenden Pfad:

> Es handelt sich nicht um eine Kreisbewegung, die dorthin zurückführt, wo man begonnen hat; vielmehr ähnelt sie einer aufsteigenden Spirale, wo die Sorge um das Selbst immer mehr von weniger selbstbezogenen Zielen abgelöst

wird und wo die Sorge um andere individueller und persönlich sinnvoller wird. Bestenfalls resultiert dieser Prozess des spiralförmigen Wachstums in jemandem wie Albert Schweitzer, dem Philosophen, der auf der Orgel ganz hervorragend Bach zu spielen vermochte und den größten Teil seines Lebens damit verbrachte, ein kostenloses Krankenhaus zu leiten …

Dieselbe Spirale, die zwischen den abwechselnden Polen der persönlichen und gemeinschaftlichen Werte aufsteigt, finden wir auch in anderen Kulturen. Zum Beispiel erwartet man von dem idealen Lebensweg eines männlichen Brahmanen, dass er zwischen ebendiesen Polen hin und her pendelt: Zuerst hat er ein pflichtbewusster Sohn zu sein, dann ein Religionsgelehrter, in mittleren Jahren ein erfolgreicher Bauer und Familienvater und im Alter schließlich ein Mönch, der sich vom aktiven Leben zurückzieht, um in der Wildnis zu meditieren. Vielleicht noch interessanter ist die Möglichkeit, dass dieses Muster, nach dem Individuen im Laufe ihres Reifungsprozesses lernen, unterschiedliche Ziele wertzuschätzen, tatsächlich die Evolution des Selbst in der Geschichte der menschlichen Rasse widerspiegeln könnte.[7]

Geschäfte in die Realität träumen

Cynthia Schmidt, eine unternehmerische Geschäftsfrau, hatte gerade ihren Rücktritt als Vizepräsidentin für Marketing in der Softwarefirma, die sie vor sechs Jahren gegründet hatte, eingereicht, als ich sie wegen eines Interviews anrief. Im Laufe von zwölf Jahren im Personalbereich und sechzehn im Bereich des Marketings hat sie sieben verschiedene Firmen ins Leben gerufen, von Zeitarbeits-, Einstellungs-. und Softwarefirmen bis hin zu einer Galerie für Kunst aus dem Südwesten der USA und einem spirituellen Zentrum. Cynthia ist buchstäblich ihren Träumen gefolgt und hat sie immer wieder Wirklichkeit werden lassen, wobei sie die folgenden intuitiven Prozesse gemeistert zu haben scheint: 1. Das Empfangen einer ursprünglichen Vision und das Testen dieser Vision im Laufe der Zeit in Bezug auf ihre Gültigkeit; 2. das Formulieren der Intention, diese Vision zu manifestieren; 3. das Bitten um Unterstützung dafür, dass sich der richtige Weg zeigen wird; 4. das Erkennen von Synchronizitäten und entsprechendes Handeln; und 5. das Vertrauen in die universale Weisheit (oder »nichtalltägliche Weisheit«). In unserem Interview sagte Cynthia:

»Ich gründete diese Softwarefirma vor sechs Jahren und habe einen Punkt erreicht, den ich als Gipfel bezeichnen möchte. Das ist der Grund, warum ich zurückgetreten bin. Mein Ziel war, das Geschäft publik zu machen, und das habe ich getan. Meine innere Weisheit sagt mir, dass dieser Prozess abgeschlossen ist, und hat bereits damit begonnen, mir etwas völlig Neues zu zeigen.

Ich erahne meine Geschäfte, lange bevor sie sich in meinem Leben manifestieren. Sie zeigen sich in Form von mentalen Bildern und erscheinen in Träumen oder lebhaften Tagträumen. Ich habe gelernt, ihnen meine Aufmerksamkeit zu widmen, anstatt zu sagen: ›Ach, das ist nur ein Traum.‹ Ich notiere sie in meinem Tagebuch und entscheide im Laufe der Zeit, ob die Intuition und Traumbilder vertrauenswürdig sind. Auf diese Weise habe ich all meine Geschäfte in die Realität geträumt und dabei die Fähigkeiten meines Geistes kennen gelernt. Ich habe bereits angefangen, mein nächstes Unternehmen herbeizuträumen, was mir beweist, dass das derzeitige für mich beendet ist.

Meine Intuition zeigt sich in Bildern und nicht so sehr in intellektuellen Konzepten. Vor der Eröffnung meiner Galerie für Kunst aus dem Südwesten hatte ich ungefähr ein Jahr lang Träume von wunderschönen Mineralien. Nachdem ich sechs Monate lang solche Träume hatte, sagte ich mir: ›Irgendwas ist da los.‹ Es ergab sich eine Synchronizität, derzufolge ich nach Santa Fe in New Mexico fuhr und dort einige der Elemente meines Traumes wieder fand. Als ich erst einmal sah, wie die verschiedenen Elemente zusammenkamen, fing ich an, dieses Geschäft zu kreieren, und es hat sich gut entwickelt.

Bevor ich mit der Softwarefirma begann, hatte ich Visionen, die global und international waren und davon handelten, wie Informationen auf eine neue Art und Weise verarbeitet werden können. Das Unternehmen entwickelte sich als Folge einer Vision, die mir erschien, nachdem ich ein Video über das *global brain* (das »globale Gehirn«) gesehen hatte. Ich sah dieses Geschäft buchstäblich vor mir und verbrachte sechs Monate damit, es mir auszumalen. Dann kamen – synchronistisch – drei Softwareingenieure mit einer Idee für ein Produkt zu mir, die vollkommen zu meiner Vision passte. Ich wusste, dass dies kein Zufall war. Meine Stärke liegt darin, sowohl visionär als auch praktisch zu sein. Meine praktische Seite kommt von der guten, soliden Erziehung, die ich von meinen Eltern erhielt.

Die neue Vision, die gegenwärtig hereinkommt, hat mit dem Kreieren eines spirituellen Konferenzzentrums für Geschäftsleute zu tun – mit der Betonung auf Körper und Geist. Geschäftsleute wissen sehr wohl, wie man Konferenzen abhält, doch in der Regel führen sie kein ausgeglichenes Leben. Ich möchte ein Katalysator sein und ihnen die vielen harmonisierenden Techniken vorstellen, die heutzutage verfügbar sind. Doch meine Vision umfasst noch ein weiteres Gebiet. Ich möchte Selbstversorgungsgemeinschaften für Menschen des einundzwanzigsten Jahrhunderts entwerfen und aufbauen. Wunderbarerweise traf ich vor etwa sechs Monaten einen Mann, der genau die gleiche Absicht hat, nämlich sich selbst tragende Gemeinschaften zu entwickeln.

Ich glaube, dass immer mehr Leute beginnen, sich mit anderen zu verbinden, die ähnliche Aufgaben oder Visionen haben. Doch um diese Synchronizitäten wirklich nutzen zu können, müssen wir uns ihrer bewusst sein und diese Begegnungen nicht einfach abtun. Sobald ich erkenne, dass ich eine wertvolle Vision habe, öffne ich meinen Geist für jegliche Möglichkeit. Zunächst habe ich eine ausgeprägte Intention, etwas zu kreieren, und dann mache ich mir die Energie des Universums zunutze, indem ich bete, unverbesserlich optimistisch bin und dem Universum vertraue, dass es über meine Vision und Intention wacht. Ich glaube, dass die meisten Menschen vergessen, um Hilfe zu bitten. Jeder hat diese schöpferische Kraft in sich, aber wir müssen uns immer wieder daran erinnern zu *bitten* – schreien Sie es laut heraus, wenn Sie unter der Dusche stehen!

Meistens fühle ich, dass ich wirklich über ein inneres Wissen verfüge, und ich vertraue darauf, dass alles gut gehen wird. Es passiert mir heute selten, dass ich mir wegen eines Resultats Sorgen mache oder in Angst gerate. Doch ist dies das Ergebnis von zehn Jahren Arbeit mit dem *Course in Miracles* (dt.: *Ein Kurs in Wundern*) und dem Lernprozess, wer ich bin. Gleichzeitig ist es für niemanden leicht, sich in einem Übergangsstadium zu befinden, und ich bilde da keine Ausnahme. Oft ist das Ganze sehr frustrierend. Zum Beispiel weiß ich, dass ich mich entschieden habe, meine gegenwärtige Position aufzugeben, um eine Öffnung für das nächste Ereignis zu schaffen, das wahrscheinlich erst in ein bis drei Jahren eintreten wird. Ich weiß, dass es Teil des Prozesses ist, sich auszuruhen, zu verjüngen und das Leben zu genießen, aber ich werde so ungeduldig! Es wäre schön, die Geschwindigkeit, die solch eine Entwicklung braucht, zuzulassen und nicht ungeduldig zu werden. Dazu kann ich nur sagen, dass es viel schlimmer war, als ich jünger war. Es scheint, dass sich mit den Jahren auch die Geduld einstellt.

Als kleines Mädchen wollte ich Modeschöpferin sein und als Teenager beschloss ich, Betriebspsychologin zu werden. In einem Buch las ich etwas über Betriebspsychologie und träumte davon. Das war mein erster großer Traum und der Grund, warum ich zwölf Jahre im Personalwesen tätig war. Ich muss lachen, denn obwohl ich weder den entsprechenden Titel noch die Position innehatte, habe ich meine therapeutische Begabung stets in meine Arbeit einfließen lassen. Doch meine wahre Begeisterung kommt vom Kreativsein und der Freiheit, dieser Kreativität Ausdruck zu verleihen. Ich habe mir immer nur Positionen ausgesucht, die mir entweder das eine oder das andere ermöglichten. In jedem meiner sieben Unternehmen war ich verantwortlich *und* kreativ – ob ich nun eine Firma aufgebaut, Menschen eingestellt oder Multimediaprogramme entworfen habe. Es spielte keine Rolle, in welcher Form sich diese Kreativität ausdrückte. Zum Beispiel war ich nie in meinem Leben in einer Kunstgalerie gewesen, doch als ich von Santa Fe zurückkam, setzte ich mich hin und zeichnete, einer meiner Visionen folgend, einen Plan für eine Galerie.

Was mich betrifft, so rührt meine Kreativität von meiner Fähigkeit her, ein visuelles Bild zu ›malen‹. Um das zu tun, zentriere ich mich total, schließe meine Augen und bitte um ein Bild, das mir zeigt, was ich wissen muss. Ich benutze diese Technik auch, wenn ich schreibe. Ich mache meinen Kopf leer, werde innerlich ganz still und bitte um Worte, die nicht von meinem Ego kommen, sondern vom schöpferischen, universalen Denken. Ich warte ein paar Minuten und fange dann zu schreiben an. Ich weiß, dass ich die richtigen Worte finde, wenn ich einfach darum bitte. Wenn ich das nicht tue, kann es schwierig werden. Dann muss ich wieder von vorn anfangen und noch einmal fragen.

Als ich meine Kunstgalerie und das spirituelle Zentrum aufbaute, erhielt ich die Gelegenheit, mit einer Vielzahl wunderbarer Lehrer zu arbeiten. Ich führe meinen Erfolg während der letzten zehn Jahre auf eine Kombination folgender Tatsachen zurück: nämlich dass ich einige ausgezeichnete spirituelle Lehrer getroffen, regelmäßig mit dem *Kurs in Wundern* gearbeitet und Bücher wie *Die Prophezeiungen von Celestine* und *Die zehnte Prophezeiung von Celestine* von James Redfield gelesen habe. Diese Art von Arbeit macht Sie offen. Die meisten in der Geschäftswelt tätigen Menschen waren nicht sehr viel mit spirituellen Prinzipien in Berührung gekommen und sie wissen nicht, wie man vertraut.

Eine meiner Rollen in der Softwarefirma ist es, mir alternative Produkte anzuschauen und Empfehlungen zu geben, ob man fusionieren, kaufen oder verkaufen soll etc. Da ich mittlerweile gelernt habe, meinem inneren Gefühl von Wissen zu vertrauen und darauf, dass alles, was ich brauche, kommen wird, weiß ich, dass ich wegen der für uns notwendigen Information nicht nur auf mich selbst angewiesen bin. Ich sehe zum Beispiel vielleicht eine Nachricht im Internet, die mein Interesse weckt. Falls es etwas gibt, das ich tun soll, stellt sich bald eine andere Synchronizität ein. Ereignisse treten ein, die damit in Verbindung stehen. All unsere Verhandlungen der letzten Zeit waren absolut synchronistischer Natur. Die Leute fragen mich: ›Wie haben Sie wissen können, wer die Schlüsselfiguren waren?‹ Ich wusste es nicht. Ich habe um Information gebeten und darum, dass es einfach sein möge. Im Geschäftsleben erwartet jeder, dass man einen linearen Prozess der Analyse und Forschung durchläuft, doch um ehrlich zu sein, ich gehe selten so vor. Ich habe mittlerweile mein inneres Wissen so gut kultiviert, dass ich weiß, der beste Weg zum Erfolg ist der, zu fragen, empfänglich zu sein und zu vertrauen. Vor zehn oder fünfzehn Jahren war mir das sicherlich nicht so ohne weiteres möglich. Ich hatte noch nicht das solide Gefühl des inneren Wissens und das Vertrauen, das ich heute besitze. Ich leite eine Abteilung von sechzehn Mitarbeitern und sie bewundern dieses Vorgehen, doch sie sind alle wesentlich jünger. Um die Realität dieses Prozesses zu kennen, müssen Sie ihn selbst erleben. Es ist schwierig, den intuitiven Weg als Lektion einfach mittels mentaler Konzepte zu lehren, weil Sie nur dann die Aufregung und Wahrheit spüren, wenn Sie sich einmal aufgemacht haben und Ihrer Intuition folgen.

Ich nehme an, Sie können diesen Weg ›den Weg der nichtalltäglichen Weisheit‹ nennen. Ich vertraue einfach darauf, dass das, was ich wissen und tun muss, sich mir zeigen wird.«

Wieder unterwegs

Menschen, die ein erfülltes Leben führen, haben in der Regel ein »Heimatgefühl« in dem gefunden, was sie tun. Sie haben eine Lebensphilosophie, die sie mit einer umfassenderen Vision verbindet. Sie akzeptieren das Leben als eine stete Herausforderung. Meist sind sie in der Lage, nach ihrem eigenen Zeitplan zu leben und eine Arbeit zu wählen, die interessant und komplex genug ist, sie bei der Stange zu halten. Sie lieben es, effektiv zu sein und sich öffnen zu müssen, um neue Dinge zu lernen. Sie haben ein paar gute Freunde, die ihre Vision verstehen und mit denen sie vielleicht sogar gemeinsame Wünsche teilen. Sie werden nicht von dem Impuls, dem Konkurrenzdenken oder den Anforderungen des Egos getrieben. Menschen, die glücklich sind mit ihrem Leben, haben eine innere Harmonie gefunden, indem sie von der Ebene ihrer Stärken und Leidenschaften aus voll an der Welt teilnehmen und sich irgendwie mit ihren Schwächen und Fehlern arrangiert haben. Meistens tun sie das, was ihnen am meisten liegt. Sie tendieren dazu, im Moment gegenwärtig und völlig involviert und weder von Stolz noch von Neid, Angst oder Selbstverachtung beeinträchtigt zu sein. Normalerweise wissen sie, wann sie Entscheidungen getroffen haben, die mit ihrem inneren Gefühl für moralische Werte übereinstimmen. Sie freuen sich darauf, was das Leben ihnen jeden Tag bringen wird, während sie gleichzeitig ihre Verpflichtungen erfüllen und das tun, was sie sich vorgenommen haben. Sie kümmern sich um die kleinen Dinge des Lebens und fühlen sich auch als Teil der universalen Ordnung.

Während Sie voranschreiten ...

- Nehmen Sie den Moment an und akzeptieren Sie, wo Sie sich *jetzt* befinden.
- Vergessen Sie nicht, dass Sie vor Ihrer Geburt aufmerksam die Möglichkeiten bedacht haben, die Ihnen diese Inkarnation bietet, und dass Sie beschlossen haben, diesen Körper und diese Erfahrung anzunehmen.
- Verbinden Sie sich wieder mit Ihrer Lebensaufgabe, indem Sie neue Fertigkeiten erlernen und *mit* den Hindernissen arbeiten.
- Wenn Zweifel oder Ängste aufkommen, suchen Sie nach Ihren grundlegenden Meinungen und Annahmen bezüglich *allem*.
- Halten Sie Ihren Fokus auf das gerichtet, was Ihnen Kraft gibt, und bewegen Sie sich vertrauensvoll in diese Richtung.
- Lassen Sie das Bedürfnis nach Sicherheit los.
- Stärken Sie Ihren Glauben in die Tatsache, dass Sie mit einer inneren Aufgabe geboren wurden und dass diese Aufgabe Ihnen durch Ihre eigene Intention, Intuition, synchronistische Begegnungen und die nichtalltägliche Weisheit Ihrer spirituellen Führung enthüllt werden *muss* und *wird*.

Während Sie voranschreiten ...

Sie haben Ihren eigenen Platz in der Welt. Inzwischen sollten Sie eine umfassendere Vision darüber haben, was dieser Platz sein mag und wohin er sie führen wird, sobald

Sie dieses Buch zuschlagen. Während Sie voranschreiten, schauen Sie sich noch einmal an, was Sie hier gelernt haben, und halten Ihren Blick – wie ein Matrose auf See – auf den Stern Ihrer inneren Führung gerichtet. Lassen Sie dieses Licht auf alles scheinen, was Sie tun, und Ihnen den nächsten Schritt zeigen.

Folgen Sie in jeder Situation Ihrem intuitiven, phototropischen Gespür: Wenden Sie sich dem Licht zu.

Selbstgespräche

Erstellen Sie eine Liste der Dinge, die Ihnen das Leben lebenswert machen.

Was möchten Sie als Nächstes tun?

Betrachten Sie noch einmal die wichtigsten Konzepte dieses Buches und schreiben Sie jede Idee, die Sie berührt hat, auf eine Karte. Legen Sie diese Karten an einen Ort, wo sie schnell zur Hand sind und Sie jederzeit eine herausnehmen können, wenn Sie Hilfe brauchen.

Meditation – Stellen Sie sich vor, Sie seien ein Baum

Sie sind ein großes, mächtiges Energiefeld, das die Qualitäten Ihrer Seelenessenz zum Ausdruck bringt. Es kann manchmal hilfreich sein, sich im Stillen vorzustellen, man sei eine andere großartige Schöpfung der heiligen Ordnung. Die Erfahrung der verschiedenen Qualitäten anderer Lebensformen mag Ihnen helfen, Ihren eigenen Platz in der Welt zu finden. Diese letzte Meditation wurde von der Autorin und Psychotherapeutin Deena Metzger entwickelt. Sie wird in ihrem Buch *Writing for Your Life: A Guide and Companion to the Inner Worlds* beschrieben.

Schließen Sie Ihre Augen und stellen Sie sich vor, Sie seien ein Baum. Stellen Sie sich vor, dass Ihre fest auf dem Boden stehenden Füße Wurzeln sind, die tief in die Erde reichen, dass Ihr Torso ein Stamm ist, der sich nach oben reckt, und Ihre Arme Äste, die sich zum Himmel strecken.

Werden Sie zum Baum.

Und nun der schwierige Teil: Lassen Sie es dabei bewenden, ein Baum zu sein. Nachdem Sie den Baum im tiefsten Inneren kennen gelernt haben, können Sie diese Meditation auch als Vogel, Stein oder Stern durchführen, bis Sie eins werden mit allen Formen des Lebens.[8]

Anmerkungen

Einleitung

1 Leonard Laskow, *Healing with Love: A Breakthrough Mind / Body Medical Program for Healing Yourself and Others* (New York: HarperCollins, 1992), S. 70; dt.: *Heilende Energie. Einführung in die Medizin der inneren Kräfte* (München: Heyne, 2000)

Zweites Kapitel: Ein sich selbst organisierendes System

1 Margaret J. Wheatley und Myron Kellner-Rogers, *A Simpler Way,* (San Francisco: Berrett-Koehler Publishers, 1996), S. 98
2 Mihaly Csikszentmihalyi, *Flow: The Psychology of Optimal Experience* (New York: HarperPerennial, 1991), S. 218; dt.: *Flow: Das Geheimnis des Glücks* (Stuttgart: Klett-Cotta, 1996)
3 Margaret J. Wheatley, *Leadership and the New Science: Learning About Organization from an Orderly Universe* (San Francisco: Berrett-Koehler Publishers, 1996), S. 50; dt.: *Quantensprung der Führungskunst* (Reinbek: Rowohlt, 1997)
4 Wheatley und Kellner-Rogers, a. a. O., S. 73
5 Thomas Moore, *Care of the Soul: A Guide for Cultivating Depth and Sacredness in Everyday Life* (New York: HarperCollins, 1992), S. 185; dt.: *Die Seele lieben. Tiefe und Spiritualität im täglichen Leben* (München: Knaur, 1995)
6 Joseph Jaworski, *Synchronicity, The Inner Path of Leadership* (San Francisco: Berrett-Koehler Publishers, 1996), S. 79
7 Jeanne Achterberg, »Humanity's ›Common Consciousness‹«, *Noetic Sciences Review,* Winter 1996, S. 19

8 Mihaly Csikszentmihalyi, *The Evolving Self: A Psychology for the Third Millennium* (New York: HarperPerennial, 1994), S. 292; dt.: *Dem Sinn des Lebens eine Zukunft geben. Eine Psychologie für das 3. Jahrtausend* (Stuttgart: Klett-Cotta, 1995)

Drittes Kapitel: Die richtige Startposition

1 Greg Anderson, *Living Life on Purpose: A Guide to Creating a Life of Success and Significance* (New York: HarperCollins, 1997), S. 21
2 Zitiert in William Elliot, *Tying Rocks to Clouds: Meetings and Conversations with Wise and Spiritual People* (New York: Image Books/Doubleday, 1995), S. 126
3 Susan Ferriss und Ricardo Sandoval, »The Death of the Short-Handled Hoe«, *San Francisco Examiner Magazine,* 13. April 1997, S. 28
4 Seine Heiligkeit der Dalai Lama und Jean-Claude Carrière, *Violence and Compassion* (New York: Doubleday, 1994), S. 33
5 Zitiert in William Elliott, *Tying Rocks to Clouds,* S. 126

Viertes Kapitel: Alles ist möglich

1 Caroline Myss, Ph. D., *Anatomy of the Spirit: The Seven Stages of Power and Healing* (New York: Harmony Books/Crown Publishers, 1996), S. 67; dt.: *Geistkörper-Anatomie. Die sieben Zentren von Geist und Heilung* (München: Knaur, 1997)
2 Gary Zukav, *The Seat of the Soul* (New York: Fireside/Simon & Schuster, 1990), S. 98
3 Peter Senge, Einleitung zu Joseph Jaworski, *Synchronicity, The Inner Path of Leadership* (San Francisco: Berrett-Koehler Publishers, 1996), S. 3

4 Fran Peavey, mit Tova Green und Peter Woodrow, *Insight and Action: How to Discover and Support a Life of Integrity and Commitment to Change* (Philadelphia: New Society Publishers, 1994), S. 94–95
5 Greg Anderson, *Living Life on Purpose: A Guide to Creating a Life of Success and Significance* (New York: HarperCollins, 1997), S. 69

Fünftes Kapitel: Das magnetische Kraftfeld Ihrer Lebensaufgabe

1 Wayne Dyer, *Manifest Your Destiny: The Nine Spiritual Principles of Getting Everything You Want* (New York: HarperCollins, 1997), S. 24–25
2 Gary Zukav, *The Seat of the Soul* (New York: Fireside/Simon & Schuster, 1990), S. 93
3 Kathleen Norris, *The Cloister Walk* (New York: Riverhead Books, 1996), S. 382
4 Zitiert in William Elliott, *Tying Rocks to Clouds: Meetings and Conversations with Wise and Spiritual People* (New York: Doubleday, 1996), S. 88
5 Ebd., S. 218

Sechstes Kapitel: Synchronizitäten enthüllen Ihre Aufgabe

1 Margaret J. Wheatley und Myron Kellner-Rogers, *A Simpler Way* (San Francisco: Berrett-Koehler Publishers, 1996), S. 75
2 Stephen Larsen und Robin Larsen, *A Fire in the Mind: The Life of Joseph Campbell* (New York: Anchor Books/Doubleday, 1991), S. 317
3 Marie-Louise von Franz, *On Divination and Synchronicity: The Psychology of Meaningful Chance* (Toronto: Inner City Books, 1980), S. 8

4 Joseph Campbell mit Bill Moyers, *The Power of Myth* (New York: Doubleday, 1988), S. 196; dt.: *Die Kraft der Mythen. Bilder der Seele im Leben des Menschen* (Zürich und München: Artemis, 1994)

5 Peter Senge, Einleitung zu Joseph Jaworski, *Synchronicity, The Inner Path of Leadership* (San Francisco: Berrett-Koehler Publishers, 1996), S. 12

6 Leah Maggie Garfield und Jack Grant, *Angels and Companions in Spirit* (Berkeley/Kalif.: Celestial Arts, 1984, 1995), S. 54

Siebtes Kapitel: Intention und Loslassen

1 Joseph Jaworski, *Synchronicity, The Inner Path of Leadership* (San Francisco: Berrett-Koehler Publishers, 1996), S. 48

2 Frank Zappa, »All About Music«, in *Creators on Creating: Awakening and Cultivating the Imaginative Mind,* herausgegeben von Frank Barron, Alfonso Montuori und Anthea Barron (New York: Jeremy P. Tarcher, 1997), S. 196

3 Ebd., S. 197

4 Margaret Wheatley und Myron Kellner-Rogers, *A Simpler Way* (San Francisco: Berrett-Koehler Publishers, 1996), S. 44

5 Nachdruck aus Carol Adriennes »It Comes to Me«, in *The Celestine Journal,* Mai 1997

6 Jaworski, a. a. O., S. 38

Achtes Kapitel: Intuition als Wegweiser Ihrer Lebensaufgabe

1 Gary Zukav, *The Seat of the Soul* (New York: Fireside/Simon & Schuster, 1990), S. 82

2 Laura Day, *Practical Intuition: How to Harness the Power of Your Instinct and Make It Work for You* (New York: Villard Books, 1996),

S. 87; dt.: *P.I. Praktische Intuition. Der sechste Sinn in Liebe, Partnerschaft und Beruf* (München: dtv, 1998)

3 Dan Millman, *The Life You Were Born to Live: A Guide to Finding Your Life Purpose* (Tiburon, Kalif.: H.J. Kramer, 1993), S. 50; dt.: *Die Lebenszahl als Lebensweg. Wie wir unsere Lebensbestimmung erkennen und erfüllen können* (Bern, München, Wien: Ansata 1994)

4 Zitiert in Stephen Larsen und Robin Larsen, *A Fire in the Mind: The Life of Joseph Campbell* (New York: Anchor Books/Doubleday, 1991), S. 61–62

5 Ebd., S. 67

6 Zitiert in Larsen und Larsen, a. a. O., S. 69

7 Jean Houston, *The Possible Human: A Course in Enhancing Your Physical, Mental, and Creative Abilities* (Los Angeles: Jeremy P. Tarcher, 1982), S. 36; dt.: *Der mögliche Mensch* (Basel: 1984)

8 Laura Day, a. a. O., S. 94

Neuntes Kapitel: Wachsende Kreativität und die Entwicklung Ihrer Fähigkeiten

1 Deena Metzger, *Writing for Your Life: A Guide and Companion to the Inner Worlds* (San Francisco: HarperSanFrancisco, 1992), S. 55

2 Neale Donald Walsch, *Conversations with God* (Charlottesville/Va.: Hampton Roads Publishing Co., 1995), S. 118; dt.: *Gespräche mit Gott. Ein ungewöhnlicher Dialog* (München: Goldmann, 1997)

3 Anna Halprin, »The Process Is the Purpose«, in *Creators on Creating: Awakening and Cultivating the Imaginative Mind,* herausgegeben von Frank Barron, Alfonso Montuori und Anthea Barron (New York: Jeremy P. Tarcher, 1997), S. 49

4 Nach Rainer Maria Rilke, »Letters to Merline«, in »The Process Is the Purpose«, a. a. O., S. 53. Der Briefwechsel mit Mer-

line – der Malerin Baladine Klossowska – fand vorwiegend auf Französisch statt und ist veröffentlicht in: *R. M. Rilke et Merline. Correspondance 1920–1926* (Zürich: Niehans, 1954). Das Zitat wurde aus dem Englischen ins Deutsche übersetzt.

5 Natalie Goldberg, »Writing Fearlessly«, in *Ordinary Magic: Everyday Life as Spiritual Path,* herausgegeben von John Wellwood (Boston: Shambhala Publications, 1992), S. 95

6 Eleanor Coppola, *Notes on the Making of Apocalypse Now* (New York: Limelight Editions, 1995), S. 195

7 Mihaly Csikszentmihalyi, *Flow: The Psychology of Optimal Experience* (New York: Harper & Row, 1990), S. 158; dt.: *Flow: Das Geheimnis des Glücks* (Stuttgart: Klett-Cotta, 1996)

8 Stephen R. Covey, *The 7 Habits of Highly Effective People: Powerful Lessons in Personal Change* (New York: Fireside/Simon & Schuster, 1989), S. 268–69; dt.: *Die sieben Wege zur Effektivität* (München: Heyne, 1996)

9 Dan Millman, *No Ordinary Moment: A Peaceful Warrior's Guide to Daily Life* (Tiburon/Kalif.: H.J. Kramer, 1992), S. 274; dt.: *Die Goldenen Regeln des friedvollen Kriegers. Ein praktisches Handbuch* (Bern, München, Wien: Ansata, 1993)

Zehntes Kapitel: In der Leere

1 Tony Schwartz, *What Really Matters: Searching for Wisdom in America* (New York: Bantam Books, 1995), S. 418; dt.: *Was wirklich zählt. Auf der Suche nach Weisheit und Lebenssinn heute* (München: Knaur, 1996)

2 Stephen Wolinsky, *The Tao of Chaos: Essence of the Enneagram* (Bearsville, N. Y.: Bramble Books, 1994), S. 33; dt.: *Das Tao des Chaos. Quantenbewusstsein und das Enneagramm* (Freiburg: Lüchow, 1996)

3 Zitiert in Schwartz, a. a. O., S. 418

4 Zitiert in William Elliott, *Tying Rocks to Clouds: Meetings and Conversations with Wise and Spiritual People* (New York: Image Books/Doubleday, 1995), S. 199

5 Jon Kabat-Zinn, *Wherever You Go There You Are* (New York: Hyperion, 1994), S. 90

6 Gary Zukav, *The Seat of the Soul* (New York: Fireside Books/Simon & Schuster, 1990), S. 218

7 Thomas Moore, *Care of the Soul: A Guide for Cultivating Depth and Sacredness in Everyday Life* (New York: HarperCollins, 1992), S. 39

8 Natalie Goldberg, *The Long Quiet Highway: Waking Up in America* (New York: Bantam Books, 1993), S. 99

9 Jean Martine, *A Way of Working,* herausgegeben von D.M. Dooling (New York: Parabola Books, 1979), Auszug von John Welwood in *Ordinary Magic: Everyday Life as Spiritual Path* (Boston: Shambhala Publications, 1992), S. 148

10 Sanaya Roman, *Spiritual Growth: Being Your Higher Self* (Tiburon, Kalif.: H.J. Kramer, 1987), S. 84; dt.: *Zum höheren Selbst erwachen. Das Herz dem Bewusstsein des Lichts öffnen* (München: W. Ludwig, 1990)

Elftes Kapitel: Der Schatten und die Lebensaufgabe

1 Thomas Moore, *Soul Mates* (New York: HarperPerennial, 1994), S. 234; dt.: *Der Seele Flügel geben. Das Geheimnis von Liebe und Freundschaft* (München: Knaur, 1995)

2 Anthony Storr, *Churchill's Black Dog, Kafka's Mice* (New York: Ballantine Books, 1990), S. 191

3 John R. O'Neill, »The Dark Side of Success«, Auszug in *Meeting the Shadow: The Hidden Power of the Dark Side of Human Nature,* herausgegeben von Connie Zweig und Jeremiah Abrams (New York: Jeremy P. Tarcher/Putnam Books, 1991), S. 107;

dt.: *Die Schattenseite der Seele. Wie man die dunklen Bereiche der Psyche in die Persönlichkeit integriert* (München: dtv, 1997)
4 Storr, a. a. O., S. 193
5 Robert Bly, *A Little Book on the Human Shadow* (New York: HarperSanFrancisco, 1988), S. 24; dt.: *Die dunklen Seiten des menschlichen Wesens.* Hg. v. W. Booth (München: Knaur, 1993)
6 Ebd., S. 25
7 James Hillman, *The Soul's Code: In Search of Character and Calling* (New York: Random House, 1996), S. 278; dt.: *Charakter und Bestimmung. Eine Entdeckungsreise zum individuellen Sinn des Lebens* (München: Goldmann, 1998)
8 Wayne Dyer, *Manifest Your Destiny: The Nine Spiritual Principles for Getting Everything You Want* (New York: HarperCollins, 1997), S. 134
9 John P. Conger, *Jung and Reich: The Body as Shadow* (Berkeley/Kalif.: North Atlantic Books, 1988), S. 112

Zwölftes Kapitel: Die Transformation von Hindernissen

1 James Hillman, *The Soul's Code: In Search of Character and Calling* (New York: Random House, 1996), S. 203; dt.: *Charakter und Bestimmung. Eine Entdeckungsreise zum individuellen Sinn des Lebens* (München: Goldmann, 1998)
2 Ebd., S. 211
3 Frances E. Vaughan, *Awakening Intuition* (New York: Anchor Books/Doubleday, 1979), S. 165
4 John P. Conger, *Jung and Reich: The Body as Shadow* (Berkeley/Kalif.: North Atlantic Books, 1988), S. 89
5 Vaughan, *Awakening Intuition,* S. 168
6 Der Dalai Lama und Jean-Claude Carrière, *Violence and Compassion* (New York: Doubleday, 1996), S. 160
7 Natalie Goldberg, *Long Quiet Highway: Waking Up in America* (New York: Bantam Books, 1994), S. 157

8 David Bohm, *On Dialogue*, herausgegeben von Lee Nichol (London: Routledge, 1996), S. 63; dt.: *Der Dialog. Das offene Gespräch am Ende der Diskussion* (Stuttgart: Klett-Cotta, 1998)
9 Vaughan, a. a. O., S. 153

Dreizehntes Kapitel: Das tun, was Sie lieben – und Ihnen seit jeher bestimmt war

1 Jean Martine, *A Way of Working*, herausgegeben von D. M. Dooling (New York: Parabola Books, 1979), Auszug von John Welwood in *Ordinary Magic: Everyday Life as Spiritual Path* (Boston: Shambhala Publications, 1992), S. 148
2 Michael Newton, Ph. D., *Journey of Souls: Case Studies of Life Between Lives* (St. Paul/Minn.: Llewellyn Publications, 1997), S. 67; dt.: *Die Reisen der Seele. Karmische Fallstudien* (Wettsuil: Edition Astrodata, 1996)
3 Ebd., S. 68
4 Leah Maggie Garfield und Jack Grant, *Angels and Companions in Spirit* (Berkeley/Kalif.: Celestial Arts Publishing, 1984, 1995), S. 63–64
5 Auszug aus Carol Adrienne, »The Spirit of Giving« in *The Celestine Journal*, Dezember 1996
6 Martine, a. a. O., S. 149
7 Mihaly Csikszentmihalyi, *The Evolving Self: A Psychology for the Third Millennium* (New York: HarperPerennial, 1994), S. 235; dt.: *Dem Sinn des Lebens eine Zukunft geben. Eine Psychologie für das 3. Jahrtausend* (Stuttgart: Klett-Cotta, 1995)
8 Deena Metzger, *Writing for Your Life: A Guide and Companion to the Inner Worlds* (San Francisco: HarperSanFrancisco, 1992), S. 239

Danksagung

An dieser Stelle möchte ich meiner Lektorin Joann Davis dafür danken, dass sie mir die Gelegenheit gegeben hat, über das Thema zu schreiben, das mir am meisten am Herzen liegt; meiner Agentin Candice Fuhrman danke ich für ihre ständige Unterstützung meiner Arbeit.

Das Herz dieses Buches sind die Geschichten, die so liebenswürdig von den Personen beigesteuert wurden, die ich interviewte. Ich danke ihnen allen, dass sie genau im richtigen Moment mit solcher Klarheit und Großmütigkeit ihres Geistes erschienen sind. Auch möchte ich den folgenden Personen für ihre einzigartigen Beiträge und Standpunkte danken: Zenobia Barlow, Joan Jovan, Elizabeth Jenkins, Virginia Lawson, Mary Patric, Virginia Talucci, Patricia Whitt, Natasha Downing, Stephen Rose, Dr. Selma Lewis, Penney Peirce, Nancy Rosanoff, Sharon Franquemont, Dr. Marcia Emery, Dr. Joyce Petschek, Larry Collins, Steve Winfield, Larry Leigon, Donna Hale, Bill Voelker, Richard Wolski, Valerie Vollmer, Stefani McKinzie, Wendy Topping, Arlene Thompson, Elizabeth Maglio, Valorie Thomas, Amy Aldrich, Lorraine Sykes und Georgia Rogers – und James Redfield. Außerdem möchte ich all meinen Lehrern entlang des Weges für ihren Beitrag danken – und auch meinen unsichtbaren Gefährten, die ohne Zweifel oft herzhaft über meine weitschweifigen Wanderungen gelacht haben werden.

Mein besonderer Dank geht an jene, die auf ihrem Weg unter anderem Folgendes sind:

Eine Frau, die Pferde liebt.
Ein Wortzauberer, dessen Ziel es ist, das Analphabetentum zu beenden.
Ein weiblicher Geschäftsführer in einem Unternehmensbüro an der Ecke.
Ein Städteplaner, Buddhist und Verleger spiritueller Kunst.
Eine anpassungsfähige Schönheit, die etliche Rückschläge überlebt hat.
Ein Lehrer, der Komödiant wurde.
Ein Meister-Innovator der Edelsteinschleiferei.
Eine positiv denkende Miss America.
Ein Zen-Meister, der gemeinsam mit dem Dalai Lama in Auschwitz Räucherstäbchen und Blumen dargebracht hat.
Ein Sojabohnen-Farmer mit esoterischer Veranlagung in Iowa.
Eine Malerin und Ehefrau eines berühmten Regisseurs.
Eine Networkerin, Organisatorin und Friedenskorps-Mitarbeiterin in Afrika.
Eine Büromöbel-Recyclerin.
Ein Berater für Umweltallergien.
Eine buddhistische Nonne, spirituelle Lehrerin und steppende Mutter.
Eine ganzheitliche Heilerin finanzieller Krisen.
Ein vedischer Astrologe und Kräuterheiler aus Irland.
Eine gefallene Göttin.

Stellen Sie sich vor, Sie seien zu einem Treffen der oben genannten, außergewöhnlich interessanten, kreativen und doch schlichten Menschen eingeladen. Sie haben die

Chance, mit jedem Einzelnen ein paar Minuten darüber zu reden, wie er seinen einzigartigen Beitrag zur Welt gefunden hat bzw. findet. Dieses Buch ist Ihre Einladung.